KB268834

중국
주영신
교육문집
9

享受與幸福

누림과 행복

중국교육수필 선집

주영신 지음 ● 최영준 옮김

어문학사

本作品韓國語版本由原版作品作者朱永新先生及原版作品出版社人民教育出版社授權
韓國語文學社, 在韓国出版, 發行。
본 작품은 저자 주영신 선생과 중국 인민교육출판사의 권한을 받아 한국의 도서출판
어문학사가 한국에서 출간·발행함.

파리 에펠탑에서

미국 워싱턴의
기념탑을 배경으로

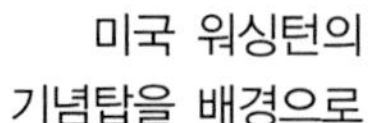

2001년 여름, 쑤저우에서 열린 쑹칭링(宋慶齡) 기금회의 각국 아동 연합 활동에 참가했다.

1995년 12월, 미중교육연합회의 주석이자 조지아 주 케네소(Kennesaw) 대학 교육학교의 교장 완이핑(萬毅平) 박사(사진 가운데), 일본 미야자키(宮崎) 공립대학 교수이자 일본국제교육학회의 상무이사 왕즈신(王智新) 선생(사진 왼쪽)과 함께 미국 북 플로리다의 해변에서 함께 찍은 사진

1999년 5월,
유럽을 방문했을 때 오스트리아의 베토벤
동상 앞에서 기념 촬영

작가는 인터넷 사이트를 통해 초중등 학교교육의 일선에서 활약하는
젊은 교사들을 많이 알게 되었다. 그들과 함께 찍은 사진

출간에 즈음하여

우리 출판사는 '교육에 이바지하고 학술을 발전시키며 문화 인프라를 구축한다服務敎育, 繁榮學術, 積累文化.'는 목표 아래,《차이위안페이 연보장편蔡元培年譜長篇》,《예성타오 교육문집葉聖陶敎育文集》,《우바이쑤 문집吳伯簫文集》,《류정 문집劉征文集》,《량헝 문집梁衡文集》등 여러 권의 중점 도서를 기획 출판하여 사회에 커다란 영향을 미쳤다. 이 가운데서 많은 도서들이 국가도서상, 중국도서상, 국무원 각 부와 각 위원회급 우수상 등을 수상하였다. 이를 바탕으로 본 출판사는 다시《十五》출판 계획의 중점 프로젝트로서 중점도서를 기획하였는데,《주영신교육문집朱永新敎育文集》이 바로 이 중 하나이다.

주영신朱永新 교수는 일찍이 쑤저우대학蘇州大學 교무처장, 교육과학부 주임, 중국심리학회 상임이사 겸 이론심리학·심리학사 전문위원회 부주임, 대만 잡지《본토심리학 연구》의 학술고문, 일본 조치대학上智大學 연구원 등을 역임했다. 지금은 중국 인민정치협상회中國人民政治協商會議의 전국위원회 상무위원, 중국 민주건국회의 중앙위원회 상무위원, 쑤저우시蘇州市 인민정부 부시장, 쑤저우대학 교수, 박사학위 지도교수, 북경사범대학 등의 겸임교수, 교육부 교사교육 전문가위원회 위원, 고등교육기관 심리학 교수지도위원회 위원을 맡고 있다. 주영신 교수는 교육정책, 중국교육사, 중국심리학사, 일본교육 등의 영역에 관한 연구가 깊고, 그가 추진한 신교육 실험은 이미 중국의 수백 개 초·중고등학교에서 전개되고 있다. 이렇게 바쁜 업무 가운데서도 그는 집필 활동을 멈추지 않고, 《중화교육사상 연구》, 《곤경과 초월―당대 중국교육 논평》, 《영혼의 자취―중국 본토심리학 초고》, 《나의 교육이상》, 《신교육의 꿈》 등 영향력 있는 저서를 저술하였고, 《당대 일본교육 총서》 등 30여 권의 편집을 주관하였다. 이 밖에도 《신세기 교육문고》 《교육과학 우수교재 번역집》의 편집·출판을 주재하면서, 중국 및 외국 학술지에 300여 편의 논문을 발표했다. 또한 주영신 교수는 일찍이 여러 차례 유네스코에서 위탁한 연구 프로젝트, 국가 자연과학기금 프로젝트, 국가 사회과학기금 프로젝트, 성급省級, 부급部級 연구 프로젝트를 진행하였다. 이러한 저서들은 국가도서상의 노미네이트상, 중국도서상, 중국 우수 대중정치이론 도서 1등상, 장쑤성江蘇省과 산시성山西省의 《오개일五個一》 프로젝트상, 국가 자연과학기금 프로젝트 우수성과상 등을 수상했다.

《주영신 교육문집》은 전 10권으로 구성되어 있다.

1. 1권은 총론으로, 작가가 교육에 대한 거시적인 사고와 이상적인 교육에 대한 청사진을 그린 것이다.
2. 2권~4권은 작가의 중국 교육사상에 관한 연구로, 상고시대부터 당대까지의 중국교육과학의 성과와 공헌을 논술하였다.
3. 5권, 6권은 중외中外 교육문제에 관한 작가의 분석과 논평으로 이루어져 있으며, 교육 정책에 대한 연구와 건의가 포함되어 있다.
4. 7권, 8권은 중국 심리학과 교육심리학에 대한 작가의 연구 성과를

담은 저작물이다.

5. 9권, 10권은 작가의 교육수필과 중국 각지 교사들의 답변, 기자와 네티즌의 다양한 물음에 대한 기록 등을 담고 있다.

인민교육출판사

2004년 1월

쉬자루許嘉璐

주영신朱永新 교수 문집 출판을 앞두고, 주영신 교수는 제게 문집의 서문을 써달라고 부탁했습니다. 아마도 제가 교육에 관심이 많아 자주 교육에 대한 견해를 발표하는 것을 보았거나, 혹은 우리가 마쉬룬馬敍倫, 저우졘런周建人, 예성타오葉聖陶, 뢰이졔충雷潔瓊 등과 함께 중국 민주촉진회의 후진들이기 때문일 것입니다. 우리는 중국 민주촉진회의 회원입니다. 주영신 교수가 어떻게 생각할는지 모르지만, 저는 그의 학술적 성취에 탄복하였고 또한 젊은 학자에 대한 사랑과 교육에 대한 관심으로 그 제안을 응낙하게 되었습니다. 하지만 제가 직접 서문을 써도 좋겠다는 생각을 한 것은 단지 이것 때문만은 아닙니다. 교육 분야에 줄곧 관심을 가진 비전문가의 안목으로써 이 문집과 작품에 대한 견해를 말하는 것이, 어쩌면 더욱 냉정하고 객관적일 수 있기 때문입니다.

저는 누구나 중국교육에 대해 말할 수 있다고 이야기한 적이 있습니다. 왜냐하면 교육문제 자체가 너무 복잡하고, 특히 중국의 교육문제는 더욱 심각한 수준이기 때문입니다. 중국이 개발도상국가로서의 미약한 실력으로 세계에서 가장 규모가 큰 교육을 실시하고 있다는 사실은 차치하고라도 지금 중국이 시대적 전환기를 맞아 도시와 농촌, 동부와 서부 사이에 불균형이 심각하고, 몇 세대 간의 사상과 관념이 서로 부딪히고 요동치고 있는 것 자체만으로도, 오늘날 세계에서 찾아볼 수 없는 유일무이唯一無二한 현상이 벌어지고 있다고 말할 수 있습니다.

　교육 보급률이 향상됨에 따라 교육에 대한 평론을 발표하는 사람들도 당연히 증가하고, 거의 집집마다 항상 논의할 정도로 많아지고 있습니다. 이렇게 교육과 유관한 연구에 많은 것을 제기하는 것은 어쩌면 다른 나라에서는 별로 부각되지 않는 문제일 것입니다. 저는 이 가운데서 두 가지 문제가 가장 시급하다고 생각합니다. 하나는, 교육에 관한 일은 머리카락 한 올만 뽑아도 몸 전체가 움직이는 것처럼 교육만을 가지고 교육을 논할 수 없는 일이며, 교육의 일부분만을 논하고 다른 부분을 고려하지 않아 사람들의 일상적인 담론에서 벗어나서는 더욱 안 된다는 것입니다. 다른 하나는, 교육학이 어떻게 하면 협소한 교육이론의 틀을 벗어나 더욱 많은 사람들이 그것을 이해하고, 평론하고, 실천하게 하며, 더욱 큰 범위 내에서 일반 대중들에게 받아들일 수 있을지를 검증함으로써 전문가와 사회가 쉽게 공감대를 형성하도록 하는 것입니다. 주영신 교수의 이 문집은 바로 이 두 가지 문제에서 저에게 큰 기쁨과 위안을 주었습니다.

　주영신 교수는 이 문집에서 국내외 정치·경제·사회·문화, 고금古今의 넓은 시각으로 중국의 교육 문제에 대해 면밀히 고찰하고 생각하였습니다. 주영신의 논술은 교육을 받은 사람이면 누구나 경험한 전반적인 교육 과정에 두루 걸쳐 있습니다. 크게는 교육이념과 원칙, 그리고 작게는 수업시간의 개혁 및 방과 후 활동에 이르기까지, 그는 이 모든 것에 대해 진지하게 생각하고, 체계적으로 조사하고, 성실하게 실험함으로써 언제나 체계적인 이론적 과정까지 끌어올렸습니다. 심리학은 교육학과 밀접하게 관련되어, 중국교육을 연구할 때 동시에 전개되는 국제교육에 대한 인식과 분석을 필요로 하는데, 이러한 내용 또한 그가 언급한 범위 내에 있습니다.

주영신 교수는 결코 '순수한' 학자는 아니지만, 교육이론연구만큼은 그가 진행하는 많은 업무 가운데서 언제나 머릿속을 맴도는 핵심 내용입니다. 주영신 교수는 교사, 고급공무원, 그리고 연구자로서 일인 삼역을 해오다, 아이가 태어남에 따라 학부형이라는 또 하나의 신분을 갖게 되었습니다. 이를 계기로, 그는 교육체계를 연구할 때 어느 한 단락 혹은 어느 한 방면만을 관찰할 수 없게 되었으며, 반드시 전면적이고 다각적이며 과정적인 연구를 해야만 했습니다. 나는 그가 극도로 지쳤을 때의 모습을 보고서 '이것은 하늘이 장차 이 사람에게 큰 임무를 맡기려는 시험인가, 아니면 그의 '운명'이 이와 같아서 어쩔 수 없는 것일까?'라고 마음속으로 생각한 적이 있었습니다. 그러나 사실 이것은 바로, 다른 사람은 얻기 어려운 절호의 연구 환경과 조건을 그에게 제공해 준 셈입니다. 언제나 역할을 바꾸게 되면 생각의 각도와 방법을 바꾸고, 거시적 안목과 미시적 안목을 자연스럽게 결합하는 시간들이 켜켜이 쌓여야 하는데, 그만의 독특한 연구 방법과 스타일은 이렇게 만들어진 것입니다.

우리가 어떤 사물에 대해 연구할 때 이성적인 추진력은 있으나 그 사물에 대한 깊은 인식에 기초하여 나오는 지극한 애정이 없다면, 즉 연구 대상에 대한 폭넓은 애착이 없다면 사물을 창조적이고 특색 있게 만들어 낼 수 없습니다. 주영신 교수의 교육연구의 특징 중 하나는 바로 전심전력으로 몰두한다는 것입니다. 몸은 하나의 신분으로서 세 가지 역할을 맡아야 했기에, 그는 자연히 역할을 완수하기 위해 모든 시간과 정력을 쏟아야 했습니다. 마음은 볼 수 없는 것이지만 그의 모든 일에 꿰어져 있고, 그의 모든 논저에 표현되어 있는 선명한 사랑은 가장 좋은 증거라 할 수 있습니다.

그는 "교육은 한 편의 시다"라고 말하고, 그의 교육문집 제10권을 '시의와 이성詩意與理性'으로 명명하였습니다. 그는 시적인 언어로 교육을 노래하였으며, 그의 교육사상을 표현하였습니다.

교육은 한 편의 시
이 시의 이름은 열애.
모든 아이들의 눈동자 속에
어머니의 마음이 있듯이,
교육은 한 편의 시
이 시의 이름은 미래.
문명을 계승하는 긴 강 위에
파도 헤치는 한 척 배처럼.

만약 너무도 이성적이기만 하고 넘쳐흘러 억제할 수 없는 감정이 없다면, 어떻게 이러한 시적 정서를 뿜어낼 수 있겠습니까? 그러나 그는 낭만주의자는 아닙니다. 그는 원래 매우 바빴습니다. 하지만 오히려 솔선수범하여 자비를 들여서 교육 웹사이트를 개설하고, 여기저기 교육 개혁 일선에서 분투하는 많은 네티즌의 친구가 되었습니다. 그는 날마다 피곤한 발걸음을 이끌고서 집으로 돌아온 후에 인터넷 사이트 쪽지와 메일을 한 편씩 차례로 검색하고 일일이 리플을 달아주었습니다. 사실 이것은 사서하는 고생입니다. 그러나 그는 이것을 "시적 감성이 이성과 함께 하는 동행"이며 "즐거움이자 행복"이라고 여겼습니다.

그는 '인간 세상의 천당人間天堂'이라 불리는 쑤저우蘇州에서 일하고, 생활하며, 이곳에서 이미 12년 동안 교육을 널리 펼쳤습니다. 지금은 대학교육을 보급하는 목표를 추진하고 있는데, 전체 도시의 문교사업을 주관하는 부시장이면서도 마음은 오히려 서부 지역에 가 있습니다. 그는 어떻게 하면 동·서부 간의 교육 격차를 축소할 수 있을지 숙고하며 끊임없이 외치고 있습니다……. 그는 어떻게 이렇게 오랫동안 활동할 수 있었을까! 저는 그 가장 큰 원동력은 바로 '위대한 사랑'이라고 생각합니다.

감성과 이성을 빈틈없이 연결하려는 노력은 교육사업과 교육이론 연구를 오로지 돈벌이 사업으로 간주하는 태도와 구별되는 가장 큰 차이점이며 또한 성공의 요소입니다.

교육은 인류사회가 끊임없이 발전하게 할 수 있는 근본적인 보장입니다. 사람이 사람답고 다른 동물과 구별되는 까닭은 어떤 의미로 말하자면, 서로 다른 경로를 통해서 서로 다른 수준과 내용의 교육을 받은 결과입니다. 한 국가로 말하자면, 교육은 바로 국가가 발전하고 강대해지는 것을 보장하는 기초적인 프로젝트입니다. 이러한 견해는 이미 우리의 공통된 인식입니다. 그러나 교육은 지극히 복잡하고 방대한 시스템으로서 많은 교육이론 전문가와 관리 전문가를 필요로 합니다. 왜냐하면 교육에 몸담고 있는 사람은 그 안에서 즐거움을 찾겠지만, 제3자의 입장에서 볼 때 교육이론연구는 무미건조하고 어려운 것이기 때문입니다. 지나치게 많은 교육학 저서도 사람들의 이러한 느낌을 더욱 확실히 강화시켰습니다.

관리업무가 사람들에게 주는 인상은 번잡하고 자질구레합니다. 이러한 느낌과 인상은 종종 교육이론연구가, 관리자와 포괄적 교육 참여자(학부모와 학생, 그리고 방관자를 포함함)가 서로 거리감을 느끼도록 만드는 원인 중 하나였습니다. 우리 사회는 이론 연구와 관리를 한 몸에 집중시키고, 자신의 교육에 대한 애착심을 사회의 학자들에게 전달함으로써 사람들과 함께 교육이라는 바다에서 노니는 즐거움과 행복을 누리기를 바라고 있습니다. 그러나 오늘날 이러한 저서와 학자는 너무도 적습니다.

우리는 교육이론과 같은 인문사회과학의 이른바 '학문'에 대해 오해하였습니다. '오로지 특정한 전문 용어를 사용하고, 산더미 같은 술어와 독자들이 반복적으로 음미해야 알 수 있는 문장을 포함하고 있어야 학술인 것일까? 아니면 가장 명확한 언어로 복잡한 사물을 표현하는 데 뛰어난 사람이 그다지 많지 않아서일까? 그렇지 않으면, 교육이론은 확실히 오묘하고 깊어 예측하기 어려운 학문이기 때문에 반드시 사회관습을 '초월'하는 언어를 사용해야 분명하게 말할 수 있어서일까?' 라고 생각했던 것입니다. 하지만 나는 진리는 언제나 매우 소박하고 지극히 간단하다는 이치를 굳게 확신합니다. 진정한 '대가大家'는 분명 심오한 사상과 복잡한 법칙을 쉽고도 생동감 있는 언어로 표현할 수 있는 능력을 갖추고 있으며, 역사상으로도 그러한 예는 적지 않습니다.

주영신 교수는 젊은 교육이론가로서 이러한 목표를 향해 노력하고 있으며, 게다가 이미 자신의 스타일을 만들어냈습니다. 논술, 서정, 문답의 병용, 논리적이고 엄밀한 이성적 언어, 보통 사람들이 듣고 말하는 것에 습관화된 통속적 구어, 생각이 통통 튀며 열정이 넘치는 시구 등을 구비하여 생각이 이르는 곳, 감정이 머무는 곳, 글이 필요한 곳에 그것들을 펼쳐냈습니다. 어떤 문장은 읽을 때에는 엄숙하고 경건해지고, 어떤 것은 감탄을 금치 못하며, 어떤 것은 반복해서 음미해야 했습니다. 더욱 값진 것은, 이러한 글들이 결코 그가 고심하여 쓴 것이 아니라 천성이 이러하여 자연스럽게 드러난 것이라는 점입니다. 이러한 천성은 바로 그의 교육 사업에 대한 사랑이며 그 귀결점은 바로 국민에 대한 사랑인 것입니다.

　　어떤 스타일이 이미 사회에 만연하고 많은 사람들에게 익숙해져 그들의 잠재의식 속으로 스며들 때 또 다른 종류의 스타일이 출현하게 되는데, 초기에는 그런 스타일이 언제나 '다른 종류'(나는 잠시 '이단'이란 말을 쓰지 않겠다)'로 간주됩니다. 주 교수도 이러한 경험이 있었는지는 모릅니다. 저는 진정 설사 누군가 "이것은 논문이 아니다." 라고 하더라도 그가 흔들리지 않기를 간절히 바랍니다. 왜냐하면 학술적 생명력의 강하고 약함은 최후에 가서 사람들이 판단하는 것이지, 결코 작은 학술 그룹에 의해 단정 지어지는 것이 아니기 때문입니다. 저는 또한 그가 이 방면에서 끊임없이 단련하여 교육이론계에 신선한 바람을 계속 불어넣기를 바랍니다.

　　사람들의 생활과 밀접하게 관련되어 있는 다른 모든 사물과 마찬가지로 교육은 민감하게 시대의 흐름을 바짝 따르고 사람들의 수요에 찰싹 달라붙어 시대에 따라 달라지고 지역에 따라 맞춰집니다. 주영신 교수의 문집은 주로 그가 교육학 분야에 발을 들여놓은 때부터 2003년까지 발표한 논문과 저서들을 수록하고 있습니다. 이것은 중국 개혁개방 이래 교육영역의 이론연구와 실천과정을 반영한 것입니다.

　　"전투는 어려운 시기에는 일어나지 않는 법이다." 기본적으로 먹고 살만한 수준小康의 사회에서, 대체적으로 먹고 살만한 수준의 사회로 접어든 20여 년 동안 한도 끝도 없는 교육문제가 대량으로 나타났습니다. 이를 해결해야 했기 때문에 끊임없이 관찰하고 생각하고 연구해야 했습니다. 중국의 교육학은 이러한 과정에서 발전하고 성장하고 있습니다. 중국만의 특색을 지닌 교육학도 이러한 시기에 형성된 것입니다.

주영신 교수는 한창 나이인데다 이름인 '永新'처럼 영원히 새로울 것입니다. 백 년에 한 번 있을까 말까 한 이 기회를 절대 놓치지 말고 반드시 자신의 연구를 심화하고 넓혀 나감으로써 중국교육 사업을 위해서, 그리고 중국의 교육이론을 위해서 자신의 모든 재주와 지혜를 바쳐서 더욱 훌륭하고 많은 글을 써내길 바랍니다.

우리는 기대하고 있겠습니다.

이것으로 서序를 대신합니다.

2003년 12월 14일

日讀一卷(날마다 책 한 권을 읽는) 서재에서

흔히 교육은 '백년지대계百年之大計'라고 한다. 인재 양성은 '백 년 앞을 내다보는 원대한 계획'으로서 국가와 사회 발전의 근본 초석이 되며, 그 영향 또한 지대하기 때문이다. 그래서 어느 나라, 어느 사회, 어느 가정에서든지 교육에 대한 관심과 열정은 그만큼 뜨겁다.

중국은 유구한 역사만큼이나 교육의 역사도 깊고 그 내용도 매우 풍부하다. 특히 교육에 대한 문제의식과 문제의 해결 방법도 우리와 놀라우리만치 비슷한 점을 많이 갖고 있다. 이러한 중국의 교육제도, 교육철학, 교육이론, 교육현황 등을 살펴보는 것은 우리의 교육을 되돌아보고 가다듬는 데도 매우 유익한 일이 아닐까 여겨진다.

역자는 대학에서 '중국어교수법연구' '중국어교과교재연구 및 지도법' '중국어교육론' 등을 강의하면서 우리 사회에 중국의 교육에 대한 전문서적이 매우 드물다는 것을 늘 안타깝게 생각해왔다. 이에 대해 고민하던 중 중국 교육학 대가인 주영신 교수의 《교육문집教育文集》을 접하게 되었고, 중국교육 연구에 대한 서광을 발견한 기쁨을 느꼈다. 그의 저서는 교육 철학, 교육 사상, 교육 역사, 교육 심리, 교육 평론, 교육 수필, 교육 상담 등 중국교육 전반에 대해 체계적이고 일목요연하게 기술하여, 중국교육 연구에 대해 충분한 내재적 가치를 포함하고 있었기 때문이다.

저자 주영신 교수는 중국 쑤저우대학苏州大学 교무처장, 쑤저우시 인민정부 부시장 등을 역임하였으며, 심리학자이자 교육학자 그리고 교육 실천가로서 중국에 널리 알려진 저명인사이다. 지금은 중국의 전국 정협상위全国政协常委 민진중앙상위民进中央常委의 부위원장으로서 정치활동뿐만 아니라 교육 관련 활동으로 각계의 주목을 받고 있다. 그는 《주영신교육문집朱永新教育文集》 10권외에,《당대일본교육총서當代日本教育叢書》,《교육온라인문고教育在線文庫》 등 30여 종을 주편하였고,《신세기교육문고新世紀教育文庫》 편집과 출판을 주관하였으며, 국내외 학술 간행물에 200여 편의 논문을 발표하기도 하였다. 이 가운데서 역자는 주영신 교수의 《주영신교육문집朱永新教育文集》 10권을 번역 텍스트로 삼았는데, 그 내용은 다음과 같다.

1권:《신교육의 꿈―이상적인 도덕교육》은 도덕교육, 지식교육, 체육교육, 심미교육, 노동기술교육에 대한 이상理想과 해법을 제시하고 있으며, 이상적인 학교·교사·교장·학생·학부모 등 상호 유기적인 역할 관계를 분석하고 있다.

2권:《근원과 찬란―중국고대교육사상사》는 중국고대교육사상의 기원과 주요 특징, 이론적 기초, 고대 덕육관, 고대 교학론, 고대 교사론, 과거제도, 고대의 독서법, 서원, 몽학 등을 다루고 있다.

3권:《소통과 융합―중국근현대近現代교육사상사》는 중서中西교육사상의 교류와 융합, 양무교육사상, 유신교육사상과 중국 현대의 개성 교육, 직업 교육, 평민 교육, 농촌 교육, 생활 교육, 산 교육 사상, 그리고 혁명교육사상을 다루고 있다.

4권:《변천과 구조―중국당대當代교육사상사》는 당대 교육사상의 변천

과정, 마오쩌둥, 덩샤오핑 등 지도자의 교육이상, 당대 도덕교육사상, 당대 교육심리사상, 당대 교육개혁이론, 당대 교육발전전략, 당대 교육과학 등을 다루고 있다.

5권: 《곤경과 초월－중국교육문제 분석》은 중국교육의 성과, 학업에 대한 심리적 분석, 가정교육 문제점, 의무교육, 독서, 시험, 인터넷 등 교육문제를 분석하고 있다.

6권: 《반성과 배움－중외中外교육 평론》은 중국교육 평론에서 거시교육 정책, 중국교육 주제 연구, 지역교육 발전 연구를 다루었고, 외국교육 평론에서는 비교교육 연구, 일본교육 연구, 교육사상 연구 등을 다루고 있다.

7권: 《마음의 궤적－중국심리학 연구》는 응용심리에서 중국 고대 교육심리, 인재심리, 범죄심리, 군사심리, 의학심리, 관리심리, 꿈에 관한 학설, 근대 교육심리 사상을 다루었으며, 인물학파에서는 이정二程, 주희朱熹, 육구연陸九淵, 왕정상王廷相, 왕부지王夫之, 안원顔元, 현학자玄學者의 심리 사상을 다루었다. 그리고 종합평론에서는 지의志意의 본질, 중국인의 사회 정치 심리분석, 중국인의 '파리스 콤플렉스', 중국 고대 학자의 대뇌 연구, 중국 사회개혁 심리 연구 및 중국심리학사 연구를 다루고 있다.

8권: 《교정의 파수꾼－중국교육심리학 논문》은 '학교 심리 상담'에서 학교 심리 상담의 정의·준비·실제, 학습 심리, 진로 선택, 정신 건강, 상담의 원칙, 심리 측정, 심리 치료 등을 다루었고, '학생들과의 서신 상담'에서는 올바른 자기 인식을 위한 조언, 강한 의지를 기르는 방법,

원만한 관계 형성법, 능률 학습법 등을 다루었다. 그리고 '주영신 교수의 연구 논문'에서는 현대 학습 이론, 학습동기 소고, 협동 학습과 집단 심리학, 대학 커리큘럼의 심리적 기초 등을 다루고 있다.

9권: 《누림과 행복—중국교육수필 선집》은 성장과 깨달음, 교단에 대한 평가, 과학적 연구에 관한 이야기, 명사들과의 대화, 인터넷에 대한 단상, 교육의 법칙 등에 관한 수필들을 다루고 있다.

10권: 《시와 이성—중국교육 문답록》은 교사와의 대화, 교사의 새로운 사고, 이슈 토론, 초점 토론, 교육 방침에 관한 토론 등 질문과 응답 방식을 통해 교육에 관한 문제를 알기 쉽게 다루고 있다.

이처럼 주영신 교수의 《교육문집教育文集》 10권은 중국교육 전반에 대한 이론과 실제, 그리고 담론을 거시적인 안목으로 총체적으로 망라하고 있다. 이러한 이유만으로도 그의 저서는 중국교육 연구의 중요한 지침서가 되기에 충분하다고 생각한다. 따라서 중국교육에 관심 있는 사람이라면 누구나 일독해 볼만한 책으로 망설임 없이 추천하고자 한다.

역자로서는 중국교육에 대한 역사성, 이론성, 현실성 등을 분명하게 전달하고자 하는 원저자의 저작 의도를 최대한 존중하면서도, 이념적 배경과 사회적 환경에 의한 정서적 충돌을 줄이기 위해서 부득이하게 일부 선역과 우회적 번역이 불가피했음을 밝혀둔다. 또한 짧은 시간에 방대한 분량의 책을 번역하여 충분한 검토를 거치지 못한 상태에서 출판에 임하여, 번역의 오류와 역주의 미진한 부분들이 발견될 가능성이 높다는 점을 부인할 수 없다. 앞으로 발견되는 문제점들은 향후 철저한 수정 보완 작업을 통하여 보다 완벽한 역서로 재출간한다는 계획으로 위안을 삼고자 한다.

끝으로 이 책을 번역하여 세상에 내놓는 데는 많은 분들의 도움이 있었다. 우선 중국어 교육 등을 공부하면서 번역 수업에 함께 참여했던 교직이수 학부생, 교육대학원생, 그리고 직 간접적으로 참여했던 여러 번역자들에게 진심으로 감사드린다. 아울러 번역 교정에 수고를 아끼지 않은 성은기, 조아라, 서조원 석사생과 이경훈, 이은영, 이승매, 김영 선생에게 깊은 감사의 마음을 전한다. 또한 훌륭한 저서의 번역을 허락해주신 주영신 교수님, 중국 인민출판사 관계자에게 감사드리며, 특히 여러 가지 어려운 상황을 무릅쓰고 중국교육 관련 역서를 정성 들여 출판해주신 어문학사 윤석전 사장님과 편집부 직원 여러분께 심심한 감사를 드린다.

2009년 11월

최영준

차 례

교육의 행복을 누리다(서문을 대신하여)

삶은 교육이다.

교육은 삶이다.

삶은 교육을 떠나서 성립될 수 없으며

교육은 새로운 삶을 창조한다.

당신은 삶을 이해하는가.

당신은 어떠한 삶을 영유하고 있는가.

당신은 교육을 이해하는가.

당신은 어떠한 교육을 영유하고 있는가.

당신의 눈에 색채가 없으면

당신의 삶은 찬란하지 않을 것이고

당신의 마음에 빛이 없다면

당신의 교육은 빛나지 못할 것이다.

어떤 이는 얼굴에 미소를 띠고 태양을 품고 살아가며

어떤 이는 가슴 가득 시름을 안고 희망을 거부하며 살아간다.

거부는 거부를, 포옹은 포옹을 낳는다.

당신의 모든 것은 당신이 만든 것이다.

누림이라고 부르는 태도와

행복이라고 부르는 감각

미소 짓는 법을 배워야 삶을 누릴 수 있고

기쁨이라는 씨앗을 뿌려야 행복이라는 수확을 맛볼 수 있다.

친애하는 교사들이여

얼굴 가득한 미소로 아이들의 마음에 빛을 채워주자.

기쁨의 씨앗을 뿌려 학생들의 내일을 더욱 빛나게 하자.

우리의 마음에도 미소와 기쁨을 가득 채우자.

교육의 행복을 누리는 것은 심안을 가진 것과 같다.

아이들의 잠재력이 발휘되고

아이들의 개성이 가볍게 날아오른다.

그리고 당신은 날개를 단다.

교육의 행복을 누리는 것은 기쁜 마음을 더 가진 것과 같다.

당신은 좌절을 시련으로 여기고

어려움을 단련으로 여기며

시시각각 꽃이 피는 소리를 듣는다.

교육의 행복을 누리는 것은 창조의 열정을 가진 것과 같다.

당신의 훌륭한 수업은 끝없이 이어지고

당신의 말 한마디는 정신을 단련한다.

당신은 학교를 꿈의 공장으로 변화시킬 수 있다.

교육의 행복을 누리는 것은 삶에 시적인 정취를 더하는 것이다.

당신은 평범함 속에서 위대함을 맛볼 수 있고 실패 속에서 성취를 음미할 수 있다.

당신은 아이들의 표정을 읽을 수 있고, 아이들의 마음에 다가갈 수 있다.

그때 당신은 행복이 바로 이곳에서 넘쳐흐르고 있다는 놀라운 사실을 발견할 것이다.

01

성장과 깨달음

성장이란 도로의 연장선이며 이야기의 흥미진진한 부분이다. 또한 목가의 은은한 노랫소리이자 점차 펼쳐지는 그림, 그리고 자신과의 깊은 교감이다.

성장이란 분주한 발걸음이기도 하며 먼 여행길에 옷자락 가득 뒤집어 쓴 먼지이거나 또는 피곤함일 수도 있다. 그러나 성장은 여정 중에 잠깐 들러 쉴 수 있는 휴식처이기도 하다. 눈코 뜰 새 없이 바쁜 가운데 잠시 쉬면서 지난 일과 먼지 쌓인 오래된 기억을 정리한다고 치자. 그러면 오랜 세월 동안 마음속에 쌓아둔 체험이나 깨달음을 더욱 분명하게 기억할 수 있고 결국에는 당신의 말이나 글 속에 확고하게 자리하게 된다.

'01 성장과 깨달음'에서 이야기하고자 하는 것은 단지 작가 자신의 깨달음이 아니다. 작가가 주목하는 것은 자신만이 아닌 인류의 교육과 성장과정, 인생의 과정에 담겨진 삶의 경험이다.

교육자의 입장에서 볼 때 교육이란 '평생 성장해 나아가기 위한' 제일 좋은 방법이다. 이러한 의미에서 '01 성장과 깨달음'의 내용은 작가 자신의 생애에 근거한 교육의 '성장과 깨달음'이라 할 수 있다.

교육에 대한 나의 애정

나는 학생, 교사, 교육연구가, 교육 관리자라는 여러 역할을 맡고 있으며 이는 내가 교육과 운명적인 인연임을 보여준다.

그중에 내가 가장 좋아하는 역할은 바로 학생이다. 초등학교 시절에 나는 선생님의 판서를 베껴 쓰며 공부했고 중학교 때는 선생님의 칭찬 한마디에 가슴이 떨려 잠을 못 이루기도 했다. 대학 시절에는 교수님의 불공정한 비평에 분노하고 불평도 하는 도전적인 학생이었다. 그러나 나는 여전히 학생이라는 역할을 제일 좋아한다. 학생이라는 말은 왠지 젊고 충실하며 쉼 없이 앞으로 나가는 원동력을 느끼게 해주기 때문이다.

한편 내가 가장 자랑스럽게 생각하는 역할은 바로 교사다. 아무리 힘들고 어려운 일이 있어도 귀여운 학생들을 바라보노라면 걱정이 깨끗이 사라져 버린다. 그들의 젊음과 패기, 과감한 행동력, 창조 정신은 나에게도 좋은 영향을 미친다. 그들이 강의 시간에 열띤 토론을 벌이고 연구 과제에 참여하여 적극적으로 노력하는 모습을 볼 때마다 나는 가르치는 과정을 통해 학생뿐 아니라 선생도 같이 발전한다는 참뜻을 깨닫게 되고 선생이라는 직업의 가치와 기쁨을 체감하게 된다. 졸업한 지 수년이 지난 학생들로부터 연하장을 받으면 오랫동안 보지 못한 학생들이 당시 수업 시간에 주고받았던 말이나 정경들이 새록새록 떠올라 새삼스럽게 감동과 행복을 느낀다.

내가 가장 전념하는 역할은 바로 교육연구가다. 평범한 교사와는 달리 나는 가르치는 동시에 어떻게 하면 좋은 교사가 될 수 있고 양질의 교육을 할 수 있는가에 대해 연구한다. 이는 투철한 이성과 자각이 요구되는 작업이다. 교육의 기원을 파악하기 위해 나는 중국 고대의 교육에 대한 주요 고전을 읽고 약 80만 자에 달하는 《중국교육사상연구》라는 책을 집필했다. 또한 미국, 유럽, 일본, 싱가포르, 홍콩, 대만의 교육을 열심히 고찰한 결과 16권에 달하는 《현대일본교육연구》라는 책을 집필했다. 최근에는 《나의 교육이상》이라는 책을 출판했다. 이 책에서 나는 교육의 이상이란 도시나 시골, 혹은 총명함이나 우둔함은 물론 인품이나 인격, 생리적 요인과 심리적 요인, 지능이나 감정을 막론한 사람을 위한 모든 것이라고 주장했다. 또한 나는 모든 학생은 희망을 가지고, 모든 교사는 교육의 재미를 이해하고, 모든 학부모는 성공의 희열을 맛봐야 한다고 주장했다. 이 책은 20년간 교육을 연구해 온 내 인생의 지점이자 이상과 열정이 넘치는 교육 이야기라고 할 수 있다.

내가 가장 열정적으로 몰두하는 역할은 바로 교육 관리자다. 1993년에는 전국 최연소 대학교 교무처장이 되었다. 학교의 지원 하에 우리는 학점제, 부복수전공제, 필독 도서 목록 제정, 응용 문과 강화반 등의 개혁적인 대책을 추진해 나갔고 양호한 성과를 거두었다. 1997년 말, 나는 쑤저우蘇州시의 부시장으로서 교육, 문화 등 사회사업을 주관했다. 시위원회와 시정부의 인도 아래 빈곤층을 위한 학업 지원, 상대적으로 낙후된 학교의 개조 사업 계획, 교사와 교장 양성 사업 계획, 교육 정보화 사업 및 소질을 키워나가는 교육 사업을 추진했다. 쑤저우의 교육 상황은 새로운 세기로 나아가고 있다. 교육 관리자로서의 가장 큰 행복은 교육연구가로 일할 때 동경했던 것들이 현실이 된다는 것이다. 합법적으로 부여된 권력으로 사랑하는 도시와 교육을 위해 실제적인 일을 한다. 여기서 얻는 성취감은 다른 역할에서 느끼는 보람과는 비교할 수 없는 것이다.

허나 학생이든 교사이든 혹은 교육연구가, 교육을 관리하는 부시장 역할이든지 간에 내가 교육에 애정을 쏟는다는 사실에는 변함이 없다.

일기·햇빛·교육

　탐험대가 북극을 탐험할 때의 일이다. 대장은 대원들에게 북극 관찰 일지를 쓰는 것 외에도 날마다 태양이 비추는 경치를 내용으로 일기를 쓰라고 지시했다.

　시기를 놓친 까닭에 탐험대는 제때에 돌아갈 수 없게 되었다. 그들은 어쩔 수 없이 깜깜하고 추운 극야極夜 기간 동안 북극에 머물러야 했다. 대원들은 암흑과 혹독한 추위는 그나마 참을 수 있었지만 고독감과 적막감은 견딜 수 없었다. 그때 대장이 이렇게 말했다. "지금 모두의 일기를 검사하겠다. 순서대로 나와서 큰소리로 읽도록!" 조용한 가운데 한사람씩 태양이 비추는 경치에 관한 일기를 읽었다. 다른 사람들은 이를 들으며 마치 은빛으로 빛나는 설원과 펭귄의 무리, 북극곰이 빙산에 오르는 모습 등 햇빛이 비추는 아름다운 풍경이 눈앞에 펼쳐지는 것 같았다. 한사람씩 일기를 읽을 때마다 다른 대원들은 아름다운 풍경을 떠올리며 초조함과 근심을 말끔히 날려버릴 수 있었다. 그들의 마음속은 아름다운 풍경과 추억으로 가득했다.

　결국 길고 지루한 극야는 일기를 읽는 중에 지나갔고 오랜만에 태양이 떠올라 대원들은 환호성을 질렀다. 그들은 대장이 대원들에게 일기를 쓰게 한 깊은 마음 씀씀이를 이해하게 되었다.

　설령 끝없는 암흑과 시련에 넘어지더라도 마음속에 따뜻한 빛이 충만하다면 당신의 세계 또한 밝고 따뜻할 것이다. 만약 교사들에게 아이

들의 아름답고 귀여운 장점을 포착하여 이를 내용으로 일기를 쓰라고
한다면 그 교사의 교육 세계는 분명 온화하고 따스하며 아름답지 않을
까?

희망의 씨앗을 뿌리다

《청년박람靑年博覽》에서 판쉬안潘炫 선생이 쓴 《희망의 씨앗》이라는 글을 읽고 큰 감명을 받았다. 거기에는 다음과 같은 이야기가 실려 있었다.

오래 전 미국에서 생긴 일이다. 어느 날 한 원예소가 순백색 금잔화를 구한다며 신문에 광고를 냈다. 어마어마한 현상금이 걸린 광고는 순식간에 마을에 퍼져 그 일대를 뒤흔들었다. 일확천금을 노린 많은 사람들은 흰색 금잔화를 찾기 위해 혈안이 되었다. 허나 금색과 갈색이 아닌 드문 흰색 금잔화를 찾기란 쉬운 일이 아니었다. 결국 제풀에 지친 사람은 점차 그 광고를 잊어버리게 되었다.

그 후로 20년이 지난 어느 날 원예소에 한 통의 편지가 도착했다. 봉투 안에는 흰색 금잔화 씨앗 100개가 조심스럽게 담겨 있었다. 이는 고희를 넘긴 어느 노부인이 보낸 것이었다. 20년 전 처음 광고를 접한 그녀는 부푼 마음에 여덟 명의 딸들이 반대하는데도 불구하고 흰색 금잔화 찾기에 뛰어들었다. 그녀는 일반적인 품종의 씨를 뿌리고 정성스레 꽃밭을 가꾸었다. 1년 후 금잔화가 피자 그녀는 금색과 갈색의 금잔화 중에서 색이 비교적 연한 꽃을 골라 자연적으로 시들게 내버려둔 다음 거기서 씨를 얻었다. 다음 해 그렇게 얻어진 씨를 뿌려 꽃을 키웠다. 그리고 다시금 이 꽃들 중 색이 더욱 연한 꽃을 골라 다시 재배했다. 그러기를 20년, 그녀는 자신의 꽃밭에서 순백색에 가까운 금잔화 한 송이를 발견했다. 전문가도 해결하지 못했던 문제를 유전학이라고는 전혀 알지 못하는 노인이 풀어낸 것이다.

판쉬안 선생은 보잘것없는 씨앗도 정성을 기울여 가꾸면 비범한 씨앗이 되는 것이라고 감탄하며 정성을 들이고 심혈을 기울여 씨앗을 재배하지 않으면 아름다운 꽃을 피울 시기를 놓쳐 버릴 수 있다고 했다.

위의 이야기는 마음속에 희망을 품기만 하면 그것이 아무리 작은 씨앗이더라도 언젠가는 꽃을 피우는 기적을 낳을 수 있다고 우리에게 말해준다.

나는 교육 온라인 사이트(www.eduol.cn)에 '주영신 성공보험회사'라는 코너를 만들어 10년 동안 꾸준히 교육일기를 쓸 수 있는 사람만 가입하도록 했다. 그러자 1년이 채 안 된 시간에 많은 사람이 이곳에 가입했다. 그들이 써내려간 감동적인 일기는 바로 희망의 씨앗이 된다. 나는 그들이 20년도 지나지 않아 순백색 금잔화 씨앗을 발견한 노인보다 더욱 풍부하고 다채로운 씨앗을 만들어 낼 것임을 확신한다. 그들의 교육 생활은 더욱 위대한 기적을 만들어 낼 것이다.

세상에 연주하지 못할 곡은 없다

《광저우일보廣州日報》에 샤오윈룽蕭云龍 선생의 '모차르트의 속임수'라는 글이 실린 적이 있다.

하이든의 제자였던 모차르트는 어느 날 선생과 내기를 걸었다. 모차르트가 말하길 자신이 곡을 썼는데 이를 하이든이 절대 연주할 수 없을 거라는 것이었다.

제자의 농담이라고만 여긴 하이든은 너털웃음을 짓더니 모차르트의 곡을 받아서는 악보도 자세히 보지 않고 연주하기 시작했다. 잠시 후 하이든은 깜짝 놀라 소리쳤다. "지금 두 손이 피아노의 양 쪽 끝부분을 연주하고 있는데 어떻게 건반 중간을 치라는 음표가 나올 수 있는 것이냐?" 당황한 하이든은 연주에 성공하기 위해 온갖 기교를 동원했으나 결국 포기하고 말았다. 그는 결국 참을 수 없어 모차르트에게 말했다. "참으로 터무니없는 곡이구나. 대체 이런 곡을 누가 연주할 수 있겠느냐?"

그러자 모차르트는 잠시 미소를 짓더니 의미심장한 표정으로 의자에 앉아 피아노를 연주하기 시작했다. 잠시 후 하이든이 실패한 부분이 나왔다. 모차르트는 침착하게 몸을 앞으로 구부리고 코를 이용해 피아노를 쳤다. 이를 본 하이든은 제자의 기발함에 감탄을 금치 못했다.

머리와 손을 좀 더 쓰고 노력을 기울이면 불가능을 가능으로 바꾸는 기적을 창조할 수 있다. 이는 창조적인 사람이 공통적으로 갖추고 있는 품성이다.

인간은 때때로 자신을 속박한다. 불합리한 제도와 계속되는 실패 앞에서 우리는 쉽게 자신에게 'NO'라고 말한다. 천진난만하고 호기심 많은 학생들 앞에서 많은 교사들은 실제로 해보지도 않은 채 성급히 판단하는 우를 범한다. 깊게 생각하지 않은 채 주저 없이 'NO'라고 말함으로써 학생 앞에 '불가능'이라는 철옹성을 쌓아버리는 것이다.

이러한 교사들에게서는 모차르트 같은 천재가 결코 나오지 않는다. 학생에게 쉽게 'NO'라고 말하는 사람은 자신에게도 'NO'라고 말하기 쉽다.

성공한 사람의 본질

작년 말 싱가포르에서 열린 난펑南風유한공사의 이사장 모임에 참석했다. 석상에서 《성공한 사람의 본질》이라는 제목의 소책자를 받았다. 당시만 해도 나는 그 책이 기업가들의 그저 그런 경영 비결을 다룬 책이라는 생각에 별로 관심을 보이지 않았다. 그러다가 며칠 전에 책을 정리하면서 찾아서 한번 읽어보고 재미있는 책이라는 것을 알게 되었고 아마도 이는 난펑의 성공 지침서일 것이라고 생각했다. 이 소책자는 성공한 사람에 대한 31개의 해석을 수록하고 있는데 모두 그 나름대로 철학적 의미가 담겨있다. 나는 비록 모든 사항의 내용에 동의하지는 않지만 그 내용을 모두와 나누고자 한다. (괄호 안의 내용은 내개인적인 분석과 평론이다)

1. 성공한 사람은 기회를 만들지만 실패자는 기회를 기다린다. (나는 동의하지 않는다. 성공한 사람이 기회를 만들기는 하지만 기회라는 것은 언제 어디서든지 마음대로 만들 수 있는 것이 아니다. 성공한 사람들도 때로는 기다릴 줄 안다)

2. 성공한 사람은 자신에게 철저하지만 실패자는 제멋대로다. (기본적으로 동의한다. 성공한 사람은 일반적으로 자신에게 엄격하고 자신의 행위를 목표의 방향에 맞게 부합시킨다. 실패자는 자신에게 자유방임하며 부화뇌동하기 쉽다. 물론 성공한 사람은 사물의 규율을 중시하고 조류를 거스르지 않는다)

3. 성공한 사람은 철저하게 책임을 지나 실패자는 표면적인 책임만 진다. (동의한다. 성공한 사람들은 자신에 대해 책임을 지며 자신의 행위와 신용에 대해 책임진다. 실패자는 무난함을 추구하며 표면상의 성과와 잠시 동안의 영광만 생각한다)

4. 성공한 사람은 환경을 지배하나 실패자는 환경의 지배를 받는다. (별로 동의하지 않는다. 성공한 사람은 우선 환경에 적응을 하고 그런 후에 환경을 바꾸고 이를 지배한다. 성공한 사람이라도 환경의 힘과 필적하기 힘든 때는 환경의 지배를 받는다. 관건은 성공한 사람은 어떠한 환경에서든지 자신의 사명을 잊지 않고 자신이 추구하는 바를 포기하지 않는다는 것이다. 그의 마음은 환경의 지배를 받지 않는다)

5. 성공한 사람은 "내가 그들을 위해 무엇을 할 수 있는가?"를 생각하고 실패자는 "그들이 나에게 무엇을 해 줄 것인가?"를 생각한다. (기본적으로 동의한다. 성공한 사람은 현대사회에서 모두의 지지와 협력이 없이는 성공을 이룰 수 없으며 다른 사람을 먼저 도와야 다른 사람의 도움을 받을 수 있다는 사실을 알고 있다. 그러므로 성공한 사람들은 기꺼이 다른 사람을 돕는다. 물론 성공한 사람들은 다른 사람이 자신에게 어떠한 도움을 줄 것인지 분석하고 이용할 수 있는 역량이 있다. 실패자는 자신이 먼저 베풀지 않고 그저 다른 사람의 도움만 바라기 때문에 다른 사람의 도움과 지지를 얻을 수 없다)

6. 성공한 사람은 먼저 생각하고 행동에 옮기나 패배자는 먼저 행동한 후 나중에 생각한다. (기본적으로 동의한다. 성공한 사람은 행동하기 전에 목표를 분명히 정한다. 또한 자신이 어느 방향으로 나아가야 하는가, 어

떤 문제가 발생할 것인가에 대해 알고 있다. 실패자는 자세한 경위와 미래에 대한 결과를 고려하지 않으며 다급하게 일을 처리한다. 그러나 때로는 일의 전개 방향이 불분명하기도 하므로 항상 돌다리도 두드려보고 건너는 태도를 유지해야 한다)

7. 성공한 사람은 자신감이 있어 남을 질투하지 않으나 실패자는 열등감을 느끼며 남을 질투한다. (동의한다. 자신감은 성공의 첫 번째 전제 조건이다. 사람은 자신을 과소평가하는 경향이 있다. 나는 질투심을 세 단계로 나누어 보았다. 첫째는 질투를 하면서도 부러워하는 단계, 둘째는 질투를 하면서 걱정하는 단계, 셋째는 질투를 하면서 상대방을 몹시 미워하는 단계다. 부러움이 섞인 질투는 향상심의 표현으로 이는 긍정적이라 할 수 있다. 걱정하면서 질투하는 것은 위기감을 드러내는 행동이며 이 단계는 그다지 큰 문제가 되지 않는다. 남을 미워하면서 질투하는 것이 가장 무섭고 위험한 단계이다)

8. 성공한 사람은 다른 사람의 도움을 기꺼이 받지만 실패자는 다른 사람에게 부탁하는 것을 부끄럽게 여긴다. (동의한다. 성공한 사람은 이용할 수 있는 모든 역량을 이용하고 동원할 수 있는 모든 요소를 적극적으로 동원한다. 그의 목표는 원대하며 사람들은 모두 그와 함께 앞으로 나아가기를 원한다. 실패자는 자기 혼자서 고군분투하고 각 방면의 힘을 단결하고 노력하는데 서툴기 때문에 성공할 확률이 비교적 낮다)

9. 성공한 사람은 "나는 할 수 있다."라고만 실패자는 "나는 할 수 없다."고 한다. (전적으로 동의한다. 나는 일전에 '주영신 교육법칙'이라는 것을 만든 적이 있는데 이는 '할 수 있다고 이야기하면 뭐든지 할 수 있다.

할 수 없는 것도 할 수 있다. 할 수 없다고 이야기하면 아무것도 할 수 없다. 원래는 할 수 있는 것도 할 수 없다.'라는 것이다. 이 문장과 같이 실제로 이루어진 경우는 상당히 많이 있다. 이는 위의 7번째 조항의 자신감과도 일맥상통하는 부분이다)

10. 성공한 사람은 위기를 곧 기회라고 생각하지만 실패자는 이를 장애물로 생각한다. (동의한다. 성공한 사람은 성공의 길이 그다지 순탄하지만은 않으며 위기와 시련을 겪어야 진정한 성공을 누릴 수 있다는 사실을 알고 있다. 실패자는 위기에 대처하는 마음의 준비가 되지 않았고 여러 가지 도전을 받아들이기를 원하지 않으며 좌절하면 위축되어 앞으로 나아가지 못한다)

11. 성공한 사람은 한두 번의 좌절로 포기하지 않으나 실패자는 좌절을 쉽게 받아들이지 못한다. (동의한다. 우리의 생활은 우여곡절로 가득하다. 고생이나 갖은 풍파를 겪지 않고서는 성공에 이르기 힘들다. 그러므로 성공한 사람은 출현 가능한 여러 상황을 충분히 예측하고 의연하게 난관과 도전을 받아들인다. 실패자는 이와 반대로 어려움과 좌절 앞에서 도망치거나 겁쟁이처럼 위축되어 진일보하지 못한다)

12. 성공한 사람들은 시야가 원대하나 실패자들은 시야가 좁다. (동의한다. 성공한 사람은 눈앞의 것에 쉽게 흔들리지 않고 더 먼 곳을 내다보아 여러 가지 상황의 발생 가능성을 예측하고 그에 맞는 대책을 세운다. 실패자는 눈앞의 이익만을 보기 때문에 큰 성과를 이루기가 어렵다)

13. 성공한 사람은 자신을 있는 그대로 받아들이고 남과 비교하지 않는 반면 실패자는 종종 자신을 다른 사람과 비교한다. (나는 완전히 동

의하는 것은 아니다. 성공한 사람은 어느 방면에서는 자신을 있는 그대로 받아들이지만 한편으로는 다른 사람과의 비교를 통해 부족한 점을 발견한다. 실패자는 종종 다른 사람의 장점과 자신의 단점을 비교하고 그로 인해 자신감을 잃거나 또는 다른 사람의 단점과 자신의 장점을 비교함으로서 안하무인이 된다)

14. 성공한 사람은 문제점을 도전으로 받아들이나 실패자는 문제점을 부담으로 받아들인다. (동의한다. 성공한 사람은 문제점 앞에서 속수무책이 되는 일이 없고 문제를 냉정하게 분석하고 해결한다. 더욱이 이러한 문제를 해결하는 과정을 통해 성장한다. 실패자는 문제점이 발생하는 것을 두려워하고 문제점과 어려움에 좌절한다)

15. 성공한 사람은 자신을 존중하나 실패자는 자신을 경시한다. (동의한다. 성공한 사람은 자아를 발견하고 여러 가지 활동을 통해 자아를 표현하며 잠재능력을 개발한다. 실패자는 자신을 소홀히 여기고 경시한다)

16. 성공한 사람은 자주적이기 때문에 우세를 점하나 실패자는 피동적이기 때문에 열세에 놓인다. (동의한다. 성공한 사람은 사물의 발전 가능성에 대해 충분히 사고하고 대응책을 마련하기 때문에 주동적으로 형세를 제어한다. 이와는 반대로 실패자는 종종 피동적인 대응 상황에 놓인다)

17. 성공한 사람은 창의력이 풍부하나 실패자는 남의 의견에 맞장구를 칠뿐이다. (동의한다. 성공한 사람은 대중과 다른 것을 추구하고 대담하고 새로운 것을 좋아한다. 성공한 사람은 제일 좋은 것이 존재하는 것이 아니라 다만 더 좋은 것이 존재할 뿐이라는 사실을 알고 있다. 실패자는 남들이 가는 방향으로 쏠려가는 것을 좋아하며 눈에 띄길 원하지 않기 때

문에 많은 기회를 잃는다)

18. 성공한 사람은 다른 사람이 쉴 때도 일하나 실패자는 다른 사람이
일을 쉬기 전에 자신이 먼저 쉰다. (기본적으로 동의한다. 성공한 사람
들의 성공이란 다른 사람보다 더 많이 희생하고 더 많이 노력했기 때문에
이룩할 수 있었다. 이와는 반대로 실패자는 아무런 준비가 되지 않은 상태
에서 우연한 기적이 일어나기만을 바란다. 세상에 공짜란 없다. 그렇다고
해서 일의 효율이 일한 시간과 정비례한다고는 할 수 없지만 말이다)

19. 성공한 사람은 바쁜 중에도 짬을 내어 사고하나 실패자는 사고할
틈이 없다. (기본적으로 동의한다. 성공한 사람은 사고에 능하다. 자기의
업무 방향과 리듬에 대해 조정하며 공부나 일을 하는 와중에도 사고한다.
실패자는 매우 바쁘고 수고스럽다. 방향이 어긋나 일이 뜻대로 진행되지
않기도 하고 열심히 하지 않는다. 사고는 하되 배우지 않거나 행동으로 옮
기지 않으면 성공하기 어렵다는 것은 당연한 이치다)

20. 성공한 사람에게 예상 밖의 일은 존재하지 않지만 실패자는 예상
밖의 일에 대처하기 어렵다. (동의한다. 성공한 사람은 충분한 준비를
하고 각종 가능성에 대해 생각하고 동시에 대책을 세우기 때문에 '예상 밖
의 일'이란 이미 예견하고 있던 일 중에 하나일 뿐이다. 반대로 실패자는
가능한 일조차도 불가능하다고 생각하기 때문에 실제로 불가능한 상황이
닥쳤을 때 갈팡질팡하며 대응하기 어렵다)

21. 성공한 사람은 상황에 맞는 적절한 방법을 사용하나 실패자는 방법
이 서투르다. (동의한다. 한 가지 일을 이루기 위해서는 그에 맞는 적절
한 방법을 사용하는 것이 중요하다. 방법이란 강을 건너게 해주는 다리이

자 문을 열 수 있는 열쇠나 마찬가지다. 성공한 사람은 효과적인 방법을 이용하는데 능하지만 실패자는 알맞은 방법을 찾는데 소홀하여 종종 일을 그르친다)

22. 성공한 사람은 길을 스스로 개척하는 것이라 생각하지만 실패자는 앞으로의 길을 운명에 맡긴다. (기본적으로 동의한다. 성공한 사람은 운명이란 자신의 손에 있으며 끊임없이 노력하면 기적을 이룰 수 있고 행동하면 성공을 얻을 수 있음을 알고 있다. 그러나 실패자는 미래를 운명에 맡긴다. 운명을 하늘에 맡기는 것은 전형적인 실패자의 인생철학이다. 물론 사람은 완벽하지 못하므로 노력을 해도 결과가 바로 나타나지 않거나 때로는 진인사대천명을 생각할 수밖에 없는 경우도 있다. 그러나 포기하지 않고 노력하면 운명은 내 편이 된다)

23. 성공한 사람은 '사람'을 최고의 가치로 여기지만 실패자는 '사람'을 단지 자신의 목표를 이루기 위한 도구로 생각한다. (동의한다. 성공한 사람은 인력이 가장 중요한 자원이며 현대사회에서는 우수한 인재와의 협력이나 도움 없이는 어떠한 사업도 성공하기 힘들다는 사실을 알고 있다. 그러므로 성공한 사람은 존중, 관심, 이해가 담긴 태도로 사람을 대한다. 이와는 반대로 실패자는 사람을 수단이나 도구로 생각하고 사람보다는 일을 우선시하여 가장 중요한 시기에 인간관계가 와해되기도 한다)

24. 성공한 사람은 남을 원망하지 않으나 실패자는 잘못을 남의 탓으로 돌린다. (기본적으로 동의한다. 성공한 사람은 승패는 병가지상사이며 원망은 원망을 낳을 뿐 문제를 해결해주지 못한다는 사실을 잘 알고 있다. 관건은 잘못의 원인을 발견하여 다음부터는 같은 잘못을 되풀이하지 않도

록 하는데 있다는 것도 잘 알고 있다. 실패자는 남을 탓하며 직접 책임을 지려고 하지 않기 때문에 동료들의 지지를 얻지 못한다. 물론 성공한 사람도 성인군자가 아니기 때문에 원망할 때도 있지만 그렇게 쉽게 동료를 원망하지는 않는다)

25. 성공한 사람은 용감하게 전진하지만 실패자는 주저하고 전진하지 못한다. (동의한다. 성공한 사람은 생각은 시간과 공간을 초월하며 무한한 존재라는 것을 알고 있다. 그러므로 성공한 사람은 자신의 생각에 벽을 쌓지도 않고 탐색의 걸음을 늦추지도 않는다. 실패자는 자신의 생각에 빨간불을 켜고 장애물을 만들어 버리고는 망설이다가 종종 기회를 잃는다)

26. 성공한 사람은 자신의 삶을 영유하지만 실패자는 남의 삶을 살아간다. (동의한다. 성공한 사람은 자신의 방식대로 자신의 삶을 살아가기 때문에 남의 시선을 신경 쓰지 않는다. 실패자는 자신만의 기치를 세우지도 못하고 그저 현재의 생활에 만족하며 점점 자아를 상실해간다)

27. 성공한 사람은 암흑 뒤에는 반드시 여명이 밝아온다는 것을 믿으나 실패자는 그저 암흑만 본다. (동의한다. 성공한 사람은 여명과 암흑은 필연적으로 순회한다는 것을 알고 있으므로 여명일 때는 암흑이 찾아오리라는 것을 예측하여 이에 대비하고 암흑일 때는 곧 밝은 여명이 찾아온다는 것을 굳게 믿는다. 실패자는 인내심을 잃고 암흑의 시기를 힘들게 보내며 심지어는 여명이 찾아오기 바로 직전에 포기를 하는 경우도 있다)

28. 성공한 사람은 끝까지 견지하나 실패자는 중도에 그만둔다. (동의한다. 여명이 도래한다는 것을 믿는다면 암흑 같은 시기에도 여전히 고군분투해야 한다. 성공한 사람은 꾸준하게 견지해야 노력이 보상받는다는

것을 알고 있다. 꾸준함은 성공한 사람들의 덕목이다. 실패자는 이런 덕목을 갖추지 못했기 때문에 일은 벌이지만 결과를 놓치고 만다. 이는 밭을 갈고도 추수를 하지 못하는 셈이다. 실패자는 최후의 순간에 노력하기를 포기하기 하기 때문에 실패한다)

29. 성공한 사람은 일반 사람과 다르지만 실패자는 똑같다. (기본적으로 동의한다. 성공한 사람은 자신만의 특색과 개성이 있다. 자신만의 특색을 가지고 모진 풍파를 이겨낸다면 최후에 웃는 자가 될 수 있을 것이다. 실패자는 특색이 없어 많은 사람 사이에 묻혀 버리기 때문에 실패한다)

30. 성공한 사람은 문제점을 해결하지만 실패자는 문제점에 잠식당한다. (동의한다. 문제점은 성공한 사람이나 실패한 사람이나 공평하게 주어진다. 그러나 이를 해결하는 태도와 방법은 전혀 다르다. 성공한 사람은 문제를 철저하게 분석하고 모든 역량을 동원하여 문제를 해결한다. 그러나 실패자는 문제점을 만나면 매우 당황하여 아무런 손을 쓰지 못하고 결국에는 문제점에 잠식당한다)

31. 성공한 사람은 자신이 바뀔 수 있고, 진보하며 성장할 수 있다고 믿지만 실패자는 그렇게 생각하지 않는다. (동의한다. 나 자신을 바꿀 수 있는 사람은 자신뿐이다. 사람은 위대해질 수도 있고 보잘 것 없는 사람이 될 수도 있다. 성공한 사람은 부단히 노력하고 끝까지 포기하지 않으면 언젠가는 진보하며 성장하게 된다는 기본적인 신념을 가지고 있다. 이와는 반대로 실패자는 운명에 맡기고 변화의 가능성을 믿지 않는다. 그러므로 자신도 변화하지 못하고 진보와 발전의 가능성마저 잃어버리게 된다)

성공의 공식

나는 어릴 때부터 유명한 작가를 존경해왔기 때문에 그들의 전기를 읽는 습관을 길러왔다. 그러나 유명 작가들에 대해 아직 모르는 부분이 많은 상태에서 어느 샌가 나 자신이 '유명한 작가'로 불리게 되었다.

이름 모를 독자들이나 기자들이 나에게 묻는 각종 질문 중에 가장 곤혹스러운 것은 "당신의 성공비결은 무엇입니까?" 같은 질문이다. 속으로는 벌벌 떨고 있지만 (누군가의 성공의 법칙이 모든 사람에게 똑같이 적용될 수는 없으며 게다가 나는 성공을 했다고 할 정도는 못된다고 생각한다) 어쩔 수 없이 대답하긴 했다. 줄곧 대강대강 대답을 해 오던 나는 시간이 지나면서 이게 관해 심각하게 생각하기 시작했다. 나의 졸작 《EQ적인 요소와 학습》이 그나마 부족한 답안이 되어줄 것이라고 생각한다.

나는 옌궈차이燕國材, 위안전궈袁振國 선생과 함께 이 책에서 $A = f(I, N)$이라는 성공의 공식을 제시했다. 기타 조건이 동일한 상황에서 성공(성취) = 지능×EQ적 요소라는 공식이 성립된다는 것이다. 만약 EQ적 요소(품행, 흥미, 감정, 의지, 성격 등)를 충분히 발휘한다면 비록 지능이 다소 낮더라도 성공할 수 있다. 이와 반대로 만약 EQ적 요소의 작용을 배제한다면 지능이 높더라도 성공할 수 없다.

당신이 믿거나 말거나 EQ적 요소의 기능을 인식하는 것에는 중요한 의의가 있다. 인간의 발달 과정에서 EQ적 요소는 연령이 높아짐에 따라 더욱 중요하다. 만약 초등학교 때 지능이 학업에 중요한 영향을 끼친다면, 중고등학교, 대학교 때 가장 관건이 되는 요소는 바로 EQ적 요소일 것이다. 정신박약 등의 특수한 경우를 제외하면 모든 사람들의 성공 확률은 거의 비슷하다고 볼 수 있다. 심리학적 관점에서 볼 때 사람의 지능은 정규적인 분포 형태로 나타난다. 지능이 불변하는 것이라면 EQ적 요소는 변수라고 할 수 있다. 그러므로 사람에 따른 성공의 차이는 EQ적 요소에 따라 어느 정도 결정된다.

그러므로 부모와 교사는 아이들의 지능을 개발해 주는 동시에 EQ적 요소의 개발을 절대 소홀히 해서는 안 된다. 아이들이 원대한 목표와 다양한 흥미, 적극적인 감정, 굳건한 의지, 독립적인 성격을 갖도록 지도해야 한다. EQ적 요소를 개발하기 위해 노력한다면 성공한 사람의 대열에 오를 수 있을 것이다.

성공의 6가지 덕목

믿음, 바람, 애정, 배움, 생각, 꾸준함은 성공의 6가지 덕목이다. 이는 내가 생각해낸 것이 아니라 일본에서 연구할 때 지도교수였던 시노다 유시로篠田雄四郎 교수님께서 가르쳐 주신 믿음, 바람, 애정이라는 덕목에 내가 나머지를 덧붙인 것이다. 지금부터 나의 6가지 덕목에 대한 이해와 경험을 독자들과 나누고자 한다.

믿음

믿음이란 신념이자 자신감이며 확신이다.

신은 불공평하기 때문에 사람들은 모두 제각각이다. 외모가 수려한 사람이 있는가 하면 그렇지 못한 사람도 있으며 재능이 뛰어난 사람이 있는 반면 그렇지 못한 사람도 있다. 심지어는 장애를 안고 살아가는 이도 있다. 그러나 신은 공평하기 때문에 우리 모두에게 성공의 비결과 요소를 나누어 주셨다. 누구든지 노력하기만 하면 눈부신 인생을 향유할 수 있다. 중국 난징의 청각장애자 저우팅팅周婷婷은 열심히 노력해서 미국의 유명한 대학의 대학원생이 되었으며 지적장애자 단단舟舟은 유명한 지휘자가 되었다. 나는 모든 사람이 다 자신만의 재능을 가지고 있고 훌륭한 인물이 될 수 있다고 생각한다. 호랑이는 죽어서 가죽을 남기고 사람은 죽어서 이름을 남긴다는 말처럼 우리도 인류 발전의 역사에 이름을 남길 수 있다. 만약 당신이 이러한 것을 이루지 못했다면 자신감이 없고 충분한 노력을 하지 않았기 때문이다. 링컨이 말한 것처럼 사람은 10세 이후의 자신의 얼굴에 책임을 져야 한다. 10세 이후의 얼굴은 유전과 관계없이 자신이 만들어 낸 자아의 형상이기 때문이다. 자아의 형상이란 매우 중요하다. 본래 모든 사람은 성공해야만 하고, 성공할 수 있지만 결과적으로는 모두가 다 성공할 수는 없다. 그 이유는 무엇인가? 그것은 성공의 비결을 발견하지 못하고 자신 있게 미래를 포용하지 못함으로 인해 자아를 형상화하지 못했기 때문이다.

자아는 인간이 발전하는 데 매우 중요하다. 수많은 과학자와 발명가는 성공의 제일요소로 자아를 꼽는다. 에디슨Thomas Edison은 자신감이 성공의 첫 번째 요소라고 했다. 미국 성공학계의 주요 인물인 나폴레옹 힐Napoleon Hill은 자신감을 거듭 강조했다. 그는 자신감이란 생명의 힘이자 창조의 근원이며, 믿음이란 바로 기적이라고 했다. 나 또한 자신감이 성적에 영향을 주는 중요한 요소라고 생각한다. 나는 《열등생의 심리와 교육》이라는 연구 과제를 담당했을 때 다양한 심리학적 조사와 테스트를 통해 열등생과 우등생의 학업 성적의 차이가 지능이 아닌 자신감에 달려 있다는 사실을 발견했다. 열등생은 자신이 바보이고 공부를 잘할 수 없다고 생각하며 자신의 기억력을 의심하는 결과를 보였다. 사람은 일단 자신감만 있으면 기적을 일으킬 수 있다. 일본의 한 능력개발연구소 소장은 저명한 심리학자로 주로 인간의 능력을 개발하는 데 노력하는 인물이다. 그는 초등학교 때 500명의 학생 가운데 470등이라는 성적을 받는, 누가 봐도 명백한 열등생이었으나 훗날 일본의 저명한 심리학자이자 능력개발연구소의 소장이 되었다. 이곳에 자신을 개발하러 온 사람들에게 그가 제공하는 것은 그저 자신감을 세울 수 있도록 도와주는 것뿐이다. 그가 470등을 했을 때 그의 부모는 실망하기는커녕 늘 그랬던 것처럼 일요일에 산으로 놀러갔다. 산에 올라간 그는 새총을 정확하게 조준하여 작은 새를 잡았다. 보통의 부모라면 이를 보고 "공부는 그렇게 못하면서 새는 잘 잡는구나!"라고 했겠지만 그의 부모는 "관찰력이 좋고 행동이 민첩하구나. 이것은 학습의 가장 중요한 기초란다."라고 말하고 일부러 그에게 져 주었다. 그리고 "참 대단하다. 이렇게 짧은 시간 동안 새를 잡는 법을 배우다니."라고 칭찬했다. 그의 부모는 이러한 소소한 일들을 통해 아들의 자신감을 키워주었고 그는 하루가 다르게 성장할 수 있었다.

다른 사람과 공동으로 집필한 《남녀 차이에 대한 심리학》에서 나는 남자와 여자의 차이를 연구했다. 우리 사회를 가만히 살펴보면 고위 공직자 중에는 남성의 비율이 현저히 높은 것을 알 수 있다. 따라서 여성이 남성보다 더 많은 노력을 해야 성공할 수 있다. 생리학적인 남성과 여성의 비율은 반반인데 왜 사회적인 성공을 이룬 여성의 수는 드문 걸까? 나는 그 이유를 여성에게 자신감이 부족해서라고 생각한다. 사람이 태어나면 우리 사회는 서로 다른 기준을 적용하여 남자아이와 여자아이를 키운다. 남자아이들은 비행기, 무기, 총을 가지고 놀고 여자아이들은 인형을 가지고 논다. 장난감은 아이를 향한 사회와 부모의 기대치에 비례한다. 남자아이들은 왜 인형을 가지고 놀지 않는가? 남자아이들의 장난감은 강하고 활동적이며 개방적인 반면 여자아이들의 장난감은 부드럽고 정적이며 폐쇄적이다. 장난감을 통해 사회적 성역할을 알 수 있다. 남자아이는 굳세며 개방적, 활동적이고 여자아이는 온화하며 조용하고 폐쇄적이라는 것이다. 같은 개구쟁이라도 남자아이는 주위에서 개의치 않는 반면 여자아이는 꾸중을 듣는다. 이처럼 남녀의 차이는 인공적이며 사회의 가치관의 영향을 받는 것이지만 많은 여자아이는 이로 인해 자신감을 상실하게 된다. 보편적으로 여자아이들은 고학년이 될수록 성적이 떨어지는 경향을 보인다. 여자아이는 월경을 시작하면서 생리적으로 불편하고 긴장하며 두려움을 느끼게 되고 치장하는 것을 좋아하게 되어 공부에 전념하지 못한다. 남자아이들도 여자아이들과 비슷한 시기에 몽정 등 2차 성징이 나타나면서 생리적인 변화가 일어나고 마찬가지로 자신을 치장하기 시작한다. 우리 아이도 예전에는 옷에 신경을 쓰지 않다가 고1이 되고부터는 옷에 신경을 쓰며 여자들이 자신에게 관심이 있는지 없는지를 신경 쓰기 시작했다. 이는 자연스러운 변화다. 그러나 이 시기에 남자아이들은 성적이 오르는 반면 여자아이들은 오히려 떨어지는 이유는 무엇일까? 중요한 원인은 바로 자신감에 있다. 여자아이들은 태어나면서부터 '여자니까 안 된다.'라는 말을 들으며 자라고 남자아이들은 '남자니까 뭐든지 된다.'는 말을 듣고 자란다. 거짓말도 천 번하면 진리가 되는 법. 일종의 자기 암시 효과다. 우리는 사회적인 암시를 자기 암시로 바꿔버린다. 여자아이들은 정말로 자신은 안 된다고 생각하고 의지를 잃어버려 퇴보하게 되나 남자아이들은 정말로 자신은 뭐든지 할 수 있다고 생각하고 희망을 가져 점점 발전해나간다. 그러므로 자신감은 성공에 매우 중요한 요소이다.

남녀의 차이는 주로 다음과 같은 형태로 나누어진다. 첫째, 여성은 언어적 표현 능력이 남성보다 뛰어나며 남성은 공간 인식 능력이 여성보다 뛰어나다. 둘째, 남성은 수학, 기하학 방면이 우세하고 여성은 문학, 작문, 회화 방면이 우세하다. 이는 과학적 근거가 뒷받침되는 사실이고 사실 이것 외에는 남녀 간의 차이가 그다지 크지 않다. 그러므로 나는 여성이 자신을 믿어야 한다고 생각한다. 주위 사람이 이러쿵저러쿵 이야기하는 것에 신경 쓰지 말고 자신감을 강화시켜야만 더 크게 발전할 수 있다.

'할 수 있다고 생각하면 안 되는 것도 할 수 있고, 할 수 없다고 생각하면 될 것도 안 된다.'는 말은 교육의 진리와도 같다. 학생들을 가르칠 때는 끊임없이 격려해야 우수한 인재가 될 수 있다. 많은 교육의 기적들은 바로 이렇게 탄생했다. 우리는 종종 "나쁜 교사는 있어도 나쁜 학생은 없다."라고 말하는데 정말 그렇다. 작년에 나는 베이징의 어떤 어머니가 뇌성마비로 몸이 부자유스러운 아이를 끊임없이 훈련시켜 대학 입시 중 영어와 수학에서 1등을 차지했다는 이야기를 읽은 적이 있다. 이는 우리가 인내심을 가지고 성공을 믿으면 꿈을 현실로 바꿀 수 있다는 사실을 보여 준다.

아이들의 입장에서는 이러한 이야기가 믿어지지 않을지도 모르지만 선생님이나 부모님이 나무랄 때 고개를 들고 가슴을 펴고 "나는 할 수 있다. 언젠가 모두에게 보여줄 것이다. 오늘 안 되면 내일 되게 하고 내일 안 되면 모레 되게 하겠다."라는 마음으로 자신감을 가진다면 반드시 성공할 수 있다. 내가 아는 어떤 박사는 중학교 때 선생님에게 고집 불통이라는 말을 들었지만 열심히 노력해서 성공을 이루었다. 세상에 당신을 구해줄 사람은 아무도 없다. 당신만이 자신을 구할 수 있다. 그리고 자기 자신을 구하기 위한 유일한 방법은 바로 자기 자신을 믿는 것이다.

바람

바람은 희망이자 이상, 지향이다.

당신이 이 세상에 존재하는 이유는 무엇인가? 당신의 사명, 그리고 인생의 가치는 무엇인가? 예전에 희망과 이상에 대해 중학생들과 함께 이야기한 적이 있는데 그 아이들의 유일한 이상은 바로 좋은 대학에 진학하는 것이었다. 물론 좋은 대학에 가는 것은 우리의 희망이자 이상의 하나라고 할 수 있다. 그러나 인생 목표가 단지 좋은 대학에 가는 것에만 머물고 만다면 그 인생은 매우 비참할 것이다. 현대 사회 교육의 가장 큰 문제점은 학생들의 목표가 좋은 대학에 들어가는 것에만 고정되어 있다는 것이다. 좋은 대학에 가면 목표가 실현되는 것이기 때문에 일류 대학에 합격만 했다 하면 난리가 난다. 하버드 대학, 베이징 대학, 칭화 대학에 합격하는 것이 뭐가 대단하단 말인가? 나는 평범한 대학을 나왔지만 부단히 노력해 상하이의 퉁지同濟 대학에서 박사 과정을 공부했고 박사 학위를 따고 난 후에는 푸단復旦 대학에서 강사와 교수로 재직했으며 칭화 대학에서 강의를 했다. 비록 칭화 대학의 학생이 되지는 못했지만 그 곳의 선생이 될 수 있었다. 그러므로 우리는 목표를 단지 좋은 대학에 들어가는 것에 맞출 것이 아니라 더 빛나는 인생을 목표로 세워야 한다.

목표를 정하는 것은 매우 중요하다. 같은 시를 외우더라도 단지 시험을 위해서 외우는 것과 평생 동안 암송하기 위해 외우는 것은 엄연히 다르고 후자의 경우가 더 오랫동안 기억에 남게 된다. 나는 학생들을 세 조로 나누어 암기자료를 외우게 했다. 첫 번째 조에게는 자료를 여러 번 자세하게 읽으라했고 두 번째 조에게는 다음 주에 시험을 볼 것이니 자료를 외우라고 했다. 세 번째 조에게는 다음 주 시험을 볼 뿐만 아니라 앞으로도 영원히 자료의 내용을 잊어버리지 말라고 당부했다. 1개월 후, 두 번째 조의 10%에 못 미치는 학생이 자료를 외운 것에 반해 세 번째 조에서는 50%의 학생이 자료를 암송했다. 이는 목표가 설정된 위치에 따라 어떤 결과가 발생하는지를 잘 보여준다. 그러므로 우리는 앞을 멀리 내다보고 목표를 세워야한다. 더욱 멋지고 우수한 삶을 살며 자신의 잠재력을 최대한 발휘해야 한다. 최고의 자리는 극소수로 한정되어 있으므로 모든 사람이 다 최고가 될 수 있는 것은 아니다. 그러나 애초부터 최고가 되겠다는 생각을 하지 않는 사람은 영원히 최고가 될 수 없다. 그러므로 나는 모든 사람들이 목표를 정할 때 더욱 높은 인생의 목표, 경계, 추구하는 바를 세우기를 바란다. 좋은 대학에 가는 것은 단지 조그만 시작에 불과할 뿐이다.

희망은 인생의 등대이며 이상은 힘의 원천이다. 그러므로 우리는 자신의 인생의 이상을 세우고 더욱 열심히 노력해야한다. 목표가 끊임없이 변화함에 따라 우리는 성장하고 진보하며 그에 따라 목표 또한 계속 변화된다. 그리고 마음속에는 항상 이상과 희망의 빛이 있어야한다. 빛을 마음에 품고 전진하다보면 언젠가 빛의 근원에 다가가게 되고 결국에는 빛과 동화되어 자신도 빛과 같이 빛날 수 있을 것이다. 설령 빛과 동화되지 못하더라도 동화되기 위해 노력하는 과정 중에 깨달음을 얻게 될 것이다.

도쿠다 도라오德田虎雄라는 일본 학자가 지은《기적을 일으키는 행동철학》이라는 책이 있다. 이 책에서 그는 자신의 성장과정을 이야기한다. 그는 일본 농촌에서 태어났고 성적이 뛰어나게 좋은 학생은 아니었으나 고등학교 때 일본 의학사를 바꿀 인물이 되겠다는 뜻을 세우고 삼수 끝에 자신이 원하던 와세다 대학 의예과에 들어갔다. 그는 배움에 굶주린 사람처럼 공부했고 자신의 이상을 잊지 않았다. 또한 매일 아침 거울을 보며 10년 후 의학계의 혁명가가 되어있을 자신을 상상했다. 결국 10년 후, 그는 일본에서 제일 유명한 의학계의 청년 혁명가가 되었다. 불가능하다고 생각하는 많은 일들도 노력하고 끝까지 해내면 가능으로 바뀐다. 그러므로 자신의 능력이나 업적을 과소평가하지 말아야 한다.

애정

애정은 사랑이자 동정심, 정의감이다. 애정은 사람이 편안하게 살아가기 위한 근본이며 애정이라는 감정은 모든 긍정적인 감정의 원천이다.

우리는 애정을 얼마나 가지고 있는가? 주위의 친구들, 선생님, 부모님 그리고 공부에 이르기까지 얼마나 큰 애정을 가지고 있는가? 러시아의 교육가 수호믈린스키B. A. Сухомлинский는 그의 학교 교문에 "어머니를 사랑하자!"라고 쓰인 눈에 띄는 표어를 붙여놓았다. 당시 사람들은 그와 같은 교육가가 왜 보잘 것 없는 표어를 붙여놓았는지 이해할 수 없었다. 그러나 사실 어머니를 사랑하는 것이 쉬운 일은 아니다. 어머니에게 상냥하게 대하지 않고 잔소리꾼으로만 생각하는 사람이 분명 적지 않을 것이다. 어머니에 대한 애정은 우리가 더 나아가 인류를 사랑하고 다른 사람, 그리고 조국을 사랑하기 위한 힘의 원천이 된다. 애정이 없는 사람에게는 장래성과 비전도 없다. 애정을 가지고 있어야 인생을 즐길 수 있고 인류의 위대함을 느낄 수 있다.

애정은 선량함의 근본이다. 어떤 이는 사람이 너무 선하면 쉽게 속고 손해를 본다고 하지만 나는 그렇게 생각하지 않는다. 진정으로 선한 사람이란 바로 진정한 애정을 가진 사람이고 이런 사람만이 비로소 다른 사람의 애정과 도움을 누릴 수 있다. 집단생활 속에서 단체를 떠나 홀로 성공하는 것은 매우 어렵다. 통계에 의하면 초기 노벨상 수상자는 대부분이 개인 혹은 소집단이었지만 현대의 노벨상 수상자는 개인보다는 단체 혹은 수백 명의 사람들이 하나의 문제를 가지고 연구하는 경우가 많다. 물론 최후의 수상자는 대표자이지만 말이다. 우리의 생활은 서로 의지하며 관련된 사회에서 이루어진다. 양호한 인간관계가 없으면 빛나는 미래를 얻기 어렵다. 심리학에서는 사람의 유형을 누구나 다 좋아하는 '호감형'과 모두에게 미움 받는 '비호감형'으로 나눈다. 우리는 모두 호감형이 되기를 원할 것이다. 호감형이 되기 위한 중요한 전제 조건은 바로 애정이다. 애정이 있는 사람은 타인에게 자상하고 다른 사람을 잘 이해하며 다른 사람이 도움을 필요로 할 때 기꺼이 손을 내밀어 도와준다. 그러므로 다른 사람을 사랑하는 법을 배우는 것은 사람이 되기 위한 전제 조건이며 성공의 중요한 요소이다. 사람뿐 아니라 일과 학업도 사랑해야 한다. 공부하기 싫어하는 사람은 좋은 성적을 얻을 수 없다.

물론 공부를 하면서 흥미를 느끼는 것도 매우 중요하다. 흥미를 느끼지 못하면 즐거움이 없다. 당신은 매우 어려운 문제를 해결했을 때나 자신 있게 글을 쓴 후에 큰 기쁨과 만족감을 느낄 것이다. 공부나 일을 하는 데에는 애정뿐 아니라 즐거움도 필요하다. 내키지 않는데 강압적으로 공부하는 사람은 공부에 대한 애정과 즐거움이 전혀 없을 것이다. 당신이 공부를 사랑하지 않으면 공부도 당신을 사랑하지 않을 것이며 그렇게 되면 당신은 결코 좋은 성적을 거둘 수 없다. 2차 대전 때 독일군이 혁명가들을 잡아들여 특별 감옥에 가둔 적이 있었다. 특별 감옥이란 다른 사람과 이야기할 기회가 주어지지 않고 햇빛도 들지 않는 깜깜하고 축축한 작은 독방이었다. 수감자들은 이 감옥 안에서 매일같이 기계적이고 단조로운 일, 즉 바구니 짜는 작업을 반복할 뿐이었다. 몇 개월 후 몇몇 수감자들은 초췌해지고 우울해하며 정신병이 생기고 심지어는 사망에까지 이르게 되었다. 4년이 지나 단 한사람만이 살아서 감옥을 나왔는데 그는 얼굴에 홍조를 띨 정도로 매우 건강한 모습이었다. 그는 바구니를 짜는 작업에 애정을 가지고 있었기 때문에 건강하게 살아남을 수 있었다. 그는 방법을 궁리해 여러 디자인의 바구니를 만들었고 바구니를 짜는 단순한 작업을 기쁘게 받아들인 것이다. 그는 바구니를 비롯한 편직 작업에 흥미를 느껴서 건강하게 수감 생활을 마칠 수 있었을 뿐 아니라 후에 유명한 편직사가 되었다.

그러므로 우리가 겉으로 보기에 매우 무미건조한 일일지라도 그 일에 내재된 매력과 미를 발견하면 삶의 아름다움과 학습의 즐거움을 느낄 수 있을 것이다. 공부란 우리가 생각하는 것만큼 고통스러운 일이 아니다. 그러므로 자신이 즐겁게 공부할 수 있는 이유와 그 방법을 생각하고 공부 자체를 즐겨야 한다. 나는 당신의 선생님이 수업시간 및 과외활동을 할 때 모두가 즐겁게 공부할 수 있는 환경을 제공해 줄 수 있기를 바란다. 동시에 당신도 자신의 흥미, 특기를 살려서 더욱 열심히 즐겁게 공부해야한다. 이것이 바로 당신의 학습과 앞으로의 인생에 중요한 감정적인 요소인 애정이다.

배움

배움은 학습을 뜻한다.

교육에 있어서 배움이란 인생의 기초를 닦는 단계이다. 학생들은 학창시절에 영어 문장을 비롯한 시나 문장을 되도록 많이 암송하는 것이 좋다. 나는 영어권 사람들과 빈번하게 교류했고 많은 영문서적을 번역했다. 하지만 한 가지 아쉬운 점이 있다. 영어로 된 글은 외우지 않았기 때문에 영어로 된 문장은 쓸 수가 없다는 점이다. 우리말로 된 문장이나 어구는 자유자재로 쓸 수 있지만 영어로는 어떻게 써야할지 모르겠다. 예를 들어 베이컨의 '아는 것이 힘이다.'라는 명언도 영어로는 정확하게 표현할 수 없다. 그러므로 중학생들은 기초교육의 전반단계에서 기본을 확고하게 다지기를 바란다. 이는 앞으로의 인생에 큰 도움이 될 것이다.

학습을 잘하고 못하고는 매우 중요하므로 중요한 요점을 잘 파악하도록 한다. 또한 중요한 요점은 시간을 투자할 가치가 있는 것이므로 자신의 시간을 들이는 것을 아까워하지 말아야한다. 학습에 있어서 중요한 것은 고전을 경시하지 말아야 한다는 것이다. 나는 인문과학의 모든 내용이 고전 작품 속에 들어 있다고 생각한다. 예를 들어 《노트르담의 꼽추》는 어느 것이 아름다움이고 추함이며 어느 것이 선함인지에 대해 이야기 해 준다. 다양한 학문분야는 높은 단계로 갈수록 서로 통하는 부분이 있다. 그러므로 우리는 학습을 사랑해야 하고 배우는 것에 능해야 하며 자신의 일생에 진정으로 유용한 것이 무엇인지 파악해야 한다. 또한 학습을 할 때는 학습의 규칙을 파악하는 것에 주의해야 한다. 예를 들어 기억에도 규칙이 있다. 사람의 기억력은 큰 차이가 없다. 기억력이 좋다고 잘 외우는 것도 아니고 기억력이 나쁘다고 특별히 못 외우는 것도 아니다. 심리학 방면에서는 이과 관련된 전문연구가 활발히 진행되고 있다. 한 편의 자료를 외우기 위해 어떤 사람은 10번을 읽고, 어떤 사람은 20번을 반복해서 읽어 내용을 암기한다. 당신이 자료의 내용을 한 번 보면서 바로 암기를 시작한다면 어느 정도의 내용을 외울 수 있을 것이다. 그런 후 외우지 못한 부분을 다시 한 번 보면서 암기하면 원래는 10번을 읽어야 기억할 수 있는 내용을 3번 만에 기억할 수 있다. 사회에 진출하려는 사람에게 있어서 학습이란 더욱 중요하다. 나는 학교 성적도 좋았던 우수한 아이들이 사회에 진출하고 나면 책이나 신문을 읽지 않게 되는 것을 이상하다고 생각한다. 이러한 사람은 학습의 본질을 제대로 파악하지 못한 사람이다. 학습에 있어 가장 중요한 것은 지식을 탐구하는 습관을 배양하는 것이다. 현대사회는 정보화 사회이기 때문에 평생 공부하는 습관과 능력이 사람이 생존하고 발전하는데 있어서 매우 중요하다고 할 수 있다.

생각

생각은 사고이다.

배워도 생각하지 않으면 의미가 없다. 생각이란 무엇인가? 우리는 다양한 측면에서 '생각'이란 무엇인지 고찰할 수 있다. 심리학적 관점에서 볼 때 사고의 과정은 현상에서 본질에 이르는 과정이며 사물 간의 내부적인 관계를 발견하는 것이다. 심리학적 해석으로 볼 때 사고의 과정은 사물의 규칙을 파악하는 과정이며 감성적인 것을 고도의 이성적 단계로 향상시키는 과정이다. 생각한다. 고로 나는 존재한다. 중요한 것은 하나의 문제를 보고 관련 내용을 유추할 수 있는가, 현상에서 본질까지 두루 살필 수 있는가, 사물 간의 내재된 관계를 파악할 수 있는가, 자신의 행위를 반성할 수 있는가 하는 점이다. 생각하는 사람에게 있어서 반성과 사색은 매우 중요한 심리적 활동이다.

　사고는 객체적 사고와 주체적 사고로 분류된다. 객체적 사고란 학습을 하면서 학습의 대상 간의 관련성을 수립하는 것으로 지식은 머릿속에서 고립되면 안 된다. 이는 사고의 중요한 지표이다. 많은 사람들이 기억을 잘 못하고 지식이 필요한 순간에 자신이 공부한 지식을 기억해내지 못한다. 사실 학습에 필요한 자료는 모두 머릿속에 들어있다. 이는 옷장에 비유할 수 있다. 사고에 능한 사람은 양말은 양말끼리, 바지는 바지끼리 종류별로 서랍에 정리해놓는 사람이다. 이러한 사람은 양말이 필요할 때 서랍에서 손쉽게 양말을 꺼내 신는다. 사고에 능하지 못한 사람은 옷을 정리하지 않고 마구잡이로 서랍 속에 쑤셔 넣는 사람이다. 이런 사람은 양말이 필요해도 어디에 있는지 몰라 옷장 전체를 다 뒤져야한다. 위의 두 종류의 사람의 가장 큰 차이점은 전자는 효율적으로 기억하기 위해 습득한 지식을 자신만의 소화, 이해 과정을 거쳐 연관성을 성립시킨다는 것이다. 이는 중요한 학습 전략이자 방법이다. 그러므로 자신만의 창조적인 지식의 도표를 만드는 것은 효과적인 공부에 필요한 과정이라고 할 수 있다. 나는 대학시절에 종종 지식의 도표를 만들었다. 다른 학생들은 내 도표가 유용했기 때문에 이를 베끼면서 기뻐했지만 실제적으로 그들에게 많은 도움을 주지는 못했다. 이는 그들이 직접 만든 것이 아니기 때문이다. 표를 직접 만든 나는 각 항목이 나타내는 의미를 확실히 알고 있었지만 그들은 몰랐다. 모든 지식은 자신만의 소화 과정을 거쳐야 자신만의 지식이 되는 것이다. 이것이 바로 객체적 사고이다.

주체적 사고란 반성과 사색이라고 할 수 있다. 효과적인 학습을 위해서는 연구를 해야 한다. 학술상의 연구뿐 아니라 어느 시간대가 가장 효율적인 공부시간인지, 왜 어떤 문제는 쉽게 풀리고 어떤 문제는 까다로운지에 대해서도 생각해야 한다. 또한 자신이 오늘 과연 노력을 했는지 아닌지 시간 낭비를 하지 않았는지도 생각해야 한다. 이것이 바로 반성과 사색이다. 그러므로 나는 일기 쓰는 것을 매우 높게 평가하고 적극 장려하고 있다. 일기는 작문 실력을 높여줄 뿐 아니라 사람의 성장에 도움을 주는 매우 유용한 도구이다. 또한 일기를 쓰는 것은 현실의 자신과 이상 속의 자신과의 대화이다. 이상 속의 나는 현실 속의 자신이 앞으로 나아가고 게으름을 극복할 수 있도록 끊임없이 격려하고 자아성찰의 능력과 습관을 배양한다. 이를 통해 자신의 생활과 학습에 존재하는 부족한 점과 문제점을 발견하게 된다. 현재 고등학생인 나의 아들은 초등학교 때부터 책을 한 권 썼고 중학교 때 책을 출판하여 번 돈으로 영국으로 여행을 다녀왔다. 그리고 여행을 다녀온 경험을 바탕으로 많은 기행문을 썼다. 또한 《문회보文匯報》 등의 신문에 글을 발표하기도 했다. 사람들은 아들이 어떻게 글을 잘 쓰는지 묻곤 하는데 여기에는 특별한 비결이 있는 것이 아니다. 단지 독서, 특히 고전을 읽는 것을 좋아하고 일기를 쓰기 때문에 글을 잘 쓸 수 있는 것이다. 어떤 사람은 쓸 만한 것이 없다고 이야기한다. 왜 쓸 것이 없다고 하는가? 만약 당신이 같은 반 친구들에 대해 글을 쓰려고 한다면 한사람씩 자세히 관찰하고 각자의 개성과 특징을 파악해야 한다. 만약 정말 쓸 것이 없다면 주위의 사물을 관찰하고 있는 그대로 쓰도록 한다. 개와 고양이가 어떻게 싸우는지, 어떻게 귀여움을 독차지 하려고 하는지에 대해 써도 무방하다. 이는 분명 매우 생동감 있고 재미있는 글이 될 것이다. 나는 아들을 이렇게 가르쳤고 아들은 자신의 생활, 자신의 희로애락을 느낀 대로 썼다. 아들의 책은 초등학생과 중학생들에게 많은 인기가 있어 출판한 지 두 달 만에 15,000권이 매진되었다. 아들은 중학생의 삶을 글로 생생하게 표현했다. 컴퓨터 게임을 하고는 《나를 웃기고 울리는 컴퓨터 게임》이라는 글을 썼고 농구를 하고는 《드림팀》이라는 소설을 썼다. 아이들이 생각하고 겪은 일들은 그들의 일기와 글 속에 모두 담겨 있다. 일기를 쓰고 자신을 되돌아보고 사색하는 것은 매우 중요하다고 생각한다.

꾸준함

꾸준함이란 변함없는 마음이다.

만약 앞서 말한 5가지 항목을 다 지킨다고 하더라도 이를 꾸준히 하지 않으면 아무것도 이루지 못한다. 오늘은 나를 믿어도 내일은 나를 믿지 못하고 오늘은 바람이 있어 뜻을 세우지만 오래가지 못한다. 오늘은 애정이 있지만 내일은 애정이 없고 오늘은 배우지만 내일은 배우지 않으며 오늘은 생각하지만 내일은 생각하지 않는다. 이것이 제일 안 좋은 상황이다. 누군가가 앞서 말한 5가지 항목을 지키는 것은 결코 어려운 일이 아니지만 이를 영원히 지속하는 것은 어렵다.

꾸준함은 모든 성공을 보장하는 중요한 요소라 말할 수 있겠다. 우리는 근면이 성공의 99%를 차지한다는 것을 알고 있다. 근면이란 무엇인가? 근면이 바로 꾸준함이고 꾸준함이 바로 근면이다. 일기를 쓰는 것은 쉽다. 그러나 오늘 당장은 쓸 수 있다하더라도 이를 10년 동안 유지할 수 있겠는가? 일주일이나 한 달 동안 지속하는 것은 쉽다. 그러나 10년간 하루도 빠짐없이 일기를 쓴다는 것은 매우 어려운 일이다. 어떤 일을 하거나 연구를 할 때도 10년 동안 열심히 탐구하면 오히려 성공하지 못하는 것이 이상하게 생각될 정도이다.

성공은 우리가 생각하는 것처럼 멀리 있지 않으며 어려운 일도 아니다. 다만 누군가가 상상하는 것처럼 그리 쉽지만은 않다. 성공의 길은 당신의 발밑에 펼쳐져 있다. 당신이 하고자 하는 일을 끝까지 지속한다면 최후에 승자는 바로 당신이 될 것이다. 시작은 매우 간단하다. 누구나 필요한 때에 새로운 인생을 시작할 수 있지만 좋은 결과를 얻기는 매우 어렵다. 왜냐하면 우리는 너무나 쉽게 중도에 포기하고 끝까지 성공을 추구하지 않기 때문이다. 그러므로 많은 사람들이 성공 바로 일보 직전에 포기를 하고 만다.

아이들에게 동심을 돌려주자

아들이 어린 나이에 책을 내고 큰 반향을 일으키자 독자와 여러 신문사에서는 나에게 아들을 교육시킨 비결이 뭔지 물었다. 사실 아들의 교육은 부인이 전적으로 관리하고 있고 나는 그저 방임하는 교육가일 뿐이다. 또한 나는 지금까지 내 아들이 팔방미인이라고는 생각해 본 적이 없다. 다른 아이들과 마찬가지로 우리 아이도 개성 있고 결점이 숱한 평범한 학생이다. 다른 부모들처럼 우리도 아이의 성장을 걱정하고 아이의 문제로 가슴 졸인다. 그러나 교육이론가의 입장에서 봤을 때 우리가 자신의 아이가 훌륭한 사람이 되기를 바라는 다른 부모들과 다른 점이 있다면 바로 진정한 교육에는 즐거움이 충만해야 하며, 아이들에게 동심을 돌려주어야 한다는 사실을 계속 고집하고 있다는 점이다.

유년기는 인생에서 가장 중요하고 소중한 시기다. 유년기는 원래 아무런 근심 걱정 없이 뛰어 놀고 장난치며 아이들 자신만의 특색과 활동이 있는 시기여야 한다. 그나마 우리 세대는 여름에는 옷을 벗고 강가에서 수영을 하고 고기를 잡았고 남의 밭에 몰래 숨어들어가 서리를 하는 등 신나고 찬란한 유년기를 보냈다. 그러나 현대의 아이들은 너무 일찍 유년기를 상실해 버린다. 그들은 억지로 흥미 없는 것들을 배우며 본래 그들이 즐겨야 할 많은 것을 포기하고 있다. 우리 부부도 다른 학부모처럼 아이에게 피아노, 서예, 미술, 컴퓨터 등을 가르쳤으나 우리의 뜻을 강요하지는 않았다. 아이가 좋아하는 것은 계속 시켰으나 싫어

하는 것은 그만두게 했다. 아이가 다양한 접촉을 하고 잠재능력을 개발할 수 있도록 유도했고 될 수 있는 한 아이의 장점을 찾고 아이에게 내재된 천성적인 역량을 유발시키도록 노력했다. 이것이 바로 우리의 교육이념이다. 어릴 때부터 아들은 책과 깊은 인연이 있는 듯했다. 첫돌 때는 외할머니가 차려주신 돌상에서 책을 집었다. 초등학교 1학년 때부터 책에 빠져들기 시작했고 우리는 일부러 아이에게 독서와 일기를 시켰다. 우리는 아들이 책을 읽은 후 흥미진진하게 하는 이야기를 귀담아 들었으며 일기를 쓰면 칭찬하는데 인색하지 않았다. 아들은 자신의 책으로는 부족해 내 책까지 가져다 읽었다. 지금도 아들은 화장실에 갈 때나 잠자리에 들기 전, 밥을 먹을 때도 책벌레 마냥 책을 읽는다. 책을 많이 읽으면서 자연스레 작문 실력도 향상되었고 일기의 수준도 높아졌다.

동심은 유년기의 생활을 비춰주는 진실한 거울이다. 동심은 천진난만하며 순수하고 일체의 더러움이 없는 고귀한 것이다. 독일의 작가 에리히 캐스트너Erich Kastner는 자신의 저서에서 "성인이 되어서도 동심을 가진 사람이야말로 진정한 사람이다."라고 했다. 동심을 가진 사람만이 마음을 활짝 열고 다른 사람을 받아들일 수 있고 자연과 사회의 오묘함을 탐색할 수 있으며 감정을 솔직하게 표현할 수 있다. 나는 사람을 교육한다는 것은 그 마음을 교육하는 것이라고 생각한다. 우리는 아이 인격의 발전에 주시했고 인품과 덕성이 성적보다 더 중요한 것이라고 생각했다. 우리는 세속적이고 저속한 것을 아이에게 가르치지 않았고 그렇기 때문에 중학교 때까지 선생님과 친구들은 우리 아이가 매우 천진난만하다고 생각했다. 우리는 아이에게 성적이 떨어진 것은 용서할 수 있지만 거짓말이나 돈을 훔치는 것 같은 도덕에 어긋나는 행동은 절대 용서하지 않겠다고 강조했다.

일기를 쓰는 것도 아이의 동심을 배양하기 위한 하나의 수단이었다. 나는 일기가 작문이나 언어 방면에 도움을 주는 것 외에도 인품과 덕성 교육에도 큰 영향을 미친다고 생각한다. 일기를 통해 우리 아이의 의지와 인품이 확연하게 성장했고 세심하게 생활을 관찰하고 인생에 대해 진지하게 생각하기 시작했다. 아마도 이것은 아들의 인생에 가장 큰 재산이 될 것이다.

환상과 열정 – 중학 시절의 단편

열심히 인생을 살아가는 사람에게는 중학교 시절이 어슴푸레하여 완벽히 기억하기 힘든 먼 과거의 일일 것이다.

나는 행운아라고 생각한다. 내게 환상과 열정을 일으켜 준 선생님들을 만날 수 있었기 때문이다.

국어 선생님은 내 작문에 평가를 써서 칭찬하고 격려해주셨다. 선생님은 나에게 당신의 책을 빌려주시고 나를 진정한 문학의 세계로 이끌어 주셨다. 그렇기에 작가가 되고자 하는 나의 희망은 점점 강렬해질 수 있었다. 나는 몇 편의 소설을 써서 신문사에 투고했으나 보기 좋게 퇴짜를 맞았다. 고등학교 때 시인의 기질이 넘쳐흐르던 국어 선생님으로부터 내 작품의 문제점과 결함, 작문의 예술성과 기교에 대한 가르침을 받은 후에야 비로소 나의 무지함을 깨닫게 되었다.

우리 학교의 생활지도부 주임이셨던 수학 선생님은 무미건조한 수학에 대한 재미를 불러일으켜 주신 분이었다. 중2 여름 방학을 이용하여 나는 다음 학기 교과서를 예습하고 문제를 전부 풀어버려 '연습문제 대왕'이라는 별명을 얻은 적이 있었다. 후에 고등학교 수험을 칠 때 몇몇 문제는 그때 내가 머리를 쥐어짜며 열심히 푼 문제였다. 나는 진심으로 하늘의 도우심을 느꼈다.

또한 나는 중학교 시절에 맘이 맞는 친구들끼리 같이 모여 놀고, 공부하고 학교생활을 이야기하며 지냈다. 우리는 과일 서리를 하고 어른의 눈을 피해 옷을 전부 벗어버리고 헤엄을 쳤으며 마음에 안 드는 친구를 어떻게 골탕 먹일지에 대해 의논하는 등 우습고도 황당한 일들을 일으키고 다녔다. 그러나 이를 통해 우리는 우정을 배웠다. 한번은 운동회가 끝난 저녁 무렵, 귀가 시간이 늦어 밧줄을 타고 강을 건너서 질러가려고 하는데 도중에 밧줄이 끊어져 차가운 강물에 빠진 적이 있었다. 그때 한 친구가 망설이지도 않고 강으로 뛰어들어 수영을 못하는 나를 구해주었다.

돌이켜 생각해 보면 중학교 시절은 인생에서 매우 중요한 시기임에 틀림없다. 이는 환상과 열정, 그리고 재미가 넘쳐흐르고 위험과 모순을 내포한 시기다. 친구들과의 우정 문제나 넘쳐흐르는 환상과 열정을 어떻게 승화시킬 것인지는 이 시기를 보내고 있는 학생들에게 있어서 중요한 과제이다. 나는 우리의 학생들이 열심히 노력해서 보배와 같은 시간을 보내고 열심히 공부하여 앞으로의 학습과 생활에 견실한 기초를 다지기를 진심으로 축원한다.

꿈이 가득했던 시절—고교 시절의 단편

고등학교 시절은 꿈을 꾸는 시기이다. 학생들은 이 시기에 대부분 자신의 내일을 구축하고 미래를 준비한다. 누군가는 과학자가 되고 싶어하고 누군가는 유명한 화가가 되기로 결심하고 열심히 노력하며 어문계열에 능한 학생은 작가의 꿈을 꾼다.

당시의 나는 비록 시의 운율도 제대로 몰랐지만 스스로 시인의 기질이 있다고 생각하여 시를 읽고 쓰는 데 열중했다. 우리 반에는 도시에서 전학 온 학생이 있었는데 시를 좋아한다고 하여 금방 친구가 되었다. 우리는 주거니 받거니 시를 읊거나 때때로 학교의 방송이나 게시판에 작품을 발표하였다. 우리는 학교 내에서의 지명도에 만족하지 못하고 다른 곳에 투고를 하기 시작했다. 그 시절에는 겉봉투에 '원고'라고만 쓰면 우표를 붙일 필요가 없었기 때문에 여기저기 투고를 했다. 비록 십중팔구 감감 무소식이었지만 우리의 투고는 지칠 줄 몰랐다.

고2가 되어 나는 갑자기 소설에 빠져 정신없이 소설을 읽었다. 표지가 없거나 작자와 책 제목이 미상인 파본도 흥미진진하게 읽었다. 나는 당시 농촌에 살고 있었기 때문에 더 많은 책을 구할 수가 없어서 급기야는 창작을 하기 시작했다. 당시에는 얼마나 많은 밤을 샜는지 모른다. 그러나 그때의 창작에 대한 열정과 완성된 작품을 보고 느낀 희열은 지금 생각해도 여전히 흥분된다. 많은 학생들이 시인이나 작가의 꿈을 꾸지만 이를 이루는 사람은 매우 적다. 그러나 창작과 성공의 경험은 학생시절의 강한 추억을 남길 것이다. 현재 나의 교육연구의 풍격과 저술 방식은 당시의 작문 훈련과 깊은 연관이 있다. 또한 현재 이상적인 교육을 탐구하려는 열정은 그 시절에 가졌던 열정이 연장된 것이라 할 수 있다.

친구들과의 우정은 고등학교 시절의 또 다른 보물이다. 당시에는 학업에 대한 부담이 별로 없었고 학교생활은 친구들과 교제하는 과정이었다. 학교 안팎에서 마음이 맞는 친구들과 의기투합하고 기세등등하게 서로 존중하며 우정을 나누었다. 한번은 시에서 주관하는 활동에 참가하기 위해 몇몇 친구들이 마을에서부터 도보로 꼬박 하룻밤을 걸어왔다. 몸이 약한 친구들이 주저앉자 다른 친구들이 등에 업고 걸었다. 그리고는 다음날 기운을 내어 활동에 참가했다.

친구들 간의 대립과 충돌도 우정에 있어 중요한 필수 조건이다. 나를 비롯한 몇몇 친구들은 심보가 나쁘고 잘난 척한다는 이유로 우리 반 반장을 탐탁지 않게 여겼다. 반장은 다리를 조금 절었는데 우리는 그의 걸음걸이를 흉내 내며 놀렸다. 그가 이야기할 때 일부러 기침을 하거나 그를 곤란하게 할 방법을 연구하곤 했다. 지금 생각하면 바보 같지만 그때는 우리가 무슨 정의의 사도라도 되는 것처럼 생각했다. 지금도 친구들과 모이면 그때를 회상하는데 우리에게 당하기만 한 반장에게 항상 미안한 마음이 든다. 들리는 소식에 의하면 군사학교를 나와 현재는 신문기자로 일한다는데 나는 정말로 그에게 진심이 담긴 사과를 전하고 싶다.

고등학교 시절에는 선생님에 대해 객관적으로 생각하기 시작해서 선생님을 평가하는 것이 우리의 중요한 사명처럼 느껴졌다. 개인적인 사정으로 도시에서 우리 마을로 오신 정치 선생님은 재능이 넘쳐흐르고 문제를 투철하게 분석하는 분이라 우리는 그를 철학자라고 불렀다. 물리 선생님은 궁벽한 시골에서 오신 분이라 사투리가 심해서 우리는 종종 웃으며 말투를 따라 했는데, 그분은 정말로 교육에 열심인 분이었기 때문에 우리가 존경할 수밖에 없었다. 국어 선생님은 대부분의 학생의 눈에는 고상하고 심지어는 교만하게 비춰지기도 했지만 우리는 항상 도취되어 선생님의 수업을 들었다. 지금 생각해보면 우리가 성장하고 세계관 및 인생관이 형성되는 중요한 시기에 있어 이러한 훌륭한 선생님들의 영향은 매우 컸다고 할 수 있다.

1975년 고등학교를 졸업하고 집에 있는 것도 무료해서 나는 미장이, 주물공, 영업사원, 비서 등 다양한 직업을 전전하다 결국에는 직물회사의 통신원으로 파견되었다.

점점 당시의 생활에 안일해져갈 때쯤 대입시험제도가 부활했다. 고등학교 때 선생님께서 우리 집을 찾아오셔서 나를 대학에 진학시키고 싶다고 부모님에게 말씀하셨다. 나는 대입시험에 참가하고 싶은 생각도 없었고 틈을 내서 여동생의 공부를 봐주고 있을 뿐이었다. 그러나 선생님은 고등교육을 받지 못한 사람은 진정한 인재가 될 수 없다며 나를 몇 번이고 설득했다. 선생님은 나를 대신해 신청을 했고 지원서를 쓸 때는 이공계를 선택할 것을 권고했다. 선생님은 과학만이 나라를 구제할 수 있다고 믿는 분이었다. 그러나 나는 작가의 꿈을 이루고 싶어 문학 쪽으로 지원했다. 그러나 입학통지서를 받았을 때 정말 이해할 수 없는 일이 발생했다. 내 전공이 선생님이 가장 싫어하는 정치교육으로 되어 있었던 것이다. 당시에는 학생들의 지원 여부와 무관하게 전공을 배정하는 일이 종종 있었다. 나는 가고 싶었던 난징南京대학은 불합격했고 장수江蘇사범대학에 합격했다. 후에 나는 상하이사범대학, 퉁지대학, 푸단대학에서 학위를 받았다. 이는 당시 선생님의 가르침의 영향이라고 할 수 있다.

고등학교를 졸업하고 이미 30년이 지났다. 30년이 지난 지금도 꿈속에서 종종 사랑하는 학교에 돌아가 선생님의 수업을 듣고 학우들과 우정을 나눈다. 우리는 비교적 자유롭고 여유로운 환경에서 성장하고 열정을 불태울 수 있었다. 그런 의미에서 보면 우리는 현재의 고등학생보다 더 행복한 고교 시절을 보낸 것 같다.

아버지의 선물

나는 지금까지 부모님에 대해 써본 적이 없다. 이는 쓸 것이 없어서가 아니라 오히려 쓸 것이 너무 많아서다.

영어 시간에 미국인 선생님이 'Father's gift'라는 제목으로 글을 쓰라고 한 적이 있다. 그럼 이 제목대로 내가 아버지에게 받은 선물에 대해 이야기해보도록 하자.

내가 초등학교 1학년이었을 무렵부터 아버지는 매일 아침 5시 30분에 나를 깨우고 내가 매우 싫어하는 글씨 쓰기 연습을 시키셨다. 더위로 잠을 설치는 여름이건 추운 겨울이건 이른 아침에 일어나 하는 글씨 쓰기 연습은 변함없이 계속 되었다. 사실 나는 동자승이 그저 입으로만 경을 외는 것과 마찬가지로 공을 들여 글쓰기를 하지 않았기 때문에 글씨를 잘 쓰지는 못했다. 어떤 이는 내 글씨에 기개가 있다고 하나 당시 꾀를 부리며 연습했던 탓에 나는 훌륭한 서예가가 되지 못했다.

글씨를 제대로 연습하지는 못했지만 뜻밖에 좋은 습관이 길러졌다. 나는 아침 일찍 일어나기 때문에 매일 활동시간이 최소 남들보다 2시간이 길다. 다른 사람들이 잠자고 있을 때 나는 불을 켜고 책을 읽으며 다른 사람들이 세수하고 양치질하며 하루의 시작을 준비하고 있을 때 나는 이미 2시간 이상 일을 하고 있다.

어릴 때는 자주 아버지를 원망했으나 지금 생각해보니 이는 아버지가 내게 주신 인생 최대의 재산이다. 만약 매일 남들보다 2시간 더 일한다면 1년이면 730시간, 50년이면 36,500시간 즉 1,520일, 약 4년 정도의 시간을 버는 셈이다.

아버지는 초등학교 교사였다. 나는 아버지가 아코디언을 연주하는 사진을 본 적이 있는데 사진 속의 아버지는 그야말로 청춘이셨다. 아쉬운 것은 아들인 내가 아버지의 음악적 재능을 물려받지 못해 아버지와 함께 음악을 즐기지 못했다는 것이다.

아버지는 집안에서 별로 말씀이 없으셨기 때문에 우리 형제들은 그저 눈치를 보며 아버지의 심사를 헤아려야만 했다. 어머니에게 혼날 때 우리는 아버지에게 쪼르르 달려가서 일러바치곤 했다. 그러면 아버지는 그저 말없이 우리들의 말에 귀를 기울여 주셨다. 내가 부모가 되고 나서야 '아버지와 어머니는 같은 편이셨구나'라는 생각을 하게 됐다.

아버지의 성실함은 우리에게 깊은 인상을 남겼다. 교사로 일하실 때나 교장이 되셨을 때나 항상 부지런하고 성실했으며 전심전력을 다하셨다. 아버지는 나에게 "기왕 할 바에야 최선을 다해야지."라고 말씀하셨다. 훗날 전국 모범 교사로 뽑힌 것은 아버지에게 가장 큰 포상이었다.

퇴직 후에도 아버지는 쉬지 않고 현의 교육부에서 일하셨다. 아버지는 일을 하지 않으면 갑갑해하셨고 평생을 교육에 헌신하고 싶어 하셨다. 교육을 위해 집과 쑤저우蘇州를 빈번하게 왕래했으나 쑤저우에 오셔도 우리를 번거롭게 할까 봐 일만 마치시고는 조용히 집으로 돌아가셨다.

얼마 전 아버지의 위장병이 재발했다. 이번에는 결코 가벼운 병이 아니었다. 아버지는 이제야 당신의 건강과 훗날에 대해 관심을 가지기 시작했다. 나와 부인은 아버지를 쑤저우로 모시고 와서 검사도 받고 치료를 하시라고 몇 번이나 말씀드렸지만 자식에게 누를 끼칠까봐 오지 않으신다. 비록 자주 찾아뵙고 약도 챙겨드리지만 여전히 나는 마음이 놓이지 않는다.

아버지는 모르시겠지만 나는 종종 고향집 방향을 바라보며 부모님의 건강과 평안을 기도한다. 또한 나는 종종 나 자신에게 아버지의 은혜에 어떻게 보답할 것인가를 묻곤 한다.

아버지, 부디 이 불효자를 용서해 주세요. 저는 아버지의 피와 성격을 물려받고 교육에 대한 이상을 이어받은 당신의 아들이어서 진심으로 행복합니다.

부모들의 귀감

퀴리 부인은 방사성 원소 라듐을 발견하여 노벨상을 두 차례나 수상하고 현대물리학의 기초를 다진 과학자이다. 그러나 퀴리 부인은 위대한 과학자일 뿐 아니라 위대한 어머니였다. 그녀는 과학적인 정신과 태도로 아이들을 대했으며 모든 부모들의 귀감이 되었다.

퀴리 부인은 20세기 초 과학계의 스타였다. 그러나 그녀는 아이들이 그녀의 업적으로 인해 교만하지 않도록 가르쳤다. 그녀는 항상 겸손한 태도로 평범한 엄마, 바쁜 교수, 탐구하는 학생이라는 세 가지 위치를 지켰다. 퀴리 부인은 딸들이 그녀의 재산에 의지하지 않고 스스로 자신들의 삶을 계획하기를 바랐다. 그녀는 딸들에게 큰 재산을 남겨줄 기회가 있었지만 그렇게 하지 않았다. 당시 만연하던 배금주의에 반하여 퀴리 부인과 남편은 부귀영화를 누리며 살기에 충분한 라듐의 특허를 독점하지 않기로 결정했다.

그녀가 자녀들에게 물려준 것은 과학에 대한 열정, 일에 대한 노력, 강인함, 재물에 욕심내지 않는 품성이다. 결코 돈으로는 살 수 없는 것을 아이들에게 가르쳤다. 후에 장녀 이렌느는 어머니의 족적을 따라 과학자가 되었고 차녀 이브는 음악과 문학 방면에서 괄목할만한 성과를 거두었다.

그러나 오늘날 많은 부모들은 아이를 자신의 날개 밑에 품으려고만 한다. 심지어 어떤 부모는 자신의 권력을 이용해 자녀를 편안하게 살 수 있도록 한다. 그들은 이것이 진정으로 아이를 사랑하는 것이라고 생각하지만 결과적으로는 사회에 도태된 사람을 만들어 버리고 만다. 부모의 권력에 의지해 제멋대로 굴며 심지어는 위법 행위를 저지르고 범죄자가 되는 경우도 있다.

중국 당나라의 태종은 '이인위감以人爲鑑하면 득과 실을 알 수 있다.'고 했다. 우리 부모들은 퀴리 부인의 이야기를 거울삼아 자신을 비춰보기 바란다. 아마 부끄러워 진땀이 날 테지만 이를 통해 교훈을 얻는다면 더할 나위가 없겠다.

퀴리 부인의 교육 비결

어머니와 학자

일반적으로 어머니라는 직분과 학자는 양립할 수 없는 것처럼 생각되지만 퀴리 부인은 위대한 과학자이자 위대한 어머니였다.

과학자로서 그녀의 업무는 몹시 과중했기에 단 1초의 시간도 아주 소중했다. 그러나 퀴리 부인은 이로 인해 어머니로서의 책임을 포기하지 않았고 자녀를 교육하는 데 시간을 내는 것에 인색하지 않았다. 그녀는 장녀 이렌느가 태어나자 직접 모유를 수유하고 옷을 갈아입히고, 다른 가사일도 돌봤다. 그리고 유모가 아이를 데리고 산책을 할 때면 실험실에서 바쁜 시간을 보냈다. 첫째 딸 이렌느는 퀴리 부인의 첫 번째 연구 성과(자기화 연구)가 발표되고 불과 몇 달 후 태어났다. 또한 같은 해에 그녀는 2개의 석사학위를 받았다. 그리고 산후조리가 끝나자마자 우라늄 화합물의 방사능 연구에 매진하여 몇 개월 후 남편과 공동으로 새로운 금속 폴로늄의 존재를 발견했고, 1년 3개월 후에는 라듐을 발견했다.

회색 노트

퀴리 부인은 딸들을 교육할 때에도 연구할 때와 마찬가지로 빈틈이 없었다. 그녀가 폴로늄과 라듐을 발견한 그 해에 그녀는 매일 회색 노트에 이렌느의 체중과 유치乳齒 및 성장 과정 등을 기록한 육아일기를 썼다.

'이렌느가 손짓을 통해 의사표현을 한다. 구르기도 하고 혼자 선다.'

'왼쪽 아래에 일곱 번째 이가 났다. 이렌느가 고양이와 놀며 큰소리를 지르며 고양이를 쫓아간다. 낯선 사람을 무서워하지 않는다. 노래를 한다.……'

그녀는 두 딸의 소질을 개발하는 데 주의를 기울였다. 아이들이 가장 쉽게 갈 수 있는 길을 선택하면 성공하기도 훨씬 쉬워질 것이라고 생각했다. 회색 노트에는 이렌느가 수학을 잘하고 이브가 음악에 소질이 있다는 사실이 기록되어 있었고 퀴리 부인은 이를 바탕으로 두 딸을 지도했다. 어머니의 독창적인 교육 덕택에 후에 이렌느와 이브는 성공을 거둘 수 있었다.

퀴리 부인의 체벌

아이를 때리거나 꾸짖는 것은 단지 아이들에게 비뚤어진 성격을 갖게 할 뿐이다. 이는 아이뿐 아니라 다른 사람에게도 유용하지 않은 방식이다. 또한 아이들이 사물을 사랑하고 공부를 좋아하기를 간절히 바라는 마음에서 체벌로서 교육을 한다고 해도 이는 종종 아이들의 반감을 불러일으킨다. 퀴리 부인은 이러한 체벌 방식으로 딸들을 혼낸 적이 없었다. 퀴리 부인의 딸들은 회초리로 손바닥을 맞고, 구석에 서서 반성하거나 간식을 못 먹는 등의 일반적인 체벌을 경험해 본 적이 없었다. 퀴리 부인에게 있어서 체벌은 단지 눈빛으로 딸들을 혼내는 것이다. 한 번은 장녀 이렌느가 예의 없게 행동을 한 적이 있었는데 퀴리 부인은 이렌느가 다시는 그런 일을 하지 않도록 경고하기 위해 이틀 동안 말을 걸지 않았다. 이 이틀은 이렌느에게 매우 고통스러운 시간이었지만, 퀴리 부인은 결코 화를 내지도 따뜻하게 대해주지도 않았다. 그 후 이렌느는 그런 어머니에게 더욱 깊은 존경심과 친밀감을 갖게 되었다.

아이들의 건강한 신체를 위하여

건강하고 민첩한 아이들의 몸을 위해 퀴리 부인은 아이들이 공기가 좋지 않은 방에 장시간 있지 않도록 신경을 썼다. 그래서 매일 공부가 끝나면 이렌느와 이브를 데리고 산책을 하거나 밖에 나가 놀도록 했다. 퀴리 부인은 정원에 그네를 달아주었으며 아무리 피곤해도 딸들을 데리고 자전거를 타거나 여름에는 같이 수영을 했다.

퀴리 부인은 아이들의 의지와 담력을 기르기 위해 딸들이 어둠을 무서워하거나 천둥이 칠 때 귀를 막는다거나 도둑을 두려워하는 것을 허락하지 않았다. 그들은 12, 3세가 되던 해에 홀로 여행을 떠나기도 했다. 훗날 이브는 어린 시절을 회상하며 "우리가 건강한 몸을 유지하고 운동을 좋아하는 것은 모두 어머니 덕택입니다."라고 했다.

결정적 시기의 중요성

아동조기교육에 있어서 '결정적 시기(인각기, 발달기, 성숙기, 모식기라고도 한다)'는 국내외의 교육계, 심리학계의 관심을 일으키고 사람들의 주목을 받아 왔다.

결정적 시기란 인간의 지능과 능력이 발달하는 데 적절한 시기다. 이 시기는 유기체가 환경과 교육의 영향을 받아 이에 상응하는 지능과 능력으로 발전하기 가장 쉬운 단계다. 그러나 일단 이 시기를 놓치면 이러한 발전을 순조롭게 이루기가 어렵다. 바로 늑대소년의 경우가 좋은 예이다. 그는 태어나자마자 인간사회 및 그 문화와 단절되었기 때문에 후에 인간사회로 돌아와 적절한 교육과 관심을 받았어도 정상인의 수준을 회복하지 못했다.

최근 대뇌신경과학의 발전은 결정적 시기 이론에 대량의 근거를 제공하고 있다. 국내외의 과학자들은 약 140억 개의 뇌신경세포 중 70~80% 가량이 3세 이전에 형성된다는 연구 결과를 발표했다. 미국 시카고의 소아신경학 연구가들은 1세 유아의 뇌신경세포는 성인의 50%이지만 2세 이후에는 성인과 상동하다는 사실을 전자현미경 관측을 통해 발견했다. 그러므로 2세 이전 유아의 대뇌의 가소성은 비교적 크다고 할 수 있다.

영유아의 반응능력 및 학습능력이 매우 뛰어나다는 것은 많은 연구를 통해 밝혀졌다. 갓 출생한 영아는 외부의 소식을 받아들일 수 있고 감각기관의 자극을 통해 반응한다. 생후 3~4개월이 되면 영아의 대뇌 피질의 연결이 견고해진다. 베이징 대학의 우톈민吳天敏 등의 연구에 의하면 일반적인 조건 하에 영아는 4~8개월이 되면 간단한 단어와 그 유사한 소리를 낼 수 있으며 성인은 단어와 관련된 구체적인 사물이나 사람을 통해 영아를 교육시킬 수 있다. 9~12개월이 되면 발음을 모방할 수 있고 성인이 지시하는 바에 대해 다소 복잡한 반응을 한다. 예를 들어 "안녕"이라는 말을 들으면 손을 흔들거나 "잘했어요."라는 말을 들으면 박수를 친다. 1~1.5세 때는 말하는 법을 배우기 시작하며 간단한 문장을 말할 수 있다. 1.5~3세에 이르면 점점 간단한 문장에서 복잡한 문장을 구사하며 기본적인 언어를 파악한다.

국내외에는 결정적 시기에 교육을 진행시켜 성공사례가 있다. 중국의 영재아동연구소에서 20명 이상의 영재들을 조사한 결과 그들은 거의 대부분이 우수한 조기교육을 받은 것으로 나타났다. 19세기 독일의 조기교육 제창자 칼 비테Karl Witte의 아들 교육은 요람에서 시작되었다. 그는 토론회에서 선천결정론자들에게 이렇게 말했다. "하나님은 아이를 보내주실 뿐이다. 아이가 바보가 아닌 이상 나는 아이를 비범한 사람으로 키워야한다." 후에 그는 자신의 말을 실현했다. 그의 아들은 8, 9세 때 독일어, 프랑스어, 이태리어, 라틴어, 영어, 그리스어를 자유자재로 사용했으며 9세에 라이프치히Leipzig 대학에 진학했다. 14세, 16세 때 각각 박사학위를 받았고 16세에 베를린대학의 법학교수가 되었다. 미국의 한 여성은 《칼 비테의 교육법》을 읽고 6개월이 채 못 된 딸에게 여러 가지 시를 읽어주었고 그녀의 딸은 3세 때는 시와 산문을, 4

세 때는 세계의 각종 언어를 사용하여 극본을 쓰게 되었다.

아동조기교육의 결정적 시기는 영아가 외부의 각종 자극에 반응하기 시작하는 0세 때 시작되어야 한다. 변증법적 유물론 관점에서 보면 아이들은 출생 직후 천성적인 특징을 나타내고 활동하나 진정한 정신적인 풍요로움은 아이의 풍부한 현실관계와 경험에서 비롯된다. 여기서 말하는 풍부한 현실관계와 경험이란 바로 환경과 교육이다. 아동의 심신발달과정은 환경과 교육의 상호작용과정이다.

동서고금을 막론하고 많은 학자들은 0세부터 조기교육을 시작해야 한다고 주장했다. 중국 남송시대의 사상가 주희朱熹는 "모유를 먹일 무렵의 교육이 제일 뛰어난 효과가 있다."고 했으며 스위스의 교육자 페스탈로치는 "아이는 태어나자마자 배우기 시작한다. 아이의 어머니는 각종 합리적인 교육방법으로 무장하고 있어야 진정한 교육이 이루어질 수 있다."라고 했다. 일본 유아개발협회의 회장 이부카 마사루井深大는 《영유아를 어떻게 교육할 것인가》라는 책에서 조기교육은 3세부터 시작해도 늦는다고 했다.

어떤 이는 아이를 너무 빨리 교육시키면 아이가 이를 받아들일 수 없고 아동의 지능에 속박과 조작을 가할 뿐이라고 한다. 그러나 이는 아동의 받아들이는 능력을 과소평가한 것이다. 영국의 학자 뮬러Muller는 "일반적으로 사람은 유년기를 그저 낭비하게 된다. 그러나 이런 시기야말로 아이들이 놀라울 정도로 많은 지식을 습득할 수 있는 시기이다."라고 했다. 문제는 아이들이 받아들일 수 있느냐 없느냐가 아니라 교육방법이 어떠한가에 달려있다.

또 어떤 이는 너무 빠른 조기교육이 아이의 건강을 해친다고 한다. 칼 비테도 당시에 이런 비난을 받았으나 그의 아들은 줄곧 건강했고 83세까지 살았다. 유럽과 미국의 400명의 걸출한 위인의 수명을 관찰한 결과 그들의 평균 수명은 보통 사람보다 더 긴 것으로 나타났다. 신경학적 관점에서 볼 때 대뇌의 신경세포는 사용하지 않을수록 퇴화하기 쉽다. 과학자들이 동물의 뇌신경세포와 기타 생존 관계에 대해 연구한 바에 따르면 연령이 증가할수록 신경세포는 더욱 많이 죽고 수명이 단축된다고 한다. 그러므로 뇌를 사용하는 것은 수명이 단축되는 것을 방지한다. 관건은 얼마나 과학적으로 두뇌를 사용하느냐에 달려있다.

아동의 결정적 시기의 교육에는 어떤 것에 주의해야 하는가? 나는 이부카 마사루의 의견을 귀감삼아도 된다고 본다. 첫째, 그는 결정적 시기의 교육이 모친을 통해 진행되어야 한다고 생각했다. 모친은 아이와 밀착되어 생활하고 있고 아이에 대해 깊은 사랑을 가지고 있기 때문이다. 둘째, 그는 교육의 내용이 언어와 음악에 국한되지 않아야 한다고 생각했다. 사람으로서 필요한 기본적인 생활습관과 도덕에 대해서도 유아에게 가르쳐야 한다고 했다.

EQ적 요소

조기교육의 이론과 실천에서는 일반적으로 유아의 지능적 요소의 배양과 지식의 주입을 매우 중시한다. 이는 물론 매우 중요하지만 사람들은 종종 감정, 의지, 성격, 사상, 품행, 행동습관 등 EQ적 요소의 배양을 소홀히 하는 경향이 있다. 이는 부모와 교육자들이 매우 중시해야할 문제이다.

EQ적 요소의 배양을 소홀히 할 경우 최소 두 가지 방면에서 문제점이 발생할 수 있다.

첫째, 진정한 지능적 발달을 저해할 수 있다. 사람의 심리는 하나의 완전한 통일체이며, 그 안에서 지능과 EQ적 요소는 서로 상반된 독립성을 지닌 채로 영향을 주고받거나 통제하며 연관성을 가지게 된다. 두 방면 모두 최적의 활동 상태에 도달해야 사람의 심리는 충분히 발전할 수 있다. 또한 EQ적 요소는 지능적 요소의 발전을 촉진한다. 어떤 이는 EQ적 요소를 잠재적 지능이라 하기도 하고 어떤 이는 EQ적 요소가 없으면 심리 발전의 원동력을 잃는다고 표현하기도 한다. 심리학 연구에 따르면 EQ적 요소와 아동의 학습능력은 함께 성장하는 것이라고 한다. 프랑스의 교육부장관이 지적하듯이 대학생의 성격 구조가 더욱 민감하며 그의 흥미, 기호, 학습능력, 방법, 지적 호기심, 사고력과 감정적 요인이 그의 학습에 영향을 미친다. 어떠한 학습 단계든 개성적 성격은 성패의 기초가 된다.

둘째, 기계적인 사회주의 교육 방식이 현실에 맞지 않을 수 있다. 현재 많은 부모들은 아이들이 취학 전에 글자를 익히고 산수를 하는 것을 중요시하는 반면 올바른 사고와 습관을 배양하는 것을 소홀히 하는 경향이 있다. 많은 초등학생이 성격이 제멋대로이고 물건을 아낄 줄 모르며 스스로 처리하는 능력이 현저히 떨어지는 등의 공통된 약점을 갖고 있다. 연필조차도 어른에게 깎아달라고 하며 숙제도 어른이 옆에서 돌봐줘야 하고 어른이 없으면 숙제를 하지 않거나 대강 해버린다. 이러한 현상이 증명하듯이 만약 EQ적 요소의 배양을 소홀히 하면 지덕체가 겸비된 사람이 될 수 없다.

EQ적 요소를 배양하는 것은 매우 힘든 일이다. 지능적 요소를 배양하는 것처럼 쉽게 성과를 거두기도 어려울 뿐만 아니라 과정이 장기적이고 반복적이라는 특징이 있다. 이는 부모와 교육자들에게 더 큰 인내심과 과학적인 교육방법을 파악하기를 요구한다.

아동심리와 조기교육

중국의 작가 루쉰魯迅은 아이가 태어나자마자 큰소리로 우는 것은 절대 좋은 시가 될 수 없다고 했지만 심리학적인 관점에서 볼 때 아이의 울음은 우렁찬 독립선언이다. 그것은 새로운 생명의 탄생과 어머니의 몸과 완전히 분리된 독립 생존의 시기가 시작됨을 의미한다. 아기가 태어나면 그때부터 아기는 스스로 호흡하고 스스로 우유를 먹으며 스스로 감지하고 사고하며 탐색한다. 아이의 탄생은 젊은 부부와 가정에 즐거움과 생기를 선사하지만 부모에게 새로운 의무와 책임, 고민을 동시에 선사한다. 그중에서 가장 어려운 문제는 아이를 대할 때 발생하는 여러 가지 속수무책의 일들이다. 나는 이 문제가 부모가 아이의 심리와 조기교육 방법을 이해하지 못하는데서 기인한다고 생각한다.

지자막약부知子莫若父(아버지만큼 아들의 됨됨이를 아는 사람은 없다)라는 말이 있다. 물론 부모는 자녀가 좋아하는 것, 자녀의 성격 등을 다른 사람보다는 많이 이해하고 있지만 이런 이해가 반드시 정확하고 깊은 것이라고는 할 수 없다. 사람은 종종 사물을 볼 때 자신이 원하는 부분만 보는데 이는 자녀에 대해서도 그렇다. 어느 부모나 자기 자식이 최고라고 생각하기 때문에 아동의 심리를 정확하게 이해하고 인식하기 위해서는 아동심리와 교육에 대한 기본적 지식을 반드시 배워야한다. 이제부터 아동의 심리적 특징에 맞춰 아동조기교육의 가능성과 필요성, 아동교육에서 반드시 주의해야 할 몇 가지 문제를 이야기하고자 한다.

1. 아동조기교육의 가능성과 필요성

 (1) 결정적 시기 연구

 아동조기교육 연구와 오스트리아의 저명한 동물학자이자 노벨상 수
상자인 콘라드 로렌츠Konrad Lorenz는 밀접한 관계가 있다. 그는 인공부
화기를 이용해 기러기를 부화시켰을 때 기러기나 조류는 제일 처음 인
식한 사람이나 움직이는 물체를 부모로 인식한다는 사실을 발견했다.
이러한 각인현상은 임계기(13~16시간)에만 존재하고 30시간 이후에는
없어진다. 후에 사람들은 이런 동물연구의 결과를 아동교육방면에 도
입해 아동조기교육에 결정적 시기가 있음을 제시했다. 이는 바로 사람
의 발달 과정 중 순조롭게 지능이 형성되기 쉬운 시기가 있고 이 시기
를 놓치면 순조로운 지능형성이 어렵다는 것이다.

 한 연구에 따르면 출생에서 성인이 되기까지 사람의 심리발전에는
2~3세, 6~7세, 11~12세 이렇게 3개의 결정적 시기가 있다고 한다. 2~3
세는 아동이 구두 언어를 습득하기 가장 좋은 시기이고 4~5세는 서면
언어가 발달하는데 최적의 시기며 4세 이하가 아동의 형태지각의 결정
적 시기이다. 신생아가 24시간 내에 부모를 보고 접촉하는 것은 부모와
아이에게 모두 중대한 의미가 있다. 그러므로 결정적 시기에 주의해야
한다.

(2) 조기경험의 박탈

심리학자들은 동물에게 많은 감각박탈 실험을 실시했다. 어린 원숭이를 다른 원숭이와 접촉하지 못하게 격리시켜 사육하자 학습능력이 저하되고 성격이 괴팍해졌을 뿐 아니라 경미한 자극에도 쉽게 놀라고 교미 행위 역시 비정상적이 되었다. 늑대소년의 경우에서도 알 수 있듯이 어린 시기에 인간사회 및 그 문화와 격리되면 후에 인간사회로 돌아와 애정과 교육을 받는다고 해도 정상인의 수준에는 이를 수 없다. 그러므로 아동에게 다양한 자극과 또래 간의 상호 교류는 매우 중요하다.

(3) 대뇌신경과학의 연구

과학자들의 연구에 따르면, 인간이 가지고 있는 약 140억 개의 뇌신경세포 중 70~80%가 3세 이전에 형성된다. 심리학자 브루너Bruner는 몇 천 명의 아동을 대상으로 관련 연구를 실시, 17세의 지능을 100%라고 한다면 4세 때는 50%, 8세 때는 80%, 13세 때는 92%가 발달한다는 사실을 발견했다. 실험 결과에 따르면, 1~4세 시기의 지능 발달이 평생을 결정지으며, 조기교육은 4세 이전에 실시하는 것이 중요하다.

2. 아동조기교육에 있어 주의할 점

(1) 자극은 적당히, 시기는 적절히

자극을 적당히 주어야 한다는 말은 풍부한 환경을 조성하되 자극이 복잡한 환경을 조성하면 안 된다는 뜻이다. 너무 많은 자극은 형형색색의 장난감이 한꺼번에 아이를 공격하는 것과 같은 결과를 만들어 오히려 아이의 주의를 산만하게 만들 수 있다. 한 심리학자는 영아를 3개의 조로 나누어 첫 번째 조에는 장난감을 조금 보여 주고 두 번째 조에는 사방에 장난감을 충분히 주었다. 그리고 세 번째 조에는 소량의 장난감을 주었다. 실험 결과 세 번째 조의 아이들이 제일 먼저 손을 뻗어 물건을 잡는 행위를 배웠다.

시기를 적절히 해야 한다는 말은 너무 빨라도, 너무 늦어도 안 된다는 뜻이다. 너무 일찍 가르치면 아이가 받아들일 수 없고 너무 늦게 가르치면 결정적 시기를 놓쳐버린다. 그러므로 아이의 활동을 주의해서 관찰하는 것은 매우 중요하다.

(2) 부모의 모범을 중시한다.

톨스토이는 아동을 교육하는 것은 바로 자신을 교육하는 것이라고 했다. 영유아는 잘 따라하므로 부모는 언행에 주의해야 한다. 아이가 거짓말하지 않기를 바란다면 자신이 먼저 거짓말을 하지 말아야 하고 아이가 게임만 하지 않기를 바란다면 반드시 자신이 먼저 솔선수범해야 한다. 아이들은 뛰어난 모방자이기 때문에 당신의 언행을 곧장 따라 하고 당신이 다른 사람을 대하는 태도를 보고 배워서 똑같이 당신을 대한다. 아이들의 눈은 비록 어리지만 매우 날카롭고 예리하다.

(3) 생활의 기초적인 부분도 중요하다.

요즘 부모들은 자녀의 학습과 지능발달에만 과도한 관심을 갖고 사람에게 있어 진정으로 필요한 생존능력, 생활방식은 중요시하지 않는다. 그러므로 아이들은 부모가 없으면 생존능력이 결핍된다. 아이들의 여름 캠프를 보면 혼자서는 옷을 입거나 밥을 먹는 것조차 못하는 학생이 있다.

기본적인 생활능력은 다른 능력을 배양하는 기초이자 좋은 품성을 기르는 기초이다. 자기의 일을 스스로 하지 못하는 아이는 능력이 떨어지고 나약해진다.

(4) 특기와 풍부한 정신적 활동을 배양하도록 한다.

서예, 회화, 체조, 악기 등은 감각기관을 훈련하고 심리적 자극을 주는 유효한 방법이다. 손가락이나 눈, 귀, 입 등 아동의 감각기관을 조기에 훈련시키는 것은 아동의 발달에 매우 중요하다. 또한 아동의 재능을 발견하는 데도 의의가 있다. 그러나 많은 부모들은 아이가 유명해지기만을 바라거나 특기를 통해 두각을 나타내기를 바란다.

특기란 사람의 개성을 조성하는 부분이자 인생을 향유하는 방식, 정서를 수양하고 자신의 정신적 활동을 풍부하게 하는 중요한 전제가 된다.

그 외에도 아동을 조기교육 할 때는 합리적으로 아동의 정당한 요구를 충족시켜야 한다. 확실하게 당근과 채찍을 병행해야 한다. 많이 칭찬하고 격려하면 아이는 자신감을 갖게 된다. 아이의 호기심을 지켜주려면 인내심을 가지고 아이의 질문에 대답해주고 아이들 스스로가 한 관찰과 탐색 등을 격려해주어야 한다.

미국의 한 신문에서는 아이들의 이름으로 된 부모에게 보내는 편지를 발표한 적이 있었다. 이 편지는 우리 부모들에게 매우 귀감이 된다.

1. 저의 손은 매우 작아요. 무슨 일을 하던지 완전한 것을 요구하지 마세요. 저의 다리는 매우 짧으니 제가 따라 갈 수 있도록 조금만 천천히 걸어주세요.

2. 저의 눈은 엄마, 아빠처럼 세상 물정에 밝지 못해요. 그러니 제가 천천히 모든 사물을 관찰할 수 있도록 해 주시고 너무 많은 제약을 하지 말아주세요.

3. 해야 할 일은 매우 많으시겠지만 저의 어린 시절은 매우 짧으니 조금만 시간을 내서 저에게 많은 이야기를 들려주세요. 저를 장난감으로 생각하지 말아주세요.

4. 제 감정은 매우 연약하니까 저에게 조금 더 민감하게 반응해 주세

요. 계속 혼내지만 말고 엄마, 아빠가 자신을 대하는 것처럼 저를 대해주세요.

5. 저를 사랑하고 보호해 주세요. 그리고 예절을 가르쳐 주시고 제가 해야 하는 일과 어떻게 생활해야 하는지 가르쳐 주세요.

6. 제게는 엄마, 아빠의 끊임없는 격려가 필요해요. 너무 자주 혼내지 마세요. 제가 잘못한 일에 대해서는 혼내 주시되 저라는 사람을 나무라지는 말아주세요.

7. 저에게 자유를 주어 스스로 결정하게 해 주세요. 성공을 하지 못해도 실패를 통해 배울 수 있도록 허락해 주세요. 언젠가는 저도 저만의 길을 찾을 수 있을 거예요.

8. 엄마, 아빠와 함께 즐거운 시간을 보낼 수 있게 해 주세요. 엄마, 아빠가 저를 통해 기쁨을 느끼는 것처럼 아이들도 어마, 아빠를 통해서 기쁨을 얻고 싶어요.

친애하는 부모들이여, 아이들의 목소리에 귀를 기울이도록 하자.

일기를 벗 삼아

이 글은 작가가 장양시 환난루 초등학교 학생들의 일기를 엮은 책 《희망의 날개》에 기고한 서문이다.

새로운 세기가 도래하고 첫 번째로 맞이하는 어린이날에 나는 매우 기쁜 소식을 들었다. 장양江陽시 환난루環南路 초등학교의 학생들이 자신들의 일기를 발췌하여 만든 《희망의 날개》라는 책을 특별한 선물로 받게 되었다는 소식이었다.

《희망의 날개》를 펼쳐보니 모두 밝고 명랑한 내용뿐이라 나는 몹시 흐뭇했다. 이 책에는 동심과 특색이 넘쳐흘렀다. 다시 한 번 학생들의 일기를 넘겨보면서 나의 마음속에는 즐거움과 감동이 밀려왔다. 천진난만하고 귀여운 일기에는 저마다 동심이 깃들어 있는데다 동년의 장난기를 가득 머금고 있었다. 그리고 아이들의 여러 가지 생활과 활발한 성장, 자신만의 독특한 개성을 잘 드러내고 있었다.

아이들의 세계는 가장 아름답고 순진하다. "마치 꿈과도 같은 동년의 시절이여. 그 시절을 생각하면 두 눈에 눈물이 고이고 입가에는 미소가 번지는구나." 중국의 유명한 작가 빙신冰心의 시에는 어른이 되고 난 후 따스했던 어린 시절을 회상하면서 이를 그리워하는 마음이 잘 드러나 있다. 일기는 훗날 먼지투성이가 된 기억 속에서 소중한 어린 시절의 기억을 끄집어 낼 수 있게 한다. 그러므로 우리는 아이들이 어린 시절의 아름다움을 발견하고 이를 즐기며 표현할 수 있도록 해야 한다. 일기는 바로 이러한 발견, 감상, 표현 능력을 기르기 위한 중요한 훈련 방식이다. 글쓰기를 좋아하고 꾸준히 일기를 쓰며 생각을 많이 하는 아이는 장래에 정신적으로 풍요롭고 인격적으로 완전한 사람이 될 수 있으며 사회에 공헌할 수 있는 사람으로 자라날 것이다.

일기를 쓰는 것은 결코 어려운 일이 아니다. 첫째, 삶을 사랑하고 열심히 관찰한다. 유명한 조각가 로댕은 "아름다움이란 도처에 존재한다. 단지 우리의 눈으로 그 많은 아름다움을 발견할 수 없을 뿐이다." 라고 했다. 만약 당신이 삶에 대해 호기심과 열정을 갖고 있으며 시시각각 주위의 사물에 관심을 기울인다면 당신의 일기 소재는 아무리 써도 없어지지 않을 만큼 풍부해질 것이다. 같은 반 친구들은 모두가 일기의 주인공이 될 수 있으며 길에 핀 꽃이나 풀도 묘사의 대상이 될 수 있다. 둘째, 좋은 책을 많이 읽는다. 어휘력을 키우고 언어적 소질 및 교양을 향상시키기 위해서는 문학적인 언어를 폭넓게 습득하는 한편 독창적인 감각을 키워야 한다. 셋째, 진심으로 느낀 것, 실제 있었던 내용을 쓴다. 일기는 단지 선생님에게 보이기 위해 혹은 시험을 위해 어쩔 수 없이 쓰는 것이 아니다. 일기에는 반드시 자신의 마음의 소리가 담겨 있어야 하며 자신만의 개성이 드러나야 한다. 우리의 아이들은 미래의 건설자이자 창조자이다. 오랜 관습에 얽매이고 개척 정신을 두려워하는 평범한 사람이 어떻게 나라와 민족을 진흥시킬 책임을 맡을 수 있단 말인가? 그러므로 우리들은 아이들이 자신만의 세계를 돌아보고 개성과 동심을 찾을 수 있도록 격려해야 한다. 가장 중요한 것은 일기를 꾸준하게 쓰도록 하는 것이다. 하루하루 노력한 것이 누적되면 반드시 큰 성공을 이룰 수 있다. 일기를 쓰는 것이 오래 지속되면 일기는 당신의 삶에 있어 매우 중요한 구성 요소가 될 것이며 당신은 일기가 가져다주는 기쁨과 성공을 맛볼 수 있을 것이다.

환난루 초등학교의 교장 선생님을 비롯한 다른 교사들은 뛰어난 선견지명을 가졌다. 그들은 일기 쓰기를 돌파구로 삼아 학생들에게 글 쓰는 연습을 시키고 이를 통해 완전한 인격과 지혜, 개성을 갖춘 새로운 인재를 양성하는데 주력하고 있다.

환난루 초등학교의 학생들은 행운아들이다. 그들은 훌륭한 선생님을 만난 덕분에 일기 쓰는 법을 배우고 일기를 좋아하게 되었으며 일기를 통해 성장할 수 있게 되었기 때문이다.

중국의 문학가 위다푸郁達夫는 "한 알의 모래를 통해서도 세계를 볼 수 있고 작은 꽃잎에도 인생사가 담겨져 있다."고 했다. 환난루 초등학교의 일 년에 걸친 일기교육 실험은 이미 성과를 보이기 시작했다. 동심이 가득담긴 학생들의 일기 한 편 한 편이 바로 좋은 증명이 되어주고 있다. 나는 지금 막 꽃봉오리를 틔우기 시작한 일기교육의 연구 성과가 더욱 화려하고 아름다운 꽃을 피울 수 있기를 진심으로 바란다. 그리고 더욱 많은 아이들이 성장하는 데 좋은 벗이 될 수 있기를 희망한다.

기쁨을 위한 갈채

이 글은 작가가 쑤저우시 차오차오 중학교 2학년 3반 학생들의 작품 《3반의 이야기》에 기고한 서문이다.

쑤저우시의 차오차오草橋 실험 중학교의 평범한 2학년 학생들이 쓴 《3반의 이야기》라는 책을 보고 나는 놀라움에 이어 기쁨, 그리고 감탄을 금할 길이 없었다.

나는 열두세 살 남짓한 학생들이 "어른들이 할 수 있는 일이라면 우리도 할 수 있다. 어른들이 책을 쓴다면 우리도 쓸 수 있다."라는 호탕한 패기와 담력을 가지고 그들이 하고자 하는 바를 훌륭하게 이루어 냈으며 자신들의 책을 정식으로 출판하게 되었다는 사실에 놀랐다. 그리고 문학적인 정취가 흘러넘치고 분량도 상당한 《3반의 이야기》에 실린 10여 편의 글이 특별히 글짓기 수업을 들었다거나 글짓기 대회에 입상한 경력이 있는 학생이 아닌 지극히 평범한 학생들에 의해 탄생했다는 사실에 매우 기쁜 마음으로 감상했다. 또한 나는 현재의 학생들이 이렇게 개성적이고 창조적인 구성 및 행동 능력을 가지고 있음에 감탄을 금할 길이 없었다. 나도 현재의 학생들을 어떻게 평가해야 할지, 어떻게 소질교육의 내용을 평가해야 할지 깊이 생각하고 있는 중이다.

《3반의 이야기》는 쉽게 찾아보기 어려운 책이다. 다음과 같은 이유 때문이다. 우리는 소질교육을 통해서 학생들이 생동적이고 주동적인 발전을 얻게 되기를 바라고 있지 않은가? 그렇다면 《3반의 이야기》를 본다면 바로 알게 될 것이다. 이러한 국면과 결과는 완전히 가능한 것이다. 우리가 소질교육을 실시하면서 제시하는 것들, 예를 들어 교육은 반드시 학생이 주체가 되어야 하며 학생들의 개성을 존중해야 한다, 학생의 주동성과 적극성이 발휘되어야 한다, 교육의 본래의 가치를 중시해야 한다는 등의 모든 것들이 《3반의 이야기》라는 책 속에서 검증되고 있다.

《3반의 이야기》에 나오는 학생들의 능동성, 자주성, 창조력은 확실히 효과적으로 발휘되고 있다고 인정할 수밖에 없다. 2학년 3반으로부터 시작해서 우리는 차오차오 실험 중학교가 받들고 있는 "학생이 근본이다."라는 학교의 건립 이념을 인정해야 한다. 바로 학교가 형성한 학생들의 개성을 발전시키는데 관심을 가지고 학생들이 자아와 개성을 표출시키는 학교 설립의 특색과 "배움의 낙원"을 표방하는 여유롭고 자유로운 학습 분위기 속에서 2학년 3반이 나올 수 있었던 것이다.

우리는 또한 2학년 3반의 담임과 수업을 담당하고 있는 교사들이 소질교육의 탐색 과정에서 수고한 노력을 인정해야 한다. 그들은 교육 이념을 전환하는 과정에서 실제 교육 환경 속에서 자아를 발현하는 주체성을 중요시하고 전통적인 교사와 학생에 대한 관념과 사제 관계를 변화시키려 했으며 교사의 역할 모형을 변화시키려고 힘썼다. 교사는 더 이상 지도자나 인도자의 신분이 아니라 한 사람의 격려자이자 안내자의 신분으로 학생들 앞에 섰다. 그리고 학생들의 개성을 존중하는 것을 출발점으로 학생이 교육 활동의 주체가 되고 학생이 주동적으로 수업하게 만들며 적극적인 감지, 기억, 사고, 상상, 체험, 활동을 통해 학생들의 사상, 감정, 태도, 능력 및 행위 등의 방면에 발전을 도모하고 이로부터 학생의 총체적인 소질을 향상시켰다.

차오차오 실험 중학교의 2학년 3반은 기쁨을 소유하고 있는 집단이라고 할 수 있다. 쑨즈윈孫志云 교사가 학생들에게 기쁨을 줄 수 있었던 비결은 뭘까? 그녀가 젊은 사고와 기쁜 태도를 가지고 있었기 때문이다. 그렇기 때문에 아이들의 기쁨을 보고 자신도 기쁨을 느낄 수 있었고 아이들의 감동을 보고 자신도 감동했으며 아이들의 행복을 보고 자신도 행복을 느낄 수 있었다.

어떤 의미에서 소질교육은 일종의 해방교육이라 할 수 있다. 해방되었기 때문에 2학년 3반 학생들은 기쁨을 느낄 수 있었다. 중요한 것은 그들이 기쁨을 느낀 이후 그들의 기쁨을 여기저기 퍼뜨릴 방법을 생각하기 시작했다는 것이다. 자신들의 기쁨을 전하기 위해 그들 각자의 생동감이 살아있고 흥미로운 3반의 이야기를 만들었다. 나는 그들의 행복한 이야기를 읽으면서 그들의 기쁨으로 인해 나 자신도 확실한 기쁨을 느낄 수 있었다.

기쁨의 여운을 느끼면서 나는 기쁜 마음으로 《3반의 이야기》를 위해 서문을 쓴다. 나는 그들의 기쁨을 진심으로 축하하며 그들의 내일이, 그리고 그들의 미래가 영원히 행복하기를 바란다.

교육의 기쁨을 위해, 학생들의 기쁨을 위해 갈채를 보내도록 하자.

인재로 성장하기 위한 자아심리훈련

인간이 성장하는 데 필요한 요소 중 환경적 요소의 중요성은 점차 감소하는 추세이지만 주체적 요소의 작용은 날로 중요해지고 있다. 초등학교 단계에서는 수동적이고 가정과 학교교육의 영향을 많이 받으며 선천적인 제약이 비교적 크다. 청년이 되어감에 따라 잠자던 자아가 깨어나고 자아의식이 날로 성장한다. 그러므로 주동적이며 쉽게 환경의 제약을 받지 않고 환경에 대해 반작용을 한다. 소년기의 성장의 관건이 양질의 조기교육에 있다면 청년기 이후의 관건은 주체적 요소에 달려 있다. 양질의 자아인식능력을 가지고 있는가, 확실하고 실행 가능한 인생목표를 가지고 있는가, 자신의 운명의 주인은 바로 자신이라는 충분한 자신감, 목표를 벗어난 행동을 자제하고 자신의 심신을 목표를 향해 매진하게 하는 고도의 자제력을 가지고 있는가에 따라 인재가 될 수 있는지의 여부가 결정된다. 이러한 의미에서 볼 때 인재가 될 수 있는지 여부는 자아심리훈련과 완벽함을 추구하는데 달려 있다.

인재로 성장해가는 과정에서 자아심리훈련의 내용은 매우 광범위하다. 과정의 감지, 기억, 사유, 상상 능력의 훈련부터 과정에서 주의할 점, 감정, 의지, 품성 훈련에 이르기까지 매우 다양하다. 또한 개성을 구축하는 것에서부터 인간관계의 개선까지 포함되지 않는 내용이 없을 정도다. 그러나 가장 중요한 것은 자아인지력, 자신감, 자아통제력 이렇게 세 가지 방면이라고 할 수 있다.

자아인지력

　모름지기 사람이 가장 알고 싶어 하나 가장 이해하기 어려운 것은 바로 자기 자신이다. 고대 그리스 델포이의 아폴론 신전 현관 기둥에는 그 유명한 '너 자신을 알라.'는 문구가 새겨져 있다. 독일의 저명한 작가 요한 파울Johann Paul은 "인간의 가장 위대한 점은 바로 자신을 안다는 데 있다."라고 했고 프랑스의 현실주의 소설가 프로베르Flaubert는 "시종일관 나를 고뇌하게 하는 것은 다름 아닌 나 자신의 척도를 모른다는 것이다. 그러나 이를 알려고 하는 것은 아무래도 야심이 너무 큰 게 아닌가 한다. 정확하게 자신의 능력을 아는 사람은 바로 천재이기 때문이다."라고 했다.

　이 두 가지 문장은 두 명의 작가가 자신을 알기를 강렬하게 원했다는 것을 나타낼 뿐 아니라 자신을 인식하고 자신의 운명을 파악하는 것이 매우 어려움을 깊게 한탄했음을 나타낸다. 위대한 사람들도 이랬으니 평범한 사람은 말할 필요도 없다. 뜻을 세운 인재에게 있어서 우선적으로 해결해야 할 난제는 바로 자신을 아는 것이다. 자신을 알아야 단점을 피하고 장점을 키울 수 있으며 합리적인 선택과 목표를 확실히 함으로써 성공에 이를 수 있다. 마르크스는 시를 쓰는 데 재능이 없다는 것을 깨닫고는 이를 포기한 채 이론 사상가의 길로 들어섰다. 루쉰의 경우에는 처음에는 철도학교에 들어갔다가 후에는 일본에 의학을 배우러 갔지만 결국 이를 포기하고 중국현대문학계에 위대한 거장이 되었다. 이처럼 자신을 아는 것은 성공으로 가는 초석이 된다.

자아인지력은 실천하는 중에 의식적으로 단련되기 시작한다. 전면적으로 정확하게 자신을 인식하고 자신의 재능과 선천적인 면모를 발견하며 자신의 결점과 약점을 통찰하려면 풍부한 실천 활동이 필요하다. 사람의 마음을 울리는 노래는 종종 우연히 탄생되고 그림에 대한 재능은 손이 가는대로 그림을 그릴 때 나타나는 것이다. 누구나 자신의 장점과 재능을 가지고 있지만 이러한 재능은 발견되는 기회가 없을 수도 있다. 그러므로 적극적으로 여러 활동에 참가하고 활동 중 자신을 인식하며 장점을 발휘하고 키우며 단점을 발견하고 없애도록 노력해야 운명의 주인이 될 수 있다. 또한 실천 활동 중 겪은 성공과 실패를 통해 더욱 정확하게 자신의 수준을 알 수 있다. 예상한 목표와 실제 결과의 비교를 통해서 자신의 예상이 정확한지 검증할 수 있고 이로서 판단능력을 높이고 또한 자신의 평가능력을 이해하면 자신감을 확립하게 된다.

다른 사람과의 비교도 양질의 자아인지력 형성에 도움을 준다. 인간은 항상 사회적 관계 속에서 살고 있고 자기와 다른 사회의 구성원과의 비교를 통해 자신의 지위와 형상을 확정한다. 비교를 해야 구별할 수 있다. 만약 다른 사람의 상황과 대조해보지 않으면 자신을 인식할 수 없다. 일반적으로 이러한 비교는 자신의 생활권 혹은 생존 공간 내에서 진행된다. 인간은 사회적으로 자신과 조건이 비슷한 사람을 비교대상으로 삼는 경향이 있다. 그러나 비교대상이 주위에 한정되면 시야가 좁아지기 쉽다. 그러므로 대단한 성과를 거둔 우수한 인물과 자신의 공통점을 찾고 비교대상으로 삼아서 자신과의 격차를 발견하고 더욱 분발하고 투지를 불태워야 한다.

그 밖에도 심리학적인 테스트(아이큐테스트, 개성테스트, 창조력테스트, 특수능력테스트 등)를 통해 목적을 가지고 자신의 심리와 능력을 전면적으로 평가한다. 자아를 드러내거나 다른 사람의 태도 등을 통해 정확하게 자아를 인식하고 자아인지력을 형성한다.

자신감

자신감의 형성과 강도는 일반적으로 활동의 성과와 타인, 그중에서도 존경하는 사람의 자신에 대한 태도와 자아평가의 3가지 요소에 의해 결정된다.

첫째는 활동의 성과다. 성공은 더욱 자신감을 심어준다. 심리학 연구에서 증명되었듯이 한 사람의 자신감은 그의 성공과 정비례한다. 성공할수록 기대치가 높아지고 자신감은 더욱 강해지며 좌절할수록 기대치는 점점 낮아지고 자신감도 약해진다. 그러므로 자신감을 갖기 위해서는 성공의 경험을 늘이기 위해 노력해야 한다. 이미 노력하기 시작한 목표라도 더욱 주의를 기울여 성공을 확보해야 한다.

자신감에 영향을 미치는 두 번째 요소는 타인의 태도, 특히 권위 있는 사람의 기대와 평가다. 사람의 심리는 객관적인 환경의 영향이나 타인의 평가의 지배를 받는다. 부모, 교사, 친구들이 자신을 칭찬하고 격려하면 자신감이 증가될 것이며 부모, 교사, 친구들로부터 비판을 받는다면 자신이 쓸모없는 사람이라고 생각되어 자신감이 떨어질 것이다.

자신감에 영향을 미치는 세 번째 요소는 자아평가다. 자아평가는 두 가지 오류가 발생하기 쉽다. 하나는 스스로 자신을 훌륭하다고 생각하고 자신의 가치를 높게 책정함으로서 실제적인 목표를 정하지 못해서 성공을 이루지 못한다. 다른 하나는 열등감 때문에 자신의 가치를 낮게 책정함으로서 자신이 항상 남보다 못하다고 생각하고 자신의 결점을 타인의 장점과 비교해 자책하고 고개를 들지 못한다. 자신감을 배양하기 위해서는 정확한 비교방법을 배워야 하고 자신에게 장점이 있음을 믿어야 한다. "다른 사람도 하는데 나라고 못할게 뭐가 있어?"라는 생각을 가지고 점점 자신감을 길러야 한다.

자아통제력

자아통제력은 인간이 자신의 행위를 억제하고 조절하는 일종의 능력이다. 자아통제력은 굳건한 의지의 표현이다. 자아통제력이 있는 사람은 목표에 도달하기 위해 자신의 감정을 억제하고 언행을 제한하며 자신의 모든 활동을 목표에 이르는 궤도와 일치시킨다. 러시아의 교육자 마카렌코Makarenko는 "위대한 의지는 어떠한 것을 획득하는 것에 능할 뿐 아니라 거절하는 것에도 능하다. 브레이크는 유기체의 필수구성요소이며 통제력이 없으면 어떠한 의지도 실현 불가능하다."고 했다. 여기에는 실질적으로 자아통제력에 있어서 중요한 두 가지 요소를 담고 있다. 바로 해야 할 일과 하지 말아야 할 일이다.

해야 할 일이란 의지의 결단력을 의미한다. 일단 목표를 정했으면 뒤돌아보지 말고 자신의 역량을 조절하며 목표를 향해 달려 나아가야 한다. 결단력이 있는 사람은 운명을 주재하며 성공을 향해 달려간다. 절대 주저하거나 파도의 흐름에 휩쓸리지 않는다.

하지 말아야 할 일이란 의지의 자제력을 의미한다. 이미 결정한 것은 확실하게 실행하고 결정에 위배되는 요소를 극복해야 한다. 하지 말아야 할 일을 판단하는 능력은 뜻을 세운 사람에게 있어 필수불가결한 요소다. 사람의 역량과 시간은 유한하기 때문에 성공을 위한 목표에 역량을 집중하지 않으면 다른 욕망이 엄습해 아무것도 이루지 못한다. 매우 좋은 예로 러시아의 레닌을 들 수 있다. 그는 체스와 스케이트를 매우 사랑했고 체스 실력이 매우 출중했다. 그러나 체스와 스케이트에 시간과 정력을 너무 많이 낭비하고 일에 영향을 주게 되자 그는 단호히 자신의 취미를 포기했다. 만약 당시 그에게 이러한 자제력이 없었다면 역사적인 인물이 될 수 없었을 것이다.

우리의 생활 속에는 도처에 유혹이 존재한다. 만약 이런 유혹이 우리의 목표와 상반된다면 반드시 이를 극복해야 한다. 하지 말아야 할 일을 삼가고 심신을 조절하여 이미 정한 목표에 매진한다면 당신은 성공한 사람의 대열에 들어갈 수 있을 것이다.

내 운명을 다스릴 수 있는 사람은 바로 나임을 명심하자.

오늘이 최고!

미국의 저명한 내과의사인 윌리엄 오슬러William Osler는 98세까지 장수한 것으로 유명하다. 장수 비결을 묻는 사람들에게 그는 항상 "오늘이 최고다."라고 대답했다.

왜 오늘이 최고의 날인가? 오슬러는 개인적인 의미로 어제와 오늘, 내일을 비교한 후 말했다. "과거는 그저 지나간 것이다. 과거에 발생한 수많은 복잡한 일들과 이미 지나간 어제는 철저하게 묻어버려야 한다. 우리는 내일을 걱정해서도 안 된다. 이는 물론 내일을 계획하지 말라는 것이 아니다. 그러나 아직 발생하지도 않은 일로 걱정하지 말라. 단지 오늘만이 참된 인생이니 어제와 내일에 대한 근심으로 오늘이라는 평온한 생활을 깨뜨리면 안 된다." 그는 심오하게 지적했다. "오늘이 바로 최고의 날이다. 나는 아침마다 이 말을 외운다. 이 말은 나에게 편안함과 즐거움을 가져다준다. 미래에 대한 걱정과 잊기 힘든 과거는 많은 사람에게 큰 부담을 지어주고 이는 만병의 근원이 된다."

오슬러의 말은 일리가 있다. 우리가 실제로 살고 있는 시간과 공간은 바로 지금, 이 곳이다. 그러므로 오늘을 확실히 살고 현재를 소중히 여기며 열심히 노력해야 한다.

'오늘이 최고!'라는 말은 우리가 과거의 그늘과 부담에서 벗어나야 함을 말해준다. 찬란했던 과거에 도취되어서도 안 되고 어제의 실수에 낙담해서도 안 된다. 오늘을 인생의 새로운 출발점으로 삼고 현재를 인생의 새로운 시작으로 삼자.

'오늘이 최고!'라는 말은 우리가 평온한 상태로 내일을 맞이하게 해준다. 내일은 오늘을 어떻게 보내느냐에 따라 결정된다. 오늘의 모든 것은 내일을 위한 준비인 것이다. 그러므로 내일에 대한 환상에 빠지기보다는 진심으로 매일을 살고 오늘에 충실하도록 하자.

거울 속 자신에게, 그리고 떠오르는 태양에게 '오늘이 최고!'라고 소리쳐 보자.

또 한 편의 아름다운 이야기

나는 《새로운 교육의 꿈》이라는 책에 한 편의 실화를 기고한 적이 있다. 그 글은 우리에게 꿈은 이루어진다는 것을 말해준다. 교사는 학생들의 마음뿐 아니라 자신의 마음에도 희망의 씨앗을 뿌려야 한다.

최근 나는 《랴오닝遼寧 청년》에서 다음과 같은 글을 읽었다.

2002년 11월 28일, 시카고에 사는 세니 스미스라는 중년 남성이 법원에 자신의 이집트 여행에 대한 권리를 되찾을 것을 요구하는 고소장을 제출했다. 이로 인해 미국 사회에는 큰 파문이 일었다.

이 사건의 발단은 40년 전으로 거슬러 올라간다. 당시 세니 스미스는 초등학교 1학년생이었다. 어느 날 선생님은 학생들에게 각자 자신의 꿈을 발표하게 했다. 스미스는 즉시 두 개의 꿈을 이야기했다. 하나는 자기 소유의 어린 암소를 갖는 것이고 다른 하나는 이집트 여행이었다. 그러나 선생님이 같은 반의 제이미라는 학생에게 꿈을 묻자 그는 꿈이 없다고 대답했다. 제이미에게 꿈을 갖게 하기 위해 선생님은 제이미에게 다른 친구들의 꿈 중 마음에 드는 것 하나를 골라 사는 것이 어떻겠냐고 제안했다. 그리하여 선생님의 증명 하에 스미스는 3센트를 받고 이집트 여행의 꿈을 제이미에게 팔았다.

40년이 흘러 스미스는 중년이 됐고 작지만 사업의 성공을 이루었다. 40년간 그는 많은 지역에 가 봤지만 이집트에는 가본 적이 없었다. 이집트에 가보고 싶었지만 그는 신실한 기독교인이자 성실한 장사꾼으로서 자신의 꿈을 판 약속을 지키기 위해 이집트에 갈 수 없었다.

2002년 추수감사절 전날, 스미스 부부가 아프리카 여행 일정을 짤 때 아내가 이집트의 피라미드를 보러 가는 일정을 중요한 관광 일정으로 집어넣었다. 스미스는 더 이상 참을 수 없어서 자신이 판 꿈을 다시 사기로 결정했다. 그렇게 해야만 편안한 마음으로 이집트의 땅을 밟을 수 있을 것 같았다.

연방법원의 심의를 거쳐 그 꿈은 이미 3천만 달러의 가치를 가지게 되었다. 스미스가 그 꿈을 다시 사기 위해서는 가산을 탕진해야 한다. 이집트 여행의 꿈이 엄청난 가치를 가지게 된 이유는 제이미의 답변장을 보면 어느 정도 알 수 있다.

제이미는 당시에 이렇게 말했다.

어릴 적 나는 꿈을 꿀 수 없을 정도로 가난했다. 그러나 나는 선생님의 격려로 3센트에 스미스의 꿈을 산 후 완전히 다른 사람이 되었다. 나는 더 이상 장난꾸러기에 산만한 학생이 아니었다. 내가 워싱턴 대학에 갈 수 있었던 것도 이 꿈 덕분이고 현숙한 아내를 맞을 수 있었던 것도 이 꿈 덕분이다. 아내는 예전부터 이집트 문명에 몰두한 사람이다. 나의 아들은 현재 스탠퍼드 대학에서 공부하고 있는데 이것도 역시 그 꿈 덕분이다. 나는 아들에게 내게 이집트에 가고 싶다는 꿈이 있으며 만약 아들이 좋은 성적을 받으면 데려가 주겠다고 약속했기 때문이다. 나는 현재 시카고에 총액 2천 2백만 달러가 넘는 6개의 슈퍼마켓을 소유하고 있

다. 만약 내게 이집트에 대한 꿈이 없었더라면 아마도 이러한 부를 이루
지 못했을 것이다.

《시카고 타임즈》의 보도에 따르면 세니 스미스는 연방법원에 상소
했다고 한다. 그는 소송이 자신의 후손 대에까지 내려가더라도 자신의
꿈을 되찾고 말 것이라고 한다.

나는 이 소송의 진실성이나 승패 여부에는 관심이 없다. 나의 관심은
오직 소송을 일으킨 계기가 된 그 '꿈'에 있다. 우리의 교육에 과연 꿈
은 존재하는가? 꿈이 없는 교사가 어떻게 아이들에게 꿈을 가지라고 교
육할 수 있겠는가?

사실 스미스는 어릴 때의 장난 같은 일로 소송을 걸 필요는 없었다.
언제든지 그가 가고 싶으면 가면 그만이다. 또한 제이미도 애초부터 3
천만 달러의 꿈에 대한 권리 같은 것을 가지고 있지 않다. 그들은 아마
도 교육을 위해, 더 많은 사람이 꿈을 갖게 하기 위해 소송을 한건지도
모르겠다.

꿈이란 모든 학생들의 권리이자 발전하기 위한 원동력이다. 학생들
이여, 꿈을 가져라!

02

교단에 대한 평가

교육에는 시시각각 문제가 발생하고 때로는 거시적이나 때로는 미시적인 각종 현상을 수반한다. 그러나 어떠한 문제든지 교육에 원대한 포부를 품고 있는 '교육자'의 시야에서 벗어날 수 없다. 그들은 흩어진 것을 하나로 모으는 힘을 가지고 있다. 날카로운 통찰력과 마음을 움직이는 친절함과 따스함이 교육에 베어 나온다.

'02 교단에 대한 평가'에서는 이러한 교육자의 기반에 대해 이야기하고자 한다. 작가 특유의 교육적 후각과 풍부한 교육적 실천과 경험, 교육에 대한 열정은 실제 교육 활동을 하면서 얻어진 것이다. 이를 여러분과 함께 나누고자 한다.

진정한 교육자

진정한 교육자는 탁월함을 추구하는 정신과 새로운 창조 정신을 가지고 있다. 많은 학부모들은 비교적 나이가 많고 경험이 풍부한 교사를 선호하지만 나는 이를 만류하고 싶다. 진정한 교육자는 연령과 관계가 없다. 매년 전국에서 젊고 우수한 교사들이 배출되고 있다. 교사의 가치는 얼마나 오랫동안 교편을 잡았느냐가 아니라 얼마나 열심히 가르쳤는가에 달려 있다. 5년간 혼신의 힘을 다해 교직에 몸담았던 교사와 평생을 교편을 잡았으나 그저 그런 태도로 일관해온 교사를 비교해보면, 그 성과가 경력에 비례하지 않음을 알게 될 것이다.

우수한 교육자는 끊임없이 탐색하고 새로운 것을 창조하며 교육에 마음을 다하는 사람이다.

한 사람의 성공 여부는 대부분 그 사람이 자신의 일에 얼마나 마음을 다하는지 여부에 달려있다.

마음을 다하는 사람은 성공하고 마음이 없는 사람은 성공할 수 없다. 뿌린 대로 거둔다는 속담처럼 성공은 예상할 수 없는 요행이나 우연으로는 절대로 얻을 수 없다.

중등학교 교사의 교육 연구 방식은 교육 현상에 대한 필기와 자신의 감정 및 사고를 기록하는 것에서부터 시작해야 한다. 이러한 교육 연구 방식을 격려해야 진정한 대가가 될 수 있다. 만약 믿기 어렵다면 당장 오늘부터라도 마음을 다해 교육 일기를 써보기 바란다. 오늘 성공한 일이 있다면 그것은 어떻게 이루어졌는지, 오늘 문제점이 발생했다면 어떻게 해결할 것인지, 오늘 좌절했다면 그 느낌이 어땠는지 등을 있는 그대로 기록한다. 5년 후 자신의 일기 중 가장 뛰어난 부분을 엄선하면 그것은 바로 하나의 책이 될 수 있고 당신의 교육 철학에 밑거름이 될 것이며 독자들의 마음을 흔들 수 있을 것이다. 현재의 문제점은 많은 사람들이 열심히 하겠다고 불타올랐다가 얼마 되지 않아 사그라진다는 것이다. 교육에 마음을 다하는 사람은 무엇을 하든지 학문이 되고 훌륭한 성과를 얻을 수 있다. 마음을 다해야만 흩어져 있는 구슬을 한 데 모아 목걸이를 만들어낼 수 있다. 흩어져 있는 구슬은 그 자체만으로는 가치가 없지만 이를 한 데 모으면 눈부시게 빛난다. 그러므로 이상적인 교사는 교육에 마음을 다하는 사람이다.

또한 교사는 자신만의 기량을 갈고 닦아야 한다. 오늘날 무수한 교사 가운데 자신만의 특색을 가진 교사는 없다. 교사들을 선별할 때도 그 교사의 역량이 얼마나 우수한지에 대해서만 고려할 뿐 그 사람의 독특한 개성을 깊게 고려하는 경우는 매우 드물다. 나는 교사가 자신의 풍격, 자신만의 체계를 설립해야만 진정한 교육자가 될 수 있다고 생각한다.

교육특구를 만들자

어떤 의미에서 볼 때 개혁은 항상 실험에서 시작된다고 할 수 있다. 중국의 경제 개혁에 '경제특구'가 있었다면 중국의 교육 개혁에는 '교육특구'가 필요하지 않을까?

경제특구의 성공으로 인해 우리는 교육특구를 떠올리게 되었다.

경제 발전은 필연적으로 교육의 발전에 심각한 영향을 미치며 교육의 발전은 경제 발전에 종속된다. 그러나 경제 발전이 이미 다원화 된 추세로 나아가는 이 때, 우리의 교육은 여전히 획일화 된 단계에 놓여 있다. 이는 교육의 발전이 경제 발전에 비해 상대적으로 낙후된 부분이라고 할 수 있다. 물론 교육 발전의 규칙과 경제 발전의 규칙이 일맥상통하지는 않는다. 그러나 일원화에서 다원화로 나아가는 것은 교육 발전과 경제 발전에서 공통된 추세이다. 그러니 경제 발전을 위해 경제특구가 만들어졌다면 교육 발전을 위해 교육특구를 만드는 것은 어떨까? 나는 이러한 일이 분명 가능하다고 생각한다. 과거 교육 발전에 있어서 가장 큰 오류는 학교의 운영 체제에서 학교 운영의 방식, 교육 과정의 설치에서 시험 방식, 교재와 교수법, 심지어는 대학입학시험 시간에 이르기까지 960만 평방킬로미터나 되는 이 땅에서 이루어지는 교육의 모든 것들이 전부 통일되어 있다는 점이다. 이러한 상황에서 중국은 어떻게 개성이 풍부한 참신한 인재들을 양성할 수 있으며 어떻게 진정한 교육자의 출현을 기대할 수 있단 말인가? 또한 어떻게 민주적이고 과학적이며 시대의 기운이 풍부한 교육 경험과 교육의 전형이 실현되는 것을 기대할 수 있으며 어떻게 중국의 교육이 세계 교육의 선진 기준을 넘어서기를 기대할 수 있단 말인가?

오늘날 중국에서는 경제 발전과 교육 발전을 위해 교육특구를 만드는 것이 피할 수 없는 추세이다. 상대적으로 경제가 발달한 지역에서는 대학 진학률이 이미 90% 이상에 달하지만 경제가 낙후된 지역에서는 지금도 의무교육을 마치지 못하는 경우가 있다. 만약 천편일률적인 교육 방식을 고수한다면 중국 전체의 교육 발전은 발전하기 힘들어질 것이다. 교육특구(교육실험구라고 할 수도 있다)를 만드는 것은 교육 개혁을 실행하고자 하는 선구자들에게 자유로운 실험의 장소를 제공하는 것과도 같다. 교육특구는 실험자들에게 자신의 교육이념과 자신이 살고 있는 지역의 경제 발전 및 사회의 요구, 자신이 마주하고 있는 학생들의 특징에 근거하여 다양한 유형의 교육 발전 규칙을 대담하게 탐색할 수 있도록 한다. 물론 경제특구의 발전을 특혜 정책을 통해 보장했던 것처럼 교육특구에도 일정한 특혜 정책이 뒷받침 되어야 한다. 예를 들어 실험자들이 자신만의 교육 사상을 가지고 있는 것을 허용하거나 자신만의 교재를 사용하고 교육 과정을 계획하는 것을 허용하는 것, 실험자의 학교 운영 방식, 체제 등에 자신만의 고유한 특색을 지닐 수 있도록 허용하는 것, 교육특구만의 평가 체계와 방식을 허용하는 것, 심지어는 교육특구의 학생들은 통일된 진학 시험에 응시하지 않아도 되는 것 등이다. 그 밖에도 국가에서는 영재학생 교육특구, 소수 민족 교육특구, 평생 교육특구 등과 같은 다양한 유형의 교육특구를 허가해야 한다. 이러한 특구의 규모는 크게는 한 지역, 작게는 한 학교가 될 수도 있다.

교육특구를 제정하는 것은 나라의 교육 정책 결정에 실천성 있는 근거가 되며 교육 정책이 더욱 과학적이고 실제적으로 부합한 정책이 되는 데 도움을 준다. 그러나 교육특구의 더욱 중요한 의의는 교육이 효과적으로 경제에 도움을 주어 국가 발전의 원동력이 되며 생각이 깨어 있는 교육자들이 두각을 나타낼 수 있게 하고 다양한 지역의 사람들, 다양한 경제적 상황과 문화적 배경을 가진 사람들, 다양한 민족의 사람들에게 더 큰 발전을 가져다준다는 데 있다.

그러므로 우리는 간절한 마음으로 교육특구의 제정을 바란다.

영웅을 기다리며

누군가 말하길 현대는 영웅이 없는 시대라서 학생들이 마음속에 영웅 상을 세울 수가 없다고 한다. 이러한 사실은 학생들의 도덕교육에 많은 영향을 미친다. 그러므로 우리는 아이들이 따를 수 있는 영웅을 기다리고 있다. 한 사람의 덕성의 형성은 현실 속의 역할 모델이나 마음속의 영웅에 의해 결정된다. 세계의 위인들을 살펴보면 그들의 성공에는 유형, 혹은 무형의 영웅의 흔적이 새겨져 있음을 볼 수 있다.

생리적인 관점에서만 본다면 사람은 쉽게 게을러지고 쉽게 만족하며 쉽게 정체된다. 그러나 마음속에 동경하는 영웅이 있으면 자신과 영웅의 차이점을 찾고 그를 통해 전진할 수 있는 역량과 고난을 극복할 용기를 얻어 자신을 발전시킨다. 학교교육에서도 교사가 학생들로 하여금 영웅 상을 수립할 수 있도록 유도한다면 이러한 인성교육은 수업 중에 말로 설명하는 것보다 훨씬 효과가 클 것이다.

프랑스의 유명한 작가 로맹 롤랑Romain Rolland은 《베토벤의 생애》에서 많은 위인들은 오랜 고난이나 비참한 운명을 경험했다고 했다. "그들의 영혼은 육체와 정신의 고통으로 단련되었다. 혹은 그들의 주위 사람이 이유 없이 모욕과 고통을 당하는 것을 목격하고 그로 인해 자신의 생활이 깨어지고 마음은 분열되어 고난의 날들을 보냈다. 그들은 굳센 의지로 위인이 됐지만 고난을 겪었기 때문에 비로소 진정한 위인이 될 수 있었다. 그러므로 불행한 사람들이여, 자신의 처지를 한탄하지 말

라. 위인들의 용기를 우리의 밑거름으로 삼자. 만약 우리가 너무 나약하다면 위인들의 무릎위에 머리를 두고 잠시 쉬도록 하자. 그들이 우리를 위로할 것이다. 그들의 작품이나 그들의 목소리를 듣지 않아도 그들의 눈이나 그들의 기록 속에서 환난에 처한 생명의 위대함과 행복을 발견하게 될 것이다.”

만약 우리가 끊임없이 영웅의 기개를 느끼고 인생의 본보기로 삼는다면 우리의 인생도 위대하고 훌륭하게 변할 것이다. 영웅은 손이 닿지 않는 곳에 존재하는 것이 아니다. 누구나 영웅의 정신을 본받고 그의 행위를 보고 배우면 영웅이 될 수 있는 기회가 주어진다. 인성교육을 하면서 교사는 의식적으로 학생들이 자신만의 영웅 상을 확립하고 영웅을 존경하는 마음과 영웅의 올바른 성품을 통해 도덕적 수양을 할 수 있도록 해야 한다. 영웅이 없는 시대에는 영웅을 육성하기가 매우 어렵기 때문이다.

인재를 기다리며

덩샤오핑은 "10년 동안 중국이 저지른 가장 큰 착오는 바로 교육이다."라고 지적했다. 착오에 직면하고 있는 당대 중국의 교육에 대해 우리는 원인을 모색하고 이를 극복할 수 있는 방법을 생각해 봐야 한다.

교육에 투자하는 경비가 부족한가? 맞는 말이다. 중국의 교육 경비가 GNP 총액에서 차지하는 비율은 세계의 평균 수준과 비교했을 때 크게 낮다. 인구 당 평균 교육 경비는 미국의 100분의 1에 불과하다. 그러나 만약 교육 경비를 충족시킨다면 중국교육이 쇠퇴하는 현상을 막을 수 있을까?

교사들의 지위가 낮은가? 맞는 말이다. 중국의 교사들의 임금은 전국 도시 시민들의 평균 수준 보다 훨씬 떨어진다. 수준이 비슷한 개발도상국 교사들의 수입과 비교해볼 때 4분의 1 수준에 그친다. 그러나 만약 교사의 지위가 다른 사람들이 부러워할 정도로 향상된다면 중국의 교육은 밑바닥을 벗어날 수 있을까?

……

복잡한 인과 관계가 얽히고설킨 가운데 우리는 여전히 어지러운 심정을 느끼고 있다. 카메라 렌즈가 자신에게 맞추어졌을 때만 우리는 비로소 셔터를 누른다. 이는 아마도 중국교육의 문제점이라고 할 수 있을 것이다.

그렇다. 인류에게 있어서 사람이라는 것은 풀기 어려운 스핑크스의 수수께끼 같은 존재이다. 만약 하루아침에 사람들이 오이디푸스처럼 그 수수께끼를 풀 수 있다면 아마도 이는 인류가 진정한 자유를 누릴 수 있고 자신의 운명의 주재자임을 나타내는 것일 것이다. 그러나 이것은 아마도 영원한 수수께끼일 것이다. 인류는 단지 그 일부분만 해독하면서 조금씩 최후의 답에 접근해 가지만 결국에는 영원히 풀 수 없다. 개인으로서나 민족으로서도 그 발전 수준은 이러한 수수께끼를 인식하고 어려운 문제를 해결하는 수준과 관계가 있다. 우리의 교육에 있어서 착오의 가장 근본적인 원인은 사람에 대한 인식의 오류 때문이 아닐까?

오랜 기간 동안 전통적인 교육 방식은 하나로 귀결된다. 그것은 바로 안하무인이다. 이렇듯 사람이 존재하지 않는 교육 분위기에서 어떻게 주동성과 창조성이 배양될 수 있겠는가? 교육이 어떻게 우리의 사회에 이바지할 수 있겠는가? 또한 교육이 어떻게 잘못된 길로 가지 않을 수 있으며 곤경에 처하지 않을 수 있겠는가?

내가 생각하기에 중국의 교육에는 개혁과 새로운 구성이 필요하다. 또한 사람의 지위와 가치를 확립하는 것은 중국에서 교육이라는 큰 건물을 짓기 위해 필요한 초석이라고 생각한다. 이러한 초석위에 네 개의 힘 있는 기둥이 우뚝 솟아야 한다. 그것은 첫째로 여론—교육에 대한 전 민족의 관심과 이해와 지지하는 분위기, 둘째로 경비—교육에 대한 투자의 증가 확보와 교육 경비의 합리적 사용, 셋째로 입법—완전한 교육의 법률 체계를 건립하고 양호한 교육 법치 환경을 조성, 넷째로 과학적 연구—교육에 대한 과학적 연구 방법, 해석, 비판 기능의 발휘를 통해 교육의 발전이 과학적인 궤도에 오르게 하는 것이다. 중국이 새로운 세기의 전 세계적인 교육 경쟁에서 강력한 상대들과 힘을 겨루고 교육의 어려운 환경에서 벗어날 수 있을지의 여부는 위와 같이 초석 위에 네 개의 기둥을 제대로 세울 수 있는가 여부에 달려 있다.

생명 중시 교육

　최근 우리는 각종 매체에서 중고등학생의 자살 소식을 심심찮게 접한다. 생각해보면 아무것도 아닌 사소한 일로 꽃과 같은 생명을 포기한다. 이러한 현상은 교육자와 교육연구가로 하여금 교육의 체재부터 사고, 심리적 소양의 배양 등의 방면에 대해 다시금 생각하게 한다. 나는 우리의 교육에 생명을 중시하는 교육이 빠져 있다고 생각한다.

　생명 중시 교육의 목적은 학생들이 생명의 소중함과 가치를 이해하고 자신의 삶을 누리며 타인과 다른 생명체를 존중하도록 하는 데 있다. 생명 중시 교육을 실시해야 학생들이 앞으로 좌절을 겪을 때 쉽게 자신의 생명을 포기하는 것을 방지할 수 있고 자신의 삶을 진정으로 향유할 수 있다. 이는 바로 생명 중시 교육이 지향하는 최고 목표라 할 수 있다.

　우리는 생명 중시 교육을 통해 생명은 본래 매우 아름다운 것이라는 사실을 학생에게 인식시키고 그로 인해 학생 자신의 삶을 스스로 자랑스럽게 생각하도록 해야 한다. 우리의 생명이란 광활한 우주에 비하면 매우 미미하고 순간적이지만 모든 생명체가 만들어 내는 개성은 유일무이한 것이며 다른 그 무엇과도 대체할 수 없는 것이기에 신성하고 위대하다. 개성이 충만한 무수한 생명체가 존재하기에 이 세상은 생기 있고 더욱 빛난다.

　생명에 대한 애정과 애착이 없다는 것은 참으로 무서운 일이다. 현재 우리의 교육은 너무 현실만을 직시하고 있고 사회의 음지와 양지가 적나라하게 드러나며 무자비하고 폭력적인 영상물이 난무하는 시대다. 그러므로 아이들의 정신세계와 영혼에는 아름다운 낭만이 없다. 아이들의 의식 속에는 순진함, 동화, 꿈, 생명에 대한 애정, 인생에 대한 동경과 지향이 존재하지 않는다.

생명에 대한 애정이란 자신의 생명에 대한 애정 뿐 아니라 지구상에 존재하는 모든 생명에 대한 애정과 보호를 포함하는 말이다. 나는 종종 천진무구한 아이가 곤충을 서로 싸워 죽이게 하거나 지렁이를 반으로 자르는 등의 무자비한 행동을 하는 것을 보게 된다. 이러한 아이는 아무리 학교에서 품행이 단정하고 우수한 아이라는 평가를 받아도 인격적인 면에서는 결함이 있는 아이라고 생각한다. 생명의 본질에 대한 애정이 없이는 우리가 희망하는 진정한 아름다움을 지닌 영혼을 소유하기 힘들다. 진정으로 생명의 아름다움을 느낄 수 있는 사람은 동물을 학대하지 않으며 일반적인 의미로서의 인간중심적인 환경보호가 아니라 지구상의 생명체 전부를 환경보호의 대상으로 삼는다.

그러므로 생명을 중시해야 하고 생명 중시 교육을 해야 한다고 나는 주장한다.

현실과 부합하는 정서교육의 중요성

친애하는 친구여, 당신은 초봄의 신록을 보며 기뻐한 적이 있는가? 힘차게 떠오르는 아침 해를 보며 환호한 적이 있는가? 혹은 셰익스피어, 빅토르 위고, 톨스토이 등의 작품을 읽고 감동한 적이 있는가? 베토벤, 쇼팽, 차이코프스키의 곡을 듣고 마음이 설렌 적이 있는가? 당신은 인생이라는 여행에서 일어나는 세상만사를 가볍게 웃어넘길 수 있는 넓고 순수한 마음을 가졌는가? 생활 속에서 다른 사람을 도와줄 아름답고 선한 영혼을 가졌는가? 앞서 이야기한 것들은 자연, 사회, 인생의 향유와 체험에서 비롯된 것으로 우리의 삶을 더욱 아름답게 한다. 이는 바로 정서교육을 통해서 이루어진다.

위의 내용은 내가 이전에 쓴 이상적인 정서교육에 대한 글의 첫머리다. 글에서 나는 내가 생각하는 이상적인 정서교육의 8가지 표준에 대해 언급했다. 그것은 다음과 같다. 첫째, 자연에 대한 정서교육이다. 학생들이 자연을 사랑하는 마음을 배양하고 자연친화적이며 자연과 조화될 수 있도록 해야 한다. 둘째, 생명에 대한 정서교육이다. 학생들이 생명을 사랑하고 귀하게 여기며 인생을 즐길 수 있도록 지도, 교육해야 한다. 셋째, 삶에 대한 정서교육이다. 학생들이 삶을 사랑하고 창조하며 삶의 주인이 될 수 있도록 교육해야 한다. 넷째, 예술에 대한 정서교육이다. 학생들이 예술에 대해 애정을 갖고 그것을 감상하며 예술에 대한 재능을 가질 수 있도록 교육해야 한다. 다섯째, 입체적인 정서교육이다. 입체적이며 연계적인 정서교육의 모델을 수립하고 농후한 정서교육 분위기를 세워야 한다. 여섯째, 모범적인 정서교육이다. 이는 반드시 심미적 소양을 지닌 교사에 의해 실시되어야 한다. 학생은 교사의 지도 아래 아름다운 인생으로 나아갈 수 있다. 일곱째, 정신적인 정서교육이다. 정서교육을 통해 학생들이 훌륭한 인격과 아름다운 영혼을 형성하도록 해야 한다. 여덟째, 창조적인 정서교육이다. 정서교육을 하면서 학생들이 상상력과 창조력을 기르고 창조에 대한 열망을 개발하며 창조의 기쁨을 맛볼 수 있도록 해야 한다.

내 글이 교육 관련 사이트에 발표된 후에 넓은 반향이 일었다. 어떤 교사는 댓글을 통해 "선생님의 글을 읽고 행복한 전율을 느꼈습니다. 아름다움이란 우리의 마음속에, 우리의 주변에 있군요. 꿈을 찾는 사람은 특유의 매력이 있는 사람입니다. 우리 교사들은 어째서 아름다운 꿈을 가질 수 없을까요? 저는 행복을 동경하고 삶을 누릴 수 있는 교사이고 싶습니다. 저는 아이들을 데리고 밖으로 나가 흙을 밟고, 계곡을 건너고, 꽃향기를 맡고, 벌레 우는 소리를 직접 들으면서 자연의 아름다움을 깨닫게 하고 자연을 사랑하는 마음을 가르치고 싶습니다. 또한 저는 제 친구들이 꿈을 찾는 현자였으면 좋겠습니다."라는 의견을 남겼다.

나는 만약 학교에서 실제적 상황에 맞는 정서교육을 시행하고 정서교육이 가진 기능이 제대로 발휘된다면 우리의 교육은 더욱 훌륭해지고 사회는 더욱 아름다워질 것이라고 생각한다.

다원화평가와 소질교육

입학 첫날부터 점수는 마치 올가미처럼 학생들을 옭아매기 시작한다. 교사를 맡은 첫날부터 점수는 그림자처럼 교사들을 따라다닌다. 점수는 그들에게 기쁨과 자랑스러움을 가져다주기도 하고 고통과 수치심을 가져다주기도 한다. 학생과 교사 모두 점수에 따라 울고 웃는다.

아이들이 점수에서 벗어나고 싶다고 아무리 한탄을 해도, 수많은 학자들이 점수를 대신할 제도를 시험해 본다고 하더라도 유효한 평가체계가 탄생하기 전까지 점수는 계속 존재할 것이다.

점수가 가장 먼저 발생된 곳은 중세기 독일의 스콜라 학교다. 점수의 탄생은 스콜라 학교의 체벌과 강제훈련에 대한 사회여론의 진보적인 성향을 나타낸다. 이러한 의미에서 본다면 점수의 출현은 인도주의 교육사상의 영향을 받았기 때문에 당시 스콜라 학교에서 행해지던 육체적 혹은 정신적인 아동 학대를 방지하는 효과가 있었다. 물론 이와 동시에 엄격한 기준과 도태된 기능 등 점수 체계의 결함을 나타내는 부정적인 요인도 존재했다. 오늘날에 이르러 점수는 전면적인 교육의 질적 향상을 옭아매는 족쇄가 되고 있으며 시험교육에서 소질교육에 이르기까지 큰 장애가 되고 있다.

사람들은 갈수록 점수의 위해성을 분명하게 인식하고 있다. 점수는 어른이 아동을 압박하고 복종하게 하기 위한 수단이며 학생에게 사회의 압력을 가하는 수단이다. 점수는 교사와 학생 간의 충돌, 학생들끼리의 충돌, 가정에서의 충돌, 학부모와 교사와의 충돌, 학부모 사이의 충돌을 야기하는 근원이다. 점수는 교육에 있어서 비극적 측면이다. 점수로 인한 평가는 학생으로 하여금 학습에 대한 적극성을 가지는 데 큰 장애가 된다. 이기주의, 질투, 허영심, 속임수와 같은 좋지 못한 품성의 형성은 점수와 밀접한 관련이 있다. 그리하여 러시아의 한 교육자는 실질적인 평가가 형식주의적인 점수 평가를 대체하면 교육에 있어 큰 효과가 있을 것이라고 주장했다.

다원화평가는 다음의 3가지 조건을 내포하고 있다. 첫 번째는 편협한 학습 성적의 점수를 벗어나야 한다. 품성의 발전, 심리적 소질, 신체 기능의 상황 등 종합적인 지표에 대한 평가를 중시해야 한다. 한 가지 장점으로 다른 단점을 보완할 수 있는 평가체계에서 전면적인 역량을 평가하는 체계로 변화하여 학생의 지능요소의 발전을 도모해야 한다. 이는 우리에게 학생의 종합적 소질을 평가할 수 있는 완전한 체계와 방법을 형성하여 전면적으로 발전한 교육 목표로 학생들을 평가하기를 요구한다.

두 번째는 한 번의 평가로 모든 것을 결정짓는 식의 습관을 탈피해야 한다. 과거의 교사들이 한 번의 시험으로 영웅을 논하고 학부모들이 한 번의 시험으로 자녀를 벌주는 것과 같은 형식은 변화해야 한다. 정기적인 시험으로 학생들의 발전 상황을 이해할 뿐 아니라 졸업생의 현황 조사를 진행하는 등 학생에게 발전성 평가를 실시해야 한다. 상급학교나 사회에서의 졸업생의 활동은 졸업한 학교의 교육 역량을 반영한다. 이러한 발전성 평가는 교사들이 눈앞의 성공에만 급급하지 않고 학생의 장기적인 발전을 도모하도록 촉진시킨다.

세 번째는 평가의 주체를 단일화 하는 정세를 바꾸어야 한다. 과거의 평가 주체는 단일했다. 교사가 학생을, 평가자가 교사를 평가하고 점수는 평가의 주요한 혹은 유일한 지표였다. 이렇게 되면 평가자나 평가받는 사람 모두 점수에 집착하게 된다. 다원화평가는 이러한 강제적인 평가 주체의 단일화를 배제하고 학생이 자신을 스스로 평가하고 학생들끼리 서로 평가해 주는 등 학생들이 주동적으로 개입해 평가하는 과정이다. 학생들은 다양한 참고를 바탕으로 다른 측면에서 자신을 이해하고 객관적인 결과를 얻을 수 있으며 심리적 부담도 대폭 감소한다.

국가 교육 기준에 대한 토론

　국가는 교육의 여러 가지 지표에 대해 최소한으로 필요한 가장 기본적인 요구와 규범을 갖추고 있어야 한다. 예를 들어 한 학교가 수용해야 하는 학생은 몇 명이어야 한다든지, 어떠한 조건을 구비해야 하며 어떠한 기구와 시설을 갖추고 있어야 한다든지 하는 것 등이다. 이에 대해 국가는 최소한의 표준을 갖추고 있어야 하고 법률을 제정하여 이를 확립하고 보장해야 한다. 이러한 기준 아래 각 지역은 현지의 경제 발달 상황이나 인구, 지리적 조건 등에 근거하여 현지의 교육 기준을 확립하고 이를 통해 지역 간의 교육 발달 격차를 축소시키고 조절해 나가야 한다. 한 지역의 경제적 수준이 이러한 교육 기준이 요구하는 수준에 못 미쳤을 때는 중앙 정부나 성급 재정 기관이 이를 지지해야 한다. 총체적으로 봤을 때 중국의 현재 교육 기준은 완벽하게 구성되어 있지 못하며 지나치게 높은 시범성을 띤 기준이 많은 반면 표준이 되는 기준은 부족하다. 특히 광대한 농촌 지역은 각 급 정부의 학교 건설 표준 규범에 미치지 못하는 경우가 많고 이러한 정책에 대해 각 급의 교육을 주관하는 부서는 자신들만이 만족하는 방향으로 나아가고 있고 급할 때 도움을 주는 역할은 소홀히 하고 있다.

　특히 농촌 지역의 교육 기준의 설정은 더욱 통일된 계획과 지도 하에 종류를 나누어 지도하고 지역별로 계획하며 점차 추진해 나아가는 방침을 실현해야 한다. 동시에 재정적인 지불 능력을 확대하고 교육 기준의 실시를 보장하며 지방 정부와 상급 기관은 제때에 재정 지원을 실시해야 한다. 국가의 교육 기준은 분류해서 지도할 수 있고 국가의 재정을 확보해야 한다.

 지방정부는 학교의 배치와 교육 구조 조정에 힘써야 한다. 각급 정부는 기초가 약하고 규모가 작은 학교를 통폐합할 수 있으며 합병과 위임 경영을 통해 우수한 학교가 약소한 학교를 더욱 빠르고 양호하게 성장할 수 있도록 도와 학교 간의 격차를 축소시킬 수 있다. 동시에 다원화된 학교 운영 방식을 장려하고 정부 이외의 각종 교육 진흥 기금을 유치해야 한다. 현재는 특히 약소한 지역과 약소한 사람들의 교육 문제에 관심을 기울여야 한다. 교육은 국민 교육이 되어야지 주민 교육이 되어서는 안 된다. 외부에서 전입한 사람들의 자녀가 국민 교육을 받을 수 있도록 해야 하고 빈곤 계층의 자녀들에게 구체적인 도움을 주도록 해야 한다.

새로운 시대의 민족정신

우리의 교육은 청소년들로 하여금 애국심과 교양을 배양할 수 있도록 이루어져야 한다. 중국교육에서 민족정신을 함양시키는 것이 매우 중요한 과제라는 것은 의심할 여지가 없다. 중국은 5천여 년의 역사를 자랑하는 문명국가이고 중국의 문화에는 민족정신이 발현되어 있다. 중국 역대 명서와 시, 아름다운 문장과 명언 등의 학습을 통해 다음 세대에 깊은 영향을 심어주는 것은 앞으로 중국이 번영하고 발전해 나아가는 데 귀중한 정신적 재산이 된다. 새로운 시대의 민족정신은 반드시 국제화 추세에 발맞추어 세계적인 시야를 갖춘 것이어야 한다. 좁은 시야와 편협한 가치관으로 민족정신을 이야기해서는 안 된다. 우리의 민족정신은 개방적이어야 세계의 선진 문물을 폭넓게 수용할 수 있다.

그렇다면 어떻게 민족정신을 우리의 교육 속에 스며들게 할 것인가? 이는 학교에서 민족정신에 대한 과목을 개설한다고 해서 효과를 볼 수 있는 것이 아니라 주로 교사의 인격과 역량에 따라 실현되는 것이다. 모든 교사들의 국가와 민족에 대한 열렬한 애정이 학생들에게 전해지는 것이다. 실제로 수업에서 교사의 일거수일투족, 어떠한 일에 대한 교사의 평가는 아이들의 성장에 많은 영향을 끼친다. 민족정신 교육은 구체적으로 다음과 같은 방법을 통해 진행할 수 있다.

각 과목의 수업을 통해서 민족정신을 가르친다. 각 과목은 모두 이러한 방면의 지식과 관련이 되어 있기 때문에 조국의 역사, 문화, 지리 등에 대해 전하고 강의할 수 있다. 수학 시간에는 고대의 과학적인 업적에 대해 이야기하고 물리 시간에는 창조적인 발명에 대해, 지리 시간에는 풍부한 자원과 아름다운 강산에 대해 이야기할 수 있다. 강의와 해설을 통해 아이들은 중국의 풍부한 역사와 문화, 정신에 대해 배우게 된다. 특히 국어 과목과 같은 인문학 과목을 통해서는 아름다운 한자에 대해 언급할 수 있다. 예를 들어 한자의 기원이나 한자의 구조, 한자의 변천 및 유교 문화 등 배울 가치가 있는 많은 것들을 배워 나아갈 수 있다.

독서를 통해서도 민족정신을 배양할 수 있다. 독서는 학생들의 풍부한 교외 학습이자 인문에 대한 관심을 가질 수 있는 가장 좋은 방법이다. 한 사람의 정신 발달 과정은 바로 그의 독서 과정이라고 할 수 있으며 한 민족의 정신세계는 주로 그 민족의 사회 구성원들의 학습과 독서의 수준에 의해 결정된다. 중국에는 중국 문화의 진수가 담긴 《논어》, 《맹자》 등 고대 경전과 읽을 만한 가치가 있는 책이 무수히 많다. 이를 제대로 읽기만 해도 민족정신을 함양할 수 있다.

청소년들의 민족정신을 배양하는 데 있어서 학교는 가장 기본이 되고 중요한 역할을 하는 곳이다. 하지만 이와 동시에 사회와 가정 그리고 학교가 삼위일체가 되어 이를 진행해야 한다. 구체적으로 말해서 민족정신은 민족에 대한 인식이며 감정, 그리고 일종의 체험이다. 민족정신의 배양과 형성은 최종적으로 각 개인의 사고와 행위로 나타나야 하며 지식, 감정, 행동 이 세 가지 방면에서 나타나야 한다. 그러므로 민족정신의 함양은 대단히 어렵고 힘든 일이라고 할 수 있다.

민족정신은 고정 불변한 것이 아니다. 이는 시대에 따라 진보하며 끊임없이 발전해 나아간다. 황하 문명과 민족정신은 큰 가치가 있는 것이지만 어떠한 것은 현재와 부합하지 않는 것도 있다. 예를 들어 시장 경제 하에서는 경쟁력이 중요하며 단순히 겸허한 것은 이와 맞지 않는다. 민족정신을 배양하는 것은 세계적인 정신과 함께 어우러져 반드시 다른 민족의 뛰어난 부분도 흡수해야 한다.

외래문화가 범람하는 이 시대에 우리의 민족정신은 결코 무기력한 것이 아니다. 오히려 역사와 문화는 외래문화에 조금도 뒤떨어지지 않는다. 최근 젊은이들은 중추절, 원소절, 단오 등과 같은 중국 명절을 소홀히 하는 경향이 있다. 교육 기관과 학교도 이러한 명절에 대해 그다지 신경 쓰지 않는다. 이러한 명절이야말로 민족문화와 민족정신을 널리 알리고 가르칠 수 있는 가장 좋은 기회가 될 수 있는데도 이를 놓치고 있다. 이러한 명절은 서양의 크리스마스나 발렌타인데이 등의 기념일보다 훨씬 풍부하고 다채롭다. 중국의 각급 정부와 교육 기관은 이러한 전통 명절을 더욱 알리는 데 힘써서 청소년들이 역사의 근본을 잊는 일이 없도록 해야 할 것이다.

누가 교사의 권리를 보장할 것인가

1

전국 정치협상회의에서 나는 교사의 권익을 보장하는 제안을 한 적이 있다. 천 글자 남짓한 이 제안이 《중국청년보中國靑年報》에 실리고 나서 전국의 많은 교사들의 열렬한 반향을 일으킬 줄은 꿈에도 생각하지 못했다.

사실 교사들의 권리와 의무에 관해서는 이미 《교사법》에 매우 명확하게 표명되어 있다. 그중 제7조 규정에 보면 교사들은 다음과 같은 권리를 누릴 수 있다. 첫째, 교육 활동을 진행하며 개혁적이고 실험적인 교육 활동을 전개해 나아갈 수 있다. 둘째, 과학적 연구, 학술 교류에 종사하고 전문적인 학술 집단에 참가하며 학술 활동을 하는 가운데 자신의 의견을 충분히 발표할 수 있다. 셋째, 학생들의 학습과 발전을 지도하며 학생들의 품행과 학업 성적을 평가할 수 있다. 넷째, 일정한 시기에 급여를 받을 수 있고 국가가 규정한 복리 대우 및 여름방학, 겨울방학 기간 동안 유급 휴가를 받을 수 있다. 다섯째, 학교 내에서의 교육, 관리 업무, 교육 행정부문의 업무에 대하여 의견과 건의를 제기할 수 있으며 교직원 대표 대회 혹은 기타 형식을 통해 학교의 민주적인 관리 업무에 참여할 수 있다. 여섯째, 연수 혹은 기타 방식의 훈련 과정에 참가할 수 있다. 제8조 규정에 따르면 교사들은 다음과 같은 의무를 이행해야 한다. 첫째, 헌법, 법률 및 직업 도덕을 준수하고 타인의 모범이 되어야 한다. 둘째, 국가의 교육 방침을 관철하고 규정과 제도를 준수하며 학교의 교육 계획과 계약 시의 약정을 이행하고 학생들을 교육하는 임무를 완성해야 한다. 셋째, 학생들에게 헌법이 명시한 기본 원칙에 따른 교육과 애국정신, 민족 단결에 대한 교육, 준법 교육 및 사상과 품행, 문화, 과학 기술에 대한 교육을 진행하고 학생들로 하여금 유익한 사회 활동을 전개하도록 인도해야 한다. 넷째, 모든 학생에게 관심을 가지고 사랑으로 대하며 학생들의 인격을 존중하고 학생들의 인품과 도덕, 지능, 신체 등의 전면적인 발전을 촉진해야 한다. 다섯째, 학생들에게 유해한 행위 혹은 기타 학생들의 합법적인 권익을 침범하는 행위를 저지하고 학생들의 건강한 성장에 유해한 현상을 비판하고 배척해야 한다. 여섯째, 교육에 대한 직업 정신과 업무 수준을 끊임없이 향상시켜야 한다.

교사법 내용에 근거하여 우리는 교사들의 권리를 다음과 같은 몇 가지 방면으로 개괄할 수 있다. 첫째, 학생들을 가르칠 권리, 둘째, 과학적인 연구에 대한 권리, 셋째, 학생들을 관리할 수 있는 권리, 넷째, 정당한 보수를 받을 권리, 다섯째, 민주적으로 학교를 관리할 수 있는 권리, 여섯째, 연수 및 훈련을 받을 권리. 나는 일전에 새로운 교육을 위한 사이트에서 네티즌들을 대상으로 (현재 교사들의 방문 수가 90만 건에 달한다) 조사를 진행한 적이 있는데 모두들 앞의 세 가지 조항은 기본적으로 잘 지켜지고 있지만 뒤의 세 가지 조항에는 비교적 어려움이 있다고 대답했다.

2

나는 이 세 가지 방면의 문제에 대해 생각해 보고자 한다.

첫째, 교사들이 정당한 보수를 받을 권리에 대한 문제이다. 교육부 관련 지도자의 말에 의하면 2002년 말까지 전국의 현 가운데 93~97%가 농촌 초중등 교직원에 대한 임금 관리 및 인사 관리를 받고 있으며, 현재는 정부 주도로 농촌 초중등 교직원 임금이 정확한 시기에 지급되는 것과 농촌 초중등학교의 정상적인 경비 운영 확보 및 농촌 지역 초중등학교의 설립 및 재건축 등에 소요되는 경비를 조달할 수 있는 메커니즘이 점차 설립되어가고 있다. 2002년에 16개 성, 자치구, 직할시는 이미 당 해 년도의 체납된 임금을 지불했다. 이로써 첫째, 전국 성이나 시의 교사들 중 50% 이상이 임금에 대해 문제를 제기하고 있고 둘째, 아직도 적지 않은 지역에 교사들의 임금 체불 문제가 존재하고 있으며 셋째, 많은 교사들의 임금이 나라에서 정한 기준에 맞지 않는다는 것을 알 수 있다. 교사들의 임금은 현지 공무원보다 현저하게 낮고 어떠한 교사들은 나라에서 정한 기준에 훨씬 못 미치는 임금을 받고 있다. 올해 설날 이전에 나는 어떤 교사에게서 그들의 보수에 여전히 많은 문제가 있다는 메시지를 받았다.

보수 문제 외에도 교사들의 한정된 수입에서 불법적으로 액수가 공제되는 것도 보편적인 현상이다. 다음은 어느 학교의 어느 달의 각종 공제 항목이다. "사회 양로 보험 계획 기금 100위안(본인은 이 혜택을 누릴 수 없다), 빈농 보조 기금 100위안, 국민 교육 기금 40위안, 의무병 가

족 우대 기금 60위안, 퇴역 군인 보장 기금 60위안, 교통 건설 기금 120
위안." 어느 교사는 다음과 같이 말한다. "교사는 그저 정부가 세금을
착취하는 도구에 불구하다. 다른 지역은 13개월분의 임금을 지급했지
만 우리는 10개월분에도 못 미친다. 정부는 무슨 기금으로 돈이 필요하
다면서 일률적으로 1개월분의 임금을 공제했고 무슨 건설 기금으로 몇
십 %를 공제했고 또 천재지변이라고 기부금을 공제했다. 심지어는 승
진이 되도 한참이나 걸려야, 심하게는 몇 년 후에야 보수가 올라간다.
그러면 승진이 되고 보수가 올라가기까지의 기간의 보수는 없던 것이
된다. 대관절 이런 돈이 어디에 쓰이는지는 귀신도 모를 것이다." 이와
비슷한 상황은 전국 각지에서 흔하게 벌어지고 있다.

둘째, 교사들이 민주적으로 학교를 관리할 수 있는 권리에 대한 문제
이다. 우리 사이트의 어떤 교사는 교사들의 민주적인 참여와 관리 문제
에 대해 다음과 같이 분석했다. 그의 말에 의하면 민주라는 말은 두 가
지 측면에서 해석할 수 있다고 한다. 첫째는 국가 제도로서의 민주이고
둘째는 관리 방식으로서의 민주이다. 국가 제도로서의 민주는 헌법이
명확하게 부여한 국민이 나라의 주인이 되는 권리를 말한다. 이는 또한
국민이 여러 가지 경로나 형식을 통해 국가의 각 방면의 업무, 경제 및
문화 사업, 사회사업을 민주적으로 관리하는 것을 의미한다. 관리 방식
으로서의 민주는 《노동법》 제16조에 명확하게 규정하고 있다. 전 국민
소유제와 단체 소유제의 기업이 노동자 대표 대회의 제도 및 기타 민주
관리 제도를 위반 했을 경우 노동조합은 이에 의견을 제시할 권리를 가
지며 헌법에 근거하여 노동자는 민주적인 관리를 행사할 권리를 지님

을 보장한다. 그러나 현실 상황은 이러하다. 학교는 교장의 책임 하에 관리되며 노동조합은 교장이 관리하는 일개 조직에 불과하다. 노동조합의 조합원(지도층)을 교장이 관리하고 있는데 이러한 노동조합이 과연 제 기능을 발휘할 수 있단 말인가? 관리적 측면에서의 민주는 당연히 더욱 많은 내용을 포함해야 하고 관건은 학교의 재무 관리에 있다. 제대로 된 감독 체계가 없는 민주적 권리는 부패를 낳는다. 누가 학교의 지도층을 감독할 수 있을 것인가? 당연히 교사가 감독해야 한다. 그러나 교사에게 이러한 권리는 없다. 상사의 말을 거스르고 자신의 도덕적 판단에 의지한다는 것은 말도 안 되는 이야기다. 그러므로 민주적인 관리는 아직도 효과적인 형식을 찾지 못하고 있다.

현실 생활에서 교사가 민주적인 관리에 참여할 권리에는 많은 문제점이 존재한다. 많은 학교에서 교사들에게는 권리가 없고 학교의 중대한 정책 결정은 교장 한 사람이 마음대로 정한다. 교사의 권익을 침범하는 사례도 종종 발생한다. 조사를 하면서 우리는 초중등 교사의 근무 시간이 국가가 규정한 범위를 심각할 정도로 초과하고 있으며 노동 강도는 믿을 수 없을 정도로 크다는 사실을 발견했다. 예를 들어 어느 학교의 근무와 휴식 시간 배치를 보면 교사의 근무 시간은 5시 50분에 시작되어 11시 25분까지, 그리고 오후에는 12시부터 17시 15분까지, 저녁에는 17시 40분부터 21시 10분까지로 총 근무 시간은 15시간이나 된다. 많은 학교에서 주 5일제 근무는 교사들에게 있어 사치가 되어버렸고 심지어는 방학 기간에도 보충 수업을 해야 한다. 어떤 학교에서는 다음과 같이 명확하게 규정하고 있다. 교사가 학교의 명예를 손상시키

거나 다른 상급 기관에 문제 해결을 요구하거나 문제를 일으켰을 때에
는 임금에서 일정액을 제한다. 고발을 당해 조사를 받거나 교육을 이용
해 사리를 도모하거나 유상의 대가를 제공받는 가정교사 등에 종사했
을 때는 임금에서 일정액을 제한다. 사람을 속이거나 약속을 지키지 않
았을 때 혹은 공개된 장소에서 윗사람에게 강경하게 반발했을 때는 임
금에서 일정액을 제한다 등이다.

셋째, 교사들이 평생 교육을 받을 권리에 대한 문제이다. 평생 교육
은 교사들의 의무일 뿐 아니라 권리이다. 그러나 많은 학교에서 이러한
권리는 박탈당하거나 왜곡되고 있다. 교사들은 다음과 같이 말한다.
"비록 평생 교육이 필수적이기는 하지만 현재의 평생 교육은 의미가
변질되어 교사들로부터 돈을 착취하는 수단으로 변해버리고 말았습니
다. 무엇을 하던지 돈이 필요하고 돈이 없으면 아무것도 할 수가 없어
요. 우리가 여기서 교사 훈련을 받는 데는 일인당 하루에 10위안이 듭
니다. 등록을 할 때도 돈을 납부해야 해요. (평생 교육 사무실에서 교사들
의 등록을 받는 것은 원래 그들이 할 일이다) 우리 교사들은 가족을 부양하
고 간신히 생계를 이어나갈 뿐 아니라 일을 하기 위해서는 공부를 해야
하고 어디를 가든지 돈이 들어요. 마치 우리 교사들이 돈이 나오는 돈
주머니라도 된 양 말이지요." "우리는 원래 토요일에 평생 교육 시험을
치르는데 기출 문제나 모법 답안이 나와요. 이유는 매우 간단합니다.
수업은 달랑 한번 뿐이고 원래는 하루 종일 이루어지는 수업인데 반나
절 만에 끝나버리거든요. 수업 내용도 그저 여기저기서 긁어모은 자료
뿐입니다. 사람들은 120위안을 내고 단지 평생 교육 증서만 받을 뿐이

지요. 돈을 받거나 시간을 들이는 것은 그렇다 쳐도 당최 별다른 수확이 없어요." "우리는 올해 평생 교육을 인터넷을 통해 진행했는데 한 사람당 계정을 신청해야만 했습니다. 하나에 10위안, 모두 163개를 말이지요. 우리는 개인 무료 계정이 있다고 했지만 그건 안 된다고 했어요. 어떤 평생 교육은 교사들에게 도움이 되지만 어떤 것은 단순히 돈을 받기 위한 수단으로 변질되었습니다. 어떤 시험은 답안을 미리 가르쳐 주고 시험 때는 그저 두 시간 반 동안 그것을 베껴 쓰기만하면 되니 누구나 할 수 있지요. 누가 시험을 몇 차례 봤는지도 모르고 본인이 시험을 칠 수 없을 때는 다른 사람이 대리로 쳐도 통과할 수 있습니다. 시험을 칠 때마다 드는 비용은 7, 80위안입니다. 그 돈을 모두 착취하는 거지요." "원래 평생 교육은 교사들의 업무 수준을 향상시키기 위한 효과적인 방법이지만 지금은 변질되었습니다. 관련 기관은 이 기회를 빌어 경제적 수입만을 올리고 있습니다. 교사들로 말하자면 그저 돈을 주고 증서를 사는 것에 불과할 뿐이지요. 절대 아무런 쓸모가 없어요. 그런 증서를 발급하는 사람들이야말로 연수를 받아야 할 사람들입니다."

《현대교육보現代敎育報》의 기자 주인녠朱寅年은 중국의 교사 평생 교육 문제에 대해 보도한 적이 있다. 비교적 두드러지는 부분은 "비용이 들어가는 명목은 잡다하게 많고 교사는 이를 참기 힘들다."라는 것이었다. 그는 다음과 같은 글을 썼다. "교사 훈련은 마치 하나의 커다란 케이크와 같다. 많은 기관이 이 케이크를 자르려고 하며 모두들 교사의 소질을 향상시킨다는 허울 좋은 핑계를 대고 있다." 어느 교사는 자신의 학교에서 전문적으로 행해지는 교사의 평생 교육에 대해 사실 이것은 평생 교육 증서에 40위안에서 200위안에 달하는 도장을 찍는 것에 불과하다고 이야기했다. 물론 돈만 내면 그만이다. 교사들은 거의 대부분이 이를 위해 돈을 지불하고 있다. 이러한 평생 교육은 교사들의 퇴직, 승진 등과 관련이 되어 있기 때문이다. 그가 말하길 그는 지난 학기에 40위안을 내고 《창조 교육》이라는 책을 한 권 받았는데 학기 말에 학교는 평생 교육 증서에 도장만 하나 찍어주고 바로 끝났다는 것이었다.

위에서 말한 것처럼 교사의 권리에 관한 문제는 초중등 학교에서 하루 속히 해결이 필요한 문제이다. 많은 교사들이 자신의 권리를 옹호하기 위해 동분서주하지만 누구하나 들어주는 사람이 없다. 많은 교사들의 심신 건강은 심각한 영향을 받고 있다. 중국의 초중등 학생 심리 건강 교육 단체가 중국 내의 초중등 교사에 대한 심리를 측정한 결과 50%에 가까운 교사가 심리적 장애를 겪고 있는 것으로 나타났다. 그들 중 69%는 열등감이 매우 심각했으며 자신의 사회적 지위와 경제 능력이 자신의 동기생들에 못 미친다고 생각하고 있었다. 그 밖에도 질투심을 느끼고 가슴 졸이며 걱정하는 상태가 높은 것도 비교적 두드러진 문제였다. 심리적인 장애가 존재하는 원인은 심리 측정에 참여한 50%에 가까운 교사들이 "일이 너무 힘들다."는데 있었다. 그중 37%의 교사들은 하루 근무 시간이 8시간을 초과하고 있었다. 현재 중국의 정상인의 심리 장애 발생률은 20% 정도이지만 조사를 받은 교사들의 심리 장애 발생률은 50%에 육박했다. 이러한 수치가 완벽하게 정확하다고는 할 수 없지만 교사들의 심리에 문제가 존재한다는 것은 두말할 필요가 없이 사실이다.

3

그렇다면 교사들의 권리에 관한 문제는 과연 어떻게 해결해야 할 것인가? 도대체 누가 교사들의 권익을 보호해 줄 것인가?

나는 우선 법의 집행 역량을 확대해야 한다고 생각한다. 교사의 권익과 관련된 많은 문제는 법률의 보장에 의한 것이다. 《교사법》 외에 많은 전문 법률 및 법규가 있다. 교사의 평생 교육과 같은 문제는 초중등 교사의 평생 교육을 보장하고 순리적으로 실시하기 위해 국가가 《초중등 교사의 평생 교육 규정》을 제정했다. 그중 제13조에서는 초중등 교사의 평생 교육에 소요되는 경비의 출처에 대해 다음과 같이 규정하고 있다. "초중등 교사의 평생 교육에 소요되는 경비는 정부의 재정으로 지불한다. 다양한 경로를 마련하여 지방 교육 사업의 비용의 주요 항목을 지불한다. 지방 교육 경비는 일정 비율을 추가하여 의무 교육 단계의 교사 훈련에 쓰이도록 한다. 성, 자치구, 직할시의 교육 행정 기관은 초중등 교사의 평생 교육에 소요되는 평균 비용의 표준을 제정해야 한다. 초중등 교사의 평생 교육에 소요되는 경비는 현縣급 및 그 이하의 교육 행정 기관이 통일하여 관리하고 이를 부당하게 착취하거나 남용해서는 안 된다." 초중등 교사의 평생 교육에 소요되는 경비는 정부의 재정으로 지불하고 현 급 및 그 이하의 교육 행정 기관이 통일하여 관리한다는 사실이 명백하게 드러나 있다. 그러나 우리의 교육 기관은 오히려 교사의 평생 교육을 영리적 수단으로 사용하고 이를 통해 얻은 수익은 대부분 각급 교육 기관에 분배된다. 그러므로 각급 정부와 교육 지도자 및 교사들의 법제 의식을 강화하고 완전하게 법에 의거하여 엄중하게 법이 집행되도록 하는 것은 공무에서 논의해야 할 중요한 문제이다. 교사들의 초과 근무 문제에 대해서는 《교사법》에 이에 상응하는 규정이 없지만 《노동법》 제36조에 명확히 규정하고 있다. 국가는 노동자의 일일 근무시간이 8시간을 초과해서는 안 되며 한 주당 평균 44시간을 초과해서는 안 된다는 제도를 실행해야 한다. 제44조에는 다음과 같이 규정되어 있다. 채용 기관은 다음과 같은 공휴일에는 법에 의거하여 노동자에게 휴가를 주어야 한다. 첫째, 양력 설날, 둘째, 음력 설날, 셋째, 노동자의 날, 넷째, 국경절, 다섯째, 법률이 규정한 기타 공휴일. 이처럼 교사는 불필요한 초과 근무를 당당하게 거절할 수 있다.

다음으로 교육 관련 상소를 제대로 법이 집행되는 궤도에 올려서 현재 교육 관련 상소의 경로와 방법을 개편해야 한다. 《교사법》 제39조 조항은 다음과 같다. 교사는 학교 혹은 기타 교육 기구로 인해 합법적인 권익을 침해당하거나 학교 혹은 기타 교육 기구의 처리에 불복할 경우 교육 행정 기관에 상소할 수 있으며 교육 행정 기관은 상소한지 30일 이내에 그 안건을 처리해야 한다. 교사는 현지 정부 기관 및 관련 행정 기관에 대해 본 법률이 규정하는 권리를 침해당했을 때 동급의 정부 기관 혹은 상급 기관에 상소할 수 있고 동급 정부 기관 혹은 상급 기관은 반드시 이를 처리해야 한다. 이는 말하자면 만약 교육 행정 기관이 아랑곳하지 않고 소극적으로 일을 처리한다면 이러한 상소제도는 단지 겉만 번지르르하고 실속이 없을 뿐이다. 그러나 실제는 어떠한가? 학교는 정부가 설립한 것이고 교장은 교육 행정 기관이 임명한 것으로 교장과 교육 행정 기관은 같은 편이다. 게다가 교육 행정 기관은 정부에 속한 하나의 기구이므로 교사들의 상소에는 매우 어려움이 있다. 이러한 제도 하에서는 교사들의 권리를 보장할 수 없다. 학교 관리자의 배후에는 교육 행정 기관이 있고 교육 행정 기관의 배후에는 정부가 있으므로 관리자에게 반대하거나 불복한다는 것은 정부의 방침에 불복한다는 것이기 때문이다. 이러한 상황에서 결과가 어떠할지는 가히 짐작할 수 있을 것이다. 그러므로 우리는 입법 관련 기관이 관련 법률을 수정하는 것을 고려하여 교육 관련 상소를 제대로 법이 집행되는 궤도에 올리기를 건의한다.

동시에 각급 지방 정부는 교사의 권익을 보장하는 법규를 공포할 수 있다. 쑤저우시는 최근 교사들의 상소 방법에 대한 법규를 공포하려고 준비하고 있다. 그중 제2조 규정은 다음과 같다. "본 방법은 우리 시의 각 급 학교 및 기타 교육 기구의 교사 자격을 가진 사람, 또한 교육에 종사하는 사람에게 적용된다. 법률, 법규는 규정에서 제외한다." 제3조 규정은 다음과 같다. "교사(이하 '상소인'이라 칭함)는 학교 혹은 기타 교육 기구(이하 '피상소인'이라 칭함)로부터 《교사법》에 의거한 합법적인 권익을 침해당했거나 학교 혹은 기타 교육 기구의 처리에 불복할 경우 그 소재지의 시, 현, 구의 교육 행정(주관) 기관에 상소할 수 있으며 교육 행정(주관) 기관은 상소한지 30일 이내에 이를 처리해야 한다." 제4

조 규정은 다음과 같다. "상소인이 현지 정부 관련 행정 기관(이하 '피상소인'이라 칭함)으로부터 《교사법》에 의거한 합법적인 권익을 침해당했을 경우 동급의 정부 기관 혹은 상급 정부 기관에 상소를 제기할 수 있으며 동급 정부 기관 혹은 상급 기관은 반드시 이를 규정된 시간 내에 처리해야 한다." 제5조에서는 다음과 같이 요구하고 있다. "정부, 정부 관련 기관은 상소 안건을 처리하는 중에 특수한 상황이 발생하면 주관 지도의 비준을 거쳐 처리 시간을 연장할 수 있다. 단 연장 기간은 30일을 초과할 수 없다." 제6조 규정은 다음과 같다. "상소를 처리하는 기관은 상소문을 접수한 후 상소 조건에 부합한 경우 이를 수리하고 상소인과 피상소인에게 서면으로 이를 통지해야 한다. 상소 조건에 부합하지 않는 경우 서면의 형식으로 이를 수리하지 않기로 결정했음을 상소인에게 통지해야 한다. 행정 기관은 그 관할 범위에 속하지 않는 상소 안건에 대해서는 이를 관할 행정 기관으로 이송하고 즉시 상소인에게 통지해야 한다." 제9조의 요구는 다음과 같다. "상소를 수리하는 기관은 반드시 상소 안건에 대해 전면적인 조사와 확인을 실시하고 상황에 따라 법률에 의거하여 유지, 처리 결정의 변경, 처리 결정의 철회 혹은 피상소인이 새롭게 처리한 결정에 책임을 지도록 해야 한다."

제11조에서는 다음과 같이 지적하고 있다. "상소를 수리하는 기관의 주관자는 상소인이 제출한 상소에 대해 연기하거나 책임을 회피해서는 안 된다. 고의적으로 연기하거나 책임을 회피한 경우 혹은 엄중한 결과를 조성했을 경우 책임자의 행정 책임을 추구한다." 제13조의 규정은 다음과 같다. "상소인이 상소의 처리와 결정에 불복할 경우 원래의 처

리 기관과 동급의 기관에 재심리를 신청할 수 있다. 상소인은 상소 안건의 내용에 언급된 인신권, 재산권 및 기타 행정 재심의, 행정 소송 범위에 속한 것에 대해 법률에 의거하여 행정 재심의 혹은 행정 소송을 제기할 수 있다." 이렇듯 교사는 교육 기관에 상소를 할 수 있을 뿐 아니라 지방 정부에 상소를 제출할 수 있다.

마지막으로 더욱 완벽한 학교의 민주적인 관리 프로그램이 필요하다. 교사 권익에 관한 대부분의 문제는 실질적으로 학교 내부에서 발생한다. 교사의 일상생활이 이루어지는 공간과 시간은 모두 학교 위주로되어 있다. 교사가 행복한지 즐거운지 자신의 창조성이 충분히 발휘되고 있는지 아닌지는 학교 내부의 관리 분위기에 의해 결정된다. 실질적으로 우리 학교에서의 민주적인 관리는 여전히 형식주의적인 단계에 머물러 있다. 네티즌 중 한 사람인 교사 다이린둥戴林東은 학교의 교육 관리라는 토양에는 선천적으로 '민주'라는 양분이 결핍되어 있다고 따끔하게 지적했다. 누가 학교의 주인인가라는 질문에 과연 어느 누가 당당하게 대답할 수 있을 것인가? 명목상으로는 교사와 학생이 학교의 주인이지만 실제로는 교장이 학교에서 유일하게 지배적인 위치를 차지하고 있다. 몇 년간 교육 인사 관리에서는 '임명제'를 채택해 학교의 지도자 그룹을 배치하는 것에 익숙해져 있다. 물론 임명제가 교육 인사 관리에 있어 장점과 특수한 효과가 있음을 인정한다. 또한 임명제는 초중등 학교의 관리에서 장기간에 걸쳐 안정된 태세를 유지해왔다. 그러나 우리는 이 때문에 임명제에 부족한 점이 존재함을 부인할 수 없다. 객관적으로 말하자면 임명제는 장관의 의지를 실현하고 상급 조직의 인

재 선발 표준이라고 할 수 있다. 임명제를 장기간 실시한 가장 큰 결과
는 학교의 민주적인 관리를 선도하는 시스템을 발전하지 못하게 억눌
렀다는 것이다. 그러므로 학교의 민주적인 관리의 관건은 학교 업무가
어떻게 공개되고 교직원 대표 대회를 어떻게 성대하게 개최할 것인가
가 아니라 교사가 선택을 통해 교장을 관리하고 교장은 학교 규정을 통
해 부여된 권한으로 학교를 관리하느냐에 있다. 임명과 선거의 차이점
은 전자는 상급 지도자들의 책임이고 후자는 아래의 민중들의 책임이
라는 점에 있다. 그러므로 하루 빨리 초중등 학교에서 민주적인 선거를
통해 교장을 선출하는 것은 학교 체제의 개혁에 있어 중요한 문제가 될
것이다.

교사들의 임금 체불 문제는 어떻게 해결할 것인가

《인민정협보人民政協報》의 허춘란賀春蘭 기자가 쓴《교육이 더 이상 부담이 되어서는 안 된다》라는 글을 읽고 무거운 마음이 가시질 않았다. 교사들의 임금 문제에 대해 지식인들이 오랜 기간 동안 탄식을 하며 많은 문건을 보내고 그에 대한 답변을 받은 것이 여러 차례이지만 왜 이러한 고질병은 고쳐지지 않는 것인가?

나는 교사들의 임금 체불이 두 가지 상황으로 나누어진다고 생각한다. 첫째는 지불할 능력이 있으면서 지불하지 않는 것이다. 이것의 주요한 원인은 지도층의 인식 부족과 정부가 조정과 감독에 힘쓰지 않기 때문이다. 교육을 강화하고 인식 수준을 높이면 동시에 교사들의 임금을 보장하는 감독 시스템이 확립되어 바로 해결될 것이다. 후난湖南성 천저우郴州시를 예로 든다면 이곳은 1999년부터 교사들의 임금을 통일하여 지불하는 제도를 실행하기 시작했다. 교사들의 임금을 제때 지불하지 못했을 때는 당정 지도층은 일률적으로 삼불三不 원칙, 즉 수당을 받을 수 없고, 차를 살 수 없으며, 중요한 자리에 발탁되지 못한다는 원칙을 적용한다는 것을 시위원회와 시정부가 동시에 규정했다. 이 방법은 매우 효과적이어서 천저우시는 이미 3년간 연속으로 교사들의 임금이 체불되는 일이 없었으며 또한 과거에 받지 못했던 임금도 전부 청산했다. 삼불 원칙은 지도층 간부와 지방 정부로 하여금 다시는 교사들의 임금 체불을 하지 않게 하는데 효과적인 방법으로 많은 지역에서 이 방법을 채택해 가시적인 성과를 거두고 있다. 국가에서는 법률로서 이를 인정해주기를 건의하는 바이다.

둘째는 지불할 능력이 없기 때문에 임금이 체불되고 있는 것이다. 많은 지역 심지어는 부유한 성의 빈곤 지역에서 교사들의 임금이 체불되는 주요 원인은 이렇듯 큰돈을 지불하기에는 지방 재정을 유지하기가 어렵다는 데 있다는 것을 부인할 수 없다. 이러한 지역에서는 공무원의 임금도 종종 체불되곤 한다. 상급 기관과 여론의 압력에 많은 지역에서는 교사들 임금 전용 계좌를 개설하고 있지만 수당이 체불되는 경우도 비교적 보편적이다. 이러한 지역의 교사 임금 체불 문제를 해결하기 위한 관건은 실행 가능한 재정을 전환하여 지불 제도를 확립하는 것이다. 즉 국가가 규정하고 있는 교사 임금 표준(각종 사회 보장 제도를 포함)이 엄격하게 집행된다는 전제 하에 각 시의 시민들의 생산 총액과 재정 수입 수준을 심사하여 만약 표준이 낮으면 시는 재정의 전환을 통해 이를 해결하는 것이다. 만약 시민의 생산 총액 및 재정 수입이 일정한 표준보다 낮으면 성급 재정을 전환해서 이를 해결한다. 성의 재정 상황이 곤란하면 중앙 재정을 전환해서 해결한다. 각 급 재정이 적시에 충분한 액수를 전환해 지불하는 상황 하에 만약 다시금 교사들의 임금 체불 문제가 발생하면 앞서 말한 삼불 원칙의 형식으로 이를 처리한다.

교사들의 임금 문제는 하나의 체계적인 과정이다. 재정부가 임금 지불을 보장하는 상황에서 학교가 기본적인 교육 시책과 자금 운용을 하고 있는지는 교사의 이익에 직접적인 영향을 끼친다. 나는 나라에서 하루라도 빨리 《국가 교육 기준》을 반포하여 학교의 설치, 학급의 규모,

학교 운영 경비, 학교 시설, 교사의 임금 등의 문제를 명확하게 규정하고 전국의 의무 교육 학교가 모두 가장 기본적인 수준을 확보하도록 하기를 건의하는 바이다. 만약 각급 재정부가 이러한 기준을 실행하기에 역부족이라면 한 단계 위의 상급 재정부가 적시에 자금을 전환하여 운영해야 한다. 이렇게 함으로써 교사들의 임금 문제도 건강한 교육의 발전 수준에 자리 잡게 되고 교사들의 시름을 해결하여 교사들의 임금은 입법, 재정, 제도의 삼중 보증을 받을 수 있다.

학교 선택에 대한 나의 견해

좋은 학교를 선택하는 것은 반드시 거쳐야 하는 과정이지만 여기에 너무 집착해서는 안 된다는 것이 내 생각이다.

학교를 선택하는 것은 피할 수 없다. 선택이란 사람의 기본적인 권리 중 하나이고 선택은 다른 사람에 의해 강압되지 않는 행위이며 앞으로도 지속될 사회적 행위이기 때문이다. 공익에 지장을 주지 않는 한 사람이 어떤 선택을 하든지 그 선택은 이해와 존중을 받아야 하며 학교를 선택하는 것도 이와 마찬가지다.

우수한 교육적 자원이 부족하다는 전제 하에서는 어떤 기준에 따라 입학을 하느냐가 초점이 된다. 입학의 기준이 되는 조건은 최소 5가지로 지역, 성적, 권한, 돈, 컴퓨터 추첨을 통한 배정 등이 있다. 지역에 따라 학교를 정하는 것은 의무교육에 부합하는 입학방식이다. 성적에 따라 입학하는 것은 효율성과 공평성을 고려한 원칙이며 권한이나 돈에 따라 입학하는 것은 학교가 어찌할 수 없는 것이다. 컴퓨터 추첨에 따른 입학은 운명에 맡기는 것이다. 문제는 지역에 우수한 교육적 자원이 부족하거나 이러한 우수한 교육적 자원이 지역 내 학생들의 수요를 만족시키지 못할 경우 어떠한 방법으로 입학생을 정할 것이냐 하는 것이다. 나는 컴퓨터 추첨에 의한 방식은 지지하지 않는다. 이는 권력과 돈이 있는 사람을 규제하지 못하고 아이들에게 자신의 인생을 스스로 통제할 수 없다는 부정적인 영향을 주기 때문이다. 그러므로 근처에 있는 학교에 입학한다는 것을 전제했을 때 성적에 따른 입학이 공평하며 학생들을 독려하는 작용을 한다.

물론 학교를 선택하는 것에 너무 집착해서도 안 된다. 교육의 상대적인 공평성을 유지하기 위해 우수한 학교의 정원을 상대적으로 취약한 학교에 분배함과 동시에 정부는 상대적으로 취약한 학교에 인적, 물적, 재정적으로 지원하여 효과적인 교육을 도와야 한다.

오늘날 학교는 기본적으로 크게 두 종류로 나눌 수 있다. 하나는 정부에서 운영하는 공립학교로 지역에 따라 학생들의 입학이 정해진다. 다른 하나는 사립학교로 학비는 비싸지만 비교적 양질의 교육을 제공하고 일부 사람들의 학교 선택 요구를 만족시킨다. 중요한 것은 공립학교나 사립학교나 함께 성장하며 각각 학교만의 특색을 형성하여 학생과 학부모가 자신에게 맞는 학교를 선택할 수 있도록 해야 한다는 것이다.

학교 제도 전환에 대한 나의 생각

21세기에 들어서 중국은 새로운 기회와 도전에 직면하고 있다. WTO에 가입함으로써 중국교육은 국제 경쟁 사회의 무대에 진입하게 되었다. 이는 중국의 교육 체제가 국제 교육 규칙의 궤도에 들어섰음을 의미한다. 어떻게 하면 독립적인 학교를 운영하고 시장 경제 체제 하에서 공평하고 고효율적인 교육을 실현할 수 있는지 이것은 모든 교육 종사자들이 깊이 생각해 볼 필요가 있는 문제이다.

중국의 사립 교육은 교육의 공급과 수요에서 발생되는 모순점에 적지 않은 작용을 했다. 그러나 어떻게 하면 사립 교육이 한 단계 더 발전할 수 있는 환경을 조성하고 발전 방향과 유형을 개척할 수 있는지는 반드시 해결되어야 할 문제로 남아 있다.

중국은 가난한 나라이면서 교육에 큰 힘을 쏟고 있다. 교육에 들어가는 경비는 빈틈이 매우 크다. 그보다 더 심각한 것은 중국교육 경비의 내부 배치가 합리적이지 못하다는 것이다. 정부는 물질 자원이 원래 넉넉한 중점 학교에는 다른 학교보다 더 높은 금액을 투자한다. 교육에 투자되는 금액이 더 이상 증가하지 않는다고 가정했을 때 정부가 만약 그 돈을 약소한 학교를 개조하는 등 보다 많은 실질적인 문제 해결에 투자한다면 더욱 많은 학생들이 공평한 배움의 기회를 누릴 수 있을 것이다. 말하자면 현행의 국가 교육 경비는 크게 증가하지 않는다는 상황 하에 상대적으로 강세를 보이는 유명 학교가 시장의 규칙에 따라 운영

되는 유형을 따라 스스로 갈 길을 모색하도록 허가하고 이를 통해 절약된 경비를 약소한 학교를 위해 사용하는 것은 실행할만한 정책이라고 할 수 있다. 동시에 우리는 현행 교육 체계, 관리 유형이 교육에 있어서 부패를 양산하는 주요 원인이며 사립교육의 운영 체계는 관리상의 우월성을 드러낸다는 것을 볼 수 있다.

실제로 많은 유명 학교가 이미 사립이 아닌 사립학교가 되어 가고 있다. 어떤 학교는 공동으로 출자한 사립학교이고 어떤 곳은 모집 인원을 늘리는 등의 형식을 통해 재정을 확보한다. 어느 현에서는 80%의 학생이 학기 당 1,000~5,000위안까지 찬조금, 학교 건축비 등의 명목으로 돈을 납부한다. 이 방법은 이미 사립학교에 근접했다고 볼 수 있다.

어떤 이는 학교 제도를 전환하는 것이 또 다른 국유 재산의 유실을 야기하지는 않는지 걱정하기도 한다. 나는 기업이 체제를 전환할 때 발생하는 국유 재산의 유실은 전환 과정에서 정책 및 법률을 일시적으로 따라가지 못해서이고 또한 원래 체제의 빈틈과 부분적인 개인의 주관적 요소의 영향 등 때문이라고 생각한다. 교육과 기업은 다르다. 일반적으로 볼 때 학교 제도 전환의 관건은 두 가지 기본 전제를 파악하는 데 있다. 첫째는 제도 전환 후 학교에 대한 국가의 투자는 반드시 교육에 계속 쓰여야 한다. 둘째는 제도를 전환한 학교는 원래 수입을 유지하거나 더 내려가야지 사람들의 이익에 영향을 미처서는 안 된다. 그밖에도 정부는 그 행정 기능을 계속해서 이행해야 한다. 상응하는 정책이나 법률을 실시하여 사립학교가 법률의 보호와 제약을 받도록 해야 한다. 그렇다면 유명 학교가 제도를 전환한 후 또 다른 성격의 교육 독과점 현상이 출현하지는 않을까? 이때 정부는 원래 유명 학교에 투자되고 있던 경비를 약소한 학교를 개조하는 데 투입하여 하루 빨리 사립학교와 필적할만한 공정한 경쟁 상대가 될 수 있도록 만들어야 한다.

반드시 짚고 넘어가야 할 사항은 국립학교의 제도 전환은 반드시 신중하고 또 신중해야 한다는 점이다. 각지의 정부는 반드시 그 지역의 경제 발전 수준과 교육 발전 상황을 고려해 학교 제도 전환의 이익과 폐해를 가늠해야 한다. 또한 유명 학교의 제도 전환은 단지 기초교육 단계에만 국한되어서는 안 된다. 중국의 교육을 총체적으로 볼 때 이러한 사고방식과 유형은 고등 교육의 영역에까지 확대시켜 사립학교의 발전 속도 및 규모의 문제를 해결해야 한다. 해외에서는 약 80%의 고등 교육 학교가 사립의 양상을 보인다. 그러나 중국은 이와 반대로 대량의 국립 고등 교육 학교가 과도한 교육 경비를 점유하고 있으며 기초교육의 발전을 제한하고 있다. 장수성을 예로 들자면 작년에 교육 경비는 총 160억 위안이 투입되었는데 그중 고등 교육 기간의 점유율이 60억 위안이 넘었다. 게다가 국립학교는 적지 않은 부설 학교를 설립했고 이러한 가짜 사립학교는 국립학교의 유구한 역사와 학교 운영 자원을 이용하여 사립학교와 불공평한 경쟁을 벌이며 신입생 공급과 학교 운영 이익 등의 방면에서 사립학교의 발전에 심각한 영향을 끼치고 있다. 그러므로 나는 국립학교의 제도 개편이 우선 선행되어야 한다고 생각한다.

가짜 사립학교는
사립학교 교육 발전의 장애물이다

만약 사립학교 교육 발전의 가장 큰 장애물은 무엇이냐고 묻는다면 거의 대부분의 사립학교 교장들은 이구동성으로 가짜 사립학교라고 대답할 것이다.

그렇다면 과연 무엇이 가짜 사립학교인가? 바로 진정한 독립된 법인, 독립된 재무가 존재하지 않으며 정치와 학교가 분리되지 않고 재산권이 분명하지 않은 각종 학교가 그것이다. 초중등학교에서는 주로 각종 형식으로 학교 안의 학교가 존재하는데 양질의 국립학교는 민간단체의 지원을 받아 국립과 민간이 협조하는 형식으로 부속학교를 만든다. 대학에서는 각종 형식의 사립 부속학교로 나타나고 있다. 이처럼 대외적으로는 두 개의 학교이지만 실질적으로는 하나의 학교인 소위 가짜 사립학교는 교육을 주관하는 기관에서 설립하기도 했지만 유명 국립학교로부터 파생된 것이기도 하다. 사실상 수입은 사립학교의 형태로서 받고 있지만 그 잉여분은 모두 국립의 것이 된다. 가짜 사립학교는 국립학교의 우수한 자원과 사립학교의 높은 수익을 바탕으로 대부분의 교육 시장을 점령하고 있다. 이로 인해 진정한 사립학교는 발전할 수 있는 장소와 기회를 잃고 많은 사립학교들이 생존에 곤란을 겪고 있으며 심지어는 폐교하기도 한다. 저장성 자싱嘉興시의 21세기 외국어 학교 교장 후신융胡鑫鏞 선생은 기자와의 인터뷰에서 다음과 같이 말했다. "우리는 여론의 지지가 매우 필요합니다. 우리 사립학교는 더 이상 살아나갈 방도가 없습니다." 또 어느 사립학교 교장은 "우리는 공평한 경쟁은 두렵지 않습니다. 다만 두려운 것은 공권력을 이용해 불공평한 배척과 압력을 당하는 것입니다."라고 말한다. 샹위翔宇 교육 그룹의 교장 루즈원盧志文의 말은 우리로 하여금 깊은 생각을 하게 한다. "2002년 중국 사립교육의 가장 큰 재앙은 바로 가짜 사립학교입니다. 가장 힘든 것도 가짜 사립학교로 인한 것입니다." 비록 중국 사립학교의 발전 속도가 빠르고 이미 일정한 규모와 수량을 갖추었다고는 해도 교사와 학생들의 공급에 제한이 있어 현재 교육계의 변두리에서 생존 공간을 찾고 있는 형편이다. 평등한 대우를 쟁취하기 위해서는 아직도 가야할 길이 멀고 근본적으로 국립학교와는 경쟁 상대가 되지 못한다. 그러나 국립학교도 다른 방면에서는 신속하고 착실하게 사립학교 시장에 도움을 주기 시작했다. 유명 대학의 많은 사립 부속학교는 주로 중등학교의 사립화에 중점을 두고 있다. 하루아침에 우후죽순 격으로 생겨나기 시작해 2002년 사립학교 수가 늘어나는 데 가장 큰 공헌을 했다. 교육 주관 기관에서는 때로 이를 더욱 선동하였고 심지어는 비전문가가 직접 나서기도 했다. 이는 당해의 정부 기관이 기업을 운영하는 것과 같은 맥락을 보인다.

반드시 인정해야 할 것은 가짜 사립학교는 중국교육 발전의 특정한 시기에 있어서 적극적인 작용을 일으켰다는 점이다. 중국 고등교육의 신속한 발전과 초중등 학교의 양질의 교육 자원의 신속한 성장에 공로를 세웠다. 그러나 가짜 사립학교는 마치 기형아와도 같아서 사립학교의 존재는 법률상에서 보자면 별다른 지위를 갖지 못한다. 국가교육위원회 교육기조(1997) 1호의 문건에는 "의무 교육 단계인 국립 초중등학교에서는 학교 내에 사립학교 혹은 사립으로 된 반을 개설할 수 없다. 이미 개설되어 있는 곳은 이를 즉각 정리하고 앞으로 일률적으로 이러한 종류의 학교나 반을 운영할 수 없으며 일교양제一校兩制를 엄금한다."고 명확하게 규정하고 있다. 국가교육위원회 교육연감(1997) 2호의 문건에서는 이 규정을 거듭 표명하고 있다. 1998년 7월 국무원 관공서는 하급 교육 기관에 국립학교가 체제를 전환하기 위해서는 반드시 "독립된 법인, 독립된 학교 부지 및 교사, 독립된 회계, 독립된 학교 운영 체제"를 갖추어야 한다는 규정을 문건으로 전달했다. 중국 공산당 중앙부, 국무원은 《심화교육 개혁의 전면적인 추진과 소질교육의 결정에 관하여》에서 반복해서 "일교양제를 허가하지 않는다."라고 말하고 있다. 그렇다면 교육 행정기관은 왜 여전히 적극적으로 각종 가짜 사립학교를 지지하는 것일까? 원인은 두 가지로 나눌 수 있다. 첫째는 교육 경비의 부족이다. 가짜 사립의 형식으로 국립학교를 부양하고 국립학교의 경비를 조달하는 것이다. 둘째는 심리가 불안정하고 사립학교의 높은 수입을 흠모하기 때문이다. 어느 중점 중학교의 교장은 다음과 같이 말한다. "사람들은 초중등 교육이 의무교육이라고 말하고 많은 돈을 받으면 안 된다고 말하지만 그렇다면 사립학교는 왜 비싼 학비를 받습니까? 사립학교가 학비를 받는 것을 허가한다면 우리도 사립학교로 제도를 바꿔 버리지요."

일정 기간의 발전과 조정을 거쳐 사립교육은 이미 정확한 궤도에 올라섰다. 가짜 사립학교는 이미 충분한 실력이 뒷받침되고 있고 두 가지 성질을 양립하는 학교의 지위도 점점 명확해지고 있다. 그러므로 우리는 국립학교를 주체로 하고 사립학교로서 학교 운영을 보충하는 체제를 확립해야 한다. 정부는 될 수 있는 한 공평하고 균형 잡힌 교육을 제공하고 사립학교는 부분적으로 필요한 우수하고 특수한 교육의 요구를 만족시킬 수 있다. 정부는 민간의 분쟁에 개입하지 않고 사립학교는 진정한 민간 자본을 투입해서 이루어져야만 진정한 교육의 투자가 증가한다고 할 수 있다. 그러므로 나는 사립학교의 발전을 저해하는 장애물인 가짜 사립학교의 문제를 해결하기에 이미 적당한 시기에 이르렀다고 생각한다.

첫째, 조속한 시일 내에 모든 학교의 진짜 신분을 밝혀야 한다. 국립학교든지 사립학교든지 모든 가짜 사립학교는 하루 빨리 국립학교와의 관계를 철저하게 끊어야 한다. 원래 국립학교의 자산은 주식의 형태로 평가를 거쳐 보류하나 학교의 교사, 학교 건물, 설비, 경비, 관리 등은 반드시 나뉘어야 하고 각종 사립교육기구가 가짜 사립학교를 관할해야 한다.

둘째, 조속한 시일 내에 몇몇 대학의 체제 전환이 이루어져야 한다. 중국은 빈곤국이면서 교육에 상당한 공을 들이고 있고 교육경비의 빈틈이 매우 크다. 더욱 심각한 것은 교육경비의 내부 배치가 합리적이지 못하다는데 있다. 고등교육에 드는 경비는 매우 옹색한 교육 경비의 상당 부분을 차지하고 있다. 만약 이러한 대학이 체제를 전환한다면 정부가 교육에 투입되는 자금을 더 이상 증가하지 않는다는 전제 하에 잉여 자금을 초중등학교의 실질적인 문제 해결에 사용함으로서 약소한 학교의 재건이나 가난한 학생들을 도울 수 있다. 외국에서는 고등교육기관의 80% 이상이 사립학교이다. 그러나 이와 반대로 중국의 경우는 80% 이상이 국립학교이다. 이는 대량의 교육경비를 점용할 뿐 아니라 기초교육의 발전을 저해한다. 또한 국립고등교육기관은 대량의 부속학교를 설립하고 있고 이러한 가짜 사립학교는 국립학교의 이점과 우수한 자원을 이용해 사립 고등교육기관과 불공평한 경쟁을 벌임으로써 사립학교는 학생들 유치와 학교 운영 이익 등의 방면에 열세에 처해 있다. 그러므로 국립학교의 체제 전환은 피할 수 없는 추세이다. 나는 국가에서 10곳 정도의 일류 고등교육기관을 관리하고 각 성은 그 성에 속해 있는 1~2곳의 고등교육기관을 관리하고 또 제약이 있는 지방에서는 1곳 정도의 고등교육기관을 관리하는 방법을 건의하는 바이다. 국립대학은 전국의 학생들을 대상으로 공평하게 학생을 모집하고 성이나 시에 속해 있는 대학은 현지 학생들에게 입학 시 적절한 혜택을 실시하는 등의 정책을 시행할 수 있다. 그 밖에 부속학교의 체제 전환 방법에는 두 가지 형태가 존재한다. 하나는 뱀이 코끼리를 삼키는 것과 같은 형태이다. 즉 부속학교는 주식 분배 등의 형식을 통해 원래의 모체(원래 부속학교가 속해 있는 학교)를 흡수하는 것이다. 다른 하나는 부속학교와 모체가 철저하게 분리되어 하나의 독립된 사립학교가 되는 것이다. 대학이 체제를 전환하면 초중등학교의 교육경비 문제를 해결할 수 있을 뿐 아니라 현재 학생 모집 과정에서의 불평등 문제도 해결할 수 있다. 또한 현재 많은 대학들이 안고 있는 학생은 많은데 일이 부족한 현상 등의 체제상의 문제도 해결할 수 있다. 이렇게 해야만 진정한 세계 일류 대학이 탄생할 수 있을 것이다.

독립학원은 일시적인 대책일 뿐이다

교육부가 발행, 배포한 《규범 및 보통고등교육기관이 새로운 시스템과 형식으로 독립학원에 대한 관리를 강화하는 약간의 의견에 대하여》의 실시가 규범고등교육의 학교 운영 시스템에 적극적인 작용을 불러 일으켰다는 사실은 인정하지 않을 수 없다. 특히 부속학교와 진정한 사립학교 간의 부당한 경쟁을 제한하는 데 중요한 의의가 있다.

그러나 나는 독립학원을 설치하는 것은 중국 고등교육문제의 근본적인 해결 방안은 아니라고 생각한다. 첫째, 진정한 사립학교는 독립학원과 경쟁하기 매우 어렵다. 독립학원은 여전히 모체가 되는 대학의 후광을 업고 있다. 사실 독립 증서는 관건이 되는 요소이다. 이는 대단한 무형적 자원이 될 수 있다. 그러므로 현존하는 사립대학은 현재의 유명한 대학과 연맹을 맺고 이름을 바꿔 부속독립학원이 되는 방법을 선택할 수밖에 없다. 이렇게 되면 고등교육의 자원은 커다란 증가를 가져올 수가 없다. 교육부가 제시한 "첫째, 현존하는 우수한 고등교육자원을 충분히 이용하는 것을 견지해야 하며 둘째, 고등교육자원의 끊임없는 확대에 유리해야 한다."는 아마도 진정한 실현이 어려울 것이다. 중국이 세계적 수준을 갖춘 일류 대학을 양성하려고 한다는 것은 그저 공론에 불과하다.

둘째, 대학 간의 공평한 경쟁에 불리하다. 현재의 규정은 필연적으로 유명 대학이 자신의 우세를 이용하여 신속하게 사회의 투자를 이용할 수 있도록 유도했지만 보통 대학은 민간자금을 조달하기가 비교적 어려운 형편이다. 결과적으로 독립학원 간의 경쟁은 사실 모체가 되는 학교와의 경쟁이 된다. 이러한 경쟁은 당연히 불공평하다.

셋째, 기초교육의 발전에는 아무런 직접적인 영향을 주지 않는다. 중국은 빈곤국이면서 교육에 상당한 공을 들이고 있고 교육경비의 빈틈이 크고 더욱 심각한 것은 교육경비의 내부 배치가 매우 불합리적이다. 고등교육에 소요되는 경비는 본래 옹색한 교육경비의 상당 부분을 차지하고 있다. 만약 정부가 교육에 투입되는 자금을 더 이상 증가하지 않는다는 전제 하에 우리가 독립학원의 설립을 장려하지 않고 현재 대학의 체제 전환을 지지한다면 체제의 전환으로 절약된 경비가 초중등학교의 현존하는 실질적인 문제에 쓰일 수 있을 것이다.

그러므로 나는 다시 한 번 대학의 체제 전환을 강력하게 호소한다. 대학이 체제를 전환하고 현재의 사립대학과 국립대학 간의 합병을 장려해야 민간자금을 국유 재산에 속한 국립대학에 이용할 수 있다. 정부 혹은 기타 기구는 잠시 부분 주식을 보류할 수 있고 후에 점점 퇴출하도록 한다.

책은 마음의 양식

평생교육이라는 말은 일찍이 프랑스의 교육부 장관이었던 폴 랭그랑 Paul Lengrand이 자신의 저서 《평생교육입문》에서 명확하게 제시하기 시작했으며 유네스코는 평생교육을 20세기 후반의 중요한 교육적 기치로 내걸었다. 쑤저우의 경우 평생교육이라는 개념은 사회 전체와 교육 그 자체 그리고 사람의 발전에 있어 매우 중요한 의의를 지닌다.

평생교육은 사회 전체의 정신적 문명을 가늠하는 척도이자 도시의 품위와 매력을 높여주는 중요한 요소이다. 최근 전국의 주요 매체에서는 쑤저우의 두 가지 방면에서의 문명 설립에 대한 성과를 집중하여 보도하고 있다. 그중에서도 정신문명의 설립 방면에서 매우 중요한 성과는 바로 시민들의 소양의 보편적인 질적 향상이다. 시민들의 소양 수준은 그들의 문화적 소양과 직접적인 연관이 있다고 할 수 있다. 쑤저우에는 많은 브랜드가 있지만 그중에서도 가장 중요한 것은 문화 브랜드이다. 쑤저우의 급속한 경제 발전과 이에 따른 사회와의 상호협조적인 발전에 있어서 쑤저우시의 문화 교육의 두터운 토양이 중요한 밑거름이 되고 있다. 많은 외국 기업들이 쑤저우에 투자를 하는 이유는 그들이 쑤저우의 문화적 품위와 시민들의 소양을 높게 평가했기 때문이다. 이는 바로 우리가 가진 성공의 비결이라고 할 수 있다. 쑤저우는 2천 5백여 년의 유구한 역사를 자랑하는 문화와 교육이 발달한 도시다. 옛날에는 많은 관리를 배출하였고 현재는 상당수의 국회의원이 배출되는 도시이기도 하다. 이는 쑤저우의 양질의 투자환경을 형성하는 중요한 요인이다. 2001년 4월 30일, 미국의 《뉴스위크》지에서는 세계 9대 신흥과학기술도시를 선정했는데 아시아에서는 유일하게 쑤저우가 선정되었다. 선정은 종합적인 지표를 기준으로 이루어졌는데 전면적인 평가 등의 여러 부문에서 쑤저우가 아시아 제1위를 독점했다. 그러나 쑤저우의 문화적 및 역사적 역량에서 볼 때 이는 당연한 결과라고 할 수 있다. 쑤저우는 특히 교육 및 문화 방면에 대해서 확고한 자부심을 가지고 있다. 예를 들어 시민들의 평균 도서 구입량이 7년 연속으로 중국 전체 도시 중 1위를 차지하고 있으며 중국 최초로 솔선하여 9년 의무교육제도를 보급한 도시이다. 중학교 졸업생의 상급학교 진학률이 95%를 넘어섰고 시내 지역은 이미 99%에 달한다. 게다가 대학 진학률은 이미 86%에 달한다. 이러한 수치는 쑤저우가 경쟁력 있고 비교적 높은 수준의 문화적 교양을 갖춘 도시라는 것을 증명해준다.

그러므로 우리는 평생교육을 실시하는 것이 도시의 정신문명 체계를 구성하는 중요한 부분이라고 생각해야 한다. 시민들의 소양은 바로 도시의 얼굴이며 시민들의 소양의 향상은 평생교육의 실시 여부에 달려 있다. 평생교육은 종래의 교육이 지닌 시공간적 개념을 초월한 조치이며 교육 자원의 조정, 교육 혁명의 심화, 교육 사업의 발전을 추진하는 데 있어 중요한 수단이다. 한 사람의 인생에 있어 학교교육이 차지하는 비중은 매우 적다. 특히 오늘날과 같이 과학 기술이 나날이 발전하고 정보 사업이 비약적으로 발전하는 시대에는 지식이 기하급수적으로 증가하기 때문에 대학생은 졸업 후 학창 시절에 배운 지식의 50%를 새롭게 갱신해야 한다. 만약 평생교육의 습관을 기르지 않고 단지 학교에서 얻은 지식에만 의지해 살아간다면 성공적인 사회생활을 기대하기 어렵다.

개인에게 있어서 평생교육은 정신적인 생활의 건강을 유지하고 삶을 향유하기 위해 필요한 요소이다. 개인의 평생교육의 전개 양상은 개인의 학습 태도에 따라 좌우된다. 일찍이 누군가가 인생을 세 개의 단계에 비유한 적이 있다. 첫 번째는 밥을 먹는 단계이다. 이 시기에는 의식주가 충족되고 기본적인 욕구가 충족되는 것이 제일 중요하다. 두 번째는 약을 먹는 단계이다. 이 시기에는 건강과 환경에 관심을 가지며 쾌적한 생활을 추구한다. 세 번째는 마음의 양식인 책을 섭취하는 단계이다. 이 시기에는 고상하고 정신적으로 풍요로운 삶을 영유하고자 한다. 타오싱즈陶行知 선생은 "만약 당신에게 두 개의 빵 덩어리가 있다면 그 중 한 덩어리는 수선화로 바꾸라."라는 말을 남겼다. 여기에서 말하는 수선화란 바로 비교적 고차원적인 정신적 향유 혹은 우아한 정신적인 삶을 의미한다. 그렇다면 어떻게 해야 앞의 두 단계를 빨리 뛰어넘고 세 번째 단계로 나아갈 수 있는가? 나는 평생교육이야말로 세 번째 단계로 나아갈 수 있는 가장 중요한 수단이 될 것이라고 생각한다. 사회적으로도 건전하고 발전적인 학습활동이 많아지면 그 사회는 더욱 안정되고 협조적인 사회가 될 것이며 개인 또한 더욱 건전하고 우아한 정신적인 삶을 누릴 수 있을 것임에 틀림없다.

보통학교의 발전이 의미하는 것

경제 발전 조건의 제약을 받아 중국 각지의 학교의 발전 수준은 그다지 높지 않다. 그러므로 우수한 교육자원을 모으고 고유의 교육적 체계를 설립하고 학교 운영의 효과와 이익을 높이며 교육의 시범과 실험 기능을 실현하기 위해 각지에서 중점학교가 잇달아 설립되고 있다. 그러나 중점학교는 그 수가 많지 않고 절대 다수의 학교는 여전히 보통학교에 속해 있다. 보통 초중등학교의 발전 수준은 중국교육의 총체적인 질적 수준에 직접적인 영향을 미치고 중국교육 발전 과정을 제약한다. 중점학교와 비교할 때 보통학교는 경비에 제한이 있고 교육 설비가 비교적 낙후되었으며 학생들은 대부분 중점학교에 응시했다가 떨어진 학생이다. 교사들의 역량은 상대적으로 약소하다. 이러한 점은 보통학교의 발전에 커다란 장애가 된다. 어떻게 하면 보통학교의 발전에 제약적인 요소를 극복하고 난관을 돌파하며 새로운 동력을 형성할 수 있는가에 대해서 많은 학교가 끊임없이 탐색하고 연구하고 있다. 《초중등학교 교장》이라는 잡지에서 2002년 4분기에 발간한 《초원의 영광―허베이 河北 사범대학 실험학교의 영광의 기록》은 나에게 큰 깨우침을 주었다. 이는 보통의 학교가 어떻게 하면 일반적인 환경에서 일반적이지 않은 업적을 이룩할 수 있는지 여러 보통 초중등학교가 귀감으로 삼을 만하다.

허베이 사범대학 실험 중학교, 초등학교(이하 "허베이 사범대학 실험학교"라 칭함)는 중국 각지에 존재하는 수많은 보통학교 중의 하나이다. 그러나 이 보통학교는 단기간에 괄목할 만한 발전과 성취를 이룩했다. 허베이 사범대학 실험학교의 성공의 원인은 여러 방면에서 찾을 수 있지만 그중에서도 가장 중요한 것은 대담하게 새로운 교육 관념을 창조했다는 것이다. 교육사상으로부터의 해방과 정확한 교육이념은 허베이 사범대학 실험학교가 새로운 돌파구를 찾을 수 있도록 추진했다. 교육 관념이란 무엇인가? 그것은 사람이 교육적 사고와 실천을 통해 형성되는 교육 문제에 대한 인식과 견해이다. 예를 들면 교육 목적에 대한 인식과 견해, 교육의 기능에 대한 인식과 견해, 교육의 내용에 대한 인식과 견해, 교육의 수단, 방법, 평가 등의 방면에 대한 인식과 견해 등이다. 교육 관념에 대한 정확성의 여부는 교육 실천에 대한 발전도 이에 상응하는 일종의 촉진 혹은 장애 작용을 한다. 직접적으로 교육 운행 시스템을 지배하고 있고 교육적 효과에 영향을 주고 있다. 관념의 전환은 학교 발전의 전제 조건이다. 새로운 교육 관념이 형성되어야 새로운 교육적 실천이 가능하고 또한 이러한 교육적 실천은 자발적인 상태에서 자각적인 상태로 변화하며 경험의 단계에서 이성의 고도로 상승하여 교사가 교육적 요지에 근거해 주동적이고 적극적으로 여러 방면과 단계에서 새로운 사고와 방법을 모색하게 한다. "현대화에 관념이 없다면 아무리 완벽한 현대의 제도와 관리방식, 선진의 기술도 옛날 사람들의 손에서는 쓰레기가 돼 버린다."라는 현대화를 연구한 전문가 엥겔스의 말처럼 만약 교육 관념이 변화하지 않으면 선진의 교육 수단,

풍부한 교육의 내용이 이상적인 효과를 거두기 어렵다. 보통학교에는 현대화된 실험실이나 도서관이 없을 수도 있고 우수한 교사나 학생이 없을 수도 있지만 이것이 교육의 낙후를 의미하는 것은 아니다. 보통학교라도 자신만의 독특한 학교 운영 방식을 가질 수 있고 시대를 앞서가는 교육 이념을 가질 수 있다. 이러한 사고 관념의 단계는 환경보다 더욱 중요하다. 바로 허베이 사범대학 실험학교가 이 사실을 증명해준다.

많은 학교들이 최고로 우수한 교사를 통해 소수의 전도유망한 학생들을 배양하는 데 전력을 다할 때 허베이 사범대학 실험학교는 오히려 "열등생도 최고로 키울 수 있다. 열등한 조건은 가장 좋은 교육을 낳는다."라는 구호를 외치며 "학생이 용이라면 그 기세를 드높이자. 학생이 독수리라면 마음껏 비상하도록 하자. 학생이 나무라면 안정된 뿌리를 뻗고 울창하게 하자. 학생이 풀이라면 온 들판에 가득하게 하자."라는 교육 이념을 확립했다. 이처럼 학생이 기본이 되는 교육 이념이야말로 소질 교육의 사상을 잘 드러내고 있지 않은가? 허베이 사범대학 실험학교는 "단 한 사람의 학생이라도 낙오되어서는 안 된다. 단 한 사람의 학생이라도 불공평한 교육을 받게 해서는 안 된다. 열등생을 차별해서는 안 된다."를 전 교직원이 반드시 준수해야 할 규율로 삼았다. 교사가 우수한지의 여부를 판단하기 위해서는 그 교사가 우수한 학생을 어떻게 대하는지 뿐만 아니라 열등생을 어떻게 대하고 그들을 잘 가르치는지를 살펴야 한다. 교사가 한명의 열등생을 잘 도와주면 학교는 그 교사를 표창한다. 열등생이 진학하면 교사는 표창을 받는다. 아마도 이러한 관념은 많은 학교들이 볼 때는 불가사의할 것이다. 많은 학교에서는 교사가 종종 열등생을 경시하고 아무것도 묻거나 들으려고 하지 않으며 심지어는 마치 다른 종류의 사람인양 취급한다. 교사의 우수성을 평가할 때는 그 교사가 가르치는 반의 학생 중 몇 명이나 중점학교(대학)에 들어갔는지가 기준이 된다. 허베이 사범대학 실험학교는 이와 같이 "모든 것은 아이들을 위한 것이다."라는 학교 운영 사상과 지도 아래 조건이 열악한 학교에서 가장 우수한 교육을 탄생시켰다. 우리는 종종 "무엇을 해내지 못하는 게 두려운 것이 아니라 무엇을 생각해낼지 모르는 것이 두려울 뿐이다."라는 말을 하곤 한다. 허베이 사범대학 실험학교의 발전은 이 철학적인 말을 뒷받침해주는 좋은 근거이다. 이 학교에는 일반적인 상식을 초월한 교육 이념이 있었기 때문에 특별한 학교로 발전할 수 있었다.

학교 운영 조건이 열악하기 때문에 많은 보통학교에는 그저 되는대로 지내면 된다는 생각이 존재하고 심지어는 자포자기하는 경우도 있다. 확실한 목표가 없는데 어디서 발전의 원동력을 얻을 수 있단 말인가? 허베이 사범대학 실험학교가 지속적이고 빠른 발전을 할 수 있었던 중요한 요인은 그들에게 일류를 만들자는 교육 발전에의 이념이 있었기 때문이다. 학교는 9521 계획을 내세우고 이러한 점을 확실하게 실현했다. 학교는 95기간(중국의 9차 5개년 계획. 1996~2000 : 역주) 동안 초등학교는 그 구의 중점 초등학교의 학교 운영 수준을 따라잡고 학교는 시의 보통학교의 학교 운영 수준에 도달할 것이며 실험 설비 및 도서 자료는 국가가 요구하는 기준에 달하고 업무 수준이 높으며 연구 능력이 뛰어나고 합리적인 교사들을 배출할 것을 내세웠다. 2005년까지 실험학교의 분교를 운영하여 이를 성과 시의 중점학교로 만들어 낼 계획이다. 아마도 많은 학교들이 이와 비슷한 목표를 세웠지만 그저 서류상에만 남아있을 뿐일 것이다. 허베이 사범대학 실험학교는 이러한 교육의 발전 이상을 모든 교직원의 머릿속에 심어주고 모든 교사와 학생이 열심히 분발하고 있다.

정확한 교육 이념은 학교 발전의 전제 조건이다. 그러나 더욱 중요한 것은 이념을 현실로 실현하는 것이다. 허베이 사범대학 실험학교는 이념적인 면에서 앞서 나아갈 뿐 아니라 실천적인 면에서도 남들보다 한 발 앞섰다. 이 학교는 21세기 사회는 정보화 사회가 될 것임을 인식하고 현재의 교육의 발전에는 반드시 현대의 고도적인 과학 기술을 충분히 이용되어야 한다고 생각했다. 그러므로 이 학교는 자금이 부족한 상황에서도 거대한 자금을 투자하여 모든 교사의 사무실에 컴퓨터를 구입하고 교육 관리를 인터넷 상에서 하도록 했다. 학교는 중국교육과 인터넷을 통해 연결하고 소통하며 업무의 정보화, 교육의 무지無紙화, 교사와 학생, 학부모를 위해 시공간적 제약을 받지 않는 인터넷 상의 교류 환경을 실현했다. 허베이 사범대학 실험학교의 시대를 앞서가는 교육 이념은 학교의 개혁과 실천을 추진했다. 마찬가지로 개혁과 실천 속에서 끊임없이 새로운 교육 사상과 이념의 생산을 유발하며 학교가 더욱 발전하고 새로운 단계로 나아갈 수 있도록 촉진하였다. 허베이 사범대학 실험학교는 최근 몇 년 이내에 질이 낮은 보통학교에서 그 지역 내의 선진 학교로 급속하게 성장했다.

허베이 사범대학 실험학교의 성공은 다음과 같은 사실을 알려준다.

바로 새로운 이념을 창조하고 확실한 교육 이념을 가진 사람이야말로 끊임없이 발전하고 전진할 수 있다는 것이다. 보통학교는 학교 운영 조건도 보통이고 학생들도 보통이지만 확실한 교육 이념을 가지고 인도한다면 항상 새롭고 비범한 성과를 만들어 낼 수 있다.

대학과 시장경제

고등교육이 시장경제에 적응하고 있는가에 대한 문제는 이미 1960년 대에 제기되었다. 당시 서양의 여러 국가의 고등교육에는 위기가 출현했고 대학이 시장의 체계를 따라야했다. 상아탑에 비유되는 대학은 국가 보조금의 감소로 이미 생계를 유지할 수 없었다. 그리고 1960년대 이전 서양의 여러 국가에서는 대학생을 배양하는 것이 국가적인 계획에 속해있었으나 1960년대 이후에는 고등학교의 학생 모집과 졸업생 취업이 점점 시장화 되어 위기가 발생하기 시작했다. 70년대에는 미국에서 100여 곳의 대학이 폐교됐다. 만약 시장에 적응하지 못하면 학교는 폐교하게 된다. 졸업생이 취업을 하지 못하는 것도 학교 입장에서는 압박의 요인이 된다. 박사학위를 가진 사람이 백수 생활을 하는 일본의 경우가 현실적인 예다.

고등교육이 시장의 요구를 만족시키기 위해서 본래는 경제 계획의 양대 지주인 자본과 계획에 있어 학교 내부의 개혁과 조정이 필요하게 되었다. 국가는 더 이상 자본을 투입하지 않고 학생모집 계획을 규정하지 않는다. 학교의 경쟁력은 바로 학생의 능력인 것이다. 사립학교의 발전은 학생들의 경쟁력이 강하고 취업률이 높다는 것에 기인한다. 현재 상황에서 고등교육기관이 시장의 요구에 부응하지 못하면 폐교할 수밖에 없다.

그렇다면 대학은 어떻게 시장에 적응하고 경쟁해야 하는가? 학교의

상품은 바로 학생(특수한 형태의 상품이라고 할 수 있다), 연구 성과다. 이
러한 상품은 어떻게 시장에 적응할 것인가? 우선 기업이 유명한 상표를
만드는 것처럼 상품의 지명도를 높이고 신뢰도를 중요시하여 기본적인
성과를 거둔다. 다음으로 상품의 퀄리티를 추구한다. 품질은 곧 생명이
다. 또한 상품의 가격, 포장(예를 들어 학생의 형상) 등을 중요시해야 한
다. 상품이 생산되는 과정에서는 특히 생산자(교사)의 소질과 적극성이
중요하다. 생산과정을 어떻게 강화할 것인가, 교사의 적극성을 어떻게
동원하고 정확히 평가할 것인가에 대해 탐구할 가치가 있다.

대학을 어떻게 활기 있게 할 것인가? 해외의 학교 운영 상황을 보면
주요 방식은 다음과 같다. 첫째는 산학협력이다. 학문적 연구와 생산
체계가 협력할 것을 건의한다. 기업은 재정적인 측면의 보조를 하고 대
학은 주동적이어야 한다. 일본의 많은 대학에는 기업의 연구 조성금과
장학금이 설립되어 있다. 둘째, 연구 과제가 시장의 의식을 반영해야
한다. 과거에는 기초적인 이론을 중시했으나 현재는 연구의 응용, 연구
성과의 실제화, 생산력 형성을 더 중시한다. 연구 과제는 시장에 이익
을 주어야 한다. 대학에도 보편적으로 이과를 중시하고 문과를 경시하
는 현상이 만연하지만 문과도 경제적이고 생산적인 면을 지닌 응용적
인 문과의 개발을 중시해야 한다. 셋째, 수업 과정의 설치와 내용 면에
서 시장과의 연계성을 주의하고 비인기과목을 개조해야 한다. 현재 수
업 과정 중 어떤 것은 시장의 수요에 맞지 않는다.

좋은 대학의 특징은 교사와 학생 모두 뛰어나다는 점이다. 교사의 자
질은 좋은 대학의 주요 요소 중 하나이다. 현재 청장년 교사들이 전직

을 원하는 이유 중의 하나가 생활이 곤란하다는 데 있다. 그들의 생활 문제에 안정을 도모하기 위해서는 근본적인 지원과 대책이 필요하다.

경비와 정책

기초교육은 전체 교육의 주춧돌이다. 기초교육이 경시되거나 약화되면 고등 교육이 탄탄하게 자리 잡을 수 없을뿐더러 전체 교육 체계의 협조와 발전에 제약을 받게 된다. 중국의 경우를 보자면 기초교육의 중요성을 강조하고 있지만 경비의 투입이나 법적인 보장이 아직도 미비하다. 단지 전국의 60% 정도의 성에만 초등교육이 보급되어 있을 뿐이고 90%의 초중등학교가 경비와 필요한 실험 설비 등이 부족한 상태이다. 많은 빈곤 지역에서는 학비를 지불하지 못해 매년 약 100만 명의 취학 대상 아동들이 입학을 하지 못하고 있다. 기초교육의 약화는 노동자들의 질과 숙련된 기술을 가진 공인들의 부족 현상 등에 영향을 미치고 중국 경제 발전의 발목을 잡는 결과를 가져온다.

기초교육이 기초 구실을 하지 못하는 현상은 인식상의 원인뿐 아니라 교육 체제에서도 그 원인을 찾을 수 있다. 오랜 기간 동안 중국은 국가에서 일체의 교육 대책을 맡아 초중고등 교육에 소요되는 비용을 전부 도맡아 처리하는 형식을 취해왔다. 빈곤국으로서 교육에 너무 힘을 쏟고 아주 작은 케이크 하나를 여러 등분으로 나누는 것과 같은 형국으로 배고파 죽을 지경은 아니지만 그렇다고 해서 배가 부르다고도 할 수 없는 상황이 생겨나게 되었다. 교육은 단지 계속 같은 수준에 머무르면서 교육의 총체적인 수준의 향상에 영향을 주었다.

나는 교육의 운영이 우수한 곳에 집중되어야 한다고 생각한다. 현재 우선적으로 기초교육에 상대적으로 풍족한 경비를 배치해 집중적으로 투자해야 한다. 이는 일본의 경우가 좋은 귀감이 될 수 있다.

메이지 초기의 일본 경제 발전 상황은 유서 깊은 자본주의 국가들과 비교했을 때 적어도 한 세기 정도 낙후되어 있었다. 그러나 일본은 자신들의 교육이 선진 국가들과 어깨를 나란히 하기 위해 노력했으며 기초교육을 발전시키는 데 아낌없는 투자를 하였다. 태평양전쟁 후 국가 재정이 붕괴되고 재정적인 어려움으로 민생이 안정되지 못한 상황에서 일본은 단호히 의무 교육을 9년으로 연장하였다. 1968년 일본의 초중등 학교 의무교육의 보급률은 99.9%에 달했다. 일본은 단기간에 가장 효율적으로 9년 의무교육을 보급했고 그리하여 사회에 양호한 소양을 갖춘 인력 자원을 제공함으로써 경제 발전을 촉진시켰으며 일본 현대화의 초석을 닦았다. 1960년까지 일본의 초등교육에는 전체 교육 경비의 42.4%, 중등교육에는 44.5%, 이 둘을 합쳐 86.9%를 투입하였다. 교육 투자의 중점은 우선 기초교육에 두고 그 다음에 점차 중고등교육으로 옮겨 가는 것은 선진 국가의 중요한 경험이다.

만약 기초교육을 발전시키는 관건이 경비에 있다고 한다면 고등교육을 발전시키는 데 관건이 되는 것은 바로 정책이다. 우선 제한적인 경비를 집중 투입해야만 효과를 높일 수 있다. 그런 다음 초중등학교와는 다르게 대학은 교사의 수뿐 아니라 과학 기술 개발의 능력까지도 대학의 뒷받침이 된다. 현재 고등교육이 직면한 어려움은 표면적으로는 경비 부족에 있지만 실질적으로는 관리가 너무 엄하고 활력이 부족하다는 데 있다. 그러므로 고등교육에 대한 각종 규제를 완화하고 각종 특혜를 주는 정책을 도입해야 고등교육이 개혁개방 및 경제 발전의 요구에 발맞추어 나갈 수 있고 그 두각을 드러낼 수 있다. 구체적으로 말하자면 다음과 같다.

1. 사립 고등교육을 장려한다

세계 선진국을 보면 사립 고등교육의 규모가 매우 크다. 일본의 경우 507개의 대학 중에서 사립학교는 372개로 전체의 73%를 차지한다. 3,301개의 전문학교 중 사립은 2,953개로 97%의 비율을 차지한다. 국가는 단지 대학 설비 기준 제정에 따라 사립학교의 역량을 감독하고 제어할 뿐이다. 나는 지금부터 국가가 더 이상 새로운 국립학교를 설치하지 말고 계획적으로 몇몇 국립대학을 지방 혹은 사립학교로 바꾸어 국가의 고등교육경비에 대한 압력을 감소해야 한다고 생각한다.

2. 학생 모집 권한, 전공 설치 권한을 대학에 자율적으로 맡기고 국가 장학금이 아닌 자비로 등록금을 지불하는 학생의 비율을 늘려 점차 시장 경제에 맞추어 나아가야 한다

대학은 정부로부터 경비를 받는 형식과 학생들로부터 학비를 받는 형식 두 가지를 채택하고 또한 관련 전공의 유상 배치의 형식을 통해 고등교육 경비의 부족을 보충하도록 한다.

고등교육을 시장 경제에 맞추어 끌어올리기 위해 현재 고등교육기관의 스콜라식 교육과 국가가 경영하는 체제를 바꾸고 조속히 고등교육기관에 학생 모집 권한과 전공 설치 권한을 맡겨야 한다.(국가는 국가가 제정한 기준으로 이를 통제한다) 이렇게 함으로서 고등교육기관은 시장의 요구에 발맞출 수 있고 대학의 학교 운영 방향과 전공 구조를 조정하고 우수한 인재를 배출하여 특색을 나타낼 수 있다.

3. 국가는 고등교육에 투입하는 경비를 계획적으로 항목을 바꾸어 배정하고 장려하는 방식을 취해야 한다

고등교육기관에 대한 투자 효과를 더욱 높이기 위해 국가의 고등교육 경비 투입을 과거 교사와 학생에 따라 배부하던 방식에서 계획적으로 배정하는 방식으로 바꾸어야 한다. 규모의 대소에 따라 투입을 확정하는 것이 아니라 업적과 공헌에 따라 장려한다. 구체적 방안은 항목식과 장려식의 두 가지가 있다. 항목식은 국가경제발전의 수요에 따라 기초연구 및 응용연구 방면에 있어 구체적인 연구 항목을 제출하고 국가의 고등교육을 주관하는 기구에서는 엄격한 심사와 실행 가능한 논증을 거쳐 자금을 보조하며 완성 기한을 정하는 형식이다. 장려식은 국가가 정기적으로 각종 유형의 고등교육기관(사립대학을 포함)에 대해 조사와 평가를 진행하고 그중에서 우수한 학교를 선택해 장려하는 형식이

다. 이렇게 함으로서 더욱 완벽한 고등교육기관의 경쟁 구조를 완성할
수 있다.

4. 기초교육과 고등교육이 사회와 경제 발전을 만족시키고 적시에 교육 구조를 조정해야 한다

오랜 기간 동안 중국의 교육은 자폐증을 앓고 있다. 사회 및 경제로
부터 분리되어 독선적이고 고독한 존재가 되었다. 비록 최근 고등직업
교육과 대학이 경제 발전과 건설에 발맞추기 위해 적지 않은 노력을 하
고 있지만 교육계와 산업계의 의사소통이 부족하여 산학협력 체계가
이루어지지 않고 있다. 또한 이에 상응하는 기구의 조정도 없고 효과도
그다지 이상적이라고 할 수 없다. 이는 산업계가 주동적으로 교육 사업
에 개입하지 않는 것과 관련이 있을 뿐 아니라 교육계 자신도 책임을
회피하고 있다.

그러므로 중국의 기초교육과 고등교육을 재구성하는 과정에서 경비
와 정책 뿐 아니라 교육계 자체에서도 주동적으로 사회의 요구와 산업
발전이 인재에게 요구하는 수준을 이해하여 적시에 구조를 조정하고
진정한 교육 시장 체제를 설립해야 한다.

학생들에게
희망의 돛을 높이 들게 하자

《중국청년》에 한 학생의 편지가 실린 적이 있었다. 어느 날 이 학생은 우연히 선생님의 책상을 보게 되었다. 거기에는 학급의 학생을 '희망적, 희망 없음, 희망적이라고 할 수 있음' 이렇게 3종류로 분류한 명단이 놓여있었다. 투고한 학생의 이름은 희망 없음에 들어있었다. 그는 명단을 보고 고통스러웠고 삶의 활력을 잃었다. 이에 대해 나는 《중국청년》에 단문을 썼다.

만약 학생들이 자존심과 같은 가장 민감한 부분을 상처받게 되면 미래에 대한 희망을 잃게 되고 학습에 있어서도 더 이상 앞으로 나아갈 수 없어 실패에 이르게 된다.

교사로서 학생을 심리적 특징이나 구체적 상황에 맞게 분류해 그에 맞추어 교육하는 것은 중요한 교육 방법 중의 하나다. 그러나 이 교사가 학생을 '희망적, 희망 없음, 희망적이라고 할 수 있음'으로 나눈 것은 전혀 합당치 않다. 우선 학생의 심리적 차이는 희망의 유무로 논할 수 없다. 이 교사는 학생들의 성적이나 점수에만 근거해 학생들을 분류했을 뿐 학생의 흥미, 감정, 의지, 성격, 품성, 체력 등의 요소는 고려하지 않았다. 그러므로 학생을 전면적으로 확실하게 판단하지 못했다고 할 수 있다. 교육자로서 우선적이고 중요하게 고려해야 할 것은 자신의 교육 대상인 학생을 믿고 학생들의 영혼은 아름다운 것들을 향해 활짝 열려 있다는 신념을 세우는 것이다. 학생들은 각양각색이지만 각자 자신만의 장점을 가지고 있다. 적절한 교육을 통해야만 모든 학생은 희망적인 학생이 될 수 있다. 희망의 유무로 학생을 분별하여 '희망 없음'에 속하게 된 학생들은 점점 낙심하고 자포자기하며 자신감과 자존심에 상처를 받을 것이다. 이 문제를 가지고 그룹 토론을 진행했을 때 수학과 3학년 학생이 "만약 그 학생이 명단을 보지 못했다면 아무렇지 않게 지내지 않았을까요?"라고 물어온 적이 있었다. 나는 절대 그렇게 생각하지 않는다. 교사의 정신과 태도는 시시각각 그들의 행동을 통해서 나타난다. 일반적으로 희망이 있는 학생들에게는 친근함과 기대감을 가지게 되고 희망이 없는 학생들에게는 혐오감과 실망감을 가지게 되기 쉽다. 이러한 영향은 은연중에 발생하지만 이러한 암시가 미치는 영향은 실로 놀라울 정도다. 교육 심리학에서의 '피그말리온 효과'는 이를 잘 설명해준다. 미국의 심리학자 로버트 로젠탈Robert Rosenthal 등은 어느 초등학교의 6학년생들을 대상으로 아이큐 검사를 실시했다. 후에 그들은 우수한 발전 가능성이 있는 학생들의 명단을 교사에게 통지했다. 사실 이 명단은 아이큐 검사에 의한 것이 아니라 무작위로 추첨한 것이었다. 그러나 8개월 후 다시 아이큐 검사를 실시했을 때 명단의 학생들은 성적이 눈에 띄게 향상되었으며 교사도 그들에게 좋은 평가를 주었다. 이는 교사가 학생들을 대하는 태도에 따라 변화가 나타난 것이다. 로젠탈은 그리스 신화에 나오는 주인공의 이름을 따서 이를 '피그말리온 효과'라고 명명했다. 만약 모든 교사가 학생들에게 희망을 갖는다면 학생들에게 피그말리온 효과가 일어날 것이고 이에 우리의 교육은 큰 성과를 거둘 것이다. 피그말리온 효과는 학생들에게도 시사하는 바가 있다. 선생님에게서 불합리하고 불공평한 대우를 받았을 때 자신의 기분에 영향을 받거나 의지를 헛되이 해서는 안 된다. 각종 고난을 극복하고 장애물을 뛰어 넘어 꾸준히 앞을 향해 나아가야 한다.

러시아의 교육자 마카렌코는 "사람을 키우는 것은 그의 미래에 대한 희망을 키우는 것이다."라고 했다. 교육의 진정한 가치는 지식을 가르치고 지능을 발달시키는 것이 아니라 학생들의 향상심을 불러 일으켜 희망의 돛을 올리게 하는 것에 있는지도 모르겠다.

칭찬의 힘

1852년 가을, 러시아의 저명한 작가 투르게네프Ivan Turgenyev는 사냥 중에 쭈글쭈글한 잡지를 한 권 주웠다. 무심코 몇 페이지를 읽던 중 《어린 시절》이라는 글을 눈여겨보게 되었다. 작가는 무명의 후배 작가였으나 소설이 마음에 들었던 투르게네프는 사방을 수소문해 그의 소재를 찾았다. 결국에는 작가의 고모와 연락이 닿아 그녀에게 작품에 대한 감상을 이야기했다. 고모는 매우 기뻐서 얼른 편지를 써 그 소식을 전했다. '네 소설이 이곳에서 주목을 받기 시작했단다. 명성이 자자한 작가 투르게네프 씨가 너에 대해 가능성이 무한하다고 칭찬하셨다.'

작가는 고모의 편지를 받고 놀라고 기뻤다. 그는 원래 무료하고 쓸쓸한 마음을 달래기 위해 글을 썼는데 이를 투르게네프가 칭찬해주니 마음에 불꽃이 일었고 자신감을 얻었다. 그리하여 그는 계속 집필활동을 했고 유명한 예술가이자 사상가가 되었다. 그가 바로 톨스토이Tolstoy다.

물론 우리 교사들이 모두 다 투르게네프가 될 수는 없다. 그러나 우리의 학교에는 무수한 톨스토이가 있다. 교사들이 칭찬하는 법과 발견하는 법을 배우면 많은 학생들의 자신감과 꿈을 찾아줄 수 있다.

칭찬을 하는 것과 칭찬을 받는 것은 서로 영향을 준다. 칭찬하는 사람은 반드시 기쁜 마음과 자비로운 마음을 가지고 있고 칭찬받는 사람은 반드시 자신감과 향상심을 갖게 된다. 칭찬은 은덕이나 은혜를 베푸는 것이 아니라 자연스러운 흐름이며 아무런 이익을 바라지 않는 진정한 지지이다. 연장자가 아랫사람을 애호하고 지혜로운 이가 지혜로운 이에게 나타내는 감탄이다.

칭찬에는 노력이나 학식, 기교가 필요하지 않다. 칭찬하는 사람은 칭찬의 눈빛, 긍정적인 말과 온화한 격려만으로도 칭찬받는 사람의 인생마저 변화시킬 수 있다. 만약 우리 교사들이 칭찬하는 법을 배운다면 학생들의 마음에는 따뜻한 빛이 가득할 것이다.

발상의 전환
―화장실을 교육의 낙원으로 바꾸다

최근 《양즈완바오揚子晚報》에서 흥미로운 기사를 읽었다.

학교의 개방 교육에 있어 궁벽한 곳을 학습의 장으로 바꾸는 운동이 실시되고 있을 무렵 타이완 까오슝高雄시의 타이핑太平 초등학교는 아이들이 더러운 곳으로 여기는 화장실을 학습의 장으로 만들기 위해 이를 수리한 뒤 천문, 해양, 삼림 세 가지의 교육 주제를 가진 학습관으로 만들었다. 화장실은 학생들이 해방되는 장소일 뿐 아니라 하나의 학습의 장이 되었다.

타이완의 타이핑 초등학교는 올해 여름방학을 이용해 전교의 16군데의 화장실을 전면 개조했다. 고급 벽돌을 깔고 위생설비를 갖추었으며 모든 칸의 천장에는 다른 색을 배합해 천문, 해양, 삼림 교육의 장으로 개조했다. 천문 교육 구역의 천장에는 봄, 여름, 가을, 겨울 사계절마다 다른 별자리가 있어서 학생들이 화장실을 이용할 때 고개를 들면 12개의 성좌를 볼 수 있다. 교사들은 시간표를 안배하여 직접 화장실로 가서 천문학 수업을 진행한다.

각각의 화장실은 하나의 주제를 담고 있다. 귀여운 해양 생물과 숲에서 볼 수 있는 동물 등이 있고 각 칸의 문에는 아이들의 미술 작품이나 공작 작품, 시, 창의력이 돋보이는 문발 등이 걸려 있다. 여름방학을 이용해 학교 전체의 화장실은 크게 변했다. 아이들은 더 이상 화장실을 황급하게 오고 가지 않고 수업이 끝나면 비록 화장실에 가고 싶지 않더라도 친구들과 함께 화장실로 가서 별을 관찰하고 동물을 본다. 화장실이 새로운 학습과 놀이의 공간으로 거듭난 것이다.

물론 모든 학교가 화장실을 아이들의 배움의 천국으로 개조할 필요는 없다. 화장실에는 화장실의 기능이 있으면 되는 것이고 화장실이 아무리 화려하다고 하더라도 어차피 오물을 배출하는 장소이기 때문이다. 화장실이 아무리 깨끗하다고 하더라도 아이들의 자유로운 학습을 고무시키는 환경이 될 수 없다.

그러나 타이핑 초등학교의 방법은 우리에게 깊은 교훈을 준다. 교육에 있어서 어떻게 발상의 전환을 할 수 있는지, 어떻게 하면 학교의 모든 공간을 충분히 이용하고 당연한 학습 효과를 발휘할 수 있는지, 학교의 모든 벽이 말을 할 수 있도록 하고(마카렌코), 학교가 학생들이 즐거워하는 공간이 될 수 있는지 이러한 문제는 모든 교장 선생님들이 진지하게 생각해 볼 문제이다.

타이완이 매우 작은 섬이라는 것을 감안하면 학교의 공간이 어떠할지는 가히 짐작할 수 있다. 중국은 넓은 땅을 차지하고 수만 평방미터에 달하는 학교 건물이 많이 있다. 어떻게 하면 학교의 모든 공간을 활용해서 그것들을 장식하고 돋보이게 해서 교육에 도움을 줄 수 있는지 이것은 이상적인 교육을 추구하는 교장과 교사들이 깊이 생각해볼만한 문제가 아닐까?

교장 선생님의 약속

중국의 2003년 3월 6일자 석간신문에는 미국의 어느 초등학교의 교장이 학생들과의 약속을 지키기 위해 돼지와 키스한 사건이 실렸다.

교장 왓슨은 학생들의 독서를 장려하기 위해 학생 410명이 1년간 2003권에 달하는 책을 읽으면 돼지와 키스하겠다는 내기를 했다. 그리고 2003년 3월, 전국교육협회가 조직한 '전미 독서의 날'에 왓슨선생은 이 약속을 실행했다.

교장 선생님의 키스를 받은 데이지라는 이름의 돼지는 당시 8살로, 한껏 치장을 하고 무대에 올랐다.

코네티컷 주에 사는 데이지의 주인은 학생들의 독서를 장려하기 위해 잠깐 워싱턴에 머무를 때 영부인인 로라 부시로부터 감사의 편지를 받기도 했다고 한다.

410명의 학생이 1인당 5권도 안 되는 독서량으로 초등학교의 교장을 돼지와 키스하게 만들었다. 우리가 보기에는 우스갯소리에 불과할지도 모르지만 우리의 교장 선생님 중에 아이들로 하여금 1년 안에 5권의 책을 읽게 할 수 있는 사람이 몇 명이나 있을까? 독서할 시간이 없고 심지어는 읽을 만한 책이 없는 요즘 시대에 사람들은 게임이나 TV, 패스트푸드 문화에 익숙해져 있다. 어떻게 해야 아이들의 메마른 정서를 촉촉하게 적셔줄 수 있을지, 아이들에게 풍요로운 정신세계를 함양해줄 수 있을지, 좋은 책을 읽게 할 수 있을지에 대해 교장 선생님은 물론 교육 관계자들은 심각하게 고려할 필요가 있다.

부시여사는 돼지의 주인에게 감사편지를 보냈지만 나는 왓슨 교장 선생님에게 경의를 표하고 싶다. 그리고 모든 교장 선생님에게 책의 향기가 가득한 교정을 만들어 아이들의 정서를 함양해 주어야 한다고 외치고 싶다.

균형적인 지식교육, 감정교육, 의식교육

현재 학생들의 교육에는 절름발이 현상이 두드러진다. 지식교육에만 집중한 나머지 감정이나 의식 교육은 소홀히 하는 것이다. 그 결과 많은 노력을 들여도 그에 비해 성과는 적다. 비단 전면적인 발달을 지향하는 교육목적을 실현할 수 없을 뿐 아니라 학생들의 지식도 진정한 발전을 얻기 어렵다.

1921년 미국 스탠퍼드 대학의 터먼Lewis Terman 교수는 아이큐 테스트를 사용해 25만 명의 초등학생 중 아이큐가 비교적 높은 동일한 연령의 남녀학생 1,500명을 선별했다. 그들은 성격 방면의 점수가 비교적 높았다. 의지, 자신감, 꾸준함, 향상심, 열정 등의 품성이 특히 두드러졌다. 터먼교수는 그들에 대한 연구를 진행했다. 그들이 성인이 된 후 사업의 성패를 기준으로 '매우 성공' '성공한 편' '실패'의 세 부류로 나눴다. 실험 결과 그들의 차이는 지능뿐 아니라 EQ적 요소인 흥미, 감정, 의지 등의 영향을 받은 것으로 나타났다.

터먼교수의 실험은 지식, 감정, 의식이 서로 연계되어 있고 영향을 주고받으며 서로 통제한다는 사실을 보여준다. 지식도 물론 학생들이 신념을 확고히 하고 흥미를 선택하며 감정을 일으키고 의지를 굳건히 하는 데 도움을 준다. 그러나 감정과 의식은 심리적 에너지원이자 엔진과도 같아서 이것이 없이는 학생 마음속의 자동차가 움직일 수 없다. 감정과 의식은 지식에 대해 일종의 보상작용을 한다. 심리학 연구에서도 밝혀졌듯이 감정과 의식의 지식에 대한 영향은 학생의 연령이 높아짐에 따라 날로 증가한다. 중국의 대학생의 경우 상대적으로 뒤떨어지는 학생들은 대부분 최근의 졸업생들이다. 이는 최근의 교육에 있어서 성적지상주의 현상과 중고등학교의 시험 위주 교육과 관련이 깊다.

역사적으로 큰일을 이루거나 대단한 학자 같은 인물들은 지식 외에도 우수한 감정과 의식을 지녔다. 또한 확고한 신념, 왕성한 열정, 강렬한 흥미, 완고한 의지, 꾸준한 마음을 유지했다. 많은 과학자와 예술가는 감정과 의식을 교육의 가장 중요한 부분으로 손꼽는다. 대문호 괴테는 성공하고자 한다면 의지를 굳건히 하고 능력을 초월하며 목표를 이룰 때까지 꾸준해야 한다고 말했다. 쇼팽의 스승인 요제프 엘스너Josef Elsner는 쇼팽에게 가장 얻기 어렵고 소중한 것을 가르쳤다. 그것은 바로 자신에 대해 엄격해야 하고 불요불굴의 정신과 노력으로 얻은 성공만이 믿을 수 있다는 것이다. 이는 현재 우리의 교육에 많은 의의가 있다.

어떤 교사는 교육에 있어서 지식, 감정, 의식의 통일된 발전에 주의해야 하고 학생의 심신이 전면적이고 완벽한 발달을 하도록 해야 한다고 말할지도 모른다. 나는 이러한 말에 찬성하지만 실제적으로는 통용되기 어렵다. 만약 학부모와 교육행정기구 및 사회가 교사와 학교의 교육을 평가할 때 단지 지식만을 근거로 삼는다면 진학률은 그 평가 지침서가 될 수 있을 것이다. 즉 지식의 발달은 당연하고 유일한 절대적인 임무이고 도덕적 품성, 성격적 특징, 사회 적응력 등의 감정이나 의식의 발달은 있어도 되고 없어도 된다는 식으로 생각될 수도 있다는 것이다. 여기에는 확실히 문제가 있다. 미국의 교육심리학자 린드그렌 Lindgren은 "우리가 교육을 일종의 지능적인 것, 혹은 인지적 경험이라고 생각했을 때 감정은 교실에 존재하면 안 된다고 믿었다. 그러나 현재 압도적인 우세를 차지하고 있는 것은 바로 정서와 감정이다. 이는 배제해서는 안 된다."고 했다. 그는 《교실에서의 교육심리학》이라는 책에서 성적지상주의 현상을 비판했다.

현재 교육이 당면한 지식, 감정, 의식의 부조화 현상을 어떻게 극복해야 할까? 또한 우리 학교의 교육을 어떻게 개선해야 할까? 국내외의 교육계에는 귀감할 만한 예가 많이 있지만 답은 우리의 실천과 탐색을 통해서만 얻을 수 있다. 이는 우리 교육 관계자들이 직면한 새로운 과제다. 나의 졸렬한 글이 교육에 뜻을 둔 사람이나 교사, 사회 각 방면에 있어 이 문제에 대한 관심과 연구를 일으킬 수 있다면 더할 나위가 없겠다.

러브LOVE 학습법

　미국의 어느 심리학자는 《대학에서의 학습과 연구》라는 책에서 꽤 실용적인 러브LOVE 학습법을 소개했다. LOVE의 각 스펠링은 듣기Listen, 요약하기Outline, 서술Verbalize, 평가Evaluate를 의미한다. 이러한 학습법은 듣기 및 읽기 능력과 큰 관계가 있다.

듣기 : 어떤 단락을 이해한 후 한 사람이 적당한 속도와 큰 목소리로 한 문단을 읽고 다른 사람은 경청한다.

요약하기 : 청자는 관련 단어와 이름, 숫자를 기록한다. 낭독자에게 속도를 빠르게 하거나 늦추어 달라거나 반복 낭독을 요구하거나 질문을 해도 된다. 낭독자는 최대한 청자의 요구에 부응한다. 일정 부분을 다 읽은 후 청자는 기록한 단어를 통해 간단하게 요약한다.

서술 : 방금 요약한 내용을 바탕으로 청자는 낭독한 내용을 다시 서술한다. 가능한 한 자세하게 내용을 기억하도록 한다.

평가 : 낭독자는 본문과의 대조를 통해 서술한 내용의 정확성과 완벽성을 평가한다. 틀린 점을 발견했을 때는 즉시 수정을 하고 합당한 지적을 하도록 한다.

어떤 단락에 대한 LOVE의 4단계가 끝나면 청자와 낭독자의 역할을
바꿔서 다음 단락을 읽는다. 만약 2명 이상의 인원이 참가한다면(최대
4인 이상은 넘지 않도록 한다) 한 부분을 읽을 때마다 교대하도록 한다.
다 읽은 후 모든 사람은 자신의 필기를 바탕으로 이야기를 다시 진술하
고 낭독자는 평가를 한다. 이 때 필기에 주의하면 이 필기 내용은 복습
과 시험 준비에 많은 도움이 된다.

이상적 교실

이상적인 교실이란 무엇인가? 어떠한 교실이 교사와 학생 모두를 충족시킬 수 있을 것인가?

내가 개인적으로 생각하는 이상적인 교실의 조건은 다음과 같다.

첫째, 참여도다. 이상적인 교실은 우등생뿐 아니라 학생 전원이, 수업의 전 과정에, 그리고 효과적으로 참여하는 교실이다. 수업은 교사가 학생 앞에서 혼자 공연하는 것이 아니며 주입식 교육이 이루어져서도 안 된다. 학생의 참여는 사고를 개발하는 기초가 된다. 나는 일반적인 수업에서 학생의 참여(발표와 활동)시간이 50% 이상은 되어야 한다고 생각한다.

둘째, 친밀도다. 이상적인 교실에서는 교사와 학생 간에 유쾌한 감정의 소통과 지혜의 교류가 이루어진다. 수업은 기쁘고 협력적일수도 있고 긴장과 침묵 속에 이루어질 수도 있다. 그러나 마음이 통하지 않으면 생각도 통할 수 없다. 친밀하고 협조적인 관계는 성공적인 수업의 기본이다.

셋째, 자유도다. 이상적인 교실에는 자유로운 분위기가 넘친다. 우리의 교실은 전쟁터와 같아서 엄격한 규율을 강조하기 때문에 학생들은 전전긍긍한다. 또한 여유가 없고 유머가 없으며 크게 웃는 소리가 없다. 특히 학생들에게는 일제히 큰 소리로 대답하기를 요구하나 귓속말이나 교사와 토론하는 것은 허락되지 않는다. 이는 자유의 원칙에 위배

된다.

넷째, 총체도다. 이상적인 교실은 완전한 지식을 흩어놓는 과도한 분석주의를 삼가야 한다. 어학 과목의 경우 단어를 구체적인 언어 환경으로부터 분할시키면 학생들은 분해된 지식을 습득할 뿐 진정한 총체적인 지식을 배울 수 없다.

다섯째, 연습의 정도다. 이상적인 교실은 관찰, 모방, 체험, 상호적인 학습을 통해 학생들이 직접 체득한 연습과 실천에 달려 있다.

여섯째, 확장도다. 이상적인 교실은 총체적인 지식을 기반으로 더욱 광범위하고 심도 있게 확장되어야 한다. 교실에서 배운 내용은 실용적으로 활용할 수 있어야 하고 학생들의 탐구를 위해 공간을 남겨두어야 한다.

당신의 교실은 이상적인가? 이상적인 교실을 소유하면 빛나는 인생을 소유할 수 있고 진정한 교육의 기쁨을 누릴 수 있다.

당신은 수업을 과연 얼마나 이해하고 있는가?

많은 교사들은 하루하루 반복되는 수업에 익숙해져 있다. 질서정연한 학교 수업과 단지 지식을 전달하기만 하는 전통적인 역할에 만족하고 있다. 그러나 자신의 수업이 학생들에게 얼마만큼 받아들여지고 있는지에 대해 진지하게 생각해 본 교사는 과연 몇이나 될까?

쑤저우의 란잉藍纓 학교에서 최근 실시한 조사에 따르면 전국에서 모범교사 베스트 10에 뽑힌 적이 있는 한 교사의 수업 만족도는 50%에도 못 미쳤다. "열정적인 태도" (66.3%), "교사로서의 도덕적 자질과 책임감" (93.4%), "언행일치" (76.7%), "철저한 수업 준비" (76.7%), "조리 있고 명확한 수업내용" (56.7%) 등의 항목에서 높은 만족도를 얻었다. 또한 기존의 수업에 대한 만족도는 76.7%에 달했고 숙제에 대한 평가의 만족도는 70%에 달하는 등 학생들은 충분히 긍정적인 평가를 내렸다. 그럼에도 불구하고 수업의 분위기를 측정하는 항목에서는 의외의 결과가 나왔다. "학생들의 소질을 개발해 이를 이끌어주는 데 능숙하다."의 만족도는 26.7%, "학생들이 주체가 되는 수업이다."의 만족도는 16.7%, 그리고 "수업의 분위기가 적극적이다." 와 "표현이 간단명료하고 생동적이다."라는 항목에 대해서는 안타깝게도 10%라는 만족도를 나타냈다.

모범교사 베스트 10에 뽑힌 경험까지 있는 교사의 수업에 학생들은 왜 만족감을 느끼지 못하는 것일까? 답은 이미 위의 수치에 나와 있다.

교실에서 행해지는 수업에는 교사 자신의 규칙과 신념도 존재하지만 교사와 학생 간의 소통과 상호적인 활동도 필요하다. 교사가 열정이 넘치고 학식이 풍부하다고 해서 학생들의 마음을 진정으로 이해할 수 있다고는 할 수 없다.

이번 조사는 기준이 매우 정확하다고는 할 수 없지만 란잉 학교에는 깊은 깨우침을 주었다. 특히 평가를 받은 교사는 놀라움을 금치 못했다.

이 교사는 조사 결과를 접하고 난 후 만감이 교차했다. 그는 그에 대한 학생들의 평가가 정곡을 찌를 정도로 정확하며 전에는 학생들이 자신에 대해 어떻게 생각하는지 전혀 몰랐었다고 이야기했다. 반평생 교편을 잡아왔지만 이제야 학생들에게 있어 자신이 어떤 위치를 차지하는지 알게 된 것이다. 그는 학생들을 통해 자신을 반성하고 자신의 교수법에 대한 성공과 실패를 알 수 있게 되어 감사한다고 전했다.

이러한 조사는 교사들에게 충격을 주었고 교사들로 하여금 자신을 다시 돌아볼 수 있게 하는 계기가 되었다. 란잉 학교의 교장은 많은 교사들이 오랜 세월동안 교편을 잡고는 있지만 자신의 교수법이 어떠한지에 대해서는 이해하고 있지 않다고 이야기했다. 학교는 제때에 학생들의 교사의 교육 및 교육 방식에 대한 적응 상황에 대해 이해할 필요가 있으며 교사의 교육과 교육 방식에 대한 질과 효율을 이해해야 한다. 또한 학생들의 속내와 요구 및 희망사항을 이해하여 학생들에게 양질의 도움과 발전 공간을 제공해야 한다. 이러한 조사는 매우 필요하다.

란잉 학교의 조사 결과가 말해주듯이 교사들은 각종 방식을 통해 교실에서 이루어지는 수업과 교육 방식에 있어서의 피드백을 받아들이고 적시에 자신의 수업 상태를 이해하고 파악해야 한다. 또한 학생들의 반응을 근거로 자신의 수업 내용 및 방법을 조절해야 한다.

수업에 대한 평가 방식은 매우 다양하다. 그러나 학생이 만족하는 수업만이 진정한 수업이라고 할 수 있을 것이다.

교장의 관계학

좋은 교장이 된다는 것은 참으로 어려운 일이다. 특히나 중국에서는 더욱 그렇다. 교장은 학식이 풍부한 학자여야 할 뿐 아니라 기업가와 같은 우수한 의사소통 능력을 갖추어야 하고 여러 방면의 관계 처리에 능해야 한다. 교장의 '관계학'의 수준은 종종 직접적으로 학교 운영 수준에 영향을 미친다.

구체적으로 말하자면 교장은 대체로 다음과 같은 관계 처리에 능해야 한다.

첫째, 학교와 정부의 관계를 원활하게 처리해야 한다. 중국처럼 법제가 상대적으로 완벽하지 않은 상황에서는 정부와의 의사소통이 더욱 필요하다. 쑤저우의 한 중학교는 평소에는 그다지 주목을 받는 학교가 아니었고 외부에 알려진 바가 거의 없었다. 올해 교사校舍 갱신 계획 회의에 참가하기 위해 나는 이 학교에 가게 되었다. 사실 교육을 담당하는 지도자가 보통의 학교를 방문한다는 것은 원래 아주 보편적인 일에 지나지 않는다. 그러나 이는 온 학교를 흔들어 놓았다. 학교는 이미 퇴직한 교사들, 교장들을 전부 초청했다. 그들은 학교 역사상 고위 관리가 학교를 방문한 적이 거의 없었고 더욱이 시장의 직책까지 맡고 있는 사람이 학교를 방문한 적은 없었다고 했다. 나는 그들에게 다른 사람으로 하여금 학교를 방문하게 하려면 더 많은 유익한 활동을 함으로서 사회의 관심을 끌면 되지 않겠느냐고 이야기했다. 학교의 외부 환경은 각급 정부의 관심과 뗄 수 없는 관계고 정부 기관과 더욱 많은 의사소통을 하면 정부의 지도 계층이 학교의 실제 상황을 이해할 수 있을 뿐 아니라 학교 자체에도 유리할 것이다. 학교가 발전하고 그 학교 고유의 특색을 지니고 있어야 정부의 관심을 받을 수 있다. 지도자는 민중과 밀접한 관계를 맺어야 한다. 그러나 군중도 지도자와 밀접한 관계를 맺어야 하는 것이다. 지도자와 밀접한 관계를 맺는 것이 결코 나쁜 일이라고 할 수는 없다. 중국에서는 지도층의 지지와 정부의 지지를 쟁취하는 것은 어느 학교도 소홀히 할 수 없는 일이라고 할 수 있다.

둘째, 학교와 기업 간의 관계를 원활하게 처리해야 한다. 나는 종종 중국의 기업이 아직도 고도의 자각성이 없고 주동적으로 교육에 관심을 갖지 않는다고 말하곤 한다. 중국의 세수 정책과 기타 정책은 아직 기업이 주동적으로 교육에 관심을 갖도록 유발하지 못하고 있기 때문이다. 쑤저우도 이와 마찬가지다. 쑤저우에서 교육에 관심을 제일 많이 갖고 있는 곳은 바로 외국 기업이다. 많은 외국 기업은 어떤 일을 하기 전에 미리 완벽하게 그 일에 대한 쥰비를 하므로 이미 쑤저우의 각종 학교에 다양한 형태의 장학 제도를 설립하고 있다. 노키아, 쉬뎬旭電, AMD, 훙지宏基 등 많은 외국 자본 기업과 타이완 자본 기업이 교육에 투자하고 있다. 쑤저우에는 매우 특색 있는 학교인 쑤저우 공업지구 직업 기술 학원이 있다. 이는 원래 공업지구에서 스스로 투자해 건립한 직업 전문 훈련 학교이다. 후에 이 학교는 기업과의 협력을 매우 중시하여 기업의 이사회를 조성하였다. 이러한 외국 기업 이사들이 모두 자신의 회사에서 가장 좋은 설비를 이 학교에 설치해 주리라고는 아무도 생각지 못했다. 어떤 기업은 한 번에 5백만여 개의 설비를 마련해 주었고 방금 연구 제작한 설비를 이 학교에 전시하도록 하고 동시에 학생들이 사용할 수 있도록 제공했다. 학생들은 이러한 설비를 사용해 본 후에 기업에 취직해서 들어가게 되므로 신입사원 교육을 받을 필요가 없다. 실질적으로 기업의 교육에 대한 투자는 매우 전도유망한 일이다. 어떤 이는 쑤저우의 기업들은 교육에 투자하고자 하지만 빈곤 지역의 기업들은 그다지 투자하고 싶어 하지 않는다고 이야기한다. 그러나 사실은 그렇지 않다. 산시山西성의 장즈長治시는 소개할만한 가치가 있는 도시다. 원래 시위원회 서기였던 뤼르저우呂日周는 유명한 인물이다. 그가 교육계 남긴 업적을 나는 매우 추앙하고 있다. 우선 그는 모든 교사들의 임금 체불 문제를 해결했다. 이 시에는 13개의 현이 있고 5개의 국가에서 지정한 빈곤 현이 있는데 이 곳 전부 교사들의 임금 체불 문제를 해결했다. 다음으로 그는 모든 학교 건물(마을의 학교 포함)을 무너질 위험이 없도록 만들었다. 또한 그가 현재 하고 있는 일은 모든 아이들의 취학을 보장하는 것이다. 올해 그는 해냈다. 나는 이러한 문제들을 해결하는 것이 결코 쉬운 일이 아니라고 생각한다. 그가 이러한 일들을 해내면서 매우 감동적인 기업의 지지 사례들이 많이 있다. 그중 한 기업가는 한 번에 150만 위안을 기부했다. 그는 바로 빈곤 지역의 기업가이다. 교장은 의식적으로 기업과의 의사소통을 강화하고 기업가의 마음을 움직여야 한다. 만약 기업가와 친구가 되고 매우 양호한 관계를 갖는다면 그는 분명 계속해서 학교를 지원해 줄 것이다. 이렇듯 기업과의 의사소통 능력은 상당히 중요하다.

셋째, 학교와 학교 간의 관계를 원활하게 처리해야 한다. 어떤 교장은 자신이 다른 학교와 무슨 상관이 있느냐고 이야기한다. 현재 학교 간의 경쟁은 이미 백열화된 상태에 놓여 있다. 학교 간의 관계가 좋지 않으면 서로 얼굴 붉힐 일만 생기고 심지어는 서로 상대도 하지 않게 된다. 한번은 저장성에서 보고회가 있었는데 누군가 나에게 한 장의 메모를 전해주었다. 그 메모는 다른 학교의 안 좋은 소문을 폭로하고 그들이 어떻게 주입식 교육을 실시하는지에 대해 이야기하고 이에 대해 어떻게 생각하는지 내 대답을 원하는 것이었다. 내가 대답을 마치자 다른 교장이 일어나 공개적으로 비난하기 시작했다. 이는 특히 유명 학교의 교장일수록 더욱 자신의 결점을 정확히 알아야 한다는 사실을 우리에게 일깨워준다. 유명 학교는 어디에 의지하고 있는가? 첫째는 학생이다. 유명 학교들은 최고로 우수한 학생들을 모집한다. 나는 쑤저우의 유명 학교 교장들에게 제발 너무 의기양양하지 말라고 거듭 당부하고 싶다. 사실 이러한 학생들은 유명 학교의 교육을 받지 않아도 그들은 여전히 열심히 공부할 것이다. 우수한 학생은 오랜 기간 동안 형성된 양호한 학습습관, 학습에 대한 풍격, 열망을 가지고 있다. 유명 학교 교장들과 같은 사람들이 힘을 쏟지 않아도 그들은 뒤처지지 않는다. 그러므로 교장들은 다른 학교에 관심을 갖고 그들이 원래부터 가지고 있는 기초 위에 더욱 큰 발전을 이루도록 해야 한다. 나는 그들에게 제발 너무 의기양양해 하지 말고 평정심을 잃지 말라고 이야기한다. 쑤저우에서는 공동으로 약소한 학교를 돕는 사업을 벌이고 있다. 모든 학교들은 반드시 약소한 학교와 병합하거나 도움을 주어야 한다. 산위안三元 중학교라는 학교가 있는데 이곳은 원래 약소한 학교였다. 그러나 쑤저우 1중학교와 합병하고 분교가 된 후 3년 만에 완전히 바뀌었다. 쑤저우의 10중학교도 매우 이름난 학교인데 이곳은 8중학교와 공동으로 초급 중학교를 설립했다. 11중학교는 핑장平江 실험학교, 실험초등학교와 합병해 새로운 핑장 실험학교를 설립했다. 그 밖에도 쑤저우 중학교는 사립학교의 설립을 돕고 동시에 5중학교에 쑤저우 실험반을 운영한다. 유명 학교와 약소한 학교의 결합은 교육적 자원의 이용률을 큰 폭으로 높인다. 중국교육의 불균형은 이미 모두가 주목하고 있는 단계이다. 만약 우리가 이러한 현상을 더욱 확대해 나간다면 많은 사람들의 지지를 잃게 될 것이고 발전을 이룩하기 어려울 것이다.

컵에 담긴 물

불교신자인 어느 노인이 나에게 다음과 같은 철학적인 이야기를 해 준 적이 있다. 사람을 빈 컵에 비유해 컵에 물이 가득 차면 절반을 남에게 주어야 한다고 했다. 컵의 물이 다시 가득 차면 또 다른 사람에게 절반을 주어야 한다. 끊임없이 물을 채우고 나누어야 컵은 가치가 있게 되고 컵 속의 물은 살아있는 물이 된다. 만약 물을 채우기만 하고 나누어주지 않으면 그 컵은 더 이상 새로운 물을 받아들일 수 없다. 물 한 컵을 받았을 때 그중 절반은 타인과 나누어야 한다는 사실을 잊어서는 안 된다. 타인과 나누지 않으면 더 이상 새로운 물을 얻을 수 없다.

이 이야기가 우리에게 시사하는 바는 첫째, 물은 살아있어야 가치가 있다는 것이다. 흐르는 물은 썩지 않고 살아있는 물은 항상 신선하다. 삶의 활력을 유지하기 위해서는 끊임없이 낡은 것은 버리고 새로운 것을 받아들여야 한다. 교사로서 항상 새로운 지식을 배워야만 시대의 흐름에 따라갈 수 있고 생명력을 가진 사람이 될 수 있다.

둘째, 타인과 나누는 행위는 자신의 발전을 위한 첫걸음이라는 것이다. 가득 찬 물에 만족하고 타인에게 나누어 주기에 인색하면 가득 찬 물은 썩게 되고 결국에는 아무것도 남지 않는다. 그러므로 나눔이 없으면 진정한 발전을 이룰 수 없다. 교사로서 타인과 나누는 마음을 가지고 이를 학생과 교사 사이의 일상적인 행위로 생각한다면 자아의 발전에 큰 도움이 될 것이다.

옥스퍼드의 독서하는 거지

저명한 문학이론가 예수셴葉舒憲 선생이 다음과 같은 이야기를 한 적이 있다.

그는 영국 옥스퍼드에서 강의를 할 때 종종 시내의 여러 서점에 가서 책을 골랐다. 하루는 모자를 쓴 거지가 초겨울의 추위에도 아랑곳하지 않고 바닥에 앉아 열심히 책을 읽는 광경을 보았다. 이러한 흔하지 않은 광경을 보고 그의 마음속에는 까닭 없는 감동이 밀려왔다. 거지에게 무슨 책을 읽고 있냐고 묻자 쥘 베른Jules Verne의 소설을 읽고 있다고 대답했다. 여유롭지 않은 생활에도 불구하고 책을 읽는 모습에 감동을 받아 그는 영국과 세계 각국의 독서 현황을 비교해 보았다. 영국은 인구 550명당 한 종류 꼴로 책을 출판하고, 독일은 1,050명, 프랑스는 1,600명, 미국은 4,000명, 중국은 12,000명당 한 종류 꼴로 책을 출판하고 있었다. 런던에서는 독서가 의식주와도 같이 거의 본능에 가까운 문화습관이 되어 있었다.

예수셴 선생의 이야기를 듣고 나도 느낀 바가 많았다. 해외에 나가보면 장소를 가리지 않고 독서를 하는 외국인들의 모습을 흔히 볼 수 있다. 그들의 가방에는 결코 빼놓을 수 없는 정신의 식량인 책이 들어있다.

나는 종종 우리 사회가 과연 언제쯤이면 독서와 공부를 부담으로 느끼지 않고 생활의 일부분으로 생각할 수 있는 사회가 될까 생각하곤 한다.

장난감과 교육

오늘날 아이들의 장난감은 날이 갈수록 넘쳐나고 있다. 모양이 매우 참신하고 가격도 비싸며 그 종류도 무척 다양하다. 그러나 아이들이 사랑하는 장난감은 과연 아이들에게 얼마나 유익한가? 우리는 종종 아이들의 정서교육에 해로운 장난감을 발견하곤 하지만 교육적인 의의가 있는 장난감은 찾아보기 힘들다.

장난감 중에서 가장 보편적이고 여자 아이들의 사랑을 받는 것은 인형일 것이다. 인형은 플라스틱과 천으로 되어 있고 예쁘고 온화한 느낌을 주어 많은 여자 아이들이 가지고 있다. 이는 남자 아이들이 좋아하는 자동차, 장난감 총과는 선명한 대조를 이룬다.

황취안위黃全愈선생은 《미국에서의 생존교육》이라는 책에서 장난감을 이용한 교육의 예를 소개하고 있다. 링링玲玲이라는 이름의 친구 딸은 미국에서 중학교를 다니고 있었다. 어느 날 링링은 학교에서 금발에 파란 눈을 가진 진짜 같은 인형을 가지고 돌아왔다. 정말로 인형은 진짜 아기와 같은 장치가 되어 있었고 요람에서부터 옷, 신발, 기저귀, 젖병까지 전부 갖춰져 있었다. 몇 시간 지나지 않아 그는 이 인형이 정말 특별한 장난감이라는 것을 발견했다. 인형의 체내에는 컴퓨터 장치가 설치되어 있어 몇 시간 간격으로 울어댔다. 이유는 배가 고프거나 기저귀를 갈아달라거나 둘 중 하나다. 인형의 울음을 그치게 하려면 재빨리 그 원인을 찾아서 해결해 주어야 한다. 만약 배가 고픈 것이면 젖병을 입에 물려줘야 하고 만약 기저귀가 더러워진 것이면 새 기저귀로 갈아 줘야 한다. 만약 엄마가 게으름을 피우면 인형은 울음을 그치지 않는 다. 인형은 한밤중에도 설치된 장치에 의해 여러 번 시끄럽게 울어댔 다.

링링의 엄마는 인형을 시끄럽지 않게 차고나 지하실에 가져다 놓자 고 했지만 링링은 아동학대라며 반대했다. 인형 체내의 컴퓨터에는 인 형이 몇 번 울었는지 기록이 남는다. 만약 그냥 울도록 내버려두면 인 형은 쇼크를 받거나 심할 경우에는 사망하게 된다. 그날 밤 링링은 인 형 때문에 기진맥진했다. 다음 날, 링링은 학교에 가자마자 인형을 선 생님에게 돌려주며 "아기를 기른다는 건 하나도 재미없어요."라고 말 했다.

황선생의 말에 의하면 이것은 미국의 중학교에서 중학교 1학년 과정 에 개설한 선택과목이라고 한다. 이러한 선택과목을 설치한 이유는 과 학적인 지식을 가르치고 청소년에게 아기를 기르는 일이 매우 힘들다 는 것을 직접 체험하게 하기 위함이다. 이는 여자 아이들에게 임신을 하고 엄마가 되는 일은 어릴 때의 소꿉놀이와 같이 재미있는 일이 아니 라는 것을 경고한다.

장난감을 이용한 교육은 한 번의 설교보다 효과적이다. 나는 더욱 좋 은 장난감이 세상에 나오기를 바란다. 그리고 우리도 미국처럼 장난감 을 이용한 교육을 실시하기를 바란다.

학생의 말문을 트여 주자

'국어'라는 말을 들으면 많은 사람들은 '글'을 떠올리고 '말'은 생각하지 않는다. 서면적인 표현능력만 중시하고 구두적인 표현능력은 소홀히 한다. 실제 생활에서 사람들은 더 많은 시간을 '말'이라는 형식을 통해 언어를 운용한다. 국어교육에 있어서도 오랫동안 글을 중시하고 말을 경시해 왔다. 마치 말을 하는 것은 교사의 몫인 양 학생들은 그저 교사의 질문에 대답할 때만 말할 수 있었다. 그러나 이는 매우 편협한 생각이다. 자신의 의견을 유창하게 표현하고 다른 사람의 의견을 경청하는 것은 언어능력의 수준을 나타낼 뿐 아니라 한 사람이 사회생활을 순리적으로 할 수 있는지의 여부를 보여주는 중요한 지표가 된다. 말은 언어능력의 기초라고 볼 수 있다.

내가 여기에서 언급하는 '말'은 교사가 다양한 방법을 통해 학생의 발화능력을 배양해 학생이 유창하게 말을 할 수 있도록 한다는 것을 의미한다. 언어의 기초지식과 말하기 듣기 쓰기 읽기 능력의 배양은 모두 언어를 이해하고 훈련, 운용하는 것이다. 또한 언어와 사고의 관계는 매우 밀접하다. 언어는 사고를 직접적으로 나타내며 사고는 언어를 통해 조직된다. 그러나 사고는 언어의 운용을 통해 나타나기 때문에 사고의 훈련은 언어훈련을 통해 진행된다. 언어훈련이란 서면적인 언어훈련과 구두적인 언어훈련을 모두 포함해야 한다.

말하기, 읽기, 듣기, 쓰기는 언어능력의 체계를 구성한다. 네 가지 능력은 개별적이면서도 상호 연관적이므로 총체적으로 파악해야 하며 하나라도 소홀히 해서는 안 된다. 그러나 초등학생에게는 구어적인 표현, 즉 '말'의 훈련을 기점으로 삼아 다른 언어능력을 훈련해야 한다.

첫째, 말하기를 통해 사고를 촉진한다. 말하기는 사고활동의 가장 직접적이고 신속한 반영이다. 말하기 훈련 자체가 바로 사고의 훈련이다. 언어능력의 향상은 사고의 발전에 도움을 준다. 말하기 훈련을 통해 학생의 조리 있고 정확하며 민첩한 사고능력을 훈련시킬 수 있고 사고훈련의 밀도와 효율성을 높일 수 있다.

둘째, 말하기를 통해 듣기 훈련을 한다. 생활 속에서 말하기와 듣기는 동시에 수반된다. 말하는 사람도 자신의 발화를 들으면서 피드백 작용을 통해 끊임없이 자신의 표현을 조절한다. 그러므로 말하기 훈련을 하면서 듣기 훈련을 할 수 있고 두 가지 능력을 모두 촉진할 수 있다.

셋째, 말하기 훈련을 통해 읽기 훈련을 한다. 말하기 훈련이 읽기 훈련에 적극적인 영향을 주는 것은 더욱 분명하다. 말을 하기 위해서는 낱말을 고르고 문장의 구성을 고려해야 하는데 이는 읽기를 통해 섭취한 단어이다. 심지어 구두로 하는 답변이나 교과서 읽기 같은 경우에는 말하는 내용이 읽는 내용과 일치하기도 한다. 그러므로 읽기의 기초가 없이는 말하기를 잘할 수 없고 말하기 훈련은 학생의 독서를 촉진한다.

넷째, 말하기 훈련은 쓰기 훈련에 도움이 된다. 말하기와 쓰기의 관계는 더욱 밀접하다. 쓰기 전의 말하기는 글의 사고를 명확히 하고 구상할 수 있게 한다. 말하기 훈련은 작문에 유효한 밑바탕이 된다고 할 수 있다. 읽기는 흡수, 쓰기는 표현, 말하기는 흡수(타인과의 대화 중 정보를 흡수)와 표현이다. 그러므로 말하기는 읽기와 쓰기의 다리 역할을 한다고 할 수 있다.

　말하기를 소홀히 해서는 안 된다. 한 사람의 됨됨이는 바로 말을 통해 나타난다. 말투, 어조, 말수가 모두 개인의 풍모와 수준을 반영한다. 오늘날 같은 정보화시대에는 사회생활에서의 '말'이 더욱 중요하다. 그러므로 나는 국어 수업을 할 때 학생들의 말문을 틔워주라고 주장한다.

언어교육방식의 개혁
―새로운 언어 : 창조적인 정신을 키운다

　언어는 사고의 도구이다. 학생들의 사고능력을 배양하고 발전시키는 것은 언어교육의 임무 중 하나이다. 그리고 창조적 사고는 최상위의 사고방법이라고 할 수 있다. 그러므로 나는 학생들의 창조적 사고능력을 배양하고 발전시키는 것은 초등학교에서 이루어지는 언어교육에 있어서 중요한 임무라고 생각한다. 또한 이는 새로운 시대의 새로운 언어에 있어 필연적인 요소라고 생각한다. 그러나 전통적인 언어교육방식은 교사가 주체적인 입장이고 학생은 피동적인 학습적 위치에 있다. 교육방식에 있어서 교사의 일방적인 수업이 위주가 되고 주입식 교육이 행해지며 학생들의 창조적인 의식, 창조적 정신은 제대로 발휘될 수가 없는데다가 심지어는 억눌리고 말살당하기도 한다. 이러한 현재 상황은 반드시 변화해야 한다.

　학생들의 창조적 사고능력을 배양하고 발전시키는 언어교육이 실행되기 위해서는 우선 주도적인 입장과 주체적인 입장의 관계를 확실히 해야 하고 학습에 대한 학생들의 적극성을 충분히 동원해야 한다. 학생들 스스로가 공부하기를 원하고 공부를 즐겨야 한다. 즉 학생들이 주동적인 입장이 되어야 한다는 뜻이다. 다음으로 교사는 수업 중에 학생들의 질문을 유도하고 사고를 촉진시킬 수 있어야 한다. 언어교육은 의문식 교육이 되어야 한다. 학생들이 끊임없이 질의응답을 하고 의문점을 해결하는 과정을 통해서 사고를 발전시키도록 해야 한다. 그러므로 교사는 언어교육을 실시할 때 첫째로 교사와 학생 간의 협조, 학생과 학생 간의 협조, 평등한 토론, 자유로운 논쟁의 분위기를 조성해야 한다. 둘째로 학생들의 호기심과 창조정신을 보호하여 학생들이 학습하면서 용감하게 질문하도록 하고 학생들이 교재와 교사의 의견에 상반된 주장이나 행동을 할 수 있도록 격려해야 한다. 셋째로 학생들이 상상의 나래를 펼치고 깊고 멀리 생각할 수 있도록 격려해야 한다. 넷째로 학생들이 변증법적인 관점으로 문제를 바라보고 깊게 탐구하며 규칙을 찾는 것을 배우도록 인도해야 한다. 이렇게 해야 학생들은 적극적으로 사고하고 창조적인 의식과 정신을 키울 수 있다.

말하기, 듣기, 읽기, 쓰기 : 영원한 과제

학생들의 말하기, 듣기, 읽기, 쓰기능력을 배양하는 것은 언어교육의 출발점이자 귀착점이며 언어교육의 근본이다. 우리의 언어교육은 이에 대해 충분히 인식하고 실제 수업 중에서 학생들의 언어능력을 높일 수 있는 효과적인 수단과 방법을 열심히 탐색해야 한다.

첫째, 학생들이 직접 말할 수 있도록 가르쳐야 한다. 언어는 인류에게 있어서 가장 중요한 교제도구이다. 말하기는 언어를 통해 자신의 의사를 표현하는 행위다. 전통적인 의미상의 말하기는 교사의 몫이다. 학생들이 말할 수 있는 기회는 수업 중에 질문에 대답할 때뿐이다. 이는 매우 편협한 방식이라고 할 수 있다. 내가 여기서 말하고자 하는 말하기란 교사가 수업이나 수업 외의 활동에서 다양한 수단을 동원하여 학생들의 발화능력을 배양하는 것을 의미한다. 즉 구두적인 교제 능력은 학생들의 말하기 능력을 향상시킨다. 언어교육에 능통한 장수성의 젊은 교사 쉐파건薛法根 선생의 수업에서는 학생들의 발화능력을 훈련시키는 점이 두드러진다. 그의 대부분의 학생들은 문제에 대해 대답할 때 발음이 뚜렷하고 목소리가 우렁차다. 이는 오랜 기간 동안의 노력으로 완성된 것이다. 나는 학생들이 대답할 때 마이크를 사용해서는 안 된다고 생각한다. 대답할 때의 목소리가 우렁찬지 아닌지는 자신감의 표현이다. 학생들이 큰소리로 이야기하고 자신의 의견을 표현할 수 있도록 격려해야 한다.

둘째, 학생들이 글쓰기를 잘할 수 있도록 가르쳐야 한다. 쓰기 능력은 학생들의 언어적 소양의 기본이며 글쓰기 능력을 향상시키기 위해서는 장기적인 훈련이 필요하다. 읽기와 쓰기를 결합한 방식은 효과적인 수단이자 방법이다. 쉐 선생의 수업에서는 읽기와 쓰기의 유기적인 결합을 매우 중시한다. 읽기를 통해 쓰기를 유도하고 쓰기를 통해 읽기를 촉진하여 읽기교육과 쓰기교육이 서로 조화되지 못하는 현상을 방지한다. 교사는 학생이 보고 듣고 읽은 모든 것을 충분히 발굴해내고 이를 소재로 학생들이 진실한 감상을 글로 쓸 수 있도록 장려해야 한다.

셋째, 학생들이 글씨를 잘 쓸 수 있도록 가르쳐야 한다. 나는 종종 초등학생들에게 부모님이 물려주신 첫 번째 얼굴은 바꿀 수 없는 것이지만 글씨는 두 번째 얼굴이며 이는 바꿀 수 있는 것이고 사람의 인생에 영향을 끼친다고 이야기하곤 한다. 어떤 의미에서 글씨라는 얼굴은 더 중요할 수도 있다. 그러므로 학교에서는 경필교육을 강화해야 한다. 특히 초등학교에서는 경필교육을 중요한 학습 과정으로 생각하고 학생들이 깨끗하고 아름다운 글씨를 쓸 수 있도록 지도해야 한다.

넷째, 학생들에게 듣는 법을 가르쳐야 한다. 언어교육은 학생들의 듣기 능력 배양에 중점을 두어야 한다. 듣기 능력은 우리의 일상생활에서 다른 사람과의 교제에 있어 가장 중요한 능력이다. 열심히 경청하는 것은 학생들의 기본 소질이자 중요한 품성이다. 다른 사람의 말을 들을 때는 전심으로 귀를 기울이고 상대방을 존중하며 얼굴에는 미소를 띨 것 등등 학생들에게 바람직한 듣기 태도와 습관을 양성하도록 지도해야 한다. 또한 학생들이 듣는 내용에 대해 요점을 파악하고 기억을 잘할 수 있도록 과학적인 듣기 방법을 파악하도록 지도해야 한다.

다섯째, 학생들이 읽기를 잘할 수 있도록 가르쳐야 한다. 읽기는 다른 소질을 양성하기 위한 기초이며 읽지 않고는 문장의 의미를 이해할 수 없다. 독서를 취미로 가진 아이는 무궁무진한 발전 가능성을 가지고 있다. 그저 몇 권의 교과서만 읽어서는 절대적으로 부족하다. 학생들로 하여금 유명한 작가의 명작들을 읽게 하고 그를 통해 풍부한 마음의 양식을 섭취할 수 있도록 해야 한다.

언어교육의 진면목

언어교육은 다양한 기능을 가지고 있지만 기본적인 의미에서 말하자면 나는 우선 도구로서의 기능이 가장 먼저 떠오른다. 만약 우리가 기본적인 도구로서의 기능에 대한 문제를 확실히 해결하지 않으면 교육의 가장 중요한 기초를 다질 수 없을 것이다. 이를 기준으로 생각한다면 우리의 학교교육은 결함이 있다. 그중에서도 가장 큰 결함은 언어의 교제적인 기능을 시험에 필요한 기능으로 바꾸어 생각한다는 것이다. 그러므로 나는 언어교육은 본래의 면모로서 이루어져야 하고 말하기, 듣기, 읽기, 쓰기를 잘할 수 있도록 이루어져야 한다고 생각한다.

우리의 교육에서 위의 네 가지 방면이 어떻게 완성되어 있는지 아래와 같이 분석해보았다.

소홀히 하는 경향이 있는 듣기

많은 사람들은 듣기가 외국어에만 한정된다고 생각하기 때문에 언어 및 국어교육에서 듣기가 차지하는 비중이 비교적 적은 편이다. 초등학교 때나 받아쓰기를 통해 듣기 훈련을 할 뿐이다. 사실 듣기는 사람과 사람이 교류하는 과정에서 제일 중요한 기능이다. 듣는 양이 말하는 양보다 훨씬 많을뿐더러 듣기 능력은 어떤 면에서는 말하기 능력을 초월하기도 하기 때문이다.

정확하게 들을 수 있는지의 여부도 매우 중요하다. 그러나 우리는 종종 의미를 확실히 이해했는지에만 중점을 둔다. 나는 그렇게 생각하지 않는다. 내가 여기서 하는 말을 모두가 듣는다고는 할 수 없다. 당신은 듣고 있지만 반드시 제대로 듣고 있다고 할 수는 없다. 왜냐하면 듣기란 영혼의 소통, 눈빛의 교류, 발화자에게 적시에 합당한 반응을 할 수 있는지를 의미하기 때문이다. 만약 당신이 나의 의견에 동의한다면 고개를 작게 끄덕이거나 나의 관점에 부가적인 발언을 하겠지만 우리 학생들은 전혀 이러한 반응이 없다. 이는 학생들이 제대로 듣고 있지 않다는 것을 의미한다. 내 생각에 이는 우리의 삶에 있어서 매우 중요한 재능이다. 서양의 한 철학자는 그의 저서에서 매우 뜻 깊은 말을 했다. 당신이 다른 사람의 의견을 경청하고 있을 때 당신은 그로 하여금 세상에서 제일 중요한 사람이라는 느낌을 갖게 한다. 만약 내가 말을 하는데 모두가 이렇게 나의 의견을 경청한다면 나는 매우 기쁠 것이고 모두에 대한 인상도 좋게 남을 것이다. 청자들이 나를 존중한다고 생각하기 때문이다.

우리의 학생들과 교사들은 아마도 그렇지 않을 것이다. 우리 사회의 많은 사람들도 그렇지 않을 것이다. 언어교육은 우리를 교육하고 있지 않다. 어떤 교사는 이는 언어과목을 담당하는 교사가 가르칠 것이 아니라 심리교육이나 기타 과목 담당교사의 일이라고 생각한다. 그러나 언어교사가 이러한 기본적인 능력을 학생들에게 교육한다면 학생들에게는 평생 도움이 되는 일이라고 생각한다. 언어교육은 읽고 요점을 파악하고 토론 등의 활동을 통해 적시에 중요한 정보를 포착하는 능력을 훈련한다. 이는 매우 중요한 기본적인 기능이다. 우리는 현재까지 언어교육의 이러한 방면에 노력이 필요하다는 것을 깨닫지 못하고 있는 것 같다.

말하기는 쓰기보다 중요하다

언어교육에 있어서 말하기는 쓰기보다 중요하다.

이는 한 사람에 대한 인상과 능력에 대한 판단이 말하기의 유창함에 따라 결정되기 때문이다. 사람과 사람 사이의 교제는 80% 이상이 구어로 이루어진다. 현재는 이메일을 많이 사용하기도 하지만 현대인들은 편지를 많이 쓰지는 않는다. 아이들에게 말하기를 어떻게 가르칠 것인지는 매우 중요한 일이라고 생각한다.

우리의 언어교육은 아이들의 말하기 능력을 중시하지 않는다. 사람의 표현 욕구와 자신감은 대부분 그의 발화능력에 의해 결정된다. 말을 잘하는 사람은 여러 가지 상황에 자신감이 있고 큰 소리로 자신의 의견을 발표하며 타인의 주목을 받는다. 이는 우리가 반드시 아이들에게 가르쳐야 할 능력이다.

그러나 우리의 아이들에게는 발화 기회가 주어져 있는가? 아이들은 유치원에서 떠들지 말고 선생님이 말씀하시는데 끼어들지 말라고 교육받는다. 가정에서는 부모와 자녀 간의 교류가 거의 없고 자녀들끼리도 서로 잘 놀지 않는다. 학교수업도 기본적으로 교사 천하이고 학생은 그저 교사의 주입식 교육을 받으며 교사의 존재를 돋보이게 하는 조연에 지나지 않는다. 그들에게는 자신의 의견을 표현할 기회가 없다. 방과 후에도 아이들은 숙제와 공부, 학원에 시달리느라 말할 기회가 없다. 어떤 이는 우리의 학생들이 '집단 실어증'을 앓고 있다고 비유하기도 한다. 이는 좀 과장된 감이 있지만 그래도 우리의 언어교육이 말하기를 소홀히 하는 경향을 반영하고 있다.

말하기 능력은 배양해야 하는 것이다. 나는 대학에 입학할 무렵 거의 말을 하지 않았고 심지어는 말을 더듬기도 했다. 그러나 대학에 들어오고 나서 이러한 문제를 발견하고 나 자신을 바꾸기로 결심했다. 나는 동아리 사람들에게 앞으로는 서로 발표하고 싶지 않아서 양보할 필요가 없게 나에게 전적으로 발표할 기회를 달라고 했다. 나는 동아리와 우리 과를 대표해서 발표했다. 행정 직무를 밑은 이후에는 당연히 발화 기회가 더 늘었다. 그러면서 조금씩 나를 단련하기 시작했다. 그러므로 나는 말하기 능력은 단련하고 훈련할 수 있는 것이라고 생각한다. 교실에서 아이들을 더 많이 말하게 하고 토론하게 하여 그들의 언변을 키워주는 것은 모두 말하기 훈련의 과정이 될 수 있다.

내용을 음미하는 읽기

읽기는 본질적으로 언어교육에 있어 매우 기본적인 중요한 기능이다. 중국의 시인 두보는 '만 권의 책을 읽으면 글을 쓰는 것도 신의 경지에 이른다.(讀書破萬卷, 下筆如有神)'고 했다. 읽기 기능에 대해서는 모두 쉽게 이해하지만 언어교육에 있어서는 어떠한가? 아이들의 읽기 활동은 교과서와 그와 관련된 참고서적에만 국한되어 있다. 현대의 언어교육은 실리적인 측면이 갈수록 강화되고 있다. 예를 들어 출판사에서 독서운동을 추진하지만 이는 독서와 출판사의 이윤이 연결된 것이다. 출판사에서 청소년과 대학생들이 읽어야 할 필독도서 등을 선정한 목록을 보면 나는 그 목록의 선정에서 문제점을 발견한다. 첫째, 그들이 선정한 책은 기본적으로 자신들의 출판사에서 출판한 책이라는 것이다. 둘째, 문학작품의 비중이 비교적 높고 사회과학, 자연과학 부문 등의 우수한 작품의 비중이 매우 낮다는 것이다. 때문에 학생들은 문학작품 이외의 도서를 접할 기회가 없다.

나는 이에 불만을 가지고 현재 《신세기의 교육 문고》를 만들고 있다. 나의 이상은 초등학생, 중고등학생, 대학생 그리고 교사를 위해 각각 100권의 책을 선정하는 것이다. 내 생애동안 이 일을 완성하고 싶다. 100권의 책은 읽는 이에게 중요한 영양소가 될 것이다.

광범위하게 독서를 하지 않으면 학생들이 언어적인 능력을 배양하기 어렵다. 읽기는 교사들에서도 매우 중요하다. 어떤 면에서는 학생들보다 교사들에게 더 중요하다. 학생들은 왜 읽기를 하지 않는가? 왜 눈앞의 이익에만 급급하여 독서를 하는가? 나는 이것이 교사가 독서에 대한 흥미가 없다는 점과 비교적으로 실리적인 것만 중시하는 사고와 관련이 있다고 생각한다. 다른 이들은 내 의견에 동의하지 않을지도 모르겠다. 나는 독서가 매우 중요하다고 입버릇처럼 말한다. 교사는 독서를 떠나서는 성장할 수 없다.

마음의 흐름을 나타내는 쓰기

쓰기에도 문제가 있다. 첫째, 일반적인 학교에서는 일주일에 한 편 정도 작문을 하는데 나는 학생들의 작문횟수가 너무 적다고 생각한다. 쓰기 훈련이 되어있지 않으면 좋은 글을 쓰려고 해도 쓸 수 없고 분량도 채울 수 없다. 둘째, 쓰기에 규율이 너무 많다. 우선 제목을 정해 놓고 작문하는 경우가 너무 많다. 나는 이러한 작문 방식에 반대한다. 비록 학생들이 작문시험에 대한 부담을 갖고 있기는 하지만, 학생들에게 경험하거나 느끼지도 않은 것에 대해서 글을 쓰게 한다면 학생들은 글을 쓸 수 없을 것이다. 작문 주제를 미리 정해주는 것은 시험 제도가 낳은 산물이다. 생활이나 인생의 경험은 아이들마다 각각 다르다. 작문의 주제를 미리 정해주는 것은 아이들을 교사의 사고와 습관의 틀에 맞춰지게 한다. 셋째, 대부분의 작문지도용 서적은 실제 작문실력 향상에 도움이 되지 않는다. 아이들이 기본 점수를 받을 수는 있겠지만 결코 우수한 글을 쓰지는 못한다.

좋은 작문은 이치에 맞고 읽는 이와 평가자가 상상하지 못할 정도의 참신함을 갖추어야 한다. 작문의 재료는 글쓴이의 마음 깊은 곳에서부터 자연스럽게 흘러나오는 것으로 글쓴이의 시야와 경험, 감정을 반영하고 있다. 만약 주제를 정해서 속박하거나 작문의 경험이 적으면 아무리 총명하고 예리한 아이라도 점점 우둔해진다. 일전에 누군가 초등학생의 작문은 어떻게 가르쳐야 하냐고 물어왔는데 이에 나는 첫째, 작문 관련 서적을 보게 하지 말고 둘째, 어떻게 작문을 써야하는지 가르쳐 주지 말고 셋째, 매일 일기를 쓰는 습관을 기르게 하라고 대답했다.

　말하기, 읽기, 듣기, 쓰기는 언어교육에 있어 가장 중요한 항목이다. 네 가지 항목을 두루 갖추면 아이들의 언어능력은 크게 발전할 것이다. 맞춤법을 틀렸다고 해서 혼낼 필요는 없다. 중요한 것은 맞춤법이 아니라 글 전체의 분위기이기 때문이다. 요즘은 컴퓨터로 맞춤법을 검사할 수 있으니 상관없다. 학생들이 위의 항목에 신경 쓰느라 시험을 못 보면 어떻게 하냐고 걱정하는 교사들이 많이 있는데 이는 문제없다. 위의 항목들을 학생에게 제대로 가르쳤는데 시험을 못 봤다면 그건 학생 자신의 문제다. 최선을 다하고 노력한다면 당신의 언어교육은 좋은 성과를 낼 것이라고 믿는다. 진정한 교육은 가르친다고 되는 것이 아니라 마음과 체험을 통해서 그리고 배운 것을 바탕으로 스스로 사고하는데 서 비롯되는 것이다.

　그러므로 나는 말하기, 읽기, 듣기, 쓰기를 강화하는 기본 훈련이 언어교육의 진면목이라고 믿는다.

일기는 운명을 바꾼다

　나는 이전에 우리 사이트에서 10년 동안 일기쓰기를 지속한 교사들을 위해 '성공보험회사'를 연 적이 있었다. 최근 《광명일보》 기자 좡뎬이莊電一 선생이 쓴 기사를 보고 나와 비슷한 사람이 있음을 알게 되었다. 이 기사는 농촌 회족 소녀 마옌馬燕이 일기쓰기로 인해 화제의 인물이 되고 자신의 운명을 바꾼 것을 다룬 이야기였다.

　신문기사의 주요 내용은 다음과 같다.

　마옌은 퉁신同心현 위왕預旺이라는 산촌의 가난한 집에서 태어났다. 열악한 자연 환경 때문에 마옌의 다섯 식구는 빈곤하고 힘들게 살았다. 생계가 곤란해지자 마옌과 두 남동생은 더 이상 학교를 다니기가 힘들어졌다. 결국 마옌의 어머니는 마옌을 자퇴시키기로 결정했다.

　초등학교 4학년 때부터 일기쓰기를 계속해온 소녀는 공부에 대한 열망과 중도에 학업을 그만두는 것에 대한 걱정, 엄마가 학교를 그만두라고 했을 때 느낀 괴로움 등을 모두 일기에 썼다. 학업에 대한 열망과 자퇴에 대한 걱정, 공부를 통해 자신의 운명을 바꾸고 싶은 희망 등이 4권의 일기에 고스란히 드러나 있었다. 어머니의 결정을 돌이킬 방법이 없자 마옌은 한 가지 방법을 생각해냈다. 2001년 5월, 그녀는 자신의 일기를 어머니에게 억지로 보여주며 어머니가 자신의 마음을 이해하고 결정을 돌이켜 주기를 바랐다. 그러나 어머니는 문맹이었기 때문에 마옌의 일기를 읽을 수가 없었다. 마옌은 어머니에게 편지를 써 동생에게 그 편지를 어머니에게 읽어드리라고 시켰다. 마옌은 편지에 "엄마, 만약 제가 학교에 다니지 못하게 된다면 전 평생 눈물이 마를 날이 없을 거예요."라고 호소했다. 딸의 편지는 어머니의 마음을 감동시켰고 결국 다시 학교로 돌아가게 되었다. 그녀는 열심히 노력해서 뒤떨어진 공부를 보충했다.

이 때 마옌이 쓴 3권의 일기(다른 한 권은 마옌의 아버지가 담배를 말아 피워버렸다)는 우연한 기회에 취재를 위해 이곳에 온 베이징 주재 프랑스 기자의 손에 들어갔다. 그는 마옌의 일기를 가지고 갔다. 2001년 가을에 그는 두 번째로 마옌이 살고 있는 궁벽한 농촌을 방문해 마옌과 그녀의 동생이 학업을 계속하게 하기 위한 첫 번째 기부금을 전달했다.

2001년 9월 마옌은 위왕 중학교에 합격하여 마을에서 첫 번째 여중생이 되었다. 1개월 후 그 기자는 또 1,000위안의 기부금을 보내왔다. 얼마 지나지 않아 기자가 쓴 장편의 기사 《나는 학교에 가고 싶어요》가 프랑스의 어느 신문 상에 두 페이지에 걸쳐 실리게 되었다. 그런 다음 마옌이 쓴 일기는 프랑스 파리에서 정식으로 출판되었다. 정가 20.5유로의 이 책은 빠른 기간에 베스트셀러가 되었다. 곧이어 그 책은 6개 국어로 번역되어 다른 나라에서도 출판되었다. 그리하여 마옌은 매달 경제적인 도움을 받을 수 있게 되었고 다시는 학비를 걱정하지 않아도 되었다.

마옌의 일기는 그녀의 운명을 바꾸어 놓았다.

사실 마옌의 이야기는 우연성이 짙다. 만약 선량한 프랑스 기자가 없었다면 그녀는 학교에 가지 못하는 슬픔으로 괴로워하고 있었을 것이다. 그러나 우연에는 일종의 필연성을 포함하고 있다. 마옌이 그 프랑스 기자를 만나지 못했더라도 아마 일기의 도움으로 그녀는 자신의 운명을 바꿀 수 있었을 것이다.

일기쓰기를 계속하는 사람은 환경이 아무리 열악하고 운명이 아무리 불공평하더라도 인내심을 갖고 무슨 일이든 끝까지 해낼 수 있다. 사실 일기를 쓰는 데는 대단한 지혜나 화려한 문체가 필요치 않다. 진짜 필요한 것은 바로 강인한 의지다. 의지는 사람에게 가장 중요한 품성이며 가장 강력한 무기가 될 수 있다.

듣자하니 현재 이미 중학교 2학년이 된 마옌은 이미 그녀의 다섯 번째 일기를 쓰고 있다고 한다. 우리는 그녀의 일기가 그녀와 한평생을 같이 하며 그녀의 강인한 의지가 운명을 바꾸는 이야기를 기록할 수 있게 되기를 희망한다.

일본 쇼나이庄內 내의 국제 청소년 축제

　일본 야마가타山形현의 쇼나이라는 지역은 작은 산골마을이다. 그러나 최근에는 국제 청소년 축제가 성대하게 열려 외국에도 많이 알려지고 있다.

　1991년 7월 29일부터 8월 5일까지 33개국 200명이 넘는 유학생이 참가하는 제7회 쇼나이 국제 청소년 축제가 열렸다. 다행히 나도 초대를 받아 이 축제에 참가하게 됐다. 지금부터 내가 그 곳에서 보고 들은 바를 적어보려 한다.

　올해의 쇼나이 국제 청소년 축제는 사상 최대의 규모를 자랑했다. 운영비가 천만 엔에 달했고 만 명에 가까운 사람들이 자원봉사를 신청했다. 유학생의 경제적 사정을 고려해 주최 측에서 관광버스를 마련해 도쿄, 센다이 등 각 지역의 유학생들을 쇼나이로 데려왔다. 유학생들은 버스 안에서부터 벌써 국제교류를 시작했다. 이렇게 청소년 축제의 막이 올랐다.

　당일 저녁에 청소년 축제 집행위원회는 '지구는 한 가족'이라는 주제로 대형 환영회를 열었다. 집행위원장 야마구치 요시히코山口吉彦선생과 츠루오카鶴岡시의 시장 사이토 다이로쿠斎藤第六선생 등의 환영사가 이어졌다. 유학생들은 현지의 농촌 청소년들과 마음껏 즐기며 자신이 묵을 홈스테이 가정과 인사를 나누며 화기애애한 분위기 속에 친목을 도모했다. 밤 9시에 유학생들은 마을회관에 모여 합숙을 시작했고 그

곳에서 현지 청소년들과 밤늦게 까지 우정을 나누었다.

둘째 날에는 유학생들이 가장 흥미를 가진 일본문화 체험과 학습 활동이었다. 자신의 흥미에 따라 각 교실로 달려가 일본식 가야금인 고토, 서예, 꽃꽂이, 다도, 일본무용, 기모노, 검도, 가라데, 유도 등을 배웠다. 하나의 항목을 완성할 때마다 지도교사의 서명이 들어간 연수증서를 받을 수 있었다. 그날 저녁에는 유학생들이 여러 조로 나뉘어 각각 마을로 가서 지역 활동을 체험했다.

셋째 날에는 각각의 시, 마을의 독자적인 특색에 따른 지역 활동이 이루어졌다. 온천, 해수욕, 등산, 눈 가리고 수박 깨기, 물고기 잡기, 스포츠 교류, 불꽃놀이, 쇼나이 방언 강좌, 아이들과 게임하기, 마츠리 참가 등이 있었다. 내가 속한 조는 겐모치 미와劍持美和선생의 인도 하에 온천에 갔다가 일본의 전통극인 노能를 감상하고 산 속에 있는 겐타쿠쇼硏澤莊에 묵었다. 우리 조는 중국인 2명, 대만인 1명, 인도인 2명, 미국인 1명, 영국인 1명, 탄자니아인 1명, 헝가리인 1명(조장)으로 구성이었다. 우리는 현지 청년 5명과 함께 겐타쿠쇼에서 새벽 2시까지 각자 자신의 나라를 소개하고 민족무용을 보여주었다. 다음날에는 구로가와黑川 노 극장을 참관하고 쇼나이의 최고봉 구로야마黑山에 올랐다.

31일 오후에는 현지 140여 개의 가정에서 홈스테이를 위해 유학생들을 마중 나왔다. 홈스테이의 목적은 유학생에게 일본인과 접촉할 수 있는 기회를 주고 동시에 농촌 사람들이 더욱 세계를 이해할 수 있도록 하기 위함이었다. 유학생들은 일본가정에서 같이 기거하며 여행을 가거나 주인의 농장을 견학하며 서로에 대한 이해와 친목을 도모했다. 내가 머무른 가정은 미우라三浦 씨 댁이었는데 그는 성실하고 우직한 농민이었다. 식구는 6명으로 농사는 대부분 기계로 작업을 하며 미우라 씨가 혼자 도맡아 했다. 3명의 자녀는 모두 서예에 열심이어서 지역 대회에서 모두 수상한 경험이 있다고 한다. 미우라 씨는 특히 농구를 좋아해서 현지 초등학교의 농구 교련 봉사를 하고 있었다. 그들과 함께 나는 현지의 초등학교를 방문했다. 내가 학교 설비를 보고 놀라자 미우라 씨는 최근에 새로 생긴 좋은 건물은 죄다 초등학교이기 때문에 당연한 것이라고 설명해 주었다. 이틀이라는 짧은 기간 중 우리는 현지의 명승지를 둘러보고 각자의 가정 및 나라에 대해 이야기 하고 같이 음식을 만들면서 좋은 추억을 만들었다.

다섯째 날, 홈스테이 가정은 유학생들을 각각의 시와 마을에 데려다 주었고 다시 지역 활동이 시작됐다. 우리 조가 절찬한 것은 현지의 특색이 담겨 있는 일본전통종이로 만든 인형이었다. 현지의 민간예술가 사쿠라이櫻井 선생님이 직접 지도해주셨다. 작품을 다 만들고 나서는 완성품에 각자의 이름을 써 넣느라고 정신없었다.

여섯째 날은 이번 청소년 축제의 마지막 날이었다. 운 좋게도 이 날은 '쇼나이 공항 개항제'가 있는 날이었다. 유학생과 현지 주민들은 올해 가을 개항하는 쇼나이 공항에서 야외 파티를 즐겼다. 오전부터 미스 쇼나이 선발대회, 주민대항 뱃놀이, 유학생을 지원하는 바자회 등 각종 공연이 시작됐다. 쇼나이의 각 지역에서 온 사람들은 텐트를 치고 특산물을 판매했다. 유학생들은 집행위원회가 배부한 표를 가지고 각 지역의 특산물과 각국의 전통음식을 맛볼 수 있었다. 각국의 전통음식은 유학생들의 참여와 도움으로 이루어졌다.

땅거미가 내릴 무렵, 광장은 아직도 인산인해를 이루었고 불빛이 환했다. 특히 와세다 대학에서 온 합창단이 훌륭한 공연을 보여 주었다. 현지의 청소년들과 유학생들도 무대에 올라 전통무용과 노래를 들려주었다. 마음껏 즐기던 중 '지구는 한 가족'선언을 발표했다. 각 나라의 대표들이 서로 다른 언어로 이 선언을 할 때마다 무대 아래에서는 우레와 같은 박수소리가 울려 퍼졌다.

청소년 축제 기간 중에 나는 이 축제의 기원과 실시 등에 대해 알아보기 위해 야마구치 다카코山口孝子 씨를 취재했다. 그녀는 쇼나이 국제 청소년 축제는 1985년의 국제 청소년 축제에서 기인한 것이라고 했다. 당시 그녀와 남편 야마구치 요시히코 선생은 남미에서 쇼나이로 귀국한 직후였다. 부부는 현지 청년들이 농촌의 생활을 따분해하는 것을 발견했다. 청년들은 "이 곳에는 아무것도 없어요. 여자들도 이곳으로 시집오고 싶어 하지 않는걸요."라고 말했다. 청년들의 생활에 자신감을 주고 고향 문화의 발전을 위해 야마구치 선생은 청년들에게 외국인 유학생들을 손님으로 초대하는 것이 어떻겠냐는 제안을 했고 이로서 쇼나이 국제 청소년 축제가 시작됐다.

야마구치 부인은 이러한 축제는 많은 어려움을 극복하고 유지해온 것이라고 이야기했다. 처음에는 남 말하기 좋아하는 사람들이 이상한 부부가 이상한 짓을 하고 다닌다, 유학생들을 데려와서 괜한 돈을 쓰게 하느니 외국의 부호의 투자를 유치하는 게 낫겠다, 이러한 축제가 지역에 무슨 이익이 있겠냐는 등의 인식이 큰 장애가 됐다. 다음으로는 재정적인 어려움이었다. 초기에 부부는 현지의 기업에 지원을 요청했으나 그것은 단발로 그쳤다. 야마구치 부부는 폐품을 회수하고 기념품 바자회 등을 통해 기금을 마련했고 축제의 규모도 조금 축소되었다. 마지막으로 조직위원회 업무의 어려움이다. 유학생들을 위해서 많은 프로그램과 교통편까지 다 준비했는데 아무런 통보도 없이 불참하거나 축제일이 바로 코앞인데 갑자기 취소를 하거나 하는 상황이 벌어지면 정말 난감하다. 그러나 야마구치 부부는 많은 평지풍파와 어려움을 극복하고 이러한 청소년 국제교류 프로그램을 계속 운영해오고 있다.

축제를 계속 유지하다보니 성과가 보이기 시작했다. 첫째로 쇼나이의 사람들이 점점 자신들의 가치를 인식하기 시작했다. 유학생들이 쇼나이의 전통문화와 특산품을 접하고 깊은 흥미를 보일 때 농촌의 청년들은 다시금 자신과 고향의 문화를 발견하기 시작한다. 야마구치 선생이 "저는 쇼나이의 청년들이 자신감을 가지고 쇼나이와 세계가 연결되어 있다는 사실을 잊지 않았으면 좋겠습니다."라고 말한 것처럼 말이다. 둘째로 쇼나이의 명성이 갈수록 높아지고 있다. 쇼나이 국제 청소년 축제에 참여하고자 하는 유학생이 점점 많아지고 있다. 또한 쇼나이를 아는 사람과 쇼나이 사람의 친구도 점점 많아지고 있다. 쇼나이 사람과 유학생들 사이에는 깊은 우정이 생겼다. 쇼나이 국제 청소년 축제를 조직하는 사람들의 부지런한 노력의 결과가 큰 결실을 맺었다. 그들은 곧 일본국제교류기금의 '지역교류 진흥상'을 수상할 예정이고 행정기관들은 자금을 지원하기 시작했다.

야마구치 부인과 악수를 하고 이별의 인사를 나눌 때 그녀는 말했다.

"내일부터는 내년 청소년 축제의 준비를 시작해야 해요." 나는 그녀가
큰 성공을 거둘 수 있기를 진심으로 축원한다.

학문과 교육을 숭상한 쑤저우

유구한 역사를 자랑하는 쑤저우는 매우 두터운 문화적 배경을 갖춘 곳이다. 대대로 쑤저우 사람은 찬란한 물질문명을 꽃피움과 동시에 오吳(중국의 장쑤성 남부와 저장성 북부 일대)문화를 창조했다. 오문화란 오지역의 사람들이 오랜 역사의 발전 과정 중 자연을 인식하고 자연의 산물을 개조해 만들어 낸 오지역 사람들의 지혜의 결정체이다. 또한 쑤저우의 2천 5백여 년의 문명을 창조한 깊은 원천이기도 하다. 시대의 변천과 사회의 발전에 따라 오문화 고유의 중후하고 심오한 문화적 진수, 독특한 문화의 형태는 새로운 시대의 특징을 부여 받아 쑤저우의 현대화 건설에 인문적이고 지혜로운 버팀목이 되어 주었다.

한 도시의 정신문화는 그 도시의 문화에 있어 중요한 구성 성분이자 사회적 지주이다. 우리가 쑤저우라는 도시의 정신에 대해 토론회를 열고 정신문화를 제창하고 문화를 발전시키는 것의 근본적인 목적은 쑤저우의 사회 발전을 더욱 추진시키기 위해서이다. 도시의 정신문화에 대해서는 유구한 역사를 지닌 오문화의 문화적 배경을 떼어 놓고는 생각할 수 없다. 오문화 중에서도 현재까지 생기와 활력이 넘치고 시대적인 가치와 현실적 의의를 지닌 것은 바로 학문과 교육을 숭상하는 문화적 전통이다. 이는 쑤저우의 정신문화에 있어 핵심적인 내용이다.

한나라 이후 당 왕조의 통치자가 제자백가를 배척하고 유교를 숭상함에 따라 유교적 가치관은 강남 지역에 널리 전파되고 점점 사람들의 인정을 받게 되었다. 게다가 오지역 사회는 비교적 안정되고 경제가 발전했으며 문화 교육 발전이 양호한 외부적 환경을 가졌기 때문에 학문과 교육을 숭상하는 분위기가 점점 높아졌다. 송나라 때는 이러한 분위기가 옛날 것이 되고 서민적인 분위기 속에서 무武를 숭상하는 정신이 높아져 유교 문화의 자리를 대신해 들어서게 되었다. 독서는 오문화 지역을 발달시킨 원동력이다. 중국 고대에는 독서를 위해 건설된 독서대를 적지 않게 볼 수 있으나 현재까지 전해져 오는 것은 많지 않은데 쑤저우에는 그중 2곳, 하나는 서한 시대에 지어진 중국의 현존하는 최고의 독서대인 주마이천朱買臣, 또 다른 하나는 양나라 때의 독서대인 자오밍타이즈昭明太子가 있다. 북송 원풍元豊 7년에 주장문朱長文이 쓴 《오군도경속기吳郡圖經續記》에는 '학교'에 관해 쓴 글이 있다. 그 후 남송 시대에 판청다範成大는 《오군지吳郡志》를 쓸 때 '학교'에 대해 전문적으로 쓴 장에 쑤저우의 부립 학교의 상황을 기술하였다. 농후한 독서의 기운은 이러한 부분을 통해 짐작해 볼 수 있다.

학문과 교육을 숭상하는 쑤저우의 전통은 형성된 이래 지금까지 쇠퇴하지 않고 길게 이어지고 있다. 관방과 민간에서 균형적으로 왕성한 세력이 형성되었다. 북송 시대의 판중옌範仲淹은 대대적으로 교육을 제창하고 학문을 흥하게 하는 분위기를 형성했다. 오문화 지역에는 교육 사업이 매우 발달했는데 서원 교육이 주요 형식이었다. 북송 시대부터 시작해 원, 명나라를 걸쳐 발전했고 청나라에 이르러 쑤저우의 서원은 특히 흥성했다. 새로 건설되고 복원된 곳이 100여 곳에 이르며 유명한 서원으로는 문정文正서원, 자양紫陽서원, 정의正誼서원, 누동婁東서원 등이 있다.

쑤저우의 학문 번성은 많은 장원 급제를 낳았다. 명나라 때 전국 90명의 장원 급제자 중 쑤저우 사람이 8명으로 8.89%를 차지했다. 청나라 때 전국 114명의 장원 급제자 중 쑤저우 사람은 26명이었다. 성 이하의 행정구역으로 쑤저우의 장원 급제자는 저장성(장원 급제 20명, 전국 성급 제2위)과 산둥성(장원 급제 6명, 전국 성급 중 제4위)과 함께 청나라 때의 전국 장원 급제자 총수의 5분의 1을 차지할 정도로 강했고 장수성 장원 급제자 총수(49명)의 반수 이상을 차지했다. 청나라 후기에 이르기까지 과거를 실시할 때 쑤저우 사람은 혜택을 받게 되었다. 봉건 시대의 과거제에서 합격할 수 있는 사람에 있어 외지 사람들은 제한과 배척을 받았으나 쑤저우 사람만이 특별한 영예를 누릴 수 있었다. 여기서 알 수 있듯이 봉건 시대의 과거 문화에 있어 쑤저우는 최고 수준에 이르렀다고 할 수 있다. 때문에 당시의 쑤저우 사람들은 "나는 쑤저우 사람이다. 고을 중에 천하제일이며 배움에 있어 천하제일이며 인재도 천하제일의 인재만 모였으니 이 얼마나 위대한 일인가."라고 자화자찬했다고 한다.

2천 5백여 년 동안 쑤저우에서는 훌륭한 명성을 떨치는 문화계의 수많은 인사들이 배출되었다. 쑤저우 출신 인재들의 중요한 특징은 각 부분별로 뛰어난 인재들을 갖추었다는 점이다. 문학가뿐만 아니라 경학가, 서예가 그리고 이름난 재상 및 중신에서 건축 장인에 이르기까지 매우 다채로운 분야에서 뛰어난 인재들이 활약했다. 오늘날에 이르기까지 문학가, 예술가, 서예가 외에도 쑤저우에 적을 두고 있거나 쑤저우에서 공부를 하거나 일을 한 상하원 의원은 103명이나 된다. 한 지역에서 여러 세대에 걸쳐 인재들을 배출해낸다는 것은 쑤저우의 학문과 교육을 숭상하는 전통과 떼어 놓고 생각할 수 없는 일이다.

개혁개방이래 쑤저우의 경제는 시종일관 빠르고 건강하며 지속적인 발전을 이룩해왔다. 경제적인 총 생산량은 전국의 여러 도시들 가운데 5위를 차지하고 있다. 이는 쑤저우가 다년간에 걸쳐 '과학교육 중점도시' 전략을 실시하여 과학교육에 많은 투자를 하고 과학교육사업을 번영시키는 것과 밀접한 관계가 있다. 현재 쑤저우의 교육사업 발전은 양호한 결과를 나타내고 있고 전국에서도 상위권을 차지한다. 기초교육은 이미 균형적이고 우수한 발전의 단계에 진입해 있다. 각 항목의 주요 지표도 선진국들의 20세기 90년대 초의 발전 수준을 기록하고 있다. 시 전체의 취학 연령 아동의 취학률, 초등학교 졸업 및 진학률은 100%에 이르고 장애 아동의 취학률은 96%에 이른다. 중학교 졸업생들의 상급학교 진학률은 95.6%이고 다른 지역에서 전입해 온 자녀들의 교육문제도 비교적 구체적으로 실시하고 있다. 직업교육의 구조는 매우 탄탄하게 구성되어 있으며 규모화, 집약화 된 새로운 시기에 들어서고 있다. 고등교육은 대중화로부터 보급화로 매진하고 있다. 고등교육기관 진학률은 41%에 이르고 쑤저우 국제교육원 및 쑤저우 연구단지는 이미 건설이 시작된 상태다. 교육의 기본적인 현대화는 착실하게 진행되고 있다. 학습형 사회의 건설도 더욱 추진되고 있다. 시 전체에서는 매년 약 110만 명의 노동자들이 각종 교육과 훈련을 받고 있으며 10만 명의 사람들이 검정고시에 응시하며 2.5만 명의 사람들이 성인을 위한 교육에 참가하고 있다. 그리고 6만 명에 가까운 사람들이 임용고사에 응시하고 있다.

현재 그리고 앞으로 쑤저우의 사회와 경제가 한걸음 더 발전하는 데 제약을 주는 것은 바로 인재, 자원, 교통 이 세 가지 난관이다. 쑤저우의 사회와 경제가 지속적으로 발전하고 우위를 점하기 위해서는 하루 빨리 산업, 체제, 인재라는 세 가지 분야의 기반을 확립해야 한다. 세 가지 난관을 극복하던 세 가지 기반을 확립하던 쑤저우가 하루 빨리 개방적인 경제 구조를 형성하고 자주적인 지적재산권을 지닌 규모 경제와 사영 개체의 경제 이렇게 세 가지 세력이 균형을 이루며 성장해야 종합적인 경쟁력을 높일 수 있다. 하루 빨리 학습형 도시를 건설하고 국제적인 신흥 과학 기술 도시 및 쾌적한 주거 환경, 새로운 산업이 발전하는 도시를 만들기 위한 관건은 바로 인재에 달려 있다.

쑤저우의 새로운 세기의 발전 전략의 각도에서 보자면 시의 13차 전국인민대표회의의 1차 회의는 쑤저우의 교육에 앞선 발전의 총체적 요구를 제의하고 있다. 현재 우선적으로 해야 할 일은 하루 빨리 시대의 요구에 부응하고 쑤저우만의 특색 있는 현대적인 교육 체계를 구비하는 것이다. 첫째는 높은 수준의 국민 교육 체계를 구성하는 것이다. 안전하고 건강하며 공평하고 합리적인 교육 환경을 조성해 모든 국민의 기본적인 학습 수요를 만족시켜야 한다. 0~6세 아동의 조기 교육 체계를 설립하고 높은 수준의 의무 교육을 지속적으로 실시하고 타지에서 온 아이들의 취학 관리를 해야 한다. 또한 중고등 단계의 교육을 보편화하고 기초교육 발전의 균형을 실현하는 데 노력하며 고등교육이 보급화 될 수 있도록 적극적으로 매진해야 한다. 둘째는 전 사회를 포괄하는 평생교육 체계가 설립되어야 한다. 기초교육, 직업교육, 성인교육, 고등교육이 서로 연결되도록 노력해야 하며 정규교육과 비정규교육 간의 결합이 필요하다. 취업 이전의 교육과 퇴직 이후의 교육이 서로 연결되어야 하며 학교교육, 가정교육, 사회교육의 조화가 필요하다. 학력 교육 위주의 학교교육 체계를 완벽하게 하고 직업 자격 인정 위주의 직업 교육 체계를 완벽하게 하고 시민들의 새로운 지식 습득과 생활의 질을 향상시킬 수 있는 사회 교육 체계를 발전시키고 3대 교육 체계의 융합을 점차적으로 실현해야 한다. 최종적으로는 개방적인 사회화교육 체계를 형성하여 쑤저우를 학습형 도시로 만들어야 한다. 셋째는 군중의 수요를 만족시킬 수 있는 양질의 교육 체계를 설립해야 한다. 양질의 교육적 자원을 최대한으로 확대하고 지역 교육 자원의 총체적인 질량을 높이며 양질의 교육적 자원으로 쑤저우 교육의 구성을 지탱하도록 형성해야 한다.

교육은 백닌지대게라는 말이 있다. 한문과 교육을 숭상하는 오문화의 정신은 오늘과 같은 때에 쑤저우의 미래와 발전에 중요한 초석이 된다. 쑤저우의 정신문화를 바탕으로 전통을 계승하고 더 밝은 미래로 나아가야 한다. 또한 새로운 원동력과 쑤저우를 수준 높은 도시로 만들기 위해서는 현대화를 솔선해야 한다.

03

과학적 연구에 관한 이야기

당신은 모든 문제를 해결할 수 있는 방법을 구하고자 하는 마음으로 여기서 지름길이나 요행을 바랄 필요가 없다. 작가는 당신에게 이러한 것들을 줄 수 없기 때문이다. 오늘날 같이 '학습의 혁명'이라 불리는 시대에도 작가는 시종일관 변함없이 꾸준한 전수와 계승만이 학문의 길이라는 신조를 굳게 믿고 있다. 학문이나 기술은 열심히 노력해야 진보할 수 있고 일을 할 때는 신중한 생각과 분석이 뒤따라야 한다.

그렇다고 해서 작가가 방법이나 학문의 비결을 부정하는 것은 아니다. 그러나 그가 신봉하는 것은 과학적 방법이고 열심히 탐구한 기초 위에 세워진 비결이다. 이것 외에는 학문의 입문 단계에서 바라는 어떠한 것도 여기에서는 찾을 수 없을 것이다.

'03 과학적 연구에 관한 이야기'에서는 다른 사람의 연구방법을 살펴보고 작가 자신의 교육에 대한 체험을 소개한다. 어떠한 것이든 당신이 심오한 도리를 탐색할 수 있게 도와줄 것이다.

"산같이 쌓인 책에도 길은 있으니 그것이 바로 근면함이요, 학문의 바다는 끝이 없으니 수고로 배를 만들어 저어가야 한다.(書山有路勤爲徑, 學海無涯苦作舟)"라는 말이 있다. 과학적인 연구 방법을 터득했을 때 당신의 길은 아름다운 길이 될 것이고 당신의 배는 풍랑을 만나도 뒤집어지지 않는 견실한 배가 될 것이다.

헤엄을 치면서 수영을 배운다

젊은 층의 여러 교사들은 요즘 교육과학연구를 어떻게 진행해야 하는지 고민하고 있다. 이는 연구 문제의 첫 단계이자 무척 바람직한 연구 의식이다.

젊은 교사들은 대개 교육과학연구를 몹시 신성하고 어려운 것으로 생각한다. 따라서 이러한 연구는 전문가나 교수나 할 수 있는 일이며 자신은 교과서만 잘 가르치면 된다고 생각한다. 이러한 생각은 자신도 모르게 교육 연구에서 멀어지게 만드는 결과를 낳는다. 어떤 교사들은 연구에 대한 열망이 있지만 어디서부터 손을 대어야 하고 어떻게 전개시켜야할지 난감해 한다. 사실 연구란 학자들만의 전유물이 아니다. 교육 연구의 원천은 바로 실제적인 교육 환경에서 학생들을 가장 가깝게 접하고 매일 수업을 하면서 학생들과 교류하는 교사들의 교육에 대한 풍부한 실천과 경험이다. 저명한 교육자들은 대부분 직접 학교를 운영하거나 교사로서 일하며 자신만의 교육 실험장을 갖고 있었다. 코메니우스Comenius는 장기간 라틴문학 학교의 교장을 역임했으며 페스탈로치Pestalozzi는 고아원과 이베르돈 학원을 운영했고 헤르바르트Herbart는 실험학교를 설립했다. 또한 공자孔子는 20세부터 교육활동에 종사했다. 교육자 100명을 조사한 결과 90% 이상이 직접 교편을 잡은 경험이 있는 것으로 드러났다. 그러므로 일선에서 일하고 있는 교사들은 교육이라는 땅에 든든히 뿌리를 박을 수 있는 교육적 경험을 갖춘 아주 우세한 이들이다.

대략적으로 교육과학연구는 4단계로 이루어진다. 첫째는 직접적인 관찰이다. 이는 자료 수집을 통해 '왜?'라는 의문에 답하는 과정이다. 둘째는 원인 탐색으로 내재적 요인에 대한 연구를 통해 '왜 이러한 현상이 발생했는지'를 답하는 과정이다. 셋째는 일반화, 즉 외재적 요인에 대한 연구를 통해 '환경의 제약이 다른 상황에서도 동일한 현상이 발생할 것인가'라는 의문에 답하는 과정이다. 넷째는 이론 연구이다. 이성적인 분석을 통해 연구 중에 잠재된 기본 이론 원칙을 발견한다. 연구의 구체적인 방법은 대체적으로 역사 연구, 서술 연구, 비교 및 대조 연구, 실험 연구, 이론 연구 이렇게 5가지 기본 유형으로 나눌 수 있다. 역사 연구란 과거에 발생한 사건에 대해 분석과 규명을 하거나 사료를 수집하고 고증, 혹은 분석과 비평을 하는 연구방법이다. 서술 연구란 앙케트, 조사, 취재, 관찰, 실험 등을 통해 수집한 자료로 현상을 진술하거나 가설을 검증하는 연구방법이다. 위의 두 가지 연구방법은 경험적 연구방법에 속하므로 실제 교사들에게 보편적으로 쓰이는 방법이다. 비교 및 대조 연구, 실험 연구, 이론 연구는 비교적 전문적이기 때문에 전문적인 학습이나 훈련을 받아야 실시할 수 있다.

똑같은 교육과학연구에 임해도 교사의 입장과 학자의 입장은 크게 차이가 난다. 그중에서도 가장 큰 차이점은 교사의 직접적인 참여와 교육의 목적에 대한 실리성이라고 생각한다. 교사의 연구는 자신이 실제 교육 현장에서 맞닥뜨리게 되는 문제에 대해 이루어진다. 이러한 의미에서 교사의 연구 활동은 다시 구태의연한 교사와 교육자로 구별되기 시작한다. 30년 동안 똑같이 교사 활동을 해도 교육자와 구태의연한 교사 간에는 분명 큰 차이가 있다. 교육자는 30년 동안 같은 책을 가르치더라도 매년 새로운 수업내용과 교안을 준비한다. 그는 학생의 변화에 맞추어 자신의 교육을 창조한다. 30년간 경력이 쌓임에 따라 창조력 또한 높아지는 것이다. 그러나 구태의연한 교사는 30년간 변함없는 내용으로 아이들을 가르친다. 매년 낡은 방식과 내용으로 수업을 한다. 항상 같은 내용을 반복할 뿐이다. 그는 30년의 경력이 있어도 그는 1년을 가르치고 나머지 29년은 1년의 내용을 그저 반복한 것이다. 그러므로 의식 있는 교육과학연구를 진행하려면 교육활동의 창조력을 향상시키는 것이 중요하다.

그렇다면 학교에서는 어떻게 교육과학연구를 진행시킬 것인가? 나는 가장 기초적인 교육연구 훈련부터 시작해도 무방하다고 생각한다. 이는 바로 교육에 대한 반성이다. 자신의 교육이념과 활동에 대한 평가와 반성하는 습관을 기르는 것은 교육과학연구의 기점이다. 일기나 메모를 통해서 교육을 반성히고 그 성과를 기록하도록 하다. 역사상 많은 교육자들은 이러한 반성을 통해 교육과학연구의 길에 들어서게 됐다. 이는 교육과학연구에 있어서 필수적인 문제의식 형성과 교육과학연구 경험 및 소재를 축적하기 위한 가장 좋은 방법이다.

교육에 대한 반성을 하는 과정에서 교육과학 분야의 이론서적을 체계적으로 읽고 교육과학연구 방법을 체계적으로 공부하는 것은 자신을 한 단계 더 향상시켜줄 것이다. 새로운 시각으로 교육문제를 자세히 살필 수 있고 개별적인 경험을 일반적 이론으로 정립시킬 수 있을 것이다. 그러므로 체계적인 학습은 매우 중요하다. 이는 가장 뛰어난 연구 입문 방법이다. 나는 교육에 대한 반성을 게을리 하지 않고 교육이론과 연구방법을 배운다면 누구나 뛰어난 교사가 될 수 있을 것이라고 굳게 믿는다.

과제 확정 : 연구의 진정한 시작점

일정한 연구동기가 생겼다면 그 다음에는 연구 과제를 확정하는 것이 매우 중요하다. 어떤 의미에서 이는 연구의 진정한 시작점이라 할 수 있다. 하나의 문제를 해결하는 것은 단지 수학적인 혹은 시험에서의 기능일 뿐이기 때문이다. 그러나 새로운 문제와 가능성을 제기하고 새로운 각도에서 문제를 바라보려면 창조적인 상상력이 필요하다.

그렇다면 어떻게 문제를 찾을 것인가? 기본적인 경로는 다음과 같다. 첫째, 사회발전에서 문제를 찾는다. 둘째, 학문의 성립에서 문제를 찾는다. 셋째, 교육 현장에서 문제를 찾는다. 넷째, 현재 국내외의 교육에 대한 소식을 분석하면서 문제를 찾는다. 다섯째, 다른 학문과의 접점에서 문제를 찾는다. 젊은 교사들에게 가장 빠르고 효과적인 경로는 교사 생활을 하면서 문제를 찾는 것이다.

실제 교육현장에서 교사들이 만나게 되는 문제는 매우 많다. 비록 세심한 주의를 기울여 연구한다고 하더라도 어떠한 선택을 하고 어떠한 것을 따라야 할지 알 수 없는 상황이 발생한다. 이러한 때는 과제의 중요성, 절박성, 실행 가능성의 3가지 방면을 고려하여 평가하는 것이 좋다. 중요성이란 연구해야 할 과제가 근본적 혹은 영향적인 측면이 비교적 큰 것을 의미한다. 즉 과제는 비교적 큰 가치가 있어야 한다. 절박성이란 과제가 빠른 시일 내에 해결되지 못해 심각한 결과가 초래되는 것을 의미한다. 즉 과제는 현실성을 갖춰 잠시도 늦출 수 없는 것이어야 한다. 실행 가능성이란 과제 연구를 스스로 할 능력이 있고 연구에 직면한 어려움이나 장애를 극복할 수 있는 것을 의미한다. 즉 과제는 조작성을 가지고 있어야 한다. 물론 3가지 방면의 가치와 사실 판단은 개인의 경험, 관찰 및 사고에 의존해서만 이루어질 것이 아니라 될 수 있는 한 여러 사람의 의견과 건의, 전문가의 조언을 듣는 것이 더 큰 효과를 거둘 수 있을 것이다.

교육과학연구에 막 종사하기 시작한 청년 교사들은 다음과 같은 문제점에 주의해야 한다. 첫째, 연구과제는 실속이 있어야 한다. 연구과제의 범위가 넓을수록 필요한 지식과 연구의 기초 또한 광범위하고 깊어지므로 개인 혹은 여러 사람의 노력을 낭비하게 된다. 범위는 좁게 설정하고 깊게 파헤쳐야 한다. 둘째, 연구 과제를 정할 때는 자료와 정보의 수집에 주의하고 다른 사람과의 중복을 피해야 한다. 모두가 관심을 가지는 문제고 과제의 내용은 좋은데 연구자의 시각과 연구 방법이 참신하지 못해서 다른 사람이 이미 발표한 연구와 비슷해질 수도 있다. 이렇게 되면 아무리 좋은 과제라도 성공적인 연구 성과를 기대할 수 없다. 셋째, 연구 과제를 선정할 때는 주관적 조건과 객관적 조건에 모두 주의해야 한다. 주관적 조건이란 연구자 본인의 지식과 경험 및 문제에 대한 흥미를 의미한다. 만약 자신이 장기간 생각하고 대량의 자료가 축적되어 있는 문제, 혹은 자신이 평소에 자주 접하는 문제를 선택한다면 자신감과 책임감이 발휘되어 창조적인 견해를 쉽게 도출할 수 있을 것이다. 객관적 조건이란 필요한 자료, 설비, 시간, 경비, 기술, 능력 등을 의미한다. 해외의 교육 현상이나 국내외 교육을 비교하고자 하는데 외국의 문헌이 부족하다면 연구에 매우 어려움을 겪을 것이다. 넷째, 상대적으로 안정된 연구방향을 설정해야 한다. 이제 막 교육과학연구에 종사하기 시작한 교사는 흥미가 바뀌기 쉽고 노력이 분산되기 쉬워 동일한 문제에 대해 깊이 연구하기가 쉽지 않다. 일반적으로 개인 혹은 연구 단체는 안정된 과학연구 방향을 설정해야 이에 상응하는 문제의식을 형성할 수 있고 그 분야의 전문가가 될 수 있다. 그 결과 과제를 중심으로 깊이 연구함으로써 더욱 큰 효과를 얻을 수 있다. 다섯째, 다른 사람이 홀대하기 쉬운 문제에 주의하여 빠른 시일 내에 참신한 성과를 얻어야 한다. 여섯째, 학습과 사고의 결합에 주의해야 한다. 학습을 하면서 극복하고 발견하는 법을 배워야 한다. 공부와 과학 연구는 상호 보완적인 관계다. 책을 읽으면서 문제점을 발견하고 자신의 의견을 글로 나타내면 이것이 바로 과학 연구의 성과가 될 수 있다. 물론 이러한 때는 자신의 이론에 대한 타당성과 원인이 뒷받침 되어야 하며 자신의 의견을 내세울 때에는 진중해야 한다.

문헌검색 : 연구의 중요한 기초

문헌검색은 과학연구에서 매우 중요한 의의를 지닌다. 미국 과학기금위원회의 통계에 따르면 연구원이 구체적인 연구를 수행할 때 문헌자료를 읽는 시간은 연구를 할 때 소비하는 시간의 삼분의 일에서 절반이라고 한다.

문헌은 대체로 서적, 간행물, 문서자료, 음성 및 영상자료로 분류된다. 명저, 전문 저서, 사전 등을 포함하여 서적은 대표적인 문헌자료이다. 그중 명저는 인류 문명이 오랜 기간 누적되면서 만들어진 보물과도 같은 책이다. 젊은 교사들은 독서 계획을 세워 동서고금을 막론하고 교육과 관련된 명저를 자세히 읽어본다면 큰 도움이 될 것이다. 사전은 자료로서의 성격이 매우 강하다. 특히 전문적 총서, 백과사전 등은 연구의 시작단계에서 개요를 파악하는 데 도움을 준다. 간행물은 연속적인 출판물로 가장 큰 특징은 출판주기가 짧고 현실성이 강하며 내용이 참신하고 학술계의 최신 동향을 반영한다. 서적의 낙후성은 간행물로서 보완할 수 있으므로 연구하는 사람들은 반드시 최근에 출판된 신문이나 간행물을 참고해야 한다. 문서자료는 각종 교육연감, 법률총서, 통계자료, 조사 보고, 회의 문건 등 보존 가치가 있는 원본 문헌을 말한다. 음성 및 영상자료는 음성이나 영상 등의 방식으로 교육 현상을 기록한 매체다. 이러한 자료는 교육 연구 방면에 특수한 가치를 지닌다.

문헌검색은 대개 세 단계로 이루어진다. 분석 및 준비 단계에서는 연구 과제를 확정하고 검색할 도구와 범위를 선정한다. 탐색 및 열람 단계에서는 과제와 관련된 문헌을 전부 수집하고 선별과정을 통해 중요한 문헌은 열람하고 발췌하는 등의 방식으로 자료를 기록, 수집한다. 가공 및 분석 단계에서는 탐색한 문헌을 다시 검색하여 신빙성이 없거나 너무 오래된 자료, 비교적 가치가 없는 자료를 삭제하고 모든 문헌에 대해 종합적인 분석을 실시해 자신의 과제에 맞게 체계적으로 정리한다.

문헌검색을 하면서 주의해야 할 사항은 다음과 같다. 첫째, 체계적으로 이루어져야 한다. 될 수 있는 한 연구 과제와 연관된 중요한 문헌은 누락되지 않도록 한다. 둘째, 문헌검색을 할 때는 교육 이외 분야의 관련 자료에도 주의해야 한다. 셋째, 초기 및 최근의 문헌을 특히 중시해야 한다. 일반적으로 근 10년간, 특히 최근 1, 2년간의 연구 성과가 비교적 최전방에 있다고 할 수 있다. 그러나 초기에 제기된 문제에 대한 개척 정신이 있는 고전 문헌도 깊이 연구할 가치가 있다. 넷째, 될 수 있는 한 정통 자료를 사용해야 한다. 각종 발췌, 인용문은 저자가 의미하는 본래의 뜻을 제대로 이해하지 못할 수 있다. 다섯째, 수집과 분석에 주의해야 한다. 검색을 하다가 현재의 연구 과제와 관련성이 크지 않지만 매우 중요하다고 생각되거나 흥미 있는 자료를 발견하면 이를 다음에라도 활용할 수 있도록 수집하도록 한다. 문헌의 진위 여부에 대해서는 좀 더 신경을 써서 가짜는 버리고 진짜만을 취하도록 한다.

연구계획의 수립

　연구계획을 수립하는 것은 교육과학연구에서 매우 중요한 부분이다. 연구계획수립은 자신의 연구 방향을 더 깊게 이해하고 더욱 성숙한 계획을 세울 수 있게 한다. 일반적으로 연구계획의 구상부터 확정까지는 한 번에 이룰 수 있는 일이 아니다. 연구계획을 수정하는 과정도 연구의 수준을 끊임없이 향상시키는 과정이며 완벽한 계획을 세우는 것은 연구의 경지를 끌어올리는 방법이다.

　연구계획을 세우는 것은 간단히 말해 '무엇을(연구주제, 연구에 대한 국내외 현황, 연구의 주요 내용 등)' '왜(연구의 목적과 의의)' '어떻게(어떠한 방법으로 연구를 진행할 것인가)'라는 세 가지 질문을 해결하는 과정이다. 구체적으로 말하자면 다음과 같다.

　첫째, 연구주제. 주제는 시대의 흐름에 맞아야 하고 간결, 명확하고 참신해야 한다. 좋은 연구주제를 선정할 경우 다른 사람에게 '이치에 어긋나지 않으면서도 아무도 예상치 못한 매우 참신한 주제'라는 생각을 불러일으킨다.

　둘째, 연구의의. 연구의 목적과 의의는 과제를 선정하는 사람에게 매우 중요하다고 할 수 있다. 연구자가 연구를 지원해주는 기관을 설득시킬 수 있는가의 여부는 그들에게 연구자의 과제가 연구가치가 있음을 느끼게 하는 것에 달려 있다. 그러므로 이론적 의의 및 실제적 의의를 체계적으로 설명할 필요가 있다. 이론적 의의는 부족한 부분을 메울 수 있는가, 새로운 개념과 체계를 제시할 수 있는가, 새로운 사고와 방법으로 문제를 해결할 수 있는가를 고려함으로써 얻을 수 있다. 실제적 의의는 현재의 생활 및 업무에 있어서 구체적인 문제를 해결할 수 있는가, 어떤 단체나 사회 및 분야에 존재하는 중요한 문제를 해결하는 데 도움을 줄 수 있는가 등의 방면으로 고려된다.

셋째, 연구현황. 연구계획수립의 성공 여부는 상당 부분이 연구현황에 대한 연구자의 이해 수준에 따라 결정된다고 볼 수 있다. 만약 배경지식과 자료가 부족하다면 좋은 성과를 기대할 수 없다. 그러므로 국내외의 연구현황을 분석할 때는 역사문헌에 대해 비교적 상세하고 심도 있는 토론을 진행해야할 뿐 아니라 과거 연구에서 나타난 문제점과 미흡한 점을 상세히 서술하고 이로부터 진일보한 자신의 연구과제의 의의와 가치를 명확히 해야 한다.

넷째, 연구내용. 연구내용은 연구계획의 주체가 되므로 그 연구과제의 구체적인 문제를 상세히 설명해야 한다. 비교적 범위가 큰 과제는 그 속에 포함되어 있는 소주제를 반드시 열거해야 한다. 연구내용은 과제에 따라 중점을 두고 있는 내용이 다르므로 이론, 사실, 방법, 논리적인 측면에 따라 각각 중점을 두어야 한다. 그러나 가장 좋은 방법은 과제의 사상, 이론의 근거, 독창적인 관점을 내세우는 것 외에도 과제의 중점과 난점에 대한 대책을 분명하게 인식하는 것이다.

다섯째, 연구조건. 연구과제에 따라 연구조건, 필요한 인원, 자료의 준비 및 측정 설비가 달라진다. 나는 지금까지 많은 연구과제 심사에 참가했으나 과제 선정은 훌륭한데 조건 때문에 좋은 성과를 거두지 못하는 경우를 종종 보았다. 특히 거시적인 관점을 통한 방법 결정, 국내외 교육, 대규모의 조사 등의 측면을 다룬 교육과학연구에는 반드시 그에 상응하는 조건이 구비돼야 한다. 특히 이미 발표되거나 출판된 관련 연구 성과에도 주의해야 한다.

여섯째, 연구진도. 연구계획은 일반적으로 시작과 끝나는 시간과 중간성과발표를 포함한 진도표가 있어야 한다. 연구계획은 과제의 특징과 연구자의 업무 안배, 적당한 여유 등을 충분히 고려해야 한다. 일반적으로 연구는 크게 문헌연구단계, 조사측정단계(실증 연구에 필요), 통계처리단계(혹은 자료분석단계), 논문작성단계 등으로 나뉜다. 첫 번째 단계의 중간성과는 문헌의 종합적인 서술이고 두 번째 및 세 번째 단계의 중간성과는 조사보고가 되며 네 번째 단계의 최종적인 연구 성과는 논문 및 저작물이 된다.

연구계획을 수립한 후에는 인쇄해서 다른 연구원에게 배부하여 통일된 순서와 절차에 따라 연구를 진행하도록 한다. 물론 연구계획을 집행하는 중에 예상 이외의 일이 발생할 수 있다. 이러한 상황이 발생하면 계획을 조정하고 보충하면 된다. 연구계획의 틀에 너무 얽매일 필요는 없다. 그러나 연구가 계획에서 조금 어긋났다고 해서 마음대로 연구계획을 수시로 바꾸거나 어려움에 빠졌을 때 연구에 자신감을 잃는 태도는 지양해야 한다. 연구계획을 꾸준히 실행하는 것은 계획을 완성시키기 위한 기본 중에 기본이다. 많은 청년 교사들은 어려움과 좌절을 극복해야 성공적인 교육과학연구를 이루어낼 수 있다.

연구에도 방법이 있다

방법은 과학연구에서 매우 중요한 위치를 차지한다. 유명한 생리학자 파블로프Pavlov는 "과학은 방법학에서 획득한 성과이자 끊임없는 도약이다. 방법학이 진보함에 따라 우리도 한 단계 더 진보한다. 그러므로 우리의 시야를 더욱 확장시킨다면 지금껏 볼 수 없었던 미지의 세계를 볼 수 있다."고 했다.

교육과학을 연구하는 방법은 매우 다양하다. 연구과제의 성질에 따라서 교육가치 연구와 교육사실 연구로 분류할 수 있고 연구목적에 따라서는 순수연구 및 응용연구로 나뉜다. 또한 연구과정 중의 서술 및 해석 방식에 따라서 정성定性연구와 정량定量연구로 구분할 수 있고 연구대상에 따라 역사연구, 형상연구, 미래연구, 개별연구, 단체연구 등으로 구분할 수 있다. 여기에서는 우선 연구방법을 선택할 때의 주의사항을 위주로 살펴보기로 하자.

첫째, 각각의 연구방법에 어떤 특징이 있는지 충분히 파악해야 한다. 모든 연구방법에는 그 작용 범위와 한계 및 최적의 환경적 조건이 있다. 예를 들어 설문지 조사법은 매우 편리하며 신속한 통계를 얻을 수 있고 단시간에 대량의 자료를 수집할 수 있다는 장점이 있지만 신뢰도를 증명하기가 어렵다는 단점이 있다. 그러므로 설문지 조사법을 사용할 때에는 설문지 내용의 구성에 주의해야 하고 설문지 조사의 신뢰도를 증명할 수 있어야 한다.

둘째, 다양한 연구방법의 조화에 주의해야 한다. 서로 다른 특징과 장단점을 가진 여러 가지 연구방법을 다양하게 사용하는 것은 하나의 방법만을 사용했을 때의 단편적인 부분을 보완할 수 있다. 교육계에서는 종종 이론적 방법과 실험적 방법의 충돌이 있다. 전자는 후자에 대해 나무만 보고 숲을 못 본다고 생각하고 후자는 전자에 대해 너무 대강이며 현실에 맞지 않는다고 생각한다. 그러나 이론과 실험 사이에는 '순환 가속 메커니즘'이 존재한다. 두 가지 방법이 유기적으로 결합하면 정확한 실험이 가능하고 모호함을 탈피한 분명한 이론을 성립할 수 있다.

넷째, 자신에게 가장 적합한 연구방법을 선택해야 한다. 교육과학연구의 방법론은 체계적이다. 앞서 이야기한 구체적인 방법 외에도 철학적 방법론(유물변증법)과 일반과학 방법론(체계적 방법론)에 따라 자연과학, 사회과학 연구의 다양한 방법을 응용해야 한다. 젊은 교사는 전반적, 체계적, 본질적으로 연구방법을 파악하려고 하지만 이는 사실상 거의 불가능하다. 그러므로 되도록 자신의 연구 과제영역에 집중된, 비교적 좋은 연구 방법을 선택해 자신만의 연구 풍격을 형성하고 자신에게 가장 적합한 연구방법을 선택해야 한다. 물론 이는 끊임없이 공부하고 각종 연구방법을 습득하는 과정 중에 형성되는 것이다.

표본 추출의 기술

교육과학연구를 하다보면 시간과 인력, 경비 등 조건의 제약으로 인해 넓은 범위의 대상에 대해 일일이 고찰을 진행하지 못하는 경우가 있다. 예를 들어 부모의 이혼이 아동의 학습에 미치는 영향을 연구하는 경우 국내의 모든 이혼 가정을 연구의 대상으로 분석할 수는 없다. 이러한 경우에는 총체적인 대상 중에서 대표적인 표본을 골라 연구를 진행해야 한다. 표본을 통해 전체를 추측하여 얻어낸 결론은 보편적인 의미를 지니게 된다. 이러한 방법이 바로 표본 추출의 기술이다.

표본을 선택할 때는 마구잡이로 추출해서는 안 되며 다음의 세 가지 주요 원칙에 따라야 한다.

첫째, 표본의 양이 적당해야 한다. 표본의 양은 주로 총체의 수량에 의해 결정된다. 만약 연구과제가 미치는 대상의 총체적인 규모가 비교적 작다면 그 전체를 연구 대상으로 삼아도 무방하다. 이러한 때는 표본이 바로 전체가 된다. 그러나 총체적인 규모가 너무 방대하고 정확한 통계를 거친 결과를 요구하는 연구라면 적절한 표본을 선택할 필요가 있다. 일반적으로 선택하는 표본의 이상적인 양은 100 정도이고 30보다는 적으면 안 된다. 연구 중의 각종 변인은 세밀한 조정을 필요로 하고 표본은 수요에 따라 달라지기 때문에 너무 적은 양은 통계의 신빙성을 잃을 가능성이 있다.

둘째, 총체를 명확하게 한정해야 한다. 표본 선택의 근본적인 목적은 부분으로 총체를 추리하고 판단하는 것이다. 총체에 포함된 내용이 확실해야 그중에서 추출된 표본도 대표성을 띨 수 있다. 만약 중학교 졸업 후 상급학교에 진학한 학생의 심리와 교육에 대한 연구를 진행한다고 하면 이는 대상이 제한되어 있지 않기 때문에 전국의 중학교 졸업생을 포함한 전국적인 범위 내에서의 표본 추출을 고려해야 한다.

셋째, 표본은 대표성이 있어야 한다. 선정된 표본은 전체의 본질과 특색을 가지고 있어야 한다. 교육연구에서 표본 선택을 할 때는 표본의 연령, 학년, 성별, 학교의 유형, 소재지, 부모의 직업, 자신의 소질 등 다양한 변수를 고려해야 비교적 신뢰도 높은 연구 결과를 얻을 수 있다.

교육과학연구에 사용될 수 있는 표본 선택 방법은 매우 다양하다. 그중에서도 상용되는 몇 가지 방법은 다음과 같다. 첫째는 무작위 추출이다. 추출 범위에 속한 모든 표본에 번호를 매기고 추첨을 하거나 카드 등에 숫자를 쓰고 뒤섞은 다음 뽑는 방식이다. 둘째는 등거리 추출 방식이다. 순서에 따라 번호를 매긴 다음 짝수나 홀수 혹은 일정한 간격을 두는 등의 기준을 정하고 무작위로 추첨한다. 셋째는 항목에 따른 무작위 추출이다. 일정한 기준에 따라 연구 전체를 분류하고 분류한 항목 수와 전체의 비율을 고려해 각 항목에서 몇 개의 표본을 추출할 것인지 정하고 무작위로 표본을 추첨하는 방식이다.

결론적으로 표본 추출은 교육과학연구에 있어 매우 중요한 방법이다. 연구 표본이 대표성을 지닐수록 연구 결과는 객관적이고 신뢰도가 높으며 보편적인 의미를 지니게 된다.

초등학교에 주어진 과제

2001년, 나는 쑤저우의 어느 초등학교에서 개최한 쑤저우 전체 규모의 과제 발표 회의에 참석한 적이 있다. 회의에서 언급된 과제의 명칭은 "학생의 발전이 기본이 되는 학습 평가 연구"였다. 이러한 과제는 과연 초중등학교에서 실행할 가치가 있는 것인가? 당시에 나는 초등학교에서 이처럼 비교적 큰 규모의 과제를 맡는 것은 상당히 쉽지 않은 일이라고 생각했다. 그러나 사실적으로 말하자면 학생들의 발전이 기본이 되는 학습 평가는 전면적으로 진행되어야 하기 때문에 과제의 규모가 비교적 크다고 할 수 있다. 나는 이것이 일개 학교의 능력으로는 완전히 감당하기 힘들다고 생각한다. 심지어 나에게 이러한 과제가 주어진다고 해도 완벽하게 처리해낼 수 있으리라고 보장할 수 없다. 그러므로 이러한 과제를 완성하기 위해 우리의 모든 힘을 쏟아 붓는다거나 혹은 과학적인 연구, 순수 과학적인 방법으로 이러한 과제를 연구하는데 희망을 걸 필요는 없다고 생각한다.

나는 줄곧 연구는 반드시 학교의 정상적인 실제 활동을 통해 이루어져야 하며 연구 결과의 실현은 학교의 발전 속에서 이루어져야 한다고 주장해왔다. 바로 이것이 가장 핵심적인 내용이다. 실제로 연구를 통해서 많은 교사들이 단련되었고 교사의 소양과 학교의 수준이 향상되었으며 학생들의 발전이 실제 상황에서 완전히 실현되기 시작했다. 이는 하부 조직인 학교에서 교육 과학 연구에 종사하는 사람들에게 제일 중요한 것이다.

평가라는 방식은 우리의 초등학교, 유치원, 중고등학교 심지어는 대학교의 발전을 제약하는 관건이다. 나는 많은 지역을 다니며 강연을 했지만 모두들 제일 관심을 가지고 있는 문제는 바로 현재의 시험 제도가 개선될 수 있는가 하는 것이다. 시험 제도가 변화하지 않으면 우리도 변화할 수 없다고 모든 학교는 소리 높여 외치고 있다. 그렇다면 우리의 현재 상황에서 과연 시험 제도를 변화시킬 수 있을 것인가? 추호의 의심도 없이 아직은 변화할 수 있는 여지가 남아있다고 할 수 있다. 학습 평가는 시험과 같지 않지만 현재 시험이라는 제도는 평가에 있어서 매우 중요한 형식이자 수단이다.

우리가 연구를 실시하는 과정에서 실험을 담당하는 조와 감사를 담당하는 조를 포함하여 여러 단계를 완벽하게 조작할 수 있다고 보장할 수는 없다. 실험을 담당하는 조와 감사를 담당하는 조에 전문가의 구체적인 참여가 없으면 학교에서 연구를 실행한다는 것은 매우 어려운 일이다.

나는 학생들의 발전이 기본이 되기 위해서는 하나의 참조물이 필요하다고 생각한다. 실제적으로 학생들의 발전이 기본이 되는 과제에서는 전통적인 평가 혹은 과거의 평가라고 할 수 있는 방식이 참조물의 역할을 한다고 볼 수 있다. 그러나 이러한 방식은 학생들의 발전이 아니라 학생들의 점수를 기본으로 한다. 점수를 기본으로 하는 전통적인 학습 평가의 기본적인 방법을 찾아내고 분석한 후 이를 다시 새롭게 개조하고 향상시켜야 한다.

예를 들어 점수가 기본이 되는 교육의 발전 목표는 무엇인가? 나는 학생들의 발전이라는 개념에 대한 우리의 이해가 명확하지 않다고 생각한다. 우리들에게 가장 부족한 것은 학생들의 발전이라는 개념이다. 어떻게 해야 학생들의 발전을 증명할 수 있는가? 학생들의 발전이 지향하는 목표는 무엇인가? 나는 이러한 문제를 반드시 해결해야 한다고 생각한다. 지덕체의 전면적인 발전을 하나의 목표로 삼고 다음으로 개성을 발휘시키는 것을 하나의 목표로 삼고 또한 학습을 발전시키는 것을 하나의 목표로 삼는다. 그렇다면 이 세 가지 목표를 어떻게 융합시킬 것인가? 어떻게 하면 이러한 목표를 유기적이고 구체적으로 실제 교육의 과정에 적용할 수 있을 것인가? 이러한 발전을 어떻게 평가할 것인가? 우리의 과제의 중점은 바로 이러한 방면에 있다.

예를 들어 만약 언어 교육 자체가 변화하지 않는다면 학생들의 언어 능력을 발전시키기 위해 평가 방식을 변화시켜도 아무런 소용이 없다. 학생들의 발화를 예로 든다면 현재 우리의 언어교육에서 학생들의 발화는 허용되지 않고 있다고 볼 수 있다. 학생들의 작문 능력, 정상적인 교제와 의사소통 능력은 실질적으로 언어 과목을 학습할 때 큰 노력을 들여야 길러질 수 있는 것이다. 학생들의 독서량, 말하기, 읽기, 듣기, 쓰기를 만약 우리의 교과서에만 한정한다면 학생들의 언어능력 발전에는 문제가 발생할 것이다.

학교의 과제는 반드시 각각의 교과 과정의 변화와 함께 진행되어야 한다. 과제를 통해 학생들의 발전에 새로운 목표를 세우고 그 후에 학생들에게 목표가 실현되었는지 여부를 평가하도록 하는 것이 매우 중요하다고 나는 생각한다.

현재 주로 교과서 위주로 되어 있는 학생들의 독서 형태는 문학 작품을 읽는 것으로 바뀌어야 하고 주제를 먼저 제시하고 쓰는 작문보다는 자유롭게 주제를 선택하는 작문 위주로 바뀌어야 한다. 주제를 정해주고 하는 작문은 진정한 작문 능력을 배양할 수 없고 학생들의 사고를 틀에 가두어 버리게 된다. 학생들로 하여금 생활 속에서 다른 사람들이 느끼지 못하는 자신만의 발견을 자유롭게 표현하고 그가 생활 속에서 경험한 것, 느낌, 희로애락, 관찰한 것 등을 쓸 수 있게 해야 한다. 아이들의 상상력, 창조력, 발전 가능성은 우리로서는 상상도 할 수 없을 정도로 무한하다. 모든 아이들은 무한한 가능성을 가지고 있다. 하지만 교사들은 그 가능성을 지켜볼 뿐 적극적으로 개발해주려고 하지 않는다. 신은 모든 아이들에게 공평하게 가능성을 주셨다. 그럼에도 불구하고 어떤 아이의 가능성은 교사에 의해 우연히 발견되지만 어떤 아이의 가능성은 일생 동안 빛을 보지 못한 채 그대로 묻혀버리고 만다.

외국어의 예를 들어보자. 오늘날 모든 사람들은 필사적으로 외국어 교육의 중요성을 강조한다. 그렇다면 외국어 교육에는 어떠한 규칙이 있는가? 우리는 외국어를 학습하는 데 많은 시간을 투자하지만 배우면서도 줄곧 벙어리처럼 말을 하지 못한다. 우리는 언어 교육의 경험을 귀감으로 삼고 외국어를 하나의 지식으로 생각해서는 안 되며 학생들에게 문법, 구조, 단어 등을 가르치지 않도록 해야 한다. 현재 외국어 교육에서는 기본적으로 아이들에게 외국어로 된 유명한 작품을 읽도록 훈련시키지 않는다. 외국어 교육에 있어서도 문학작품을 읽지 않는 문제가 존재한다. 우리는 외국어로 작문을 할 때 모국어로 작문을 하는 것처럼 유창하게 표현하지 못한다. 어떠한 때는 단지 단어가 부족할 뿐 아니라 글을 쓸 재료가 없다. 나의 경우에는 이백의 시는 읊을 수 있지만 셰익스피어의 영시는 읊을 수 없다. 중국의 속담은 자유자재로 사용하지만 영어 속담은 사용할 수 없고 글을 쓸라치면 내용이 왠지 공허하다. 어릴 때부터 학생들에게 영어로 된 시나 속담을 외우도록 하는 방법은 어떨까? 이는 연구할만한 가치가 있는 방법이라고 생각한다.

사상과 덕성 교육을 예로 들어보자. 만약 이대로 사상과 덕성 교육을 진행한다면 아마도 우리의 교육은 막다른 골목에 다다르게 되고 말 것이다. 《문회보》에서 나를 취재했을 때 나는 사상과 덕성 교육이 반드시 생활로 환원되어야 한다고 주장했다. 생활로 환원되지 못하면 아이들의 덕성이 발전하지 못할 것이다. 오늘날 우리의 아이들은 어릴 때부터 여러 개의 성품을 지닌다. 대부분의 아이들은 학교에서의 성품과 가정에서의 성품이 다르다. 아이들은 부모를 존경하지 않는 것은 전혀 개의치 않으나 선생님은 반드시 존경하지 않으면 안 된다고 생각한다. 그러나 아이들이 교사를 존경하는 것은 진정한 의미에서의 존경이 아니다. 그들은 단지 교사를 두려워할 뿐이다. 아이들은 두려워하는 사람을 존경한다. 이는 아이들의 인격을 분열시키는 결과를 초래한다. 우리가 아이들에게 요구해야 할 가장 중요한 항목은 바로 존중의 품성을 배우고 겉과 속이 일치하는 학생이 되도록 하는 것이다.

또한 아이들이 가사를 돕도록 해야 한다. 많은 아이들이 가사를 할 줄 모른다. 사상과 덕성의 발전에 있어 매우 중요한 것은 사회봉사이다. 가정에서의 일 뿐만 아니라 사회봉사도 해야 한다. 서양에서는 이를 매우 중요시한다. 아이들의 인격 발전에는 반드시 구체적이고 이를 심사할 수 있는 표준이 정해져야 하고 이는 일반적인 시험보다도 훨씬 도움이 된다.

사실 나는 앞서 말한 과제에는 또 다른 과제가 하나 더 추가되어야 한다고 생각한다. 그것은 바로 교사의 발전이 학생들의 발전을 기본으로 하는 학습 연구의 중요한 내용이라는 것이다. 실질적으로 이것은 학교가 책임져야 할 과제이다. 그 이유는 교사의 발전 양상에 따라 학생들의 발전 양상이 결정되기 때문이다. 실질적으로 말하자면 교사들이 각 과목의 수업에서 행한 일들은 우리 학교 전체의 평가와 교사들에 대한 평가가 된다. 교사들의 발전이라는 과제에 있어서 우리는 교사들에게 교육이론을 학습하도록 하는 등의 발전 목표를 세울 수 있다. 또한 학생들의 발전이 없이는 교사들도 발전할 수 없다. 학생들의 발전은 교사들의 발전의 전제 조건이 되고 교사들의 발전 없이는 학생들도 발전할 수 없다고 말할 수 있다. 이러한 생각은 우리의 과제 속에 충분히 실현되어야 한다.

교사는 어떻게 발전할 것이고 어떻게 구체적인 목표를 제시할 수 있는가? 첫째로 교사 개인의 발전 목표를 세우고 둘째로 교사의 총체적인 발전 목표를 세워야 한다.

학생도 이와 마찬가지다. 학교 혹은 학과 공부에서 제시된 발전 목표 외에도 학생 자신이 스스로 발전 목표를 제시할 수 있도록 격려하는 것이 매우 중요하다. 학생은 스스로 발전 목표를 세운 후 자아 평가와 이를 결합시킨다. 학생들은 어떻게 자아 평가를 하는가? 학생들은 자신이 선생님의 기대에 미쳤는지 그리고 자신의 목표를 달성했는지 여부를 평가해야 한다. 이렇게 하면 많은 학생들이 확실한 목표의 격려 하에 더욱 빠르게 발전할 수 있을 것이다. 평생 동안의 발전이란 학습의 단계에서 끊임없이 인생의 목표를 설정하고 자신의 인생의 발전을 위해 더욱 노력하는 것이다. 이는 평생 동안의 발전에 원천이 된다. 목표는 끊임없이 수정, 조절할 수 있다. 올해 내가 세운 목표가 너무 높다고 생각되면 조금 낮게 조절해도 무방하다. 목표가 너무 낮다고 생각되면 조금 높이면 된다. 끊임없이 교사와 학생을 격려해야 한다. 나는 이 과제에 대해 교사와 학생을 같이 발전시키자는 구호를 붙였다. 이러한 과제를 통해 학생과 교사는 같이 발전할 수 있을 것이다.

과제 연구 과정 중에 구체적으로 할 수 있는 일과 과제와 긴밀한 연관성이 있는 문제를 확실하게 파악해야 한다. 예를 들자면 학생이 자주적으로 문제를 평가하는 것이다. 약간의 구체적인 문제를 에워싸고 이에 따른 해결해야 할 문제들이 발생할 수 있다. 예를 들어 자주적 평가 연구에서의 자주적 평가는 어떻게 이루어져야 하는가와 같은 것이다. 자주적인 평가는 자아 발전의 목표와 연계되어야 한다.

이러한 연구를 통해 조작 가능한 사회 평가로 점점 발전해 나아가야 한다. 학부모, 사회, 지역 사회의 이러한 평가는 확실히 매우 중요하다. 그렇다면 어떻게 사회 평가 체계를 설립할 것인가? 이것 또한 우리가 해낼 수 있다. 이 방면에 대해서는 지금까지 제대로 시험이나 연구를 진행한 사람이 없다. 이를 통해 새로운 학교 운영 시스템을 형성할 수 있다. 일본에는 PT협회라는 것이 있는데 이는 학부모와 교사의 협회를 의미한다. 국내외 학교의 이사회 등을 포함하여 이러한 협회의 역할은 매우 중요하다. 그들은 학교의 수업 과정 및 구조 등에 모두 관여할 수 있다. 학교는 더욱 많은 학부모들의 의견을 들을 수 있고 이러한 시스템을 통해 우리의 교육에 대한 사회 전체의 지원과 관심을 얻을 수 있다.

그 밖의 문제로는 개별화된 평가 문제, 혹은 형성적인 평가 문제를 들 수 있다. 이는 말로 하기는 쉽지만 실제로 실천하기는 비교적 어려운 편이다. 개별화된 교육 시스템을 형성하고 이러한 평가를 통해 교육과 학생의 발전을 추진하기 위해서는 교육 시스템을 새롭게 개혁해야 한다. 고학년으로 올라갈수록 융통성 있는 교육 방식을 이용해도 무방하다. 어떤 과목은 학생들 간의 격차가 매우 크기도 하다. 예를 들어 외국어의 경우 같은 학년의 학생이라 하더라도 개인차는 다양하게 나타날 수 있다. 만약 학생들에게 더욱 많은 선택의 기회가 부여된다면 학생들은 더욱 빠르게 발전할 수 있을 것이다.

비교적 성공적인 사례나 좋은 경험을 참고할 수도 있다. 평가에 대한 예를 들자면 러시아의 교육자 아모내쉬빌리Amonashvili가 저술한 《점수가 사라진 학교》라는 책을 들 수 있다. 그의 학교에는 점수가 존재하지 않는다. 물론 이것을 한 번에 완벽하게 이룰 수는 없겠지만 우리도 한 번 시도해 볼만한 가치가 있다고 생각한다. 점수가 없다는 것이 목표가 없다는 것을 의미하는 것은 아니다. 능력의 발전에 대해서는 매우 많은 평가 방식이 존재한다. 그의 성적 통지표는 오늘날과 조금 달라서 전

학년이 같은 페이지에 쓰여 있고 각 학년마다 하나의 점수와 교사의 간단한 평가가 곁들여진다. 그는 모든 학생들에 대해 매우 상세한 평가를 했다. 올해는 학교에서 어떤 일을 했으며 특기가 무엇인지 어떻게 하면 학부모가 아이를 더욱 발전적인 방향으로 인도할 수 있을지에 대해 건의했다. 또한 나는 초등학교 교사들이 더우구이메이寶桂梅 선생의 책 《생명이 기본이다》를 읽어보기를 권한다. 이 책의 내용은 사실 매우 간단하다. 이는 학생과 교사가 주고받은 편지로 구성된 책이다. 교사들이 앞으로 매년 학생들에 대한 평가를 한 통의 편지로 하는 것도 좋은 방법이라고 생각한다. 만약 이러한 방식으로 바뀔 수 있다면 그 효과는 참으로 대단할 것이라고 생각한다. 아마도 교사들은 더욱 마음을 쓰고 노력할 것이다. 학교의 우수한 교사들의 뛰어난 부분을 발췌하여 한 권의 책으로 만드는 것도 매우 뜻 깊은 작업이 될 수 있을 것이다. 교사들은 모든 아이들에게 마음이 담긴 편지를 쓰고 더욱 관심을 기울여야 하며 학부모와의 평등한 의사소통을 통해 아이들의 가장 뛰어난 부분을 발굴해내야 한다. 만약 교사가 매년 반 학생들 전부에게 이러한 편지를 쓴다면 6년 후에는 교사의 능력에 있어서도 큰 단련이 될 것이다. 이는 전혀 불가능한 것이 아니다. 모든 과목, 모든 방면에 있어 학생들의 창조성이 충분히 발휘될 수 있도록 격려해야 하고 천편일률적으로 과제의 연구의의, 연구방법, 연구수단을 정해서는 안 된다. 나는 교육이란 반드시 살아있는 것으로 변화해야 한다고 생각한다.

결론을 말하자면 나는 과제를 수행하는 것이 단지 과제를 완성해내기 위해서만이 아니라 학교의 발전과 교사의 발전, 그리고 학생의 발전을 이끌어 나아가기 위한 것이 되기를 바란다. 우리는 '발전'이라는 두 글자에 중점을 두어야 한다. 과거의 전통적인 평가 연구에 따른 폐단은 변화시켜야 한다. 과거의 평가 연구는 주로 평가에 집중되어 있었지만 현재의 평가 연구는 발전에 집중되어 있다. 만약 이러한 방면에 있어 돌파구를 찾을 수 있다면 과제는 성공할 수 있다. 몇 년 후 상당한 부분에 있어 실시되고 있다면 이는 매우 대단한 것이다.

이론과 실천의 절충점 찾기

나는 《쑤저우 교육일보》에 '교육과학연구에 대하여'라는 칼럼을 연재한 적이 있다. 당시 편집자는 나에게 칼럼의 내용에 대해 너무 깊게 생각하지 않아도 된다고 말했다. 너무 전문적으로 쓰면 교사들이 이를 경원시하거나 그들에게 이미 형성되어 있는 교육과학연구에 대한 적극성에 좋지 않은 영향을 줄 수도 있고 너무 통속적으로 쓰면 교사들의 공감을 얻기 어려울 것이라고 했다. 편집자는 원고를 의뢰하면서 양자 간의 절충점을 찾자고 했다.

그리하여 '이론과 실천의 절충점을 찾는 것'이 줄곧 내 칼럼의 주지가 되었다. 나는 수영은 실제로 물속에서 헤엄을 쳐야 배울 수 있는 것처럼 교육과학연구도 교육과학연구를 실천하는 도중에 배울 수 있다고 깊게 믿고 있다. 실제로 교육을 실천하는 현장을 떠나서는 교육의 이론을 제대로 수립할 수 없을 뿐 아니라 어떠한 교육과학연구라도 그 실질적인 의미와 생명력을 잃고 만다. 나는 칼럼을 쓰면서 위대한 교육자들의 업적과 생애를 철저하게 해부함으로서 그들이 어떻게 왕성한 교육활동을 하고 교육적인 반성과 사색을 하였는지 살펴보고자 했다.

그러나 나는 시종일관 실전을 통해서만 배울 수 있다고 생각하고 있으므로 학구적인 스타일의 교사가 되고자 하는 사람에게 있어서는 이론 위주의 학구적인 연구 훈련 방법이 필수불가결한 요소가 된다고 생각한다.

원인은 두 가지가 있다. 첫째, 정규적인 교육과학연구 훈련은 본래 각종 사범대학에서 미래의 교사를 위해 준비된 과정이다. 그러나 아쉬운 것은 현재의 사범대학은 대부분 교육학, 심리학, 교재교육법만 중요시하고 교육과학연구의 훈련까지는 깊게 다루지 않는다. 그러므로 기본적인 교육과학연구 지식과 상용되는 방법을 소개하여 교사들의 모자란 부분을 보완해 주는 일은 반드시 필요한 과정이라고 할 수 있다. 둘째, 이론과 실천에는 본래 '순환 가속 메커니즘'이 존재한다. 양자가 긴밀하게 결합해야 맹목적이지 않으며 확실한 실천을 할 수 있고 명쾌한 이론이 성립될 수 있다. 이러한 학구적인 스타일의 교육과학연구가 있어야 교사들이 날카롭게 문제를 발견하고 정확하게 자료를 처리하며 효과적으로 문제점을 해결할 수 있다. 또한 감성과 시공간적 제약을 초월해 더 높은 단계에서 문제에 대해 사고할 수 있다.

새로운 세기의 명교사, 명교장

20세기 쑤저우의 기초교육에서 가장 유감인 점은 리지린李吉林, 추쉐화邱學華, 펑언훙馮恩洪과 같은 전국적으로 유명한 교사나 교장이 매우 적다는 것이다. 새로운 세기 쑤저우의 기초교육은 명교사, 명교장을 필요로 한다. 최근 몇 년간 쑤저우시의 교육부에서는 명교사, 명교장 양성 계획을 제정하고 이들을 배출하기 위해 몇 년 동안의 시간을 들어서 전국에서 두각을 나타낼 수 있는 우수한 교사와 교장을 양성하기로 결정을 내렸다.

첫째, 명사를 초빙한다. 전국의 저명한 교사, 명사를 쑤저우로 초대해 명교사, 명교장 양성반의 사람들을 가르치도록 하는 것이다. 구밍위안顧明遠, 중치취안鐘啓泉, 예란葉瀾 등 중국교육계의 저명한 교사와 웨이수성魏書生, 펑언훙, 추쉐화 등 전국적으로 유명한 교사들을 초청하는 것이다. 그들은 쑤저우의 교육계에 국내외 교육 발전의 최신 동향 및 중국교육 발전의 새로운 이념을 가져다줌과 동시에 그들의 중국교육에 대한 열렬한 의지와 중국교육에 대한 고집과 이상은 쑤저우의 교육 관계자들을 깊이 감동시킬 것이다. 이성적이면서도 감성적인 가르침은 명교사, 명교장 양성반 사람들을 크게 뒤흔들어 놓을 것이다. 앞으로 유명한 교사나 명사들을 쑤저우로 초빙해 쑤저우를 유명한 교사들이 운집한 곳으로 만들고 명교사, 명교장 양성반 사람들이 그들과 밀접한 관계를 유지하여 직접적으로 그들의 가르침과 인도를 받도록 해야 한다.

둘째, 부지런히 학습하는 분위기를 제창한다. 교사의 가장 중요한 임무는 학습이다. 어떠한 교육가라도 선대의 사람들이 축적해 놓은 교육적 성과로부터 벗어날 수 없다. 실제로 많은 교육가들이 다른 사람의 성과를 자신의 교육에 응용하고 자신이 이해한 것을 현대적인 언어로 상세히 해석했다. 교사는 다양한 방면에 걸친 지식이 필요하다. 지식의 폭이 넓지 않은 교사는 학생들에게 진정한 인격적인 감화력을 끼치기 어렵다. 아이들의 연령이 낮을수록 그들이 교사에게 기대하는 기대치는 높아진다. 교사를 모르는 것이 없는 백과사전으로 생각하는 것이다. 만약 교사가 잘 모르는 부분이 있으면 학생들은 매우 실망하게 된다. 그러므로 교사는 자신의 탄탄한 지식 구조를 가지고 있어야 한다. 부지런히 공부하는 것은 자신에게도 충실할 수 있을 뿐 아니라 우수한 교사가 되기 위한 가장 기초적인 부분이다. 이상적인 교사, 우수한 교사가 되기 위해서는 가장 기본적인 것부터 시작해서 착실하게 공부해야 한다. 명교사, 명교장 양성반 사람들은 유명 교사들이나 명사들과의 대화를 통해 각종 훈련을 받는 것 외에도 명저를 읽는 것 또한 매우 중요하다. 《논어》나 타오싱즈陶行知, 수호믈린스키의 책을 읽지 않고는 진정한 교육가가 되기 어렵다. 명교사, 명교장을 양성하면서 이론을 학습하는 분위기와 교육이론에 대한 명저를 공부하는 분위기가 조성되는 것은 그들의 성장에 중요한 기초가 된다.

셋째, 과학적 연구 전략을 실시함으로써 교사와 교장들의 교육의 과학적 연구 능력과 수준을 향상시켜야 한다. 교사들은 교육에 대한 과학적 연구를 통해 생각하는 법을 배우고 교수법에 있어 교육 개혁 실천을 추진해야 한다. 적극적으로 과학적 연구에 참여하고 이에 대한 의식과 습관을 형성하는 것은 교사로서의 소양을 향상시키는 데 매우 중요하다. 우리는 과학적 연구 전략을 실시함으로서 모든 교사들이 교육의 과학적 연구에 참여하도록 하고 이로서 교사로서의 전체적인 소양을 향상시키고 우리의 학교 운영의 질적 수준을 높여야 한다. 명교사, 명교장 양성반 사람들은 교육과 관리에 능숙해야 할 뿐 아니라 교육의 과학적 연구에 탁월해야 한다. 우수한 교사는 교육 현상과 자신의 느낌, 자신의 생각을 기록하고 이를 총체적으로 소화할 수 있어야 한다. 명교사, 명교장 양성반 사람들은 저명한 교사들과 이야기하고 함께 이론상의 연구 토론을 할 수 있는 기회를 이용해 자신의 연구 논문과 전문서적을 써낼 수 있어야 한다. 명교사, 명교장 양성반 사람들은 개인의 전문서적을 써 냈을 때 비로소 과정을 마칠 수 있다.

넷째, 명교사, 명교장 양성반 사람들에게 책임감을 주어야 한다. 책임감을 가져야 빠른 성장을 이룩할 수 있다. 책임감이 클수록 전진해 나아갈 수 있는 원동력은 더욱 커진다. 책임감을 느끼지 않으면 그들은 이미 특급 교사라는 직위를 얻었기 때문에 아무래도 좋다고 생각할 것이다. 이, 삼십 대의 젊은 교사들은 이미 특급 교사가 되었다고 할지라도 아직 교사로서 몇 십 년이나 더 지내야 한다. 이를 어떻게 지내고 무엇을 할 것인가는 거듭 생각해 봐야 할 문제이다. 우수한 교육가는 끊임없는 탐구와 새로운 것을 창조해야 한다. 교육 방법이 늘 구태의연한 교사와 교육가의 가장 큰 차이는 교육가는 무엇인가를 초월하고자 하는 정신과 새로운 것을 창조하는 정신을 가지고 있다는 점이다. 우리의 교사들은 반드시 일반 사람들과는 다른 자신만의 색을 가지고 자신만의 기치를 내 걸어야 한다. 사실 우수 교사로 뽑힌 교사 및 특급 교사를 포함해 지금의 많은 교사들은 자신만의 특색이 없다. 우리는 우수한 교사나 특급 교사를 선발할 때 종종 그가 발표한 논저가 얼마나 되는지만 살피고 실제적으로 그 사람의 독특한 일면을 참고하는 경우는 매우 적다. 나는 자신만의 스타일과 체계를 형성해야만 진정한 교육가가 될 수 있다고 생각한다. 명교사, 명교장 양성반 사람들이 신속한 성과를 낼 수 있는지 여부는 우리가 그들에게 얼마만큼의 책임을 부여하는가에 달려 있다.

다섯째, 우수한 교장과 교사를 위해서 직장을 떠나 공부할 수 있는 기회를 주어야 한다. 현재 명교사, 명교장일수록 그들의 업무는 매우 바쁘다. 업무 계획에 따라 명교사, 명교장 양성반 사람들에게 학습의 기회를 주어야 한다. 여건이 된다면 해외에 나가거나 일반적으로는 국내에서 최소한 3개월에서 6개월 간 그들이 침착하게 책을 읽고 글을 쓰며 여러 문제에 대해 생각할 수 있는 시간을 주어야 한다. 우수한 교사의 성장은 단지 그 사람의 개인적인 일일 뿐 아니라 그가 몸담고 있는 학교, 지역에 있어서도 중요한 일이다. 웨이수성이라는 사람이 있었기에 우리는 랴오닝遙寧성의 판진盤錦시를 알게 되었다. 사실 어느 학교가 유명해지는 것은 종종 한 명의 유명한 교사를 통해 실현된다. 유명한 교사는 그 자체만으로도 하나의 브랜드가 되는 것이다. 쑤저우만의 특색을 창조하기 위해 우리 교사들에게 연수와 실력 향상의 기회를 주어야 한다.

쑤저우의 교육은 현재 명교사, 명교장을 절실하게 필요로 하고 있다. 우리가 노력을 게을리 하지 않는다면 쑤저우는 반드시 전국에 영향력을 떨치는 명교사, 명교장을 배출할 수 있을 것이다.

교장과 교육의 과학적 연구

— 《중국의 저명한 교장의 학교 경영 이야기》 편집 수기

　《중국의 저명한 특급 교사의 교육 이야기》, 《중국의 저명한 담임교사의 도덕교육 이야기》, 《중국의 저명한 교장의 학교 경영 이야기》이 세 권의 책 중 내가 가장 정성을 들이고 생각을 많이 한 것은 바로 제일 마지막 책이다. 나는 학교 발전에 필요한 제반 요소 중 훌륭한 교장 선생님이야말로 가장 관건이 되는 요소라고 생각하기 때문이다. 우수한 교장이 있어야 교사들이 성장하는데 넓은 무대를 제공해 줄 수 있고 학교 발전에 있어 견실한 기초를 닦을 수 있다고 생각한다.

　이 책에는 현재 중국교육의 일선에서 활약하고 있는 많은 교장 선생님들의 학교 경영에 관한 이야기와 그들만의 교육 철학이 고스란히 담겨 있다. 어떤 교장은 서술적인 필법으로 학교를 경영하면서 느낀 점 등을 흥미진진하게 표현하고 있고 어떤 교장은 이성적인 사고로 학교 관리에 대한 오묘한 부분들을 세세하게 분석하고 있다. 그러나 그들은 모두 마음을 다해 이 글을 썼다. 톈진 1중학교의 연세가 지긋하신 교장 선생님은 초고를 완성한 후에 동료들에게 일일이 의견을 구했다고 한다. 1년에 달하는 긴 기간 동안 끊임없이 보내져 오는 원고에 따라 나도 끊임없이 교장 선생님들의 글을 깊이 연구하고 그들의 마음의 소리에 귀를 기울였으며 희로애락이 고스란히 담긴 그들의 글을 감상하면서 교장 선생님들의 학교 경영에 대한 철학을 관찰할 수 있었다. 나는

비록 교장 선생님들의 성공과 경험은 개인에 따라 천차만별이지만 교육의 과학적 연구는 그들이 공통으로 중요하게 생각하는 요소라는 것을 알게 되었다.

나는 한 학교의 교육에 대한 과학적 연구가 성공하느냐 실패하느냐, 좋은 점이 있느냐 없느냐는 교장 선생님의 지원과 격려, 지도에 달려 있다고 생각한다.

교사들의 아름다운 삶

이 글은 작가가 장시江西 출판사가 출판한 《교사들의 마음과 지혜》라는 책에 기고한 서문이다.

평상시 담소를 나눌 때나 인터넷상에서 토론을 벌일 때 우리는 교사들이 자신들의 생활에 대해 불만을 이야기하는 것을 종종 들을 수 있다. 누군가는 교사들의 생활은 너무 무미건조하고 자극이 없다고 말하고 또 다른 누군가는 교사들의 생활이 너무 기계적이고 감정이 없다고 말한다. 혹은 교사들의 생활이 너무 번잡스럽고 성취감이 없다고 이야기하기도 한다.

그러나 《교사들의 마음과 지혜》라는 책을 읽게 되면 지금까지 가지고 있던 교사들의 생활에 대한 이해와 교육에 대한 인식이 새롭게 변화될 것이다. 당신은 당신이 매일 생활하는 학교와 교실이 원래 얼마나 아름다운 무대이고 그 무대에서 벌어지는 아이들과의 수업이 얼마나 멋진 연극인지 발견하게 될 것이다.

《교사들의 마음과 지혜》는 《교사박람教師博覽》이라는 잡지에서 10년간 글을 모집하고 그중에서 엄선된 글을 실은 책이다. 그중에는 "가장 잊을 수 없는 일" "기억에 남는 수업" "교육에 대한 후회" "소질교육에 대하여" "나와 우리 가족" 등 일선 교사들의 수기가 실려 있다. 그들의 생활과 정경, 그들의 희로애락, 넘치는 기지로 여러 가지 복잡한 문제를 처리한 일들이 진실하게 기록되어 있다.

나는 전에도 말했지만 교육의 신성함이란 지극히 평범한 교육 안에 존재하는 것이라고 생각한다. 교육을 너무 신성시하면 그 평범함을 소홀히 하게 되고 진실과 멀어지게 된다. 교육을 너무 평범하게만 생각한다면 그 신성함을 잊어버리게 되고 교육의 사명을 포기하게 된다. 우리는 우리가 매일 신성함과 평범함 사이에서 생활하고 있다는 교육적 특성을 인식해야 한다. 우리는《교사들의 마음과 지혜》라는 책을 읽고 나면 교육이 일반적이고 평범하다는 것을 느끼게 되는 동시에 교육의 위대함과 신성함도 깨닫게 될 것이다. 위융정于永正 선생 등 소수의 유명한 특급 교사를 제외하고는 이 책에 실린 작품의 작가는 대부분 우리에게 이름이 그다지 익숙하지 않은 보통 교사들이다. 그러나 이들이야말로 중국교육에 있어 진정한 중추적 역량을 가진 인재들이다. 그들이 가르치는 학생들에게 있어서는 그들이야말로 진정한 교육의 영웅인 것이다.

사실 모든 사람은 감정의 세계와 지혜의 세계라는 두 가지 중요한 세계를 가지고 있다. 한 사람의 행복이나 즐거움은 대부분 이 두 가지 세계를 얼마나 만족시키느냐에 달려 있다. 교사도 마찬가지다. 그리고 이 두 가지 세계는 서로 영향을 미친다. 감정의 세계에서는 만약 교사가 진정한 애정을 가지고 아이들에게 헌신하며 진심을 다해 수업에 임하고 학생들과 교류한다면 그는 교육에서 기쁨을 느끼고 교육의 행복을 체험할 수 있을 것이다. 동시에 지혜의 세계에서는 그는 자신의 발견을 학생들에게 남겨주는 방법을 찾게 되어 학생들로 하여금 매일을 기대와 놀라움 속에서 보낼 수 있도록 할 것이다.

　여기서 나는 특히《교사박람》편집부 친구들에게 감사의 말을 전하고 싶다. 그들의 수고와 노력 덕분에 우리는 교사들의 감정의 세계와 지혜의 세계를 엿볼 수 있었고 더욱 많은 보통 교사들이 이 책에 글을 쓴 작가들과 마찬가지로 자신의 교육에 대한 생각과 생활을 기록할 수 있도록 격려할 수 있게 되었다. 이를 통해 교사들은 분명 깨달음과 교훈을 얻게 될 것이다. 그리고 교사의 생활이란 원래부터 매우 아름다운 것이라는 것을 깨닫게 될 것이다.

교사를 위한 연구성 학습

이 글은 작가가 타이창 고등학교 교사의 저서 《연구성 학습》에 기고한 서문이다.

연구성 학습Project Learning은 이미 초중등학교의 수업에서 중요한 화제가 되고 있으며 소질개발교육을 지향하는 많은 학교에서 효과적으로 사용되고 있다.

사실 본질적인 의미에서의 연구성 학습이란 말하자면 학습의 주도권을 학생에게 돌려준다는 것이다. 학생이 주동적, 적극적으로 즐겁게 공부를 할 수 있도록 하면 학습의 진정한 주인이 된다. 물론 교사도 반드시 그 과정에 참여해야 하고 학생들에게 필요한 지도와 도움을 주어야 한다.

중국 장수江蘇성의 타이창太倉 고등학교에서는 2000년 9월부터 연구성 수업과정을 개설했다. 이는 학습 능률을 높이고 교사들을 단련시키는 등의 성과를 거뒀다. 우리는 교사들의 수업 계획서를 보면서 수업에서 진행되는 많은 과제가 타이창의 인문, 사회, 경제 등과 밀접하게 연관되어 있는 것을 알게 되었다. '타이창의 관광개발연구' '타이창 특산품 연구' '타이창의 자동차 배기가스로 인한 환경오염연구' 등 연구성 학습의 과제는 학생들의 향토애 및 사회에 대한 관심과 의식을 불러일으키는 주제들로 구성되어 있었다. 교사들은 연구성 학습을 통해 교육의 새로운 경지를 깨달을 수 있었다. 어느 교사는 모두의 힘을 모아 즐겁게 작업하는 것의 매력을 느낄 수 있었다고 했으며 어느 교사는 학생과 같이 성장하는 희열을 느낄 수 있었다고 했다.

타이창 고등학교의 정치 교사는 자신이 참여한 연구성 학습의 체험에 대해 다음과 같이 이야기했다. 그 자신은 수십 년을 한 결 같이 교재한 권, 참고자료 한 권에 의지해 수업을 진행했으며 전통적인 방식으로 시험을 봐 왔으나 연구성 학습이 도입됨에 따라 학생과 교사 모두에게 새로운 학습의 세계가 열리게 된 것 같다고 했다. 연구성 학습은 교사의 가르침과 학생의 배움에 있어서 근본적인 변화를 가져왔고 생기와 활력을 불어넣었다. 비록 연구성 학습이 시작된 지 얼마 되지 않았지만 나는 타이창 고등학교의 성과가 이 새로운 학습방법에 더욱 자신감을 불어 넣어줄 것이라고 생각한다.

나는 타이창 고등학교에서 더 많고 더 좋은 성과가 세상에 나오기를 기대한다. 또한 연구적 기질과 학문에 대한 애정을 지닌 명사들이 많이 배출되기를 기대한다.

젊은 교사의 인내

이 글은 작가가 천궈안陳國安이 지은 《언어교육 심리학》이라는 책에 기고한 서문이다.

나는 항상 관심을 가지고 있었으나 정작 필요한 때에는 도움을 주지 못했던 한 사람을 잊을 수가 없다. 그는 바로 쑤저우 대학 문학원의 젊은 교수 천궈안 선생이다. 그는 원래 중등학교로 파견될 예정이었으나 성적이 우수했기 때문에 계속 학교에 남게 되었다. 학교에 남게 된 지 1년째 되던 여름 방학이 지나고 그는 글씨가 빼곡히 적힌 한 무더기의 원고지를 들고 나를 찾아왔다. 중국 고대의 서당 연구에 관한 논문이었다. 그는 나에게 지도를 부탁했다. 그러나 그때 나는 업무로 바빴기 때문에 열심히 읽기는 했지만 그와 상세하게 의견을 나눌 기회는 없었다.

그로부터 어느 덧 6년이라는 시간이 흘렀다. 이번에 그는 《언어교육 심리학》이라는 원고를 나에게 보내면서 이를 읽고 서문을 써달라고 부탁해왔다. 이는 그가 6년 동안 중국어 언어 및 문학 교육 전공의 본과 졸업반 학생들에게 강의한 언어교육 심리학 과정의 강의 약본이었다.

이 책의 첫 번째 독자로 나는 한편으로는 마음속에 맺힌 매듭을 푸는 기분으로, 다른 한편으로는 이와 같은 책을 읽게 된 기쁨을 가지고 열심히 젊은 교수의 책을 읽었다. 지금 나는 매우 기쁘게 이 책의 특색을 다음과 같이 소개하려고 한다.

첫째, 이론과 실천에 모두 중점을 두고 있다. 현재 언어 교육론의 전문 저서는 대부분 교육 실천의 분석의 경향을 띠고 있고 이론적 연구는 매우 드물다. 이 책은 실천(교육 실천, 실례)의 기초에 있어 이론적 사고를 진행하고 있다. '언어 지식과 언어 능력'이라는 부분에서는 언어 교육론과 언어 교육 심리학 연구 분야에 이론적인 참신하고 새로운 이론을 가지고 있고 이로부터 더욱 심층적으로 언어 지식의 교육과 언어 능력의 배양에 대해 분석하고 있다. 물론 작가는 기술 단계의 실천에 대한 분석도 소홀히 하지 않았다. 심리학적인 각도에서 쓰기와 질문을 지도하는 방면에 대해서도 이전까지는 없었던 부분까지 상세히 설명해 놓았다.

둘째, 거시적 관점과 미시적 관점에 모두 중점을 두고 연구하고 있다. 작가는 혼자 장수성 교육위원회 인문사회과학의 '50년의 언어 교육 사상과 언어 교육론 발전사론'이라는 항목을 맡아 성과를 나타냈다. 책에서 언어교육 심리학의 여러 개념과 범주에 대해 판별 및 분석할 때 그것이 50년의 언어 교육 사상과 언어 교육론 발전 과정에서 차지하는 위치에 대해 고찰하려고 노력했다. 쓰기 교육과 듣고 말하기 교육 문제에 대해 고찰한 부분은 다른 사람이 발견하지 못한 부분을 발견했다고 할 수 있다. 거시적 관점에 중점을 두고 연구하는 동시에 작가는 미시적 관점의 연구에도 중점을 두었다. 교육 과정과 언어 교육 과정, 학습과 언어 학습과 사고와 관련된 개념에 대해 일일이 분석했고 여기에는 타당한 근거가 있으며 새로운 의미도 부여했다. 이러한 미시적 관점의 연구를 심리학적인 각도에서 밝히는 것은 현재의 이론가나 실천가들이 그다지 주의하지 않았던 문제이다.

셋째, 실체에 중점을 두고 연구했다. 작가는 저명한 학자이자 국학의 대가 첸중롄錢仲聯 교수의 연구생으로 있으면서 언어에 대한 업적과 연구에 힘썼고 특히 고대문학 방면에 뛰어난 면모를 보였다. 무엇보다도 기쁜 사실은 그가 언어, 문학 연구의 성과를 언어교육 심리학에 운용하면서 언어교육 심리학, 언어교육론의 연구에 있어 우선적으로 실체를 연구하는 데서부터 시작할 것을 강조했다는 점이다. 그는 확실히 그렇게 했다. '상황 교육'이라는 챕터에서 볼 수 있듯이 작가는 실체의 연구에 대단한 힘을 쏟았다. 언어의 본질적인 연구에서 출발하여 도출해낸 결론은 문제를 설명하고 해결할 수 있다.

넷째, 오래된 개념을 타파하고 새로운 개념을 세우는 데 중점을 두었다. 언어 교육 심리학은 아직 미성숙한 단계의 학문이다. 작가는 새로운 각도에서 언어교육 실천과 이론에 잘 맞지 않는 문제를 발견하고 대담하게 분석하며 자신의 의견을 솔직하게 피력했다. 심지어는 명망 높은 대가들의 학설에 대해서 의문을 가졌다. 책에서는 여러 부분에 걸쳐 직접적으로 자신의 구상에 대해 이야기하고 있다. 비록 완벽하거나 완전히 성숙하지는 않더라도 다른 사람의 문제를 분석하고 자신의 견해를 제시하는 것은 매우 적절한 학술 경향이라고 볼 수 있다. 나는 이러한 학술에 대한 탐색 정신이 있기에 언어 교육학과 우리의 교육, 학술계에 비로소 희망이 보이는 거라고 생각한다. 이 책에서는 작가의 체계적인 학술의 내용을 많은 곳에서 균등하게 발견할 수 있다. 이로부터 작가가 문제에 대해 토론할 때 사람의 마음을 움직인다는 것을 알 수 있다.

결국 나는 이 책을 다 읽은 후 이 책이 근엄한 학풍을 지니고 있으며 근거 있는 이론을 내세워 새로운 관념을 제시하는 책이며 격식에서 목차의 배열까지 다른 언어 교육 심리학의 책들과는 구별되는 책이라고 생각하게 되었다.

물론 이 책은 저자가 처음으로 독자적으로 집필한 책이므로 어떤 세밀한 부분에서는 여전히 이상적이지 않은 부분이 존재하기도 한다. 저자가 말한 것처럼 이 책은 30만 여 자의 원고를 절반 정도 삭제한 간단한 원고이기 때문에 어떤 부분에서는 논리의 도약이 발견되기도 한다.

천궈안 선생은 아직 30세도 안 된 나이지만 기꺼이 고난을 감수하고 인내하며 학업에 전념하고 깊이 빠진 사람이다. 듣자하니 그의 교수법과 연구는 나날이 성장하고 있고 그의 강의는 학생들에게 매우 인기가 있다고 한다. 나는 학술계에서 그의 전도가 밝기를 바라는 마음으로 기꺼이 이 서문을 쓴다.

시행 교수법에 대한 의견

1992년 나는 푸창赴常의 제6회 전국 시행교수법이론 연구토론회의 학술 발표 초청에 응했다. 회장에는 수천 명의 사람들이 가득 차 있었고 지식을 탐구하고자 하는 열정을 가지고 참가한 제 일선의 교사들은 나에게 깊은 감동을 주었다. 나는 처음으로 시행 교수법의 감화력과 생명력을 느꼈다.

알다시피 국내외의 각종 교수법 이론은 수없이 많고 중국에서도 많은 교육 이론 연구가들이 영향력을 지닌 수십 종류의 교수법 이론을 제시했다. 그러나 추쉐화 선생의 시행 교수법 이론은 뚜렷한 개성과 현저한 효과로 수천만의 교사와 학생들이 이를 운용하고 있고 영향력이 큰 교수법 이론이 되었다. 확실하지 않은 통계에 의하면 중국 전 지역(홍콩, 타이완, 마카오 포함)에서 시행 교수법을 응용하고 있는 교사는 약 45만 명에 달하고 이 수업을 받는 학생은 2,000여만 명에 달한다고 한다. 연구 종사자와 실험반의 교사들이 이와 관련해 쓴 논문은 약 7만 편에 이르고 이 중에서 공개적으로 발표된 것은 6,000편에 달한다. 시행 교수법 이론을 더욱 확대하기 위해 추쉐화 선생은 중국 각지를 두루 돌아다녔다. 시짱西藏의 고원에서부터 장족壯族이 거주하는 산 지역까지, 번화한 도시에서부터 편벽한 향촌까지 도처에 그의 족적을 남겼다. 시행 교수법 이론의 응용은 초등학교부터 대학에 이르기까지, 그리고 수학에서부터 국어, 과학, 외국어 등 기타 과목에 이르기까지 끊임없이 확대되었다. 또한 확대, 보급되는 중에 이론의 수준이 더욱 향상되고 성숙해지는 교수법 이론이 되었다.

시행 교수법 이론의 성공의 비결은 그것이 풍부한 이론적 내용을 함축하고 있으면서도 간명하여 이해하기 쉽고, 쉽게 배우고 응용할 수 있어 실제로 많은 교사와 학생들이 파악하고 실천하기 쉽다는 데 있다. 시행 교수법 이론의 창시자 추쉐화 선생은 1960년에 화둥사범대학 교육학과를 졸업하고 시스템 교육학과 이론 훈련을 받았다. 동서고금을 막론한 각종 교수법에 정통하며 저명한 교육가 류포녠劉佛年 교수의 사사를 받았다. 그는 시행 교수법 이론 체계를 세울 때 단지 자신의 학문 수준이나 이론을 과시하기 위해서 이해하기 어려운 명사나 술어를 사용하는 것을 배제하였다. "하나의 취미를 배양하고, 두 가지 기본을 확실히 파악하고, 세 가지를 실현하고, 네 가지 과제를 완성하고, 다섯 걸음의 교수법을 응용하고, 여섯 단계의 구조를 실시한다."라는 간단명료한 언어로 자신의 이론을 개괄하고 "먼저 시험해 본 다음 지도하고, 먼저 훈련한 다음 가르친다."는 말로 설명을 더했다. 또한 "학생들은 시행할 수 있고 그 시행은 성공할 수 있다."라는 문장으로 교사들을 격려했다. 비록 누군가는 시행 교수법 이론에 깊이와 난이도가 부족하다고 말하지만 나는 이 이론의 깊이와 난이도는 선인들의 이론을 고도로 종합하고 발전시켜 이것을 현재 중국의 상황에 맞는 새로운 이론을 실현했다는 점과 사람들이 받아들이기 쉽도록 쉬운 방식으로 표현했다는 점, 이 이론이 풍부한 실제 교육 경험이라는 비옥한 땅에 단단한 뿌리를 박고 완성되었다는 점에서 찾을 수 있다고 생각한다. 그러므로 우리는 시행 교수법 이론은 중국교육 이론에 진기한 꽃을 피웠다고 말할 수 있을 것이다.

새로운 세기의 교사와 학생을 위한 정신적 쉼터
―《신세기 교육문고》를 출판하면서

우리는 현재 과학 기술이 나날이 발전하고 국가 간의 경쟁이 날로 격렬해지는 세계에 직면하고 있다. 우리는 어떻게 하면 교육을 받는 학생들의 문화적 소양을 향상시키고 그들의 시야와 잠재 능력을 확장시켜 나갈 수 있는지가 이미 중국교육이 피할 수 없는 중요한 문제가 되었다는 사실을 더욱 절실하게 느끼고 있다.

소질교육을 전면적으로 추진하는 과정에서 우리는 학생들에게 진정한 지식과 조우하며 훌륭한 선생들과 대화할 기회를 제공하고 이를 통해 그들의 창조적 재능의 불꽃을 피워야 한다고 생각하게 되었다. 우리는 《신세기 교육문고》를 편찬하면서 이 책이 소질교육의 전면적인 발전에 좋은 계기가 되어주기를 그리고 새로운 성장점이 되어주기를 진심으로 기대하고 있다. 또한 우리는 이 책이 새로운 세기의 풍성한 교육의 문화적인 성과를 가져다주기를 바란다.

위와 같은 생각을 바탕으로 우리는 《신세기 교육문고》를 편찬하며 아래와 같은 원칙을 고수하기 위해 힘썼다.

―한 분야에 있어서의 권위성과 보편성을 동시에 갖추었다. 《신세기 교육문고》는 엄선된 작품의 권위성과 문화적 가치에 중점을 두고 동시에 지식의 보편성과 시대성을 고려해 사회과학, 자연과학 등의 방면도 언급하여 권위 있는 저작의 보급과 현대적인 과학 지식의 발전을 하나

로 융합시켰다.

—심각성과 재미를 동시에 갖추었다. 《신세기 교육문고》는 엄선된 작품의 사상과 내용의 심각성에 중점을 두고 있지만 여기서 말하는 심각성이라는 것이 결코 문장이 난해하거나 무미건조함을 의미하지는 않는다. 우리는 작품을 편찬할 때 읽는 재미를 충분히 고려해 풍부한 지식을 내포하고 있는 이 문고가 청소년들이 쉽게 다가갈 수 있는 정신적인 동반자로 만들고자 했다.

—단계성과 총체성을 동시에 갖추었다. 《신세기 교육문고》는 모든 학생들의 각각 다른 독서에 대한 요구를 고려했을 뿐 아니라 《신세기 교육문고》자체의 연속성, 총체적이고 체계적인 면도 아울러 고려했다. 그러므로 《신세기 교육문고》는 최대한 각 시리즈 간의 중복과 유사함을 최대한 피하려고 노력했으며 각 시리즈의 목록이 교차할 필요가 있을 때는 편폭과 원본의 차별성을 고려했다.

새로운 세기를 향한 발자국 소리가 더욱 가까워짐에 따라 우리는 많은 학생들의 책을 읽는 소리에 더욱 열심히 귀를 기울인다. 우리는 미래가 경쟁과 도전의 시대이자 생활의 활력이 충만한 시대, 동시에 독서와 학습에 집중하는 시대가 될 것임을 굳게 믿고 있다. "천지를 위하여 마음을 세우고, 백성을 위하여 뜻을 세우고, 선현을 위해 학문을 계속 이어나가고, 만세를 위하여 태평한 시대를 연다.(爲天地立心, 爲生民立命, 爲往聖繼絶學, 爲萬世開太平)" 고대의 철학자는 이러한 말을 지식인들에게 전한 적이 있다. 오늘날 우리는 여기에 새로운 의미를 더하고 진정한 독서인의 포부와 기백으로 머리를 들고 새로운 세기를 맞이한다.

생명 다해 아이들을 보호하자
―《중국의 저명한 담임교사들의 도덕교육 일기》 편집 수기

　나는 이 책의 첫 번째 독자이다. 나는 뜨거운 눈물을 머금고 이 책의 원고를 다 읽었다고 말할 수 있겠다. 나는 이 책의 주인공의 집착과 노력에 감동했고 그들의 헌신 정신과 교육적 기지에 감동했다. 이 책에 수록된 담임교사들은 근 10년간 중국의 도덕교육 방면에 있어 현저한 공헌을 한 대표적인 인물들이다. 서른 남짓한 더우구이메이竇桂梅 선생, 환갑이 넘은 첸더런錢德仁 선생, 일찍이 좋은 성과를 얻은 웨이수성魏書生 선생, 새내기 교사 리전시李鎭西 선생, 부지런히 자신이 맡은 반을 연구하는 딩루쉬丁如許 선생, 착실하게 자신의 교육 목표를 추구해 나가는 장즈리蔣自立 선생, 현재는 《인민교육》의 편집을 맡고 있는 런샤오아이任小艾 선생 등 그들은 모두 공통된 하나의 특징을 가지고 있다. 그것은 바로 자신의 생명을 바쳐 아이들을 보호하고 온 마음을 다해 학생들에게 헌신한다는 것이다.

　이 책을 통해서 우리는 더우구이메이 선생이 아이들의 성장을 위해 지칠 줄 모르고 아이들의 생활 리듬을 쫓아가는 광경과 딩루쉬 선생이 자신이 맡은 반을 가장 빛나는 반으로 만들기 위해 심혈을 기울이는 모습, 런샤오아이 선생이 민주적이고 평등한 사제지간의 관계를 만들기 위해 끊임없이 노력하는 모습, 리전시 선생이 교육낭만주의에서 교육현실주의 그리고 다시 교육이상주의를 가진 선생으로 성장해 나아가는

모습, 쳰더궈 선생이 35년간의 교직 생활에서 얻은 인생 경험, 장즈리 선생이 '생각은 늙지 않고 영원히 젊다.'라는 생활의 진리를 어떻게 깨달았는지, 웨이수성 선생이 자아를 변화시키고 초월하는 과정에서 쓴 '마음을 다해 아이들을 가르치면 학교는 깨끗하고 순수한 곳이 될 수 있고 나를 잊고 과학연구에 몰두할 때 그 시간은 천국에 있는 시간이 된다.'라는 교육에 대한 명언을 볼 수 있다. 이 책은 10여 년간의 중국의 우수한 담임교사들의 시대정신을 반영하고 그들이 도덕교육을 위해 밤낮으로 수고한 족적을 기록한 책이라고 할 수 있다.

비록 여러 가지 이유로 많은 우수한 담임교사들의 이야기를 이 책에 다 수록하지는 못했지만 나는 이 일곱 명의 저명한 담임교사들의 성장 과정을 통해 우리는 우수한 담임교사들의 성장의 법칙을 대체적으로 파악할 수 있다고 생각한다. 우수한 담임교사들은 다른 우수한 교사들이 가지고 있는 것과 같은 해박하고 심오한 지식, 빈틈없는 관찰 능력, 깊이 있고 활발한 교육적 사고능력, 탁월한 표현 능력 외에도 사심이 없는 교육에 대한 진실한 애정과 꾸준히 학생들을 인도하는 교육에 대한 의지력을 가지고 있다. 애정이 있어야 인내심도 생겨나고 가슴 가득한 열정으로 아이들과 같이 생활하며 기쁨을 누릴 수 있다. 또한 애정이 있어야 후회 없이 자신의 몸과 마음이 아이들의 세계에 완전히 빠져들 수 있으며 생명을 다해 아이들을 보호하고 온 마음을 다해 아이들에게 헌신할 수 있다. 이런 의미에서 볼 때 이 책은 가장 생동감 있는 담임교사들의 교재가 될 것이다.

나는 이 책의 7명의 저자에게 매우 감사하다는 말을 전하고 싶다. 그들은 대부분 다망한 가운데《신세기 교육 문고》의 출판 작업을 지지하기 위해 그리고 더욱 많은 젊은 교사들과 그들의 경험과 감정을 나누고 싶어서 원고를 보내왔다. 나는 또한 교육부의 기초교육 담당 쑨쉐처孫學策 선생에게 특별히 감사의 말을 전한다. 그는 이 책을 위해 매우 귀중한 소식과 의견을 제공해 주었다. 세심한 독자 여러분이라면 발견했겠지만 7명의 저자들의 배열순서는 그들이 재직하고 있는 학교에 따라 초등학교, 중고등학교 순으로 배열했고 또 성의 획순으로 배열한 것으로 결코 불공평하게 배열한 것이 아님을 밝혀둔다. 또한 이 책의 구성 담당자로서 글자나 격식, 부분적인 내용에 약간의 수정을 거쳤음을 밝혀두는 바이다. 만약 맞지 않는 내용이 있다면 저자와 독자들의 지적을 바란다.

학생과 함께 성장하다

이 글은 작가가 쑤저우 톈자빙田家炳 중학교 우원췬吳文君 선생의 저서 《성장이야기》에 기고한 서문이다.

눈앞의 《성장이야기-심리교사의 업무일기》를 보고 있노라니 나는 더욱 더 친밀감을 느낀다. 15년 전, 나는 학교의 심리자문 연구를 맡았었고 쑤저우시 청소년 심리자문 진료실, 쑤저우 대학 심리자문센터를 운영한 경험이 있으며 심리자문 저서인 《학교심리자문》이라는 작은 책자를 출판한 적도 있다. 만일 내가 그때 하고자 했던 일을 계속했다면 아마도 《성장이야기》와 같은 교무일지를 많이 썼을 것이다. 우수한 심리자문교사가 되는 것이 나의 이상이었기 때문이다.

처음 이 책을 읽고 나는 매우 감동받았다. 자신의 교육이상을 열심히 주구해온 교사가 자신의 심경과 학생, 학부모, 교사가 함께 성장한 과정을 써낸 것을 나는 기쁜 마음으로 읽었다. 작가는 행동으로서 자신의 교육적 이상을 실천했고 이상적인 교사가 되기 위해 노력했다. 그녀는 그녀만의 방식으로 사랑과 존중을 표현했으며 진정한 교육을 실천하기 위해 노력했다.

《성장이야기》는 학생, 학부모, 교사, 심리교사가 심리자문과 지도를 통해 마음의 성장을 이루는 여러 가지 사례를 종합한 책이다. 군더더기 없는 간략한 묘사로 흥미진진하고 참신하다. 이 책은 우리를 학생들의 영혼과 이야기를 나누는 현장으로 데려다 줄 것이며 어려움 속에서도 마음이 성장해 나아가는 과정을 느끼게 해 줄 것이다. 나는 여기에 학생들에 대한 교사들의 깊은 사랑이 들어있다고 믿는다. 작가는 학생 개개인의 마음의 성장을 존중하고 그들의 영혼을 보호하는 교사다. 책에 실려 있는 여러 가지 사례를 통해서 그녀의 마음 씀씀이와 세심한 정성을 느낄 수 있다. 그녀는 교육에 대한 꿈을 가지고 있으며 교육에 잠재된 기쁨을 발견하는데 능숙한 교사이다. 또한 그녀는 자신이 만나는 개성이 저마다 판이한 학생들이 모두 전도유망한 큰 인물임을 굳게 믿는다. 학생들 중에서 미래의 정치가가 나올 수도 있고 노벨상 수상자가 나올지도 모른다. 작가가 그들에게 해줄 수 있는 일은 정성으로 학생들을 보살피고 그들이 자신감을 찾고 잠재력을 개발하며 성장하면서 만나게 될 곤경과 문제들을 마주할 수 있도록 도움을 주는 것이다. 학생들의 능력은 무한하다. 사람의 성장을 도와주는 것만큼 위대한 일은 없다. 작가는 교육의 즐거움과 성장의 즐거움을 발견하고 그녀의 창조력, 상상력, 그리고 지혜와 모든 역량을 최대한 발휘한다. 그녀는 교육이 가진 무한한 가능성에 심취되어 있다. 교사나 학부모, 학생들은 이 책을 통해 작가의 교육에 대한 열정에 사로잡히게 될 것이다.

이 책은 또한 실용적인 분석 자료로서 학교의 심리교사나 윤리교사를 양성하는 데 쓰일 수 있다. 일선의 교사들에게는 이론과 실용성을 모두 갖춘 실용서가 될 수 있을 것이다. 작가는 교사로서 열심히 일하고 반성하며 사색한다. 그녀는 항상 우리의 교육에 대해 걱정하고 교사로서의 자신을 낱낱이 분석한다. 그녀는 명확한 목표의식이 있으며 진정한 심리교육을 탐구하고 자발적으로 생각하는 사람이다. 각각의 사례에 대한 분석과 관련 심리자문 및 보충자료에 대한 소개는 그녀의 풍부한 경험과 끊임없는 연구에서부터 비롯된 것이다.

시대는 작가와 같이 열심히 노력하고 사고하는 전문적인 교사, 심리적 교육능력을 갖춘 교사를 요구하고 있다. 확실한 목표 의식을 가지고 자아를 성장시키며 동시에 학생의 자아성장을 도모함으로서 마음이 성장하는 기쁨을 체험한 작가의 성과는 우리 일선 교사들에게 많은 깨달음을 준다.

이 책을 읽으면서 나는 작가가 적극적이고 평화로운 인생 태도를 가진 사람이라고 생각했다. 그녀는 자신의 인격적 특성을 개별적인 심리자문과 그녀의 수업에 융화시켜 교사로서 일하는 기쁨과 성취감을 체험했다. 그녀의 글을 읽는 독자라면 학생, 학부모, 교사에 상관없이 누구나 그녀의 이러한 경지를 느끼고 각자 다른 형태의 자극을 받을 것이다.

나는 교육이란 성장의 과정이라고 말하고 싶다. 교사로서 학생 그리고 학교와 같이 성장하는 기쁨을 맛볼 수 있다면 그 사람의 삶은 빛으로 가득 찰 것이다.

일곱 빛깔 무지개

이 글은 작가가 쿤산昆山 위펑玉峰실험학교 학생들의 문집 《일곱 빛깔 정원》에 기고한 서문이다.

수확의 계절 가을에 나는 기쁘게도 쿤산시 위펑실험학교의 개교 1주년 기념식에 초대받았다. 그러나 이보다 더욱 기쁜 것은 《일곱 빛깔 정원》이라는 위펑의 학생들의 글을 모아 만든 문집을 선물로 받은 것이다.

학생들의 문집 《일곱 빛깔 정원》을 펼쳐보니 거기에는 정말 삶의 다채로움이 가득 녹아 있어 읽는 사람의 마음을 절로 유쾌하게 했다. 우수한 학생들의 일기를 보니 마음속에 감동의 물결이 밀려왔다. 패기와 개성이 넘치고 동심이 담긴 일기는 하나하나가 시이자 그림이며 아름다운 꿈, 다채로운 이상이었다.

어떻게 하면 이와 같은 문장력을 기를 수 있는가? 일기를 쓰도록 가르치는 것은 매우 효과적인 방법이다. 학생들은 일기쓰기를 통해 관찰력, 작문능력 및 소질을 함양할 수 있다. 하루에 조금만이라도 시간을 내서 가장 인상 깊었던 일이나 감정 등을 써 보고 이를 습관으로 만든다면 머지않아 자유자재로 글을 쓸 수 있게 될 것이고 자신의 감정을 생동감 있는 글로 표현할 수 있을 것이다. 일기는 단지 느낀 바를 적거나 사실을 있는 그대로 기록한 것이 아니라 자신의 영혼과의 대화이자 속마음을 진실하게 기록한 글이다. 일기는 아이들의 성장에 좋은 스승이자 친구가 될 수 있다. 일기를 쓰는 것은 내 안에 존재하는 다양한 자아와의 대화이며 동시에 자아 성찰이다. 현실 속의 자아와 이상 속의 자아가 대화를 통해 자신을 반성하는 법을 배운다. 이는 자신의 생활이나 학습에 존재하는 부족한 부분이나 문제점을 발견할 수 있게 해주며 좋지 않은 습관을 극복할 수 있도록 격려한다. 이를 통해서 우리는 항상 진취적인 마음가짐으로 새로운 내일을 맞이할 수 있게 된다.

어떻게 하면 일기를 효과적으로 쓸 수 있을 것인가? 첫째, 진실만을 써야 한다. 학교에서 혹은 생활 속에서 실제로 겪은 일을 쓰고 솔직한 자신의 감상을 적는다. 둘째, 자신의 생활을 즐기고 관찰에 힘쓴다. 조각가 로댕Rodin은 "아름다움은 어디에나 있다. 우리에게 부족한 것은 아름다움 자체가 아니라 아름다움을 발견하는 눈이다."라고 이야기했다. 그러므로 학생들은 무언가를 발견하고 표현하는 데 능숙해야 한다. 셋째, 많이 읽고, 많이 생각하고, 많이 보고, 많이 써야 한다. 책을 많이 읽되 좋은 책을 읽어야 한다. 책 속에 잠재된 풍부한 지식은 아무리 써도 없어지시 않는다. 독시를 많이 함으로서 쓰기 능력을 촉진시키고 읽기와 쓰기 능력을 겸비할 수 있다. 넷째, 군센 의지가 있어야 한다. 순자荀子는 《권학편勸學篇》에서 "천리마도 한 번에 십 보를 갈 수 없으나 둔한 말이 천리를 달릴 수 있는 것은 쉬지 않기 때문이다. 중도에 포기하면 썩은 나뭇가지도 꺾을 수 없으나 중도에 포기하지 않으면 쇠와 돌에도 새길 수 있다."고 했다. 이는 끈기를 가지고 노력하는 것이 얼마나 중요한지를 나타내는 말이다. 항상 노력하고 태만하지 않으면 성공은 항상 우리 가까이에 있을 것이다.

쿤산시 위펑실험학교는 '학생들의 평생의 발전을 위한 기초를 닦자.'
를 교육의 기초로 삼고 새로운 실험적인 교육을 적극적으로 전개해왔
다. 학생들의 독서와 일기쓰기를 중시해 매일 1시간의 작문 수업이 있
으며 학생들을 위해 많은 책을 구비해놓고 학생들이 매일 책을 읽고 한
편의 일기를 쓰도록 하고 있다. 2, 3년 동안 이를 실천한 결과 학생들의
작문능력은 눈에 띄게 향상되었고 더 나아가 학생들의 정신과 인격 수
양에 큰 도움이 되고 있다. 언젠가 학생들의 일기가 우리들에게 더욱
아름다운 정신세계와 풍부한 인생의 경험과 철학을 전개해 주기를 기
대해 본다.

《세계교육대사전》 편찬 일기

《세계교육대사전》이 드디어 출간됐다. 《세계교육대사전》의 편찬 기획은 1993년 쑤저우 대학에서 열린 '21세기를 향해 전진하는 국제교육' 국제교육연구토론회에서 시작됐다. 토론회에서 학자들은 편년체 방식으로 세계교육발전의 경로를 비교하는 《세계교육대사전》을 출간할 것을 제안했다. 1995년 구밍위안顧明遠 교수를 편집장으로 하고 국내외 저명한 비교교육전문가들이 각 권을 담당하는 편찬위원회가 정식으로 성립됐다. 비교적 큰 규모의 편찬 사업을 성공적으로 이루어내기 위해 위원회는 네 차례에 걸친 회의를 열어 《세계교육대사전》의 기준을 정하고 권수를 나누며 편성 체계 등의 문제에 대해 심도 있는 토론을 진행하고 엄격한 편찬 방안을 제정했다. 편찬위원회의 세밀한 기획 아래 4년간의 노력 끝에 《세계교육대사전》이 출간되었다.

《세계교육대사전》은 내용과 구성면에서 사전과 교육사 사료로서의 특징을 가지고 있고 또한 독자적인 특색과 가치를 지니고 있다. 일반적인 교육 사전은 각 항목에 대한 해석과 속성을 나타내는데 중점을 두며 해석이 비교적 간략하다. 또한 대다수의 교육사 사료는 특정 국가(혹은 지역)나 특정한 시기의 교육적 사건에 대해 묘사, 논술하고 있기 때문에 특정 사건이 세계교육발전 상에서 차지하는 위치와 의의에 대해 이해하기 쉽지 않다.

《세계교육대사전》은 인류사회에 있어 최초의 교육 활동이 시작된 시점부터 20세기 말까지 수천 년에 이르는 교육발전의 역사적인 과정을 시간의 흐름에 따라 담고 있다. 공간적인 흐름에서 보자면 기본적으로 세계 5대양 6대주의 주요 국가에 대한 내용을 포함한다. 이는 세계 전체의 교육발전과정을 파노라마식으로 묘사해 독자들이 미시적인 관점에서 각 국가 및 시기에 발생한 구체적인 교육과 관련된 사건을 이해할 수 있을 뿐 아니라 거시적인 관점에서 전체적으로 인류의 교육과 관련된 사건 및 맥락을 파악할 수 있다. 《세계교육대사전》은 인류의 발전 단계에 따른 중요한 교육적 사건을 회고하며 독자들이 교육의 과거와 현재를 인식하고 세계의 교육에 대한 상호간의 영향 및 특징을 파악하여 교육의 미래와 발전 추세를 예측할 수 있게 한다.

그 밖에도 《세계교육대사전》은 세계 교육에 대한 파노라마식 투시를 통해 독자들이 세계 교육발전의 궤적을 찾아 교육적인 사건의 현상을 파악하게 할 뿐 아니라 심오한 의의를 지닌 교육적 사건을 통해 교육 발전의 객관적인 규율을 찾아내고 교육 본질에 대한 인식을 높이며 세계 교육 발전에 대한 경험과 교훈을 도출할 수 있도록 한다.

《세계교육대사전》은 모두 4천여 개의 항목으로 이루어져 있으며 여러 국가와 시기를 아울러 편찬했다. 독자들의 편의와 《세계교육대사전》내용상의 과학적, 지식적, 정보와 가독성을 확보하기 위해 색인 편성에도 심혈을 기울였다. 목차에 따른 색인 외에도 주제에 따라 편을 나누었고 주제에 따른 색인도 추가했다. 항목에 따라 각각 고대, 르네상스, 중국, 일본, 인도, 동남아시아, 영국, 프랑스, 독일, 러시아, 유럽 및 기타 국가, 미국, 라틴 아메리카, 아프리카, 오세아니아, 국제 조직

이렇게 총 16편으로 구성되었다. 또한 각 편의 내용은 시간의 순서에 따라 구성되어 있어 독자들의 신속한 검색에 편의를 제공하고 있으며 교육적인 사건을 토대로 특정 국가 혹은 지역의 교육발전에 대해 체계적인 비교와 분석이 가능하다. 주제에 따른 색인은 모든 항목을 법규, 문건, 보고, 건의, 회의, 사건, 학교기구, 저작, 간행, 논술 등의 주제로 분류함으로서 독자들이 서로 다른 테마에 대한 검색이 가능하도록 했다. 주제에 따른 색인의 각 항목에는 국가별 분류와 페이지를 첨부했다. 이를 통해 독자는 다른 국가와 다른 시기의 교육발전에 대해 직접적인 비교를 할 수 있고 각 나라 간 혹은 각 나라 내부의 교육발전의 공통적인 특징과 차이점을 찾아 교육과 사회발전 및 교육 본질 등의 문제에 대한 인식에 더욱 깊은 이해를 도모한다.

《세계교육대사전》의 정확도를 보증하기 위해 각 편의 편집자와 주요 작가들은 각 분야의 전문가들로 구성되어 있고 다른 권위 있는 전문가들에게도 감수를 부탁했다.

책을 더욱 쉽게 읽기 위해 《세계교육대사전》은 문자와 그림이 결합된 편찬방식을 채용하여 세계교육발전의 역사를 대표하는 그림 및 사진을 실었다. 이 책에 등장하는 그림 및 사진들은 역사적으로도 매우 가치 있는 자료이다.

그 밖에 《세계교육대사전》은 각 항목을 집필하면서 특히 세계적으로 중요한 교육적 사건과 주요 인물, 주요 기구, 법률문건의 출현과 형성 등의 소개에 심혈을 기울였다. 여기에는 학교교육 뿐 아니라 세계 각국의 사회교육 및 가정교육의 중요한 사건도 포함되어 있다. 《세계

교육대사전》은 일반적으로 교육적인 사건의 정치, 사회, 경제적인 배경에 대한 소개보다는 주로 교육적인 사건 자체에 중점을 두었으며 이를 객관적으로 간략하게 묘사했다. 과도한 평가는 자제하고 교육 발전에 있어서의 결론이나 문제점 등은 언급하지 않아 독자로 하여금 교육적인 사건에 대한 더 넓은 사고와 연구를 할 수 있도록 여지를 남겨두었다.

우리는 《세계교육대사전》의 출간이 교육 관련 종사자들의 세계교육에 대한 연구와 학습에 있어 참고할만한 가치가 있는 도구로 사용되기를 진심으로 바란다. 동시에 우리는 교육이 인류의 영원한 사회활동으로서 인류사회가 끊임없이 발전해 나감에 따라 교육도 끊임없이 발전해 나갈 것임을 인식하고 있다. 《세계교육대사전》은 단지 인류의 과거 교육에 대한 서술이나 회고가 아니라 세계 교육의 발전과 발걸음을 나란히 하는 책이라고 할 수 있다. 이는 《세계교육대사전》의 편찬이 단지 일시적인 사업이 아니라 장기적으로 끊임없는 수정과 편찬을 필요로 하는 과정임을 의미한다. 《세계교육대사전》은 세계교육의 발전과 발걸음을 나란히 하며 더욱 다양하고 새로운 내용을 보완해갈 것이다. 이 책은 단지 《세계교육대사전》의 광대한 편찬 과정의 시작점이자 새로운 탐색과 시험의 과정에 지나지 않는다. 그러므로 우리는 《세계교육대사전》이 출간된 후에도 다양한 전문가들과 독자들의 의견을 수렴해 적절한 시기에 수정을 하여 더욱 완벽한 책이 되기를 희망하고 있다.

역사로 향해 가는 현실

이 글은 작가가 장수 교육출판사에서 출판한 《중국교육사상 연구》라는 책을 쓰면서 느낀 감상이다.

1989년에 나는 중국의 교육 현실 문제에 대해 소개 및 분석을 한 《곤경과 초월－현대 중국의 교육 논평》(광시廣西 인민 출판사 1990년 판)이라는 글을 썼다. 15만 자 정도 되는 적은 분량의 책을 쓰면서 나는 80년대의 거의 모든 주요 교육 신문을 찾아보았으며 수십 군데의 학교를 방문했다. 거듭되는 위기와 위태위태한 교육 현실에 직면하면서 저절로 역사 발전의 심층 원인 탐구를 통해 현대 중국교육의 병리를 탐구하고자 하는 충동이 생겨나게 되었다.

대학에서 공부하던 시절 교수님께서 학문을 하는 방법에 대해 강의하실 때 말씀하셨던 두 가지 이야기에 깊은 인상을 받았던 것을 기억한다. 하나는 "남과 다른 주장을 내세우고 자신의 말을 거기에 맞게 꾸며 내야 한다."이고 다른 하나는 "사소한 문제도 큰일처럼 처리하고 깊게 연구해야 한다."였다. 내가 앞서 말한 '충동'은 첫 번째 조건은 만족시킬 수 있을지 몰라도 두 번째 조건과는 매우 거리가 있다. 이렇게 나는 청년 학자들이 가장 기피하는 연구 수단을 선택했다. 비록 하룻강아지 범 무서운 줄 모르는 용기는 있었지만 사자가 토끼를 잡기 위해 전력을 다하는 수고는 부족했던 것 같다.

《중국교육사상 연구》를 쓰기 전에 나는 나 자신에게 두 가지 기본 원칙을 규정하고자 한다.

첫째, 과거에 인물의 사상을 중심으로 했던 연구 형식을 타파하고 새로운 각도, 새로운 시야에서 중국교육 사상의 발전의 궤적을 명백히 논술할 것이다. 그러므로 나는 고대 편에서는 중국 고대 교육 사상의 생태 및 환경, 주요 특징, 이론적 기초와 현대에 있어서의 의의를 분석하는 데 총력을 기울이고 고대의 도덕교육관, 교육론, 교사들의 말과 독서법을 체계적으로 귀납하고 과거 제도, 서원, 맹학 등 특색을 지닌 교육 사상에 대해 탐구와 토론을 진행하려고 한다. 근대 편에서는 중국과 서양의 교육 사상의 융합 및 소통에 대해 집중적으로 연구하고 양무교육, 유신교육, 개성교육, 직업교육, 평민교육, 향촌교육, 생활교육, 살아 있는 교육 등의 사상과 사조의 변천에 대해 분석하고자 한다. 현대 편에서는 현대 교육 사상의 변천, 공화국 지도자의 교육 사상 및 중국 현대 교육 이론, 교육 사상, 도덕교육 사상, 교육 심리 사상, 교육 개혁과 발전 전략 사상 등을 주로 연구하고자 한다. 그러므로 나는 힘써 다른 교육가의 사상 체계를 뛰어넘으려고 하며 시대를 주제로 하여 교육가 단 한 사람만의 사상에 주의하려고 한다. 이렇게 함으로써 교육가와 그 사상은 고립되고 평면적인 것이 아니라 서로 연관되고 입체적이 된다. 물론 정말 이 원칙을 적용할 수 있을지는 독자 여러분의 판단이 필요하다.

둘째, 중국 전통의 교육 문화를 확대 발전시키는 데 중점을 두고 중국교육이 이룩한 바를 수집하는 것이다. 중국은 수천 년의 우수한 교육 전통을 가진 나라이자 세계에서 일찍이 학교를 설립한 나라 중의 하나다. 중국 고대의 교육은 찬란한 고대 문화의 유기적 구성 성분일 뿐 아니라 고대 문화가 생존하고 발전하기 위한 기초이자 필수 조건이었다. 교육 특유의 전달이라는 기능으로 인해 고대 문화는 수천 년이라는 시간 동안 이어져 올 수 있었다. 20세기 초 이후 서양의 교육을 평가하고 모범으로 삼으면서 중국의 교육가와 우수한 교사들도 교육 이론 및 실질적인 문제에 대해 광범위한 탐색과 연구를 진행했고 중국교육 사상에 새롭고 빛나는 부분을 첨가했다. 그러나 아직도 많은 이들이 교육은 반드시 서양의 교육을 따라야 한다고 생각하고 현재의 교육 위기의 원인을 역사의 책임으로 돌린다. 이는 타당하지 않은 의견이다. 글을 더욱 깊이 써 내려감에 따라 나의 최초의 충동은 점점 새로운 원동력으로 바뀌기 시작했다. 그것은 바로 중국교육 과학의 성취 및 공헌을 체계적으로 총괄하는 것으로 이는 나의 졸작의 부제가 되었다.

이 책의 출판 속도, 장정 수준은 일류라고 할 수 있는데 이는 모두 편집을 맡은 쑨위어孫峪峨 선생의 공로다. 그녀는 나에게 자주 연락을 해서 내가 태만하지 않도록 해주었고 주경야독하며 바쁠 때는 새벽 3시에도 집필을 하도록 했다.

비록 장수 교육출판사는 나같이 평범한 작가의 칭찬이 필요하지는 않지만 (이 출판사는 최근 전국 우수 출판사라는 칭호를 얻었고 이는 이곳의 대단한 능력을 증명하기에 충분하므로) 학술 서적의 출판이 불황인 요즘 분량도 적고 (74만자), 초판 수도 적은(1,000권) 책을 본전도 못 찾아가며 (5~6만 위안의 손해가 예상된다) 이 책을 출간하는 데는 상당한 박력과 담력이 필요했을 것이다.

학술계의 주목을 받고 있는 이 책은 지금까지 《문회보》, 《대공보大
公報》, 《교육연구》, 《문회 독서보讀書報》 등 10여 군데 신문에 추천 평
론이 실렸으며 쑤저우시와 장수성의 철학 사회과학 우수상을 받았다.
하지만 나는 이 책이 자료나 문헌 인증 및 관점의 해석 등 다른 사람들
의 의견을 구해야 할 부족한 부분이 많은 책이라는 것을 깊이 인식하는
바이다. 비록 나는 자신이 쓴 책을 수정한 전례가 없지만 몇 년 후 나는
여러분들의 의견을 수렴하여 열심히 이 책을 수정할 것이라고 생각한
다.

04

명사들과의 대화

명사들과의 대화는 항상 오랜 여운이 남는다. 그들의 마음속으로 조금 더 깊이 들어가 보면 새롭고 활기찬 느낌을 받는다. 그러므로 자신의 인생의 품격을 높이고 탁월한 업적과 성취를 추구하기 위한 가장 좋은 방법은 명사들의 앞에 앉아 그들의 목소리와 숨소리를 경청하는 것이다. 횃불과도 같은 그의 눈빛을 통해 자신의 열정을 불러일으키며 번개와도 같은 격정을 통해 지혜의 꽃을 피울 수 있다.

'04 명사들과의 대화'에서는 작가가 명사에게 직접 다가가 보고 듣고 느낀 것을 충실하게 기록했다. 물론 명사들을 대하는 작가의 관점은 교육적인 각도에서 출발하며 명사들의 교육자로서의 풍모와 족적에 대해 기록하고 있다. 작가는 명사들에게 확실하거나 심오하고 투철한 생각을 추구하지 않는다. 그가 추구하는 것은 명사들의 독특한 발견과 독자적이고 자신만의 신념을 가진 학문에 대한 태도이다. 그러므로 본 집에서는 명사들에 대한 존경심과 경건한 마음을 엿볼 수 있다. 작가와 명사들의 대화를 통해 작가의 교육과 진리에 대한 열정을 느껴보자.

청년 마오쩌둥 :
인격교육의 새로운 장을 열다

청년 마오쩌둥의 교육 사상은 비록 1949년 이후처럼 명성이 자자하지는 않았지만 마오쩌둥 일생의 교육이론 체계에서 빼놓을 수 없는 구성 성분이다. 마오쩌둥의 교육 사상의 형성 및 발전은 그 자체로서 이미 하나의 역사적, 논리적 발전 과정이다.

청년 마오쩌둥은 교육을 매우 중요시했다. 1912년 6월 19세의 마오쩌둥은 장샤長沙의 한 고등학교에서 공부할 때 《상앙商鞅의 사목지신徙木之信론》이라는 논문을 썼다. 이 논문에서 그는 "상앙의 법…… 중국은 대단한 정책을 세워본 적이 없는데 국민이 어떻게 나라를 믿을 수 있겠는가? 사목지신이라는 성어처럼 집정자가 수고를 아끼지 않아야 한다. 나는 백성들의 우매함을 알고 있다. 수천 년간 백성의 교육 수준은 암담할 따름이고 이에 나라가 멸망할 지경이 된 것이다."라고 이야기했다. 그는 중국의 불행이 민중의 무지에서 비롯된다고 생각했다. 그러므로 사회를 개조하고 국가와 민족을 멸망으로부터 구하기 위해서는 교육을 중시하고 민심을 개조해야 한다고 주장했다.

청년 마오쩌둥은 민중의 의식 수준의 변화와 민심 도덕의 개조를 근본으로 여겼고 실제 이것은 차이위안페이蔡元培 등이 당시 제창하던 "공화국 국민의 건전한 인격 양성"과 상통하는 바가 있었다. 마오쩌둥이 생각하는 근본이란 본질적으로 볼 때 인격과 같은 뜻이다. 마오쩌둥이 민심의 근본을 탐구하는 직접적인 목적은 바로 민족의 새로운 인격을 재창조하는 것이었다. 여기서 그의 구국 이상과 인격 이상이 하나로 합쳐진다.

청년 마오쩌둥의 인격주의 교육사상은 구식 학교의 개성을 억압하는 교육과 인격의 건전한 발전에 영향을 미치는 교육에 대한 반성과 인식이라는 기초 위에 설립된다. 1915년 11월 9일, 그는 리진시黎錦熙 선생에게 보내는 서신에서 구식 교육 제도 하에 개성과 인격의 왜곡 및 박해에 대해 통감하고 있다. "학생은 학교에서 선생이 가르치는 말을 부지런히 따르고 이에 반발할 수 없다. 타고난 개성이 속박되고 결국에는 공부를 하지 않게 된다. 의지는 자유롭지 못하고 실력은 매우 낮으며 나쁜 친구들을 사귀게 되어 쓸모 있는 몸과 귀중한 시간이 점점 쇠락하게 되니 마음이 매우 아프다." 《후난 독학 대학 창립 선언》(1921)에서 그는 또 학교교육이 학생들의 개성과 정신을 말살하는 3대 폐단에 대해 지적했다. 첫째는 사제지간에 감정이 없다는 것이다. 교사는 금전주의를, 학생은 졸업장만 있으면 된다는 생각을 하고 있기 때문에 서로 얻을 것만 얻으면 그걸로 끝이다. 교육을 받는 쪽이나 교육을 하는 쪽 모두가 상업적이 되었다. 둘째는 획일화되고 기계적인 교수법과 관리법으로 학생들의 인성을 손상시킨다는 것이다. 셋째는 수업 시간이 너무 많고 과목이 매우 잡다하다는 것이다. 학생들은 종일 머리를 책 속에 박고 공부하고 수업 외의 다른 것들에 대해서는 잘 모르게 되어 자신만의 사고와 주동적이고 자발적인 연구를 하지 못한다. 그러므로 이 세 조항은 모두 학생들의 개성의 해방에 전혀 도움이 되지 않을뿐더러 인격 발전에 방해가 된다.

청년 마오쩌둥이 주장한 인격주의 교육은 지, 덕, 체의 전면적인 발전을 비교적 중시하고 특히 강대국의 국민으로서의 정신과 용기, 의지를 중요시했다. 《논리학 원리 평어》에서 청년 마오쩌둥은 '동動'을 호걸의 인격의 근원으로 삼았다. 그는 "호걸의 발전은 타고난 본성이다. 그 본성을 위대한 힘을 발휘할 수 있을 때까지 갈고 닦아서 호걸이 되는 것이다. 본성이외의 다른 외부적인 것들, 예를 들어 제재나 속박과 같은 것들은 본성의 힘으로 배제해야 한다. 그 동력의 실체는 인격 형성의 근원이다."라고 이야기했다. 여기서 말한 동력은 우선 몸과 정신의 동력을 말한다. 《체육 연구》에서 그는 신체와 정신의 용기와 힘이 인격을 형성하는 첫 번째 전제 조건이라고 생각했다. 그는 "문명과 그 정신은 우선 야만적인 것에서 기인한다. 야만적인 신체와 정신을 내버려두면 문명의 정신은 저절로 따라온다."라고 이야기했다. 그는 신체를 도덕과 학문의 기초로 여겨 신체가 강건하면 학문과 도덕을 닦을 수 있다고 이야기했다. 지덕체의 관계에 대해 그는 "체란 지식과 도덕을 담는 것이다. 그것은 마치 지식을 실은 자동차와 같고 도덕이 거주하는 집과도 같은 것이다."라고 이야기했다. 그는 교육의 의미에 대해 단지 체력을 기르고 지식을 넓히며 감정을 조절할 수 있다는 것 외에도 의지를 단련시켜 인생의 대업을 이루기 위해 결코 소홀히 할 수 없는 것이라고 생각했다. 그는 "교육의 주지는 용감해지는 것이다. 용감해지면 맹렬하고 두려운 것이 없고 인내심이 강해진다. 이는 모두 의지와 관련된 일이다."라고 이야기했다. 체육은 신체를 단련하는 기능뿐 아니라 동시에 의지를 연마하고 인격을 양성하는 의미를 가진다. 이러한 의미에서 청년 마오쩌둥은 근로와 학습의 병행을 제창하고 이를 높이 평가했다. 이는 그가 후에 지식인들이 생산 노동과정에 참여하고 청년 학생들이 공장이나 농촌에서 일을 배우는 등의 활동을 강조하는 데 직접적인 영향을 주었다.

청년 마오쩌둥의 인격주의 교육의 핵심 내용이 무엇이냐고 묻는다면 나는 동을 강조한 신체와 정신의 단련이라고 대답하겠다. 그렇다면 건전한 인격을 배양하는 가장 효과적인 방법은 무엇일까? 이른바 자아실현주의다. 청년 마오쩌둥은 《논리학 원리 평어》에서 다음과 같이 말했다. "인생의 목적은 자아를 실현하는 것이다. 자아를 실현한 사람은 신체와 정신적 능력이 충분히 발달된 사람이다." 그는 자아실현을 인생의 가장 큰 목표이자 어떠한 외부의 압력도 받지 않고 완전한 개체의 도덕적인 자율로서 이루어진다고 생각했다. 그는 "나에게는 나 자신에 대한 의무와 다른 사람에 대한 의무가 있다. 무릇 나는 사상을 아는 사람으로서 실행의 의무가 있다. 또한 내가 아는 사람에 대해 나는 이를 행할 의무가 있다. 이러한 의무는 나의 정신세계에서 자연스럽게 생겨난 것으로 아무도 훔쳐갈 수 없으며 거짓됨이 없다. 소위 말하는 자신에게 의무를 다하는 사람은 단지 하나의 뜻을 가지고 자신의 신체와 정신의 능력이 충분히 발달한 사람이다."라고 말했다. 결국 청년 마오쩌둥은 자아실현의 의무를 견지하면 자신의 인격이 완전하게 완성된다고 생각했다. 또한 그는 영웅호걸들이 영웅이 될 수 있었던 근본적인 원인은 그들의 본성 속에 존재하는 위대한 힘을 최대한 끌어올린 데 있다고 생각했다. 그러므로 그는 자기 자신에게 엄격한 규정과 도덕적 규율을 적용해야 하는 것을 중시했고 교육은 반드시 학생들에게 이러한 기질을 배양시켜야 함을 강조했다. 그들이 자아를 실현하고 용감하게 전진하기 위해서는 자신을 연마하고 인내심을 배워야 한다고 했다.

청년 마오쩌둥은 자아실현과 개체 인격의 배양을 강조할 때 결코 교육의 사회적 목적과 사회적인 총체적 인격을 부정하지 않았다. 이러한 점에서 그는 그의 선생인 양창지楊昌濟의 의견을 받아들였다. 그는 "교육은 필요한 때 자신의 이익을 희생할 수 있는 정신을 양성해야 한다. 또한 확신과 주장이 있는 사람을 양성해야 하고 공공심을 가진 개인주의적인 사람을 양성해야 한다."고 했다. 청년 마오쩌둥은 《'윤리학 원리' 평어 및 주해》에서 이러한 공공심을 가진 개인주의를 정신적 개인주의라고 해석했다. 그는 이기와 이타의 변증법적인 관계를 다음과 같이 설명했다. "인간은 원래부터 이기적인 동물이다. 그러나 이타적인 마음도 가지고 있어서 이타는 이기에서 비롯된 것이다. 이기는 자신의 정신, 신체에 이로운 것이다." 여기에서 볼 수 있듯이 청년 마오쩌둥은 이기를 강조했지만 이타를 부정하지 않았다. 그리고 이기를 정신적인 것으로 보았다. 그가 이야기한 이기적인 정신은 개체의 도덕 수양의 자각이다. "이기적인 정신은 이기적인 마음과 의지에 있다. 만약 사랑하는 사람이 있다면 내 마음은 그 사람을 잊을 수 없을 것이고 내 의지는 그 사람을 원해서 나 자신을 더욱 분발하게 만들 것이다. 만약 위험한 순간이 닥치면 나는 사랑하는 사람을 위해서 대신 죽을 수 있을 것이다. 이렇게 해서 나의 마음은 드러나고 나의 의지는 후련해질 것이다."

청년 마오쩌둥의 정신적 개인주의에는 이타적인 요소도 내포되어 있음을 볼 수 있다.

청년 마오쩌둥의 인격주의 교육사상은 《후난 독학 대학 창립 선언》에서 진일보한 양상을 보인다. 이 때 그는 이미 비교적 명확하게 개체 인격의 형성과 사회의 개조와의 연계를 하기 시작했기 때문에 타인과 자신, 개인과 사회를 모두 중시했다. 그는 독학 대학의 창립에 대한 주지를 설명할 때 다음과 같이 이야기했다. "독학 대학의 학생들은 학습뿐 아니라 향상의 의지가 있어야 한다. 혁신적인 사회를 위해 건전한 인격을 양성하고 좋지 않은 습관을 없애야 한다." 이렇듯 그는 사회를 개인 발전의 장으로 삼는 단편성을 돌파하고 개체의 사회라는 객체에 대해 능동적인 작용을 확대 발전시켰다. 이는 또한 그가 이전에 사회를 단지 자아실현의 도구로 여겼던 단편적인 관점과 개인을 사회의 희생양으로 여기는 착오된 관점을 시정했다. 동시에 청년 마오쩌둥은 개인의 자아실현과 사회의 자아실현을 연계하기 시작하면서부터 개체 인격의 창조와 사회의 총체적인 인격의 창조를 중시했다. 그는 후난 사람들에게 있어 한 가지 임무를 어깨에 지고 있다고 이야기했다. 여기서 말하는 한 가지 임무란 개별적이면서도 총체적인 특수한 개성과 인격을 스스로가 창조하고 발전시키고 완성하는 것이다. 이렇게 하면 개별적인 자아실현과 사회 전체적인 인격 형성이 하나로 통일되고 발걸음을 나란히 하게 된다. 비록 후에 혁명과 건설 실천의 발전에 따라 마오쩌둥의 교육의 사회에 대한 기능은 더욱 중요시하게 되었지만 그의 교육사상 체계 중 개체적 사상과 개체의 전면적인 발전을 중시하는 사상은 중요한 위치를 차지하고 있다.

마오쩌둥 :
개성을 중시하는 교육

마오쩌둥은 교육에 대단한 열정을 쏟은 세계에서 손꼽히는 지도자 중 한 사람이다. 그의 정치는 종종 교육으로부터 시작되었다. 공화국의 지도자들 중 마오쩌둥의 교육 사상은 비규범적인 혁명 방식이라는 매우 개성적인 특징을 보인다.

마오쩌둥은 일찍이 청년 시대부터 호방한 성격을 형성해왔다. 일찍부터 교육과 조우하고 학교생활에 대한 경험으로 새로운 것을 창조하는 정신을 숭상하고 구습을 그대로 답습하는 것과 억압하는 교육사상에 반대했다. 그는 당시 학교교육에서 학생들에게 이루어지고 있던 개성과 정신을 말살시키는 교육에 대해 예리하게 규탄했다. 혁명운동에 뛰어든 후에 그는 직접 독학 대학 등 일련의 비전형적인 교육 형식을 창조함으로써 혁명 사업에 헌신할 인재를 양성했다. 그의 지도력과 혁명 정신의 근본은 교육의 비전형적 특징이 새로운 길을 열도록 했다. 학교제도를 예로 들면 연수를 제한하지 않고 기본적인 쓰기와 계산이 가능하면 졸업을 할 수 있었다. 수업 시간은 기계적이지 않고 주관적인 규정으로 구체적인 상황에 따라 오전반, 오후반, 야간반으로 나누었다. 방학은 다른 학교의 여름, 겨울, 봄 방학이라는 기존의 규칙을 고수하지 않고 농사가 바쁜 시기에 방학을 하도록 했다. 교육 내용에 있어서는 글의 응용, 편지 쓰기, 기장, 생산 지식 등을 가르쳤다.

　새로운 중국이 건립된 이후 마오쩌둥은 주로 거시적인 교육 문제에 전력투구했다. 그러나 그는 구시대의 교육을 증오하고 전통적, 규범적인 교육 방식을 비평했으며 결코 시간의 흐름이나 변화를 좇지도 않았다. 그는 교육은 생산 노동과 결합되어야 한다고 주장했다. 노동자는 지식을 알아야 하고 엘리트는 노동을 알아야 한다고 주장한 그는 사회 전체가 서로의 분야에 상부상조할 수 있기를 희망했다.

　1964년부터 그는 비전형적인 혁명 모식이 남김없이 다 드러나기 시작했다. 그는 학생들이 매일 긴장되는 분위기에서 공부하고 시력이 저하되는 학생이 급격히 증가하는 등 수업이 지나친 것에 반대하고 수업 과정을 절반으로 축소했다. 그는 매일같이 공부하는 것에 반대하고 더욱 많은 문화적인 생활, 체육 활동을 즐겨야 한다고 주장했다. 그는 교육은 실제 생활과 연계되어야 한다고 생각했다. 이러한 그의 주장은 당시 중국교육에 존재하던 문제의 핵심을 정통으로 찌른 것이다. 그는 학업의 과중한 부담과 교육 방식의 도태, 시험 수단의 낙후 등 교육에서 잘못된 부분을 날카롭게 지적하고 참신하고 합리적인 방법을 제시했다. 그의 공헌은 바로 미국의 교육가 듀이처럼 실제 생활과 떨어진 신사를 양성하는 목표를 규탄하면서 전통적 교육이 현대적인 교육으로 나아가는 데 매진하도록 촉진했다. 그러나 마오쩌둥이 지닌 특수한 정치적 지위로 인해 그의 비전형적 혁명 교육 방식에는 많은 결함이 내재한다. 특히 전통적 교육의 잘못된 것을 바로잡으려는 생각이 지나쳐서 현대 중국의 교육은 우회하게 되었다. 미시적인 교육 개혁 과정 중에서도 어느 정도의 편차와 착오가 나왔고 이는 반드시 주의해야 할 점이다.

실제적으로 마오쩌둥과 동시대에 중국의 최고 지도자로서의 위치에 있었던 류사오치劉少奇, 저우언라이周恩來는 마오쩌둥의 교육 사상에 대해 강한 동의를 표하는 동시에 그의 사상에 내재된 결함에 약간의 보완과 수정을 했다. 이로부터 중국의 총체적인 교육은 협조적이고 완벽한 발전이 가능하게 됐다. 그리고 중국의 제2대 지도자 그룹의 핵심 인물인 덩샤오핑鄧小平은 마오쩌둥의 교육 사상에 내재되어 있던 결함을 과감하게 배제하고 그 진수를 파악해 시기적절하게 규범성을 기조로 하는 현대화적인 교육 사상을 제시했다. 그가 징산景山 학교에 보낸 격려 글에는 "교육은 현대화를 지향해야 하고 또한 세계와 미래로 나아가야 한다."라는 말이 나오는데, 여기에는 그 자신의 교육이념이 담겨 있을 뿐 아니라 중국인, 특히 당대 중국의 엘리트들이 현대화에 대한 열정과 희망을 불러 일으켰다. 물론 이는 마오쩌둥 교육 사상이 새로운 역사적 시대에 지속되고 발전하는 것이다. 마오쩌둥의 일부 발언만을 이용해 시험과 수업 교육, 교사를 부정하는 언론과 관점은 물론 배제되어야 한다. 마오쩌둥의 교육 사상을 정확하고 전체적으로 이해하는 것은 여전히 어렵고도 중요한 임무이다.

타오싱즈陶行知 선생의 교육 연구의 길

　수호믈린스키가 독학으로 성공한 인재라면 타오싱즈 선생은 정규적인 절차를 밟은 인재라고 할 수 있다.

　타오싱즈 선생은 미국 컬럼비아 대학 사범대학을 졸업했으며 저명한 교육자 존 듀이John Dewey의 제자였다. 미국의 공공교육관리, 학교와 사회, 교육사, 교육철학, 교육 재정학, 교육 사회학 등의 과정을 공부하고 우수한 교육의 이론적 소양을 갖추었다.

　그러나 이론적 소양을 갖춘 학자라고 해서 모두 진정한 교육자가 될 수 있는 것은 아니다. 타오싱즈의 성공은 그가 자신만의 독자적인 길을 걷고 독특한 시대적 상황에 놓여있었다는 사실과 밀접한 관련이 있다. 즉 풍부하고 실제적인 교육 경험이 타오싱즈라는 학자를 양성한 것이다. 1917년 가을, 타오싱즈는 미국 유학을 마치고 돌아와 난징고등사범학교의 교사를 맡았고 다음 해에는 교무주임으로 일하기 시작했다. 교무주임으로 재직하던 시절에 그는 교수법을 교학법으로, 필수 과목을 선택 과목으로, 남학생만 모집하던 모집 제도를 남녀 공동 모집 제도로 바꾸었다. 또한 그는 중화 신교육 공진사中華新敎育共進社에 참여, 조직하고 하계 학교와 안후이安徽 학교를 설립했다. 1923년 7월 그는 대학에서의 직책을 포기하고 중화교육촉진회中華敎育促進會의 일에 전념하면서 향촌 교육, 보급 교육, 국난 교육, 전쟁 교육, 전면 교육, 민주 교육이라는 6대 교육 운동을 전개했다. 또한 샤오쫭曉庄 사범학교, 산하이山

海 공업학교, 인재 양성 학교 및 사회 대학 등의 학교를 설립했다. 그의 생활 속에서의 교육 이론은 바로 이러한 일련의 풍부한 교육적 활동을 통해 형성되고 발전하기 시작한 것이다. 이러한 활동은 타오싱즈 선생에게 깨달음과 도전을 주었고 그로 하여금 쉬지 않고 이론적 성과를 이룩하고 과거의 자아를 초월할 수 있게 만들었다.

타오싱즈 선생의 교육 과학 연구의 가장 큰 특징은 실험 정신을 중시했다는 것이다. 그는 "실험 정신을 가지고 있다고 해서 반드시 발명을 해야 하는 것은 아니지만 발명은 실험 정신에서 나온다. 인간과 금수의 차이점은 실험 정신의 유무에 있고 문명과 야만의 차이점은 실험 정신의 깊이에 달려 있다."고 이야기했다. 그는 헤르바르트John Herbart에서 듀이에 이르기까지 교육가가 배출되고 그들의 공적은 모두 실험 정신을 근본으로 하고 있으며 교육의 혁신은 실험 정신 없이는 완성될 수 없다고 여겼다. 1927년 3월 15일 첫 번째 실험학교인 샤오좡 사범학교의 설립을 시작으로 그의 일생에는 교육에 대한 실험 정신이 그치지 않았다. 산하이 공입학교, 인재 양성 학교, 사회 대학 등 다양한 유형의 학교를 조직한 것도 타오싱즈가 중국교육 개혁의 길을 모색하는데 중요한 실험이 되었다. 일정한 의미에서 말하자면 이 네 곳의 학교는 그가 연구하고 발명한 생활 교육의 실험실인 셈이다. 타오싱즈 선생은 미국의 교육가와 중국교육계 인사들이 함께한 송별연에서 다음과 같은 말을 했다. "실험 정신이 있어야 교육의 문제를 철저하게 해결할 수 있고 교육의 원리를 발견할 수 있다." 여기에서 알 수 있듯이 이론을 숙지하고 뛰어난 학식을 가지고 있더라도 실험 정신이 없으면 이를 실천에 옮길 수 없고 그저 빈 지식이고 유명무실한 이론가에 지나지 않는다.

초월성을 추구하고 대담한 창조 정신은 타오싱즈 선생의 교육 과학 연구의 또 다른 특징이다. 타오싱즈 선생은 《일류 교육가》라는 제목으로 자신의 교육적 이상을 상세히 설명한 바 있다. "자립하고 진보하기 위해서는 담력이 있어야 한다. 실험 정신을 가지고 아직 발견되지 않은 새로운 이론을 세워야 한다. 고생이나 피곤함, 장애물, 그리고 실패를 두려워하지 말고 교육의 오묘한 새로운 이론으로 마음을 하나로 모으면 하나하나 발견되기 시작할 것이다." 또한 그는 "교육계에서 창조에 대한 담력이 있는 사람은 창조적인 교육가이다. 개척에 대한 담력이 있는 사람은 교육의 개척가적인 교육가이다. 이는 모두 일류 인물이다." 라고 생각했다. 타오싱즈 본인은 처음부터 일류 교육가의 계획과 요구에 자신을 맞추었다. 이러한 학문적 경지를 추구하기 위해 그는 끊임없이 탐구했으며 반복해서 실험했다. 듀이의 이론에 근거하여 "생활은 교육이다." "사회는 학교이다." "가르치는 것과 배우는 것은 일체가 되어야 한다."는 이론을 제시했다. 또한 그는 대학 교수의 윤택한 생활과 대우를 포기하고 빈민 아동들과 같이 청빈한 생활을 했다. 그는 책을 쓸 때 "무릇 외국의 교육제도에 맞춰 쓰인 내용은 일체 남기지 않고 빼버리고 남은 내용은 나의 경험으로부터 나온 것이다."라는 원칙을 고수했다. 그는 인습을 그대로 좇는 것에 반대했을 뿐 아니라 다른 나라를 모방하는 것에도 반대했으며 자신만의 길을 걷고 대담하게 새로운 것을 창조할 것을 주장했다. 타오싱즈 선생의 교육 이론은 이와 같은 끊임없는 초월 정신을 추구한 것과 떼어 놓고는 생각할 수 없다.

타오싱즈 선생의 교육 과학 연구에 있어 세 번째 특징은 시종일관 기세가 왕성하게 사회 정치 생활과 떨어지지 않았다는 점이다. 그는 생활 교육사의 동료들에게 다음과 같이 경고한 바 있다. 교육은 완구가 아니며 장식품도 아니다. 더욱이 높은 지위에 오르거나 돈을 많이 벌어들일 수 있는 매개체도 아니다. 교육은 일종의 무기이다. 민족, 그리고 인류의 해방을 위한 무기이다. 그는 사통팔달의 교육을 통해 사통팔달의 사회를 창조하려는 포부를 가졌다. 그의 교육 이론은 시종일관 사회의 변천과 시대의 발전에 따라 전개되었다. 항일 전쟁 이후 그의 생활 교육의 중심은 국가와 민족을 멸망으로부터 구하는 국난 교육이 되었다. 항일 전쟁 승리 후 국민당의 전재 독재에 반대하기 위해 그의 교육 주제는 민주 교육이 되었다. 교육가의 사회적 책임감과 정치적 신념은 시종일관 그가 큰일을 위해 치욕을 참으며 강인한 의지와 정신적 역량을 격려해 주었다.

교육가로서의 예성타오葉聖陶 선생

이 글은 작가가 런수민任蘇民 선생이 지은 《예성타오 교육개혁사상
연구》이라는 책에 기고한 서문이다.

나는 일찍이 예성타오 선생에 대해 글을 쓰기로 생각하고 있었다. 예
성타오 선생은 나와 같은 동향 사람인데다 중국 민주 촉진회의 큰 어른
이실 뿐 아니라 내 마음 속 깊이 그의 사상과 인격을 존경하고 있기 때
문이다.

예성타오 선생의 본명은 예사오쥔葉紹鈞으로 장수성 쑤저우의 평범
한 가정에서 태어났다. 부친은 지주가의 회계를 맡고 있었고 가정환경
은 청빈했다. 1907년에 그는 차오차오草橋 중등학교에 입학했다. 학창
시절에는 첫 번째 논문 《아동의 관념》을 발표했다. 졸업 후에는 교육
의 길을 걷게 되어 우선 상하이 상무 인쇄관 부설의 상궁尙公 학교에서
국어를 가르쳤고 이곳에서 초등학교 국어 교과서를 편찬했다. 후에는
우吳현의 루즈甪直 현립 제5 고등학교에서 교편을 잡았다.

루즈에서 보낸 4년여의 시간은 예성타오 선생의 교육 활동에서 매우
중요한 시기였다. 그는 우빈吳賓, 왕보샹王伯祥 등과 함께 학교의 개혁
을 추진했다. 그들은 스스로 새로운 교과서를 편집하고 농장, 서점, 박
람실을 만들었으며 강당, 무대, 음악실을 건축했고 사제 간의 간친회를
거행했다. 또한 학생들의 무대 연습을 지도하고 학생들의 소풍을 조직

해 시대적인 기운과 생활의 정취가 넘치는 학교 환경을 조성했다. 그는 친구들과 함께 루즈진鎭 교육회를 조직해 지역 사회의 교육 개혁 문제에 대해 연구했다. 그는 베이징 대학 학생들의 조직인 신조사新潮社에 참가했고 정전둬鄭振鐸, 마오둔茅盾 등과 함께 문학 연구회를 조직했다. 이 때 예성타오 선생은 《오늘날 중국의 초등학교 교육》, 《초등학교 작문 교수법에 대한 의견》, 《초등학교 교육의 개조》 등과 같은 초등학교 교육과 관련된 글을 발표했다.

1923년부터 1930년까지 예성타오 선생은 상하이 상무 인쇄관에서 편집을 맡았다. 이 시기에 그는 계속해서 교육과 관련된 글을 발표했고 초중등학교 교사의 생활을 반영한 소설 《예환지倪煥之》를 창작했다. 1930년 예성타오 선생은 카이밍開明 서점의 요청을 받고 《중학생》이라는 잡지의 편집장을 맡았으며 동시에 학생들을 위한 국어 교과서를 편찬했다. 사실 이 시기에도 예성타오 선생은 진정한 교육 업무에 종사하고 있었다.

항일 선생 시기 예성다오의 집은 이사를 했고 러산樂山에서 우한武漢 대학 중문과 교수를 맡은 적이 있다. 후에는 청두成都로 가서 카이밍 서점의 편집 책임을 맡았고 계속해서 《중학생》잡지를 출판했다. 이러한 힘든 조건 속에서도 그는 여전히 자신의 펜으로 일하고 투쟁해왔다. 그는 자신이 주최한 《국문 잡지》에 언어 교육과 관련된 글을 발표했고 또한 《내가 만약 교사라면》, 《전통적인 교육 정신을 없애다》등 교육 방면의 글을 썼다.

1946년에 그는 상하이로 돌아와 중국 문예계협회의 일상 업무를 주관했다. 그러나 그는 교육에 대한 연구를 포기한 적이 없었다. 여전히 교육과 관련된 《교육 개조의 목적》, 《생활 교육―타오싱즈를 추억하며》, 《만약 교육 종사자가 정신 독립 선언을 한다면》 등의 많은 글을 발표했다.

신 중국의 성립 후 예성타오 선생은 출판 본서의 부서장, 교육부 부부장 및 인민교육출판사 사장 겸임, 중앙문학사 연구관 관장, 중국 민주 촉진회 중앙 주석, 전국 정치 협상 회의 부주석을 지냈다. 그는 고도의 사회적 책임감을 가지고 교육에 관심을 쏟았고 단편적으로 진학률만 좇는 풍조에 강력하게 반대했다. 그는 교사의 권익에 관심을 가졌고 언어 교육, 청소년 교육 등의 방면에도 심혈을 기울였다.

교육자로서의 예성타오 선생은 교육 방면에 대해 많은 저서를 남기지는 않았으나 "교육은 교육이 필요하지 않기 위한 것이다." "교육은 습관을 기르기 위한 것이다." "학교교육은 그 교육을 받는 사람에게 평생토록 쓸모가 있어야 한다." 등 그가 제시한 사상과 관점은 중국교육 사상에 있어 빛나는 재산이 되었다. 예성타오 선생의 교육 사상을 연구하고 실천하는 것은 줄곧 나의 염원이었다. 그러나 업무가 다망한 관계로 결국에는 완성하지 못했다.

현재 런쑤민 선생이 쓴 《예성타오 교육개혁사상연구》를 읽고 나는 매우 흥분되었다. 그는 내가 하고 싶었지만 하지 못했던 일을 이루어냈다. 우리는 이전에 예성타오 교육 문집을 편집한 적이 있는데 런 선생이 업무에 임하는 태도나 학문에 대한 열정에서 매우 깊은 인상을 받았다. 그의 이 책은 예성타오 선생의 양성 교육 사상, 인본 도덕교육 사상, 교학 사상, 현대 교사 사상, 언어 교육 사상 등에 대해 전 방위적인 연구를 진행했고 동시에 쑤저우의 많은 학교에 실험을 진행해 쑤저우 출신의 교육가 예성타오의 사상과 정신이 그의 고향으로 돌아오게 했다.

나는 런 선생의 책에 이러한 글을 쓰게 된 것을 무척 기쁘게 생각하며 친구들에게 이 책을 추천한다. 나는 쑤저우에서 새로운 시대의 예성타오가 나오기를 기대하고 있다.

중국의 대문호 루쉰魯迅

　중국의 문학가 루쉰은 15년간 교육부 관리를 지냈으며 10여 년 동안 교사생활을 겸임했다. 그는 교육에 대해 깊고 예리하며 독자적인 견해를 가지고 있었다. 루쉰의 교육 사상과 실천은 그의 빛나는 업적 중에서도 매우 중요한 위치를 차지한다.

인재를 배양하는 토양이 되어라

　코메니우스J.A.Comenius가 말한 것처럼 교사는 태양 아래 가장 빛나는 직업이다. 문명이 발달한 국가에서 교사는 사회 전체의 존경을 받는다. 루쉰 선생 또한 교사를 신성하고 숭고한 직업이라고 생각했다. 루쉰은 《아침 꽃을 저녁에 줍다·후지노 선생》에서 일본 유학 시절의 스승이었던 후지노 선생에 대해 열정적인 희망과 지칠 줄 모르는 교육열을 가진 사람이라고 회고한 바 있다. 루쉰은 그에 대해 "비록 후지노 선생의 이름을 많은 사람이 알지는 못하지만 그는 내 마음속에 매우 위대한 사람으로 자리하고 있다."라고 이야기했다.

　루쉰은 스승을 존경했을 뿐 아니라 사람의 영혼을 설계하는 교사라는 직업을 진심으로 사랑했다. 베이징 사범대학 부속 중학교의 강연에서 루쉰은 꽃을 키워내는 토양에 대해 열정적으로 이야기했다. 그는

"지극히 힘들고 어려운 일은 아니지만 이루기 힘들까 두렵다. 그러나 일의 성공 여부는 사람의 노력에 달려있고 천부적인 재능을 가진 천재도 나올 수 있다. 이것이 바로 토양의 위대한 면모이자 희망적인 부분이다. 아름다운 꽃이 토양으로부터 나오고 사람들은 꽃을 감상하는 동시에 토양을 감상한다. 자신이 반드시 꽃이 될 필요는 없어도 그에 따른 보상은 있다. 만약 당신이 토양으로서의 영혼을 가지고 있다면 마음이 트이고 기분이 유쾌할 것이다."라고 이야기했다. 여기서 말하는 토양이란 바로 교사를 상징한다.

젊은이들을 양성하기 위해 루쉰은 토양으로서의 역할을 자청했다. 심지어는 더 좋은 꽃을 피우기 위한 썩은 거름이 되기를 기꺼이 원했다. 그는 "한 송이 꽃을 피우기 위해서는 썩은 거름이 되어도 좋다."고 이야기했다. 젊은 세대에 대한 열정을 가진 루쉰은 비록 "다른 사람들이 커피 한 잔의 여유를 즐길 시간에 나는 더욱 업무에 몰두하겠다."고 이야기했지만 젊은이들을 양성하는 데에는 시간에 인색하지 않았다. "삶이라는 여정에서 피를 한 방울 한 방울 흘리며 다른 이를 가르친다면 비록 나 자신은 점점 마르고 쇠약해진다고 할지라도 유쾌한 마음으로 생활할 수 있을 것이다." 이는 루쉰 선생의 필생의 업적을 잘 묘사해주는 말이다.

청년들의 꿈을 짓밟아서는 안 된다

루쉰은 교육에 매우 중요한 작용을 하는 사람이 교사라고 생각했다. 그는 한 사람의 교사로서 다른 사람을 이끌어주는 일이 결코 쉽지 않은 것이라고 말했다. 루쉰은 "맹수를 훈련하는 식의 교육은 그저 발톱과 이빨의 힘만 기를 뿐이며 양이나 소를 키우는 식의 교육은 위기가 닥쳤을 때 이에 대처할 수 있는 힘을 길러주지 못한다."고 했다.

루쉰은 지식이 매우 해박한 사람이었다. 문학이나 역사 등 사회과학 영역에 통달했고 자연과학 방면에도 조예가 깊었다. 그러나 그는 누군가를 가르친다는 것은 매우 힘든 일이며 강연대에 올라 공허한 내용을 강의하거나 청년들의 꿈을 짓밟을까 두려워했다. 《베이징 통신》에서 루쉰은 다음과 같은 글을 썼다. "나 자신은 아무것도 두렵지 않다. 나의 삶과 생활은 나 자신의 것이므로 아무것도 신경 쓰지 않고 그저 자신이 옳다고 생각하는 길을 묵묵히 걸어가면 된다. 그 앞에 깊은 못, 가시나무와 같은 고난과 불구덩이 같은 비참한 환경이 있다고 하더라고 그것은 전부 스스로의 책임이다. 그러나 청년들에게 이야기를 하는 것은 매우 어렵다. 만약 내가 무모한 행동을 하거나 그들을 위험한 길로 인도한다면 나는 많은 청년들의 영혼을 말살한 죗값을 반드시 치러야 할 것이다." 이러한 글을 통해서 우리는 루쉰의 교사에 대한 기대치가 얼마나 높았는지 그리고 올바른 사람을 배양하는 일에 대해 얼마나 엄숙하고 진지한 마음가짐이었는지를 알 수 있다.

루쉰은 학생들을 가르치면서 항상 몸소 실천했으며 부지런하고 성실하게 학생들을 인도했다. 루쉰은 그의 부인 쉬광핑許廣平에게 보내는 편지에서 학생들을 잘 가르치기 위해서는 반드시 준비를 철저하게 해야 한다고 말했다. 이는 그의 오랜 교육 경험에서 우러나온 말이다. 루쉰이 일본에서 돌아와 처음으로 항저우의 교사를 맡았을 때 매일 깊은 밤까지 책을 읽었다.

루쉰은 책임감 없고 학문적 능력이 부족하며 청년들에게 악영향을 끼치는 교사들에 대해 깊은 한탄을 금치 못했다. 그는 소설 《가오高 선생》에서 구시대적인 관습에 젖은 역사 교사 가오 선생을 묘사했다. 소설 속의 가오 선생은 허풍이 심하고 역사를 바로 써야 한다고 생각하며 사회 풍조를 우려하고 규탄한다. 그러나 사실 그는 온종일 도박, 연극, 술, 여자에 탐닉하는 망나니에 지나지 않는다. 루쉰은 교실에서의 가오 선생의 추태와 궁상을 묘사함으로서 당시 교육 제도가 학생들에게 주는 박해를 규탄하고 봉건적이고 전통사상을 옹호하고 유지하기에 힘쓰는 썩은 사회를 폭로했다. 루쉰은 청년들에게 결코 가오 선생과 같은 비뚤어진 교사의 길을 따르면 안 된다고 경고하고 있다. 그는 청년들이 올바르지 못한 교사의 길을 따르는 것 보다는 마음이 맞는 친구를 찾아 그와 같이 생존의 길을 모색하는 것이 더 낫다고 이야기한다. 루쉰은 그들이 가진 생명력으로 얼마든지 온갖 고난과 역경을 헤쳐 나갈 수 있다고 생각했다.

아이들의 세계를 이해하라

　루쉰은 한 사람의 교사로서 교육을 받는 사람의 입장을 이해하는 동시에 심리학과 교육학을 이해해야 한다고 생각했다. 이는 바로 아이들의 세계를 이해해야 한다는 것이다. 그는 종종 다음과 같은 비유를 들었다. "강에 들어가기 위해서는 우선 물에 뜨는 법을 배워야 한다." 루쉰은 《올바른 아버지가 되는 법》이라는 책에서 아이들을 성공적으로 교육시키기 위해서는 먼저 아이들을 이해해야 한다고 언급했다. 아이들의 세계는 성인의 세계와 완전히 다르기 때문이다. 아이들에 대한 이해가 선행되지 않고 줄곧 아이들을 거칠게 다룬다면 이는 발달에 큰 장애가 된다. 그러므로 모든 시스템은 아이들을 위주로 실행되어야 한다. 또한 루쉰은 아이들의 심리적 발달의 불균형과 개별적인 차이를 중시해야 한다고 주장했으며 교육자는 아이들을 교육할 때에 하나의 틀에 아이들을 억지로 끼워 맞추어서는 안 된다고 했다. 루쉰은 당시의 교육에 대해 환경에 적응하기 위한 기계적인 방법으로 만들어졌다고 생각하고 각자의 개성에 맞는 교육을 중요시했다. 끊임없는 노력으로 아이들이 괴로움을 참을 수 있을만한 체력과 순결하고 고상한 도덕적 정신, 새로운 것을 받아들일 수 있는 해박하고 자유로운 정신을 함양시켜 주어야 한다고 주장했다.

　루쉰은 많은 글 속에서 아동의 심리적 특징을 구체적으로 분석했다. 《백초원百草園에서 삼미三味 서재까지》라는 회고적 산문에서 그는 친근한 필체로 자신의 유년 시절, 서당에서 공부를 하던 전후 생활을 회고했다. 천진난만하게 뛰놀던 어린 시절과 서당에 입학한 후 판에 박힌 듯한 학업 생활을 대비시킴으로써 아동의 심신 건강의 발달을 속박하는 봉건적인 교육을 규탄했다. 루쉰은 아이들의 사고 능력은 매우 광범위하고 민첩하기 때문에 교사는 반드시 해박한 지식을 갖추고 있어야 한다고 생각했다. 그는 "아이들을 보면 실로 감탄이 절로 나온다. 그들은 항상 새로운 것을 생각해낸다. 아이들의 생각은 저 멀리 우주로 도약하기도 하고 때로는 개미굴 속으로 숨어들기도 한다."고 이야기했다. 그러므로 아이들을 가르치는 교사에게 광범위하고 해박한 지식이 없으면 아이들을 능히 감당해내지 못한다.

루쉰은 아동의 사고 능력이 구체적 형상에서 추상적인 논리적 사고로, 감성적 인식에서 이성적 인식으로 변해가는 특징을 발견하고 될 수 있는 대로 다양한 감성적 재료를 제공해야 하며 학생들의 다양한 감각 기관이 지각의 과정에 동원될 수 있어야 한다고 주장했다. 그는 영상 자료 등을 활용하여 학생들을 가르치는 것이 교사가 직접 가르치는 것보다 효과적이라고 지적했다. 또한 그는 앞으로 생물학에서뿐만 아니라 역사나 지리 등의 과목에도 영상 자료가 활용될 것이라고 예견했다.

루쉰은 청년들은 대부분 매우 예민하며 자존심이 강하다고 지적했다. 그러므로 그는 청년들을 대할 때 매우 신중한 태도를 유지했다. 청년들의 미숙한 부분이나 결점에 대해 결코 비웃거나 비난하지 않았으며 오히려 올바르게 인도하고 적극적으로 격려했다. 루쉰은 또한 거칠고 간단한 교육 방법에 단호하게 반대했다. 그는 "옛날의 서당 선생들은 학생이 책의 내용을 외우지 못하면 손바닥을 때렸다. 그러나 손바닥을 때리면 때릴수록 오히려 더 못 외웠다. 나는 학생들을 너무 재촉하지 않는 것이 좋다고 생각된다."라고 이야기했다. 또한 그는 사람들에게 "나는 여러분이 내 말을 꼭 기억해주기를 바랍니다. 훗날 나이가 들었을 때 아이들을 마구 때리지 마십시오. 설령 아이가 잘못을 했다고 하더라도 잘 타이르기를 바랍니다."라고 당부의 말을 했다.

비록 루쉰이 자신만의 독립된 이론 체계를 지닌 교육자는 아니었고 대부분의 시간을 문학 활동과 혁명 활동에 보냈지만 그의 교육 사상은 대량의 잡문, 서신, 소설 중에 분산되어 나타나고 있다. 그리고 교사와 관련한 루쉰의 글은 우리 교육 종사자들이 열심히 배우고 연구할 가치가 있다고 생각된다. 루쉰은 모든 교육자들의 훌륭한 본보기가 되고 있다.

수호믈린스키와 파블리시 학교

러시아의 저명한 교육가 수호믈린스키가 걸어간 교육과학연구의 길을 찾아보자.

수호믈린스키는 학력이 높지 않은 사람이다. 17세 때 중학교를 졸업해 단 1년간 교사 훈련반에서 공부한 뒤 그는 농촌의 초등학교 교사가 되었다. 후에 그는 중등학교 교사, 지도 주임, 중등학교 교장, 지역의 교육국장 등을 역임했다. 29세 때부터 그는 우크라이나의 농촌에 있는 10년제 학교—파블리시의 교장을 맡았다. 35년간의 교육 생애 동안 그는 40권이 넘는 책을 집필했고 600여 편의 논문을 발표했다. 그리고 아동들을 위한 1,000여 편의 이야기, 동화, 소설 등을 썼다. 그중 많은 작품은 세계 여러 나라의 언어로 번역되어 출판되었다. 그가 오랜 시간 경영한 파블리시 학교는 20세기 세계의 유명한 실험학교 중 하나가 되었다.

수호믈린스키와 그가 이끌었던 파블리시 학교가 얻은 영예와 성공은 수호믈린스키의 교육 이념 및 교육의 과학적 연구를 중요시한 그의 태도와 깊은 연관이 있다. 그는 종종 매우 심각하게 지적했다. "만약 교사들의 수고가 교사들에게 즐거움을 가져다 줄 수 있게 하려면 매일의 수업이 단조로운 의무가 되지 않도록 해야 한다. 그렇게 하려면 당신은 모든 교사를 연구에 종사하는 행복의 길로 인도해야 한다."

수호믈린스키는 체계적인 학습 교육 이론을 매우 중시했다. 그는 선인들의 사상에서 영양분을 흡수하는 데 노력했고 그의 2만 권에 달하는 개인 장서 중에서 교육 이론 관련 서적은 매우 큰 비중을 차지했다. 그는 학교가 우리에게 사람에 대한 지식을 너무 적게 교육시킨다고 생각하고 아동, 청소년의 해부와 생리학, 결함이 있는 아동의 교육학, 연령 심리학 및 교육 심리학 등의 과정을 독립적으로 개설해야 한다고 주장했다. 왜냐하면 만약 이러한 것에 대한 이해가 없다면 학교에서의 교사들은 마치 암흑 속을 걷고 있는 것과 마찬가지이기 때문이라고 생각했기 때문이다.

수호믈린스키는 학과 지식의 학습도 매우 중요시했다. 그는 자신이 맡은 어문 과목에 깊은 조예가 있었을 뿐 아니라 한 학교의 교장으로서 마치 굶주린 사람처럼 각종 분야의 지식을 섭렵했다. 그는 3년이라는 기간 동안 스스로 학교의 모든 학과에 필요한 교과서와 주요 교수법 참고서를 편찬했다. 그는 수학에 많은 공을 들여 학교 교과서에 나온 문제 전부의 해답을 도출해냈다. 그는 학교교육 요강과 관련된 과학 영역의 최신 성과 및 발전에 세심하게 주의했다. 수호믈린스키의 사무실에는 공책이 무더기로 쌓여있는데 이 공책에는 잡지로부터 발췌한 자료들이 빼곡히 적혀 있다. 그는 자신의 광범위한 흥미와 애호를 사제 간의 정신적 교류의 영역으로 삼고 가장 가르치기 힘든 학생의 마음과 교류하는 하나의 통로로 만들었다.

수호믈린스키는 교육 일기를 교육 연구 자료를 축적하는 가장 기본적인 방법으로 삼았다. 자신의 교육 생애가 시작되는 첫날부터 그는 교육 일기를 쓰기 시작했다. 그는 "이러한 기록은 사고와 창조의 원천이다. 이렇게 교사로서의 일기를 10년, 20년 심지어 30년간 계속 기록한다면 그것은 대단한 자산이 될 것이다."라고 생각했다. 일반적이고 보통으로 보이는 문제들도 일단 시간을 들여 그 경위를 다시 생각해보면 매우 진귀한 교육적 자료가 된다. 일기에 기록한 많은 문제들은 종종 진일보한 관찰과 연구에 실마리가 된다. 그러므로 수호믈린스키는 다음과 같이 말했다. "일기는 우리에게 생각하는 법을 가르쳐 준다."

수호믈린스키 교육 연구의 또 다른 기초 업무는 바로 수업을 듣는 것이었다. 그는 하루에 다른 선생님들의 수업을 적어도 2과목 이상 듣는 것을 자신만의 규칙으로 정해 놓았다. 그는 다음과 같이 말했다. "나는 나의 사고에 영양분의 원천이 필요한데 이는 바로 수업이다. 교육 업무 중에 이전에는 깨닫지 못했던 어떤 방면을 발견했을 때, 자세히 관찰하고 깊이 생각해보아도 그 본질을 여전히 해결할 수 없을 때 나는 한 번에 5과목, 7과목의 수업을 들으면서 문제의 답을 찾으려고 노력한다. 이러한 문제들은 나를 자극하고 조급해서 좌불안석으로 만든다."

파블리시 학교에서 수호믈린스키는 격주에 한 번 아동에 대한 연구를 주요 내용으로 하는 이론 토론회를 개최했다. 이러한 토론회는 그가 교육 과학 연구에 종사하는 기본 방식이었다. 토론회에서는 한 명의 교사가 강의를 담당하는 사람이 되고 그 주제는 '모 학생의 교육학적 평가'가 된다. 학생의 건강 상황, 신체 발육 상황, 지적 발전의 특징, 학생의 도덕 발전 상황 등에 대해 여러 가지 종류의 교육적 조치를 수집하고 이를 전면적으로 소개한다. 교사의 발표 후 모두가 집단 토론을 진행한다. 어떤 때는 연속해서 몇 시간 동안 격렬한 논쟁이 벌어지기도 하고 이러한 논쟁 속에서 해결책을 찾는다. 수호믈린스키는 이러한 방식을 매우 중요하게 생각했고 이를 전체 교사들의 '교육학 실험실'이라고 불렀다.

수호믈린스키의 대단한 업적은 바로 위의 평범하고 보통적인 교육 실천 활동을 통해 생겨난 것이다. 파블리시 학교의 교사들도 이러한 자도자의 영향을 받아 점점 학생들을 이해하고 교육에 있어 과학적 방법을 연구하며 자신만의 교육 풍격을 형성해 학교의 빛나는 업적을 창조해냈다.

지혜로운 사람의 인생

이 글은 작가가 번역한 《자아 청정법》이라는 책의 중국어판 서문이다.

《사람은 자신을 어떻게 극복할 것인가—자아 청정법 이론》은 1986년 12월 일본의 게이에이샤經營社에서 출판되어 많은 반향을 불러일으킨 책이다.

이 책의 저자는 일본 문화계에 영향력 있는 시노다 유지로篠田雄次郎 교수다. 그는 일본 조치대학上智大學 사회경제연구소 교수, 일본선박진흥회 이사장, 일본과학협회 부회장, 일본경제동우회 고문 등을 역임했고 현재는 도쿄 사회경제연구소 소장, 국제서예연맹의 총재 등을 맡고 있다. 시노다 교수는 국제 문화 교류에 힘쓰는 분으로 독일의 영예로운 십자 훈장을 받았다. 그는 중국에도 매우 우호적이며 중국의 현대화에 관심이 많다. 여러 조직에 참여하고 중국의 의료 인재를 배양하는 과학 기금을 창립하였으며 중국을 세 차례나 방문해 덩샤오핑鄧小平을 비롯한 국가 지도자들을 만나기도 했다.

시노다 유지로 교수의 저서는 매우 많다. 《소그룹 경영》, 《합작경영선언》, 《일본인과 독일인》, 《섬나라와 일본인》, 《일본병 증후군》, 《일본의 신화와 현실》, 《신체언어》, 《인간관계학》 등 15종류가 넘는 책을 저술했다.

《사람은 자신을 어떻게 극복할 것인가—자아 청정법 이론》은 성공한 사람들의 심리를 깊게 연구한 책으로 인생의 성공 핵심을 담은 책이다.

이 책의 핵심 내용은 세 가지 단어로 개괄할 수 있다. 즉 믿음(신념), 바람(희망), 애정(사랑)이다. 작가의 말처럼 믿음, 바람, 애정은 인생에 있어서의 고난을 극복할 수 있는 가장 좋은 약이다. 인생에는 가족의 죽음, 질병과 고통, 업무상의 실패 등과 같은 많은 어려움이 존재해 종종 사람들에게 실망과 좌절을 안겨주지만 이러한 난관을 극복할 수 있는 열쇠는 바로 믿음, 바람, 애정에 달려있다.

믿음이란 성공할 수 있다는 자신감과 신념이다. 작가는 실제로 사람들의 잠재능력에는 별 차이가 없지만 이러한 잠재능력을 얼마나 최대한으로 발휘하느냐에 따라 자신감의 여부가 결정된다고 생각한다. 예를 들어 어떤 일을 하던지 당신과 타인의 성공률이 각각 50%라고 하고 만약 당신이 자신감, 목표를 가지고 있다면 당신은 50%를 선점하게 된다. 그리하면 결과적으로 당신의 성공률은 75%에 이르게 되는 것이다. 이러한 의미에서 작가는 다음과 같이 이야기한다. "누군가 반드시 성공할 것이라고 확신하고 이야기한다면 그의 사업은 이미 어느 정도 성공을 이룬 셈이다."

바람이란 신념과 연관된 희망이다. 작가는 삶에 희망을 품고 있는 사람이야말로 좌절을 이겨낼 수 있고 역경을 극복할 수 있다고 생각한다. 그러므로 작가는 "마음속에는 태양을 품고 입으로는 노래를 부르라."는 독일의 새로운 격언을 추앙한다. 작가는 희망을 품고 있는 사람을 '달관자'라고 부르며 이러한 사람은 마치 등대처럼 사람들을 주위로 끌어 모으는 힘을 가지고 있다고 생각한다. 그러므로 희망은 사람을 구원해준다. 위급한 시기뿐만 아니라 일상생활에서도 희망은 사람을 앞으로 나아가게 한다.

애정이란 봉사와 헌신의 정신을 의미한다. 작가는 믿음과 바람을 차의 두 바퀴에 비유한다. 이 두 가지 요소가 있어야 그 위에 사람의 정신적인 생활을 세울 수가 있다. 그러나 바퀴는 축을 떠나서는 움직일 수가 없는데 그 축이 되는 요소가 바로 애정이다. 작가는 애정을 생활 속의 비타민으로 비유하며 애정이 없는 곳에서는 아무것도 자라날 수 없고 사랑은 그 어느 것보다도 강하다고 생각한다. 그러므로 넓고 깊은 애정을 가지고 있는 사람은 매우 윤택한 삶을 누린다.

이 책의 가장 중요한 특징은 내용을 일상생활에 적용하기가 매우 쉽다는 점이다. 작가는 믿음, 바람, 애정이라는 핵심적인 인생의 기본 원칙을 제시했을 뿐 아니라 생활 속에서 실천 가능한 약간의 구체적인 방법도 함께 제시하고 있다. 좌절과 역경을 극복하는 법, 타인과 조화롭게 지내는 법, 시간을 유용하게 활용하는 법, 성공과 실패의 경험을 이용하는 법, 자신의 감정을 조절하는 법, 환경에 적응하는 법, 소망과 현실의 관계를 조절하는 법, 질병과 불면증에 대처하는 법 등 매우 실용적이고 구체적인 방법들이 제시되어 있다. 특히 이 책에는 내용과 관련된 긍정적인 말이 있어 조금만 주의를 기울여 책을 읽으면 많은 도움이 될 것이다.

이 책에 나오는 긍정적인 말은 지금까지의 격언들과 비슷하면서도 좀 다르다. 이 책에 나오는 긍정적인 말은 비교적 간단명료하며 자신을 다스리고 좋은 방향으로 인도하는 간단한 말이다. 작가는 "인생에는 마치 수렁에 빠진 것과 같이 느껴지는 힘든 순간이 있기 마련이지만 그래도 누군가는 그 수렁에서 빠져 나온다. 만약 이러한 경험을 한 사람에게 묻는다면 그들은 의식이 불분명한 상태에서도 긍정적인 말이 무의식적으로 자신의 행동을 다스렸다고 말한다. 자신의 가족을 생각하거나 '나는 꼭 살아야한다.' '이런 일에 굴복할 수는 없다.' 같은 말이 머릿속에 떠오르면 반드시 살아 돌아올 수 있다. 이러한 긍정적인 말이 없으면 역경을 극복할 수 없다."고 이야기했다. 고민 때문에 잠 못 이루거나 화가 날 때에도 긍정적인 말은 생각지도 못한 효과를 불러온다. 때문에 작가는 "긍정적인 말은 약보다도 더 유용하다."고 이야기한다.

이 책의 또 다른 특징은 바로 생동감과 활기가 넘친다는 점이다. 작가는 자신의 실제 경험과 생활에서 겪은 소재를 수집하여 친근함이 느껴지는 방식으로 감칠 맛나게 책을 저술했다. 작가 특유의 철학적인 분석과 생활의 정취가 느껴지는 언어를 통해 사람을 사로잡는 이야기를 하나하나 풀어낸다. 부지불식간에 시간은 흘러가고 전혀 무미건조하지 않다.

이 책은 일본에서 출판된 후 광범위한 호평을 받았다. 몇몇 유명한 운동선수들에게서 매우 높은 평가를 받아 이 책은 운동선수들의 심리 훈련을 진행할 때 필요한 교과서가 되었다. 작가가 주최한 그룹 경영 연구회에서 이 책은 CEO들의 중요한 참고서가 되었다. 나는 이 책의 중국어 번역본이 많은 독자들에게 환영을 받을 수 있을 것임을 믿는다.

현대화의 시작점은 바로 교육이다
―도쿄 사회경제연구소 소장 시노다 유지로 교수와의 대화

전후 일본 경제의 발전은 세상 사람들의 이목을 집중시켰고 국내외의 학술계에서는 이에 대해 깊이 연구한 책들이 많이 나왔다. 그러나 내가 가장 관심 있게 보는 것은 이웃나라 일본이 우리에게 시사하는 바는 무엇인가? 다시 말해 중국이 배워야 할 중요한 경험은 무엇인가? 하는 점이다.

그런 까닭에 나는 도쿄 사회경제연구소 소장인 시노다 유지로 교수를 방문하게 되었다.

내가 단도직입적으로 이 문제를 이야기했을 때 그는 잠시 고개를 숙이고 깊이 생각하더니 느리지만 힘 있는 말투로 이렇게 말했다. "첫째도 교육, 둘째도 교육, 셋째도 교육입니다."

시노다 교수는 이어서 다음과 같이 말했다. "현대화는 매우 복잡한 과정입니다. 정치, 경제, 군사, 사회, 문화, 교육 등 많은 분야에까지 이르지요. 그러나 현대화의 기점이자 기초가 되는 과정은 바로 교육입니다." 그는 1840년 아편전쟁 이전에는 중국과 일본의 근대화의 시작은 거의 차이가 없다고 생각했다. 그러나 일본은 메이지 유신을 거치면서 의무교육에 많은 힘을 기울였고 1910년에는 의무교육의 취학률이 99%에 달했다. 그는 "사람들의 교양 수준을 높이는 데에는 일본이 흡수, 소화한 해외의 선진 기술이 두터운 배경을 제공하기도 했지만 더욱 중요

한 것은 사회 전체에 문명을 중시하는 풍조와 행동규범이 형성되어 현대화에 우호적인 사회 분위기를 제공했다는 점입니다."라고 대답했다.

나는 시노다 교수에게 교육에 관한 문제는 중국의 지식 사회에서도 매우 관심을 가지고 있고 토론의 중심이 되는 부분이며 정부에서도 현재 기초교육의 낙후 문제, 교사의 지위 문제, 교육 경비 문제 등에 대해 대책을 강구하고 있다고 이야기했다. 그러자 그는 생각할 틈도 없이 그것은 잠시도 지체할 수 없는 아주 중요한 일이라고 이야기했다.

사회경제연구소를 운영하는 학자이면서 시노다 교수는 왜 그토록 교육 문제를 중요하게 생각하는 것일까? 시노다 교수는 웃으며 대답했다. "사실 학술 연구의 공통된 사명은 한 가지 문제를 해결하는 데 있습니다. 바로 어떻게 하면 인류가 더 풍요롭게 생존하고 발전할 수 있을까 하는 것이지요. 경제 문제는 항상 정치, 사회, 교육 등 다른 문제들과 긴밀한 관련성이 있습니다. 만약 그것을 하나의 독립적인 현상이라고만 생각한다면 본말이 전도되거나 근본적인 문제를 해결하지 못할 가능성이 많습니다. 각 나라마다 당면한 과제들이 다르지만 중국이 현재 당면하고 있는 가장 기본적인 과제는 바로 교육입니다."

순식간에 한 시간 남짓한 시간이 지났다. 시노다 교수와 악수를 나누고 작별을 고할 때 그는 웃으면서 반복해 말했다. "첫째도 교육, 둘째도 교육, 셋째도 교육입니다."

평화롭고 민주적인 교육의 길
─일본국민교육연구소 소장 이자키 야키오伊崎曉生 선생과의 대화

시노다 교수를 방문하고 나서 나는 일본의 교육, 그중에서도 특히 전후 일본의 교육 상황에 대해 더욱 깊게 알기로 결정했다. 그리하여 나는 일본국민교육연구소 소장이자 《교육학연구》라는 잡지의 편집장인 이자키 야키오 선생을 찾아갔다.

이자키 야키오 선생은 일본 근현대사 연구에 조예가 깊은 분으로 최근에는 《근현대 일본교육 소사》, 《일본교육사 연표》, 《전후 일본교육 약사》 등을 출판했다. 그를 방문했을 때 그는 막 중국에서 열린 '과정 개발과 사회 진보'라는 국제 연구토론회에 참가하고 돌아온 참이었다. 그래서 화제는 자연스럽게 연구토론회를 중심으로 전개되었다. 이자키 소장은 나에게 이번 연구토론회에 제출한 《일본교육과정과 교과서 개정에 관한 역사적 경험과 훈련》논문의 주지가 일본이 군국주의적인 교육이 대두되는 현상을 철저하게 경계해야 하며 평화롭고 민주적인 교육의 길을 걸어야 한다는 내용임을 이야기해 주었다.

이자키 소장은 전후 일본교육의 출발점은 전쟁 전에 행해진 군국주의적인 교육에 대한 비판과 반성이었다고 말했다. 1947년 3월 31일 반포된 《교육기본법》에는 "우리는 개인의 존엄성을 존중하고 진리와 평화를 애호하는 인재를 양성하기를 희망한다. 동시에 보편성을 갖추고 개성이 풍부한 문화 교육을 양성하고 보급하는 데 그 의의를 가진다."

라고 명확하게 명시되어 있다. 이러한 기초 위에서 일본의 교육은 제도
와 내용 방면에 약간의 개정을 거쳐 효과적으로 전 국민의 문화, 기술
의 수준을 향상시켰고 급속한 경제 발전과 민주화를 보장받았다. 그러
나 전후 일본의 교육에는 군국주의의 망령이 줄곧 사라지지 않아 평화
롭고 민주적인 교육에 심각한 위협이 되고 있다는 것은 부정할 수 없는
사실이다.

이자키 소장은 나에게 많은 사실을 열거하며 이야기했다. 1952년 가
을, 당시 일본의 총리였던 요시다 시게루吉田茂는 다음과 같이 말했다.
"물심양면으로 군사적 기초를 튼튼히 해야 한다. 정신적으로는 교육을
통해서 일본의 역사와 아름다운 국토의 지리 등을 주입하고 군사적 정
신을 길러 나라를 사랑하는 마음의 기초가 되게 해야 한다." 1954년 일
본 정부는 평화적인 교육을 '붉은 교육'이라고 부르고 평화롭고 민주적
인 교육의 보루였던 교토의 아사히가오카旭丘 중학교의 50명의 교사를
탄압했다. 1963년 이에나가家永 교수가 쓴 《신일본사》 교과서는 전쟁
의 비극을 되풀이해서는 안 된다는 부분 때문에 문부성으로부터 불합
격 판정을 받았다. 1966년에는 중앙교육 심의위원회가 《후기 중등교
육의 확충과 정리 문제에 관하여》라는 보고서를 발표하고 동양과 서양
사이의 강국 일본의 패권주의 사상을 주장했다. 1982년에 일본 문부성
은 작가와 출판사에 중학교 교과서의 내용에 등장하는 '침략'이라는 단
어를 '진출'로 고치라는 등의 강제적인 요구를 자행했다. 이자키 소장
은 80년대부터 국가 예산에서 교육비가 차지하는 비중이 점점 줄어들
고 있음을 따끔하게 지적했다. 1981년에 9.6%이던 예산이 1988년에는

8.1%로 줄어들었다. 그러나 이와 동시에 군사비용은 1981년 5.1%였던 것이 6.5%로 증가하였다.

이자키 소장은 비록 군국주의의 망령이 아직 사라지지 않고는 있지만 군국주의에 반대하고 평화로운 교육을 지지하는 것이 일본 국민들의 공통적인 목소리라고 이야기했다. 일찍이 1950년대에 일본의 교육노조는 '더 이상 학생들을 전쟁터로 내몰아서는 안 된다.'는 구호를 제창했다. 군국주의의 망령이 한 번씩 고개를 들 때마다 몇 백만 심지어는 수천만의 사람들이 이에 항의하고 시위를 벌인다.

이자키 소장은 마지막으로 교육은 21세기의 주요 과제라고 했다. 중국은 더욱 신속하게 의무교육을 보편화시켜야 하고 전 국민의 교양을 향상시켜야 한다. 일본은 평화롭고 민주적인 교육을 지켜나가고 군국주의가 다시 살아나는 것을 방지해야 한다. 비록 중일 양국에게 직면한 과제는 서로 다르지만 인류의 아름다운 내일을 위해 그리고 따스하고 평화로운 지구를 위해 고군분투해야 한다.

비록 처음에 취재하고자 했던 내용과는 맞지 않았지만 소중한 교훈과 경험을 얻었다. 평화롭고 민주적인 교육은 중국도 절실히 희망하는 바이다.

쉬 부위원장의 교육에 대한 심경
—쉬자루許嘉璐 선생의 신작 《미안집未安集》을 읽고 나서

업무 관계로 나는 전국 인민 대회 부위원장이자 중국 민주 촉진회 중앙 주석인 쉬자루 선생을 수행할 기회가 몇 번 있었다. 그의 교육에 대한 관심과 애정은 나를 감동시켰다. 쑤저우에서만 그는 예성타오 선생이 교사를 맡았던 지역과 쑤저우 공업 지구 직업 기술 학원, 쑤저우 외국어학교, 쑤저우 유아 사범학교 등을 방문했다. 한 곳 한 곳 방문할 때마다 그는 교사들을 위문하고 연구 조사를 진행했으며 의견을 발표하며 곳곳에 부위원장의 교육에 대한 생각과 교육에 대한 불안을 남겼다.

중국 민주 촉진회 9차 전국 대표 대회 기간에 나는 운 좋게도 쉬 부위원장이 친히 보내주신 신작 《미안집—쉬자루가 말하는 교육》을 받았다. 자세하게 한 번 읽고 마음이 무척 격동했다. 교육을 위해 부위원장은 얼마나 험난한 길을 걸어왔으며 얼마나 많은 밤을 지새운 것일까? 이에 대해 그는 다음과 같이 말했다. "중국의 교육 사업은 전례 없는 기회와 도전에 직면하고 있다. 그리고 그 현실 상황은 중국의 미래에 바라는 희망과 요구와는 아직 상당한 거리가 있다. 교육에 관심과 애정을 갖고 있는 한 사람의 교사로서 어찌 마음이 편안할 수 있겠는가?"

부위원장의 불안은 국가 정책과 민생의 각 항목과 교육의 영역에 관련된 여러 방면에 까지 이른다. 그러나 이 책에 수록된 글을 보면 주로 다음과 같은 몇 가지 방면에 집중되어 있다.

첫째, 전통 문화와 도덕교육을 중요시하고 있다. 부위원장은 다음과 같이 말한다. "현재 사람들은 젊은 세대들의 도덕 수준이 매우 낮다고 탄식하고 있다. 문인이나 학자들은 인심이 예전 같지 않고 사회 풍조가 날로 나빠진다고 이야기하고 있다." 이와 같은 사실과 교육의 실패는 밀접한 관계가 있다. 민족 전통의식이 부족한 사람들에게 있어 전통 문화와 도덕교육은 특히 중요하다. 부위원장은 반복해서 말한다. "중화민족 정신은 선조 때부터 필사적으로 누적되고 응집되어 온 것이다. 오늘날 우리가 해야 할 일은 역대 민족 지사들의 이상을 승화시키는 것이다. 전통으로 청소년을 교육하는 것은 당연하고 고귀한 것이다." 그는 이러한 교육은 일시적인 계획으로 결정될 것이 아니라 장기적인 계획과 준비가 필요하다고 생각했다. 부위원장은 또한 구체적으로 전통문화와 도덕교육을 강화하는 방법을 명백히 논술하고 있다. 학교, 사회, 가정이 삼위일체가 되어 청소년이 즐겁게 공부할 수 있는 형식을 취해 학교 수업에서 천천히 침투되도록 해야 한다. 전통문화와 도덕교육에 있어 좋은 교재를 제공하기 위해 부위원장은 《중국사 화보집》, 《세계사 화보집》을 손수 집필했고 해협 양안의 중국 전통문화와 현대화에 대한 토론회를 조직했다. 부위원장은 21세기 교육 포럼에 보내는 축하 편지에서 교육 종사자들에게 간곡하게 타이르는 말을 보냈다. "만약 한 나라와 민족에게 과학기술과 고층 빌딩만 있고 역사적 전통이나 민족정신이 없다면 진정한 현대화를 이룩할 수 없을 것이라고 생각한다. 그러므로 교육의 국제화와 현대화를 실현하는 과정에서 어떻게 하면 민족의 우수한 역사와 전통을 다음 세대의 마음에 심어줄 수 있을지에 대해서도 충분히 주의해야 할 문제라고 생각한다.”《미안집》에는 이러한 내용이 많이 담겨 있고 곳곳에 전통문화와 도덕교육에 대한 부위원장의 관심이 반영되어 있다.

둘째, 교사들의 임금 문제에 관심을 가지고 있다. 오랜 기간 동안 교사들의 임금 체불 문제는 교육계의 고질병이 되어왔다. 1993년 전국 대부분의 지역에서는 교사들의 임금 체불 문제가 나타났고 그 총액은 14억 위안에 달했다. 이러한 상황에서 교사들의 임금 체불 문제는 전국 방방곡곡에서 화제의 중심이 되었고 전국 인민 대회에서는 임금 체불이 가장 심각한 지역에《교사법》집행 조사 조직을 구성해 보냈다. 쉬 부위원장은 후베이성의 조사단 단장이었다. 후베이에서 그는《교사 임금 체불 조사 기록》을 썼다. 여기에서 우리는 부위원장이 교사들의 임금 문제를 위해 동분서주했던 족적을 찾아볼 수 있다. 1월 30일 저녁에 후베이에 도착한 즉시 회의를 열었고 회의가 끝난 시각은 저녁 10시 30분이었다. 둘째 날에는 새벽 4시 30분에 일어나 일을 시작했다. 31일 오전에는 후베이성 조사단의 보고를 받고 오후에는 화중華中 사범대학에서 좌담회를 개최했다. 2월 1일 8시 20분에는 샤오간孝感으로 가는 차에 몸을 실었고 11시 40분에 도착했다. 오후에는 징저우荊州 지역 톈먼天門시와 잉청應城시의 보고를 들었다. 2월 2일 오전에는 잉청의 시지역과 향촌 지역의 교사 좌담회에 참가했고 오후에는 향촌 지역 교사들을 방문하고 저녁에는 샤오간 시의 지도자들과 허물없이 이야기를 나누며 그들이 담배 공장에서 생산된 담배로 교사들의 임금을 대신한다는 사실을 비판했다. 2월 3일에는 아침 일찍 다우大悟현으로 향했고 정

오에 도착한 후 잠시 휴식을 취한 다음 보고에 귀를 기울였다. 저녁에
는 현의 주요 책임자와 조사원이 개최한 좌담회가 11시 까지 계속됐다.
2월 4일 새벽에는 신청新城에서 교사들, 간부들과 좌담회를 열었고 오
후에는 즉시 우한으로 출발했다. 2월 5일에는 조식 후에 조사원들과 총
결산 회의를 열었고 정오에는 후베이성의 민주 촉진회 위원들과 교육
과 교사 임금 문제에 대해 상담을 했다. 오후 3시에는 성의 지도자들과
만났다. 부위원장은 이렇게 춘절 전의 일주일을 지냈다. 조사단의 추진
아래 후베이성은 1.5억 위안을 마련해 교사들의 임금 체불 문제를 해결
했다. 조사단으로 파견되었을 때의 부위원장은 무거운 마음으로 왔지
만 돌아갈 때는 교사 임금 체불 문제를 해결해서 비교적 가벼운 마음으
로 돌아갈 수 있었다. 이때의 춘절 기간을 부위원장은 기쁨 반, 걱정 반
인 마음으로 보냈다. 기쁜 것은 후베이성 교사들의 임금 체불 문제가
기본적으로는 해결이 되었기 때문이고 걱정인 것은 이 문제가 근본적
으로 완전히 해결된 것은 아니라는 점 때문이다. 그는 읽는 이로 하여
금 깊은 생각을 하게 하는 다음과 같은 글을 남겼다.

《의무교육법》규정에는 의무 교육의 실행에 있어 지방이 책임을 지고
등급을 나누어 관리한다고 되어 있다. 실제 결과는 지방이 책임은 지고
있지만 중앙 재정부는 책임을 지고 있지 않다. 등급을 나누어 관리하고
있지만 향촌의 소학교는 향촌에서 관리하고 있다. 이는 정부가 일체를
도맡아 하는 것으로 되어 있으나 실제로는 그렇지 못했던 과거에 비해
상대적으로 진일보한 상태이다. 그러나 만약 경제가 발달하지 못한 지

역이나 관리들의 소양이 비교적 낮은 지역에서는 이를 책임질 수 없고 관리 상태도 좋지 못하다. 이러한 상황에서 상급 기관(중앙 정부를 포함)은 어떠한 조취를 취해야 하는가? 법률적으로는 규정되어 있지 않다. 현재 중앙 정부의 교육 경비 중 의무 교육에 소요되는 비용은 단지 3, 4억 위안을 차지하고 있을 뿐이다. 빈곤하고 낙후된 지역에 이를 사용하기에는 계란으로 바위치기격인 셈이다. 이러한 상황은 계속되는 것인가? 빈곤 지역의 교육은 단지 자력갱생에만 의존하여 발달 지역을 따라잡아야 하는 것인가?

그런 까닭에 부위원장은 빈곤 지역의 교육 문제에 구체적인 건의를 제시했다. 재정은 먼저 착실하게 먹고 사는 문제와 교육을 보호해야 한다. 각급 정부는 의무교육 경비에 예산 전액을 투자해야 한다. 제8회 전국 인민 대표 회의의 2차 회의에서 부위원장은 《'의무교육 투자 조항'의 제정》을 제안하고 법률상, 제도상에서 근본적으로 교사들의 임금 체불 문제를 해결해야 한다고 주장했다.

현재에 이르러 부위원장이 주장한 문제는 어느 정도 해결이 되었지만 근본적으로 해결된 것은 아니다. 그러므로 부위원장이 이러한 문제에 대해 논술하고 주장하는 것은 중요한 현실적 의의를 갖는다.

셋째, 취학 이전의 교육에 관심을 가졌다. 《미안집》 중에서 《취학전 교육을 논하다》라는 글은 중요한 학술적 문헌이다. 이 글에서 부위원장은 대량의 국내외의 연구 성과를 인용해 명확하게 제시하고 있다. 취학 전 교육은 인간의 사회적 행위, 정서 및 감정, 성격과 인지 등 방면의 발달에 중요한 시기이고 사람의 일생에서 발전 속도가 가장 빠르고 적응력이 가장 뛰어난 시기이다. 만약 이 시기에 아동이 과학적이고 적절하며 양질의 교육을 받지 못할 경우 나중에 이를 보완하기 위해서는 가정과 사회가 대단한 대가를 치러야 한다. 심지어 이미 기정된 사실은 더 이상 만회할 방법이 없다. 그러므로 만약 취학 전 교육을 중요시 하지 않는다면 아동의 조기 발달에 불리하다. 이로 인해 양호한 9년 간의 의무 교육에 있어 견실한 기초를 쌓는데 불리하고 의무 교육과 그 다음 단계의 교육에 부담을 주게 된다. 또한 학생의 종합적인 소질 양성과 향상에 영향을 미친다. 여기에서 볼 수 있듯이 쉬 부위원장은 취학 전 교육의 성질, 기능, 목표를 정확하게 인식하여 이를 체계적으로 논술했다. 취학 전 교육에 대한 과학적 연구를 강화하고 취학 전 교육을 위한 교사의 양성과 훈련을 중시했다. 취학 전 교육을 입법화하는 과정에 있어 다원화된 학교 운영, 다양한 형식의 취학 전 교육을 창설하는 등 약간의 구체적인 문제를 제시했다.

2002년은 쉬 부위원장이 유아 교육 기구를 가장 많이 시찰한 한 해가 되었다. 그는 우선 난징시의 실험 유아원, 시안시의 제2 보육원, 쑤저우시 외국어학교 유아원 등에서 일련의 중요한 연설을 발표했다. 쑤저우시의 유아 사범학교에서 개최한 전국 시 유아 교사 좌담회에서 그는 유아 교사들의 수입 상황, 근무 시간 등에 대해 상세히 물어보았다. 그는 자신의 아들을 이야기를 들어 유아 교사들의 수고가 매우 크지만 성취감을 얻기가 매우 어렵고 학생들은 선생님의 이름조차 기억하지 못한다는 사실을 설명했다. 그러므로 사회는 반드시 유아 교사를 존중해야 한다고 했다. 난징시의 실험 유아원에서 그는 유아 교육에 있어서 새로운 과제들을 제시했다.

넷째, 특수교육 문제에 관심을 기울였다. 국가의 지도자 중 한 사람으로서, 그리고 교육, 문화를 주요 연구 영역으로 삼고 있는 민주 촉진회의 지도자로서 쉬 부위원장은 교육 문제에 대한 관심과 사고를 멈춘 적이 없었다. 그리고 발견한 문제에 대해 그만의 독특한 예리함을 나타냈다. 그는 난징시 맹인 학교를 시찰할 때 현재 장애인 교육과 유아 교육은 외면 받고 있는 상황이라고 이야기했다. 그러므로 유아 교육에 관심을 기울이는 동시에 그는 명확한 태도를 표명했다. "나는 한 사람의 교육자로서 그리고 입법기구에서 일하는 사람으로서 장애인 교육을 입법화 시키는 것을 나 자신의 최근 조사연구의 중요한 일로 준비하고 있다."

쉬 부위원장은 "장애인 교육을 중시하고 장애인에게 관심을 갖는 것은 나라와 사회, 그리고 지역의 문명 수준을 반영하고 문명 수준의 척도이다."라고 생각했다. 그는 분명하게 목격했다. 비록 발달 지역의 장애 아동은 감소하고 있지만 전국적으로는 감소하지 않았다. 특히 낙후된 지역에서는 근친결혼 및 환경문제, 의료 수준의 저하 등의 이유로 장애인이 매우 많고 그 지역의 장애인 교육은 걸음마 단계에 불과하다. 동시에 특수교육 교사들은 보통 교사들에 비해 매우 힘들고 실제적인 수입은 매우 적다.

쉬 부위원장은 특수교육을 할 때 나타나는 많은 문제들을 해결하기 위해서는 입법화가 관건이라고 생각했다. "장애인 교육에 더 좋은 조건을 만들어 주기 위해서는 전국적인 성격을 띤 법률이나 법규가 정해지지 않으면 각급 정부가 매우 힘들다." 그리고 그는 특수교육에 대한 선전을 더욱 확대해야 한다고 주장하며 "사회가 장애인에 대한 정확한 이해를 하도록 도와야 한다. 그 사회적 지위는 마땅히 존중을 받아야 하며 충분한 관심을 주어야 한다. 특수교육 사업에 많은 자금을 투자하는 것을 인식하는 것은 현재 중국의 사회 경제 조건 하에서 할 수 있는 일일 뿐 아니라 그럴만한 가치가 있다."라고 이야기했다. 그는 또한 장애 학생과 비장애인 학생이 같이 공부하고 생활할 수 있도록 해야 한다는 등 특수교육의 발전에 건설적인 많은 의견을 제시했다.

쉬 부위원장은 교육에 대한 애정이 매우 깊은 사람이다. 《미안집》에서 그는 또한 인터넷 교육, 언어 교육, 사립 교육, 사범 교육 등의 문제에 대해 저술했다. 지면상의 관계로 일일이 다 소개하지 못하는 점을 양해해 주시기 바란다. 한 부분만 보아도 우리는 대체적인 것을 추측할 수 있듯이 오랜 기간 교육계에 종사한 어른으로서 그리고 다년간 국가 정사에 참여한 지도자로서 그의 교육에 대한 애정이 얼마나 넓고 깊은지 알 수 있다. 그의 불안은 그가 그만큼 교육에 대한 깊은 애정을 갖고 있으며 민족을 사랑하는 정신이 매우 깊음을 나타내는 것이라고 할 수 있겠다.

전통 없이는 현대화도 없다
—저명한 학자 쾅야밍匡亞明 교수를 방문하고

새해가 밝은지 얼마 지나지 않아 이른 봄추위가 옷깃을 파고드는 날의 오후에, 나는 장수 교육출판사의 쑨위어孫峪峨 선생과 함께 오랜 기간 존경해 마지않는 쾅야밍 교수님 댁을 방문했다. 비서는 우리를 교수님의 서재 겸 응접실로 안내했다. 내가 명함을 건네자 교수님은 "매우 낯익은 이름이군요. 당신이 바로《중화 교육사상 연구》를 쓴 젊은이입니까?"라고 말씀하셨다. 쾅 교수님은 이미 구순이셨지만 그 민첩한 반응과 기억력에 나는 깊이 탄복했다.

우리가 중국교육이 어떻게 21세기를 맞이할 것인가에 대해 이야기를 나누고 있을 때 쾅 교수님은 흥미진진하게 이야기보따리를 풀어 놓으셨다. 그는 "현재 모두들 글로벌화 된 정신이 중요하다고 이야기하고 국제화 시대에 맞는 교육을 주장하는데 이는 맞는 이야기이다. 그러나 우리는 중국이 오랜 역사를 통해 쌓고 창조해 온 문화와 교육적 유산을 절대 소홀히 해서는 안 된다. 우리는 두 손이 텅 빈 채로 21세기로 들어설 수는 없다. 우리는 21세기에 공헌할 수 있는 것이 무엇인지 반드시 고려해 봐야 한다."고 말했다. 또한 그는 "공자,《학기學記》에서 타오싱즈, 마오쩌둥에 이르기까지 중국의 교육은 무수한 세계 제일을 창조해왔다. 이러한 귀중한 유산에 대해 우리가 발굴하고 정리하며 체계적으로 연구한 것은 터무니없이 부족하다."고 지적했다. 쾅 교수님은 예를 들어 설명했다. "공자는 중국 역사상 열심히 연구할 가치가 있는 인물이다. 공자 한 사람이 양성한 제자만 3천 명이고 현인은 70명이었다. 그의 높은 교육적 효율성을 아마 현대인들은 따라잡을 수 없을 것이다. 공자의 교육 방법, 교육 이념 특히 어떻게 하면 인간의 도리를 다할 수 있는지 제자들을 교육한 것은 우리들이 계승하고 갈고 닦을만한 가치가 있는 것이다. 이는 우리의 21세기의 정신적 재산에 공헌할 수 있을 것이다."

쾅 교수님이 중국의 전통문화를 확대시키는 것을 자신의 소임으로 여기는 정신은 이미 세인들의 주목을 받아왔다. 그는 80이라는 고령의 나이에 《공자 평전》과 《중국 사상가 평전 총서》를 집필했고 학술계에 위대한 업적을 남겼다. 그를 따르는 후학으로서 나는 교수님에게 어떻게 전통과 현대화, 국제화와 본토화의 관계 문제를 대해야 하는지 가르침을 구했다. 그는 엄숙하게 말했다. "우수한 전통은 현대화의 구성 성분이 되어야 한다. 전통 없이는 현대화도 없다. 만약 우리가 21세기에 무엇인가를 공헌하지 못한다면 우리의 문명대국이라는 명성은 유명무실해질 것이다." 그는 "국제화도 좋고 세계화도 좋지만 이것들은 모두 중국이 기초가 되어야 한다. 개혁개방은 중국인 자신들만의 일이지 다른 사람들이 대신할 수 없는 것이다. 현대화도 이와 마찬가지로 본토화도 국제화의 구성 성분이 된다. 본토화 된 것일수록 더욱 국제적이고 세계적인 의미를 갖는다."

쾅 교수님과의 대화는 마치 앉아서 봄바람을 맞는 것처럼 부지불식간에 1시간 반이라는 시간이 지나갔다. 쾅 교수님의 언변은 실로 대단

했고 막힘이 없었으나 단지 교수님의 건강을 염려해서 우리는 어쩔 수
없이 자리를 일어나 작별 인사를 고했다. 쾅 교수님은 우리를 문 밖까
지 배웅해 주셨다. 이는 그저 예의일 뿐이지만 그 속에는 젊은 학자들
에 대한 그의 간절한 기대와 소망이 담겨 있는 것은 아니었을까 생각해
보았다.

심리학의 거장 —판수潘菽 교수를 추억하며

올해는 판수 교수님이 탄생한 지 105주년이 되는 해이다. 옛날 일을 회상할 때마다 판수 교수님의 모습이 생생히 떠오른다.

내가 심리학 공부를 시작했을 당시 판수 교수님은 이미 많은 사람들이 우러러보는 중국 심리학계의 일인자였다. 그는 1955년에 중국 과학원의 생물학부 위원으로 선출되었고 중국 심리학회의 이사장이었다. 1956년부터 1983년까지 그는 중국 과학원 심리학 연구소의 소장을 역임했다.

인디애나 대학과 시카고 대학에서 심리학을 전공하던 때 판수 교수님은 한자와 기억 방면에 대한 연구를 진행했다. 귀국 후에는 《심리학 개론》(1929년), 《사회 심리의 기초》(1929년), 《심리학의 응용》(1934년), 《교육심리학》(1981년), 《인류의 지능》(1983년), 《심리학 서간》(1983년) 등의 주요 저서를 출판했다. 이러한 심리학계의 거장은 내게 많은 감동을 주었다.

1983년 초, 나는 상하이 사범대학에서 교육심리학에 대한 교사 자격 과정을 마치고 옌궈차이燕國材 교수의 지도 아래 몇 편의 습작을 시험 삼아 써 보았다. 나는 그중 한 편을 무턱대고 판수 교수님에게 보내어 지도를 부탁드렸다. 뜻밖에도 판수 교수님은 매우 신속하게 열정이 가득 담긴 답장을 보내주셨다.

주영신 선생에게

지난번에 보내준 《중국 고대 범죄심리학 사상의 기초 연구》는 잘 받아보았네. 소재도 매우 풍부하고 논점이 타당하며 세심하게 고려한 흔적을 엿볼 수 있었네. 단지 인용한 자료에 대해 그 의의와 가치를 조금만 더 분명하게 설명했다면 더 좋았을 거라고 생각하네.

자네의 글에는 《새로운 탐구》를 차용해서 첨삭을 한 부분이 있던데 그렇다면 글의 제목을 《중국 고대 범죄심리학에 대한 견해와 기초 연구》라고 바꾸어보면 어떻겠는가? 혹시 이미 다른 곳에 발표한 적이 있는가? 그렇다면 답장을 기다리겠네.

그럼 이만.

판수

1983. 5. 9

이제 막 공부를 시작한 초심자가 중국 심리학의 대가로부터 손수 쓴 편지를 받다니 실로 영광스러운 일이 아닐 수 없다. 편지에는 나의 졸렬한 습작에 대한 칭찬과 함께 부족한 부분에 관한 완곡한 지적이 담겨 있었다. 처음 편지를 판수 교수님께 부칠 때의 두렵고 불안한 마음은 어느 새 사라졌다. 이 때 나는 용기를 내어 다른 습작 두 편도 교수님께 보내드렸다. 뜻밖에도 교수님은 열흘도 채 안되어 긍정적인 내용의 편지를 보내주셨다. 판수 교수님은 편지에 중국 심리학사 연구의 지도 사상과 방법론에 대해 설명해 주셨는데 이는 나에게 큰 깨달음을 주었다. 그 편지의 내용은 다음과 같다.

주영신 선생에게

보내준《왕푸王夫의 심리 사상 연구》와《왕옌샹王延相 심리 사상 연구》는 잘 읽어 보았네. 자네가 얼마나 많은 공을 들였는지 알 수 있을 만큼 훌륭한 작품이었네. 정말 대단하더군.

들자하니 자네가 심리학 특히 중국의 고대 심리학 사상 연구 방면에 큰 관심을 보인다고 하더군. 두 편의 글을 읽고 자네가 전도유망한 사람임을 알았네. 앞으로 계속 노력해 주시게.

자네도 이미 알고 있으리라고 생각하지만 그저 나의 소견을 조금 덧붙이고자 하네. 중국 고대 심리학 사상의 연구와 중국 고대 철학 사상의 연구는 확실히 구분되어야 한다고 생각하네. 이 두 가지 연구는 구분하기가 쉽지 않지. 그러나 그럴수록 더욱 명확하게 구분해야 하네. 만약 이것이 뒤섞여 버리면 전체가 잘못되어버리니까 말일세. 간단하게 말하면 이렇게 구분할 수 있네. 즉 우리가 중국의 고대 심리학 사상에 대해 연구하는 것은 중국 고유의 과학적인 심리학을 건립하기 위해서라네. 우리는 과학적인 심리학의 소재와 도움이 되는 요소를 발굴하기 위해 중국 고대 심리학 사상을 연구해야 하지. 또한 이러한 작업은 완벽하게 해낼 수 있는 작업이 아닐세. 그러므로 우리는 반드시 근대 과학의 요구에 부응하는 요소를 발굴해야 한다네.

선생이 과거에 쓴 중국 고대 심리 사상과 관련된 글을 보고 아직 철학사적인 사법과 확실하게 구분을 하지 못한다는 생각을 했다네. 지금 읽은 두 편의 글은 많이 나아졌고 큰 진보가 있다고 생각되네. 부디 앞으로도 계속 노력해 성공을 거두기를 바라네.

이 두 편의 문장은 다른 곳에 발표된 적이 있는가?

그럼 몸 건강히 잘 지내시게.

판수

1983. 6. 18

판수 교수님이 이 때 당신의 저서 《심리학 서간》의 수정 작업 때문에 한창 바쁘셨다는 것을 알게 된 것은 한참 후의 일이다. 그러나 교수님은 매우 바쁘신 와중에도 시간을 내어 나에게 답장을 써 주시고 심리학계의 선배로서의 의견과 가르침을 전해주시고 격려와 칭찬을 해 주셨다. 또한 판수 교수님은 나에게 몇 차례 학술적인 편지를 보내주셨고 나는 운 좋게도 뤼산廬山, 취푸曲阜 등의 회의에서 교수님의 발표와 가르침을 직접 들을 수 있었다. 이로 인해 나는 중국 심리학사에 대한 연구를 계속해 나갈 결심과 자신감을 갖게 되었고 더욱 학문에 힘쓰기 위해 분발하게 되었다. 비록 순탄하지만은 않은 길이었지만 판수 교수님을 비롯한 많은 교수님들의 지도와 격려를 생각할 때마다 나는 낙담하거나 의기소침하지 않고 목표를 굳건히 하고 노력할 수 있었다.

판수 교수님이 우리 곁을 떠나신 지 몇 년이 지났지만 그의 모습은 항상 우리 마음속에 있다. 후학을 양성하고 꾸준히 다른 사람을 가르치신 숭고한 그의 정신은 여전히 나를 격려하고 더욱 학문에 매진할 수 있게 한다. 모르는 사람들로부터 편지를 받고 이에 일일이 답장을 할 수 없을 때 나는 바쁜 와중에도 내게 답장을 해 주신 판수 교수님을 생각하곤 한다.

영원한 교사—양융밍楊永明 교수에 대한 인상

양융밍 교수는 산시陝西 사범대학의 교수다. 이 체격이 우람한 산시 성의 대장부는 나의 은사 옌궈차이 선생님과 오랜 친구이다. 자연스레 나는 그를 사숙師叔이라고 부르게 되었다. 양융밍 교수는 《청년심리학》, 《인사심리학》, 《인생의 10대 심리적 규율》, 《인생의 10대 심리적 모순》 등 영향력 있는 저서를 집필하여 그의 심오한 사상을 통해 현실 사회의 많은 심리적 문제들을 해석했다.

그는 대학시절에 여름방학을 이용하여 《등에》, 《행복》, 《대학생》, 《매일》 등 10편이 넘는 소설을 읽으며 심리학적 지식을 이용해 주인공의 심리를 분석했다고 나에게 이야기 한 적이 있다.

그는 1959년에 우익, 부르주아라는 오명을 쓰고 학교를 떠나 돼지와 양을 기르고 밭을 가는 농장생활을 한 적이 있다. 그는 농장생활을 통해 인간 세상의 쓴맛을 보았으며 사회의 흥망성쇠를 통찰하게 되었다. 그러나 그는 이러한 역경에 감사하며 역경은 때때로 사람에게 깊은 깨달음을 준다고 생각하고 있다.

그는 심리학이 자신의 범주를 넘어서 시대의 흐름에 함께 해야 가능성이 실현되고 더욱 강한 생명력을 가질 수 있다고 했다.

또한 진실은 사람의 생활을 아름답게 해 주는 근본적인 요소라고 생각했다. 만약 세상이 거짓으로만 가득하다면 우리의 삶은 그 빛을 잃는다고 했다.

내가 중국 심리학사의 연구 방향을 결정할 때 그는 나에게 "주 선생은 재기가 넘치고 마음이 선하며 신체 또한 건강하고 80년대 청년의 특징을 갖추고 있으니 분명 전도가 유망할 것이오. 나는 주 선생이 중국 심리학사 연구 방면에 새로운 길을 개척하기를 바랍니다. 또한 서양과의 비교 연구 혹은 중국과 서양의 상호 학습과 흡수를 통해 최종적으로 계속 순환하는 규율에 대한 연구를 진행하기를 바라오."라고 이야기해 주셨다.

내가 학술 연구에서 작은 성과를 거두었을 때 그는 나에게 마음에 깊이 남는 말을 해 주셨다. "내가 바라는 것은 주 선생이 학자로서 뿐만 아니라 독자적이고 역사에 이름을 남기는 인물이 되는 것이오. 만약 이러한 목표를 이루지 못한다고 하더라도 이는 주 선생의 재능이나 지식의 탓이 아니오."

1994년 12월, 쑤저우에서는 중국 심리학 학술대회가 열렸다. 회의 기간 동안 나는 주최자로서의 역할을 맡아 몇 분의 선생님들을 모셨는데 양 선생님도 거기에 포함되었다. 시안西安에 도착하여 그는 즉시 내게 장편의 편지를 보냈다. 편지에 쓰여 있던 7가지 항목은 여전히 내 기억 속에 남아있다.

첫째, 사람은 괴물이고 사회는 미궁이다. 인생이란 사람이 이 미궁에서 앞으로 나아갈 길을 모색하는 과정이다. 옳고 그름, 맞고 틀림, 성공과 실패, 인간사의 흥망성쇠가 한 순간의 선택에 의해 좌우된다.

둘째, 일반적으로 대다수의 사람들은 멍에의 속박에 사로잡혀 피동적으로 전진한다. 사람들은 인생의 행복을 누릴 여유가 없으며 인생의 진리를 직접 느낄 틈이 없다. 시대와 역사의 흐름에 휩쓸려 전진하다가 결국에는 무덤으로 향하고 만다.

셋째, 만약 우주에서 인간 세계를 내려다본다면 인간 세계의 싸움과 아귀다툼은 마치 개미가 곡식 낟알을 가지고 싸우는 것처럼 보일 것이다. 결국에는 아무런 득도 없이 그저 공연히 바쁘게 지냈을 뿐이다.

넷째, 사람이란 참으로 슬픈 존재이다. 여기에는 두 가지 이유가 있는데 그중 하나는 사람은 살아있기 때문에 의식주가 충족되어야 하고 이것이 충족되지 못하면 살아갈 수 없기 때문이다. 배부르게 먹고 따뜻하게 입어야 살아갈 수 있기 때문에 서로 싸우는 것이다. 나머지 하나는 사람의 사회적 욕망은 끝이 없고 탐욕은 사람의 본성이기 때문이다. (탐욕은 사회의 문명을 발전시키는 원동력이 되기도 하지만 사람을 욕망의 늪에 빠뜨려 탐욕의 노예가 되어 힘든 인생을 보내게 만든다.)

다섯째, 나의 철학은 '자연에 순응하고 나아가야 할 때와 물러가야 할 때를 아는 것'이다. 항상 적당한 정도에서 그치고 소탈하며 자유로운 인생을 추구한다. 사실 모든 예술, 기술, 진리, 비결, 천기는 합당한 정도를 파악한 것에 지나지 않는다. 아마도 노자老子가 말한 무위란 인류의 지혜가 최고의 경지에 이른 상태를 의미하는 것일 것이다.

여섯째, 정도를 파악하는 비결은 적극적으로 노력하고 강제로 구하지 말아야 한다는 것이다. 상황에 따라 형세를 유리하게 이끌고 얻을 수 있는 성취는 얻고 창조할 수 있는 행복은 창조한다. 이렇게 하면 자연을 즐기고 인생을 깨닫는 기회가 생길 것이다.

일곱째, 당신의 재능도 뛰어나지만 내조해주는 어진 아내에 대해 감사하는 마음을 가져야 한다. 당신이 이 모든 것을 소중히 여겨 아름다운 인생을 창조하기를 바란다.

1998년 12월, 내가 쑤저우시의 부시장이 된 것을 알고 양 선생님은 나를 위해 특별히 다음과 같은 글을 보내왔다.

관리가 되는 것은 가르치는 일보다 힘들겠지만 주 선생은 잘 해낼 거라고 믿습니다. 지혜롭게, 언행은 신중하게, 그리고 항상 생각의 여지를 남겨두길 바랍니다. 《소서素書》에 보면 "침묵할 줄 아는 사람은 말을 잘한다. 그러나 말을 잘하는 사람은 침묵할 줄 모른다."라는 구절이 있습니다.

또한 공무로 바쁠수록 집안일에 더욱 관심을 가지기를 바랍니다. 특히 부인의 건강에 많은 관심을 가져야 합니다. 저는 주 선생의 부인에 대해 매우 특별하고 좋은 분이라는 인상을 가지고 있습니다. 진정한 행복은 일과 생활을 양립하는 데서 비롯됩니다.

양 선생님이 내게 해 주신 말씀은 매우 많다. 이야기를 주고받거나 서신을 받을 때마다 나는 깊은 감동을 받고 많은 것을 깨닫는다. 나는 그의 편지를 소중하게 간직하고 있다. 내가 힘들 때마다 양 선생님은 항상 나를 격려해 주었다. 그는 나를 앞으로 나아갈 수 있도록 인도해 주었으며 내가 올바른 사람이 될 수 있도록 훈도해 주었다.

양 선생님은 벌써 칠순이 넘으셨지만 나는 여전히 그의 예기 충만한 편지를 기다리고 있고 내 삶의 순간순간을 함께 해 주시길 바란다.

양 선생님, 당신은 영원한 선생님이십니다.

중앙 교과소中央敎科所의 맏언니
―주샤오만朱小蔓 교수에 대한 인상

중국 교육계에는 우수한 여성교육가가 많이 있다. 그들은 자신의 업적과 성취로 중국교육 역사에 자신의 목소리와 영향을 남겼다.

여기서 내가 소개하고자 하는 여자 영웅은 바로 중국교육과학 연구의 최고 장관이자 중앙 교과소의 맏언니 주샤오만 교수이다. 나와 성이 같은 이유로 나는 스스로 자랑으로 생각하며 그녀를 '누나'라고 부른다.

주샤오만의 깊고 두터운 학술적 기초와 풍부한 연구 경험은 많은 학자들 중에서도 그녀가 두각을 드러낼 수 있었던 중요한 원인이다. 그녀의 이력을 살펴보도록 하자. 1947년 12월 생으로 1966년에 난징시 제9고등학교를 졸업했다. 1972년 말 안후이 사범대학 중문과를 졸업하고 1973년 1월부터 1978년 9월까지 모교 중문과의 보조 교원, 교단 위원회의 부서기, 교당 위원회의 홍보부장 등을 지냈다. 1978년 10월부터 1985년 9월까지 난징 철도 의학원의 서기를 맡았고 당 위원회의 홍보부 부부장, 사회과학부의 부주임을 지냈으며 동시에 대학생의 도덕교육 교학 연구 작업에 종사했다. 1985년 9월부터 1988년 2월까지 난징 대학 철학과와 과학과의 윤리학 전공을 공부했으며 철학 석사 학위를 받았다. 1989년부터 1992년까지 난징 사범대학 교육학을 공부했고 교육학 박사 학위를 받았다. 1992년 9월부터 1993년 5월까지 러시아의 모스크바 대학 철학과에서 공부하며 도덕교육 철학과 감정 철학을 전공했다. 연이어 난징 사범 대학 교육과학 연구소 소장, 실험학교 연구 센터 주임, 난징 사범 대학 교육과학원 원장, 난징 사범 대학 부총장, 교육과학원 교수, 박사 과정 학생 지도 교수를 역임했다. 그는 교육 철학, 도덕교육 원리 방면에 조예가 매우 깊다. 특히 감정 교육 영역의 연구에 독자적인 공헌을 했다. 이어서 《교육 과정에서의 비이성적 요소 연구》, 《초등학교의 소질 교육 패턴의 이론 연구》 등을 주관했다. 《감정 교육 요강》, 《아동 감정의 발달과 교육》(메이중쑨梅仲蓀 공저), 《기초 교육의 모순과 도전》 등의 책을 출판했다.

주샤오만은 사람에 대한 열정과 관대함을 가졌고 원칙을 고수하면서도 기꺼이 남을 돕는다. 친구를 대할 때나 학생을 대할 때 그녀는 시종일관 전력을 다해 모두의 요구를 만족시킨다. 그녀는 모두의 적극성을 동원하는 데 능숙하다. 그녀의 눈에는 모든 사람들은 대단한 역량을 가지고 있다. 그러므로 그녀는 전례를 깨고 스스로 중앙 교과소의 학술 위원회 주석을 지내지 않고 선거를 하도록 했다. 결과 청팡핑程方平과 천윈잉陳云英 두 사람의 수완가가 그녀를 위해 많은 학술 관리 업무를 분담하게 되었다. 사실 중앙 교과소의 가장 중요한 업무는 학술이다. 주샤오만은 가장 중요한 권력을 전문가에게 넘겨주고 자신은 이를 초월해 앞으로의 발전 문제에 전력을 집중할 수 있었다. 그녀의 민주적인 기풍은 단기간 내에 중앙 교과소의 동료들에게 깊은 인상을 남겼다.

주샤오만은 중국의 교육과학 연구 발전에 대해 자신감이 충만했다. 그녀는 중국 제1회의 교육 과학 연구 포럼을 기획했다. 원래는 2003년

5월에 쑤저우에서 개최될 예정이었고 나는 스스로 나서서 그녀의 후방에서 도움을 주는 부서의 부장에 자원했다. 그러나 사스의 영향으로 포럼은 연기되었다. 그러나 주샤오만의 교육 연구에 대한 이해는 이미 중국의 교육계에 깊은 인상을 남겼다. 그녀는 가장 기본적인 방법은 창조적인 정신으로 교육 연구를 활성화 시키는 데 있다고 생각했다. 그녀는 교육 연구는 실천에 한 걸음 더 나아가야 한다고 호소했다. 교육적 실천에 민감해야 하고 교육 문제에 대한 강력한 문제의식과 관심을 가져야만 가장 중요한 과제를 포착할 수 있다. 그리고 시대를 앞서가는 조사, 실증 및 분석 연구와 기초가 튼튼하고 착실한 연구를 통해서 중앙부터 지방에 이르기까지의 교육 정책과 교육 실천에 기초적이고 신속한 행동의 근거와 지도를 마련해야 한다. 그녀는 특히 각급 교육 연구 기구 및 종사자들에게 더욱 진일보한 교육 연구의 밀폐성, 분리성을 타파하고 적극적으로 사회의 기타 영역과 함께 발전하고 자연과학, 인문사회과학 및 기타 학문과 같이 발전해야 한다고 요구했다. 다른 분야의 연구 시각, 개념과 방법을 배우고 끊임없이 새로운 연구 방법 및 도구를 개발하고 발전시켜 교육 연구에 운용해야 한다고 주장했다. 동서양의 역사상의 교육 사상과 경험, 현재 세계 각국의 교육적 경험을 거울로 삼는 것에 능숙해야 한다. 특히 교육적 실천의 제 일선의 교사와 교육 종사자들이 동료 의식을 가지고 함께 연구하며 연구 중에 서로 배우고 같이 성장하는 것을 중시해야 한다.

주샤오만은 연구를 위한 연구에 반대했다. 그녀는 교육 정책, 교육 사상과 교육의 규율성이 드러난 교육 과학 등을 포함한 견실한 연구의 성과와 생산품은 반드시 충분히 그 작용을 발휘해야 한다고 주장했다. 적극적이고 유효한 방식으로 선진적인 교육 사상을 선전하며 새로운 교육 지식을 전달하고 그러한 성과가 방치된 채 사용되지 않거나 교육 연구의 효과가 저하되는 현상을 바꾸어야 한다고 했다. 여기서 말하는 새로운 것을 창조하는 정신이란 연구 성과에 대해 심도 깊은 개발을 실현하고 교육 이론, 교육 지식의 표현 방식상의 무미건조하고 난해함, 단일화 및 형식화 된 것을 바꾸는 데 노력하는 것과 명백하고 매끄러운 문체와 풍격이 다양화된 방식을 탐색하여 사회와 여러 계층의 사람들의 교육 사상과 지식에 대한 서로 다른 요구를 만족시켜야 한다는 것이다.

주샤오만은 중국의 교육 과학 연구의 체제와 기제 상에 존재하는 많은 폐단을 심화된 개혁을 통해 극복해야 한다는 사실을 분명하게 인식하고 있다. 그녀는 현행의 많은 교육 기구들의 기능이 확실하지 못하다고 지적했다. 그 기능, 제도, 편성, 투자 체제에는 합리적인 근거가 부족하다. 연구 지원은 분산되어 있으며 운영 체제는 개방성과 투명성, 경쟁력 및 다양성이 결핍되어 있다. 연구원과 교육 사업은 조화가 되지 않으며 지식의 전달 및 갱신의 자극과 원동력이 부족하다. 우리는 반드시 교육 과학 연구의 쇄신을 개혁과 발전의 목표로 삼고 행정화 된 관리 형식을 타파하고 과거의 관습을 극복하며 항목식, 과제식의 개방 관리를 적극적으로 추진해야 한다. 그리고 부문, 분야를 뛰어넘어 연합된 연구를 진행해야 하고 교육 과학 연구 기관 간의 연합 및 합작을 강화해 집단의 우세함과 과학 연구 합작의 공동체를 형성해야 한다.

비록 주샤오만 선생이 직면한 문제는 매우 많지만 그녀는 오히려 편안한 마음으로 그 문제들을 대한다. 여기까지 쓰고 보니 나는 작년의 일이 생각났다.

교육부가 주관한 제1회 중국 학습 과학 포럼이 2002년 8월 10일부터 14일까지 쑤저우의 회의 센터에서 개최되었다. 8월 13일 저녁, 나와 주샤오만 선생은 공동으로 다과회를 열어 외국에서 활동하고 있는 박사들이 중국, 그중에서도 특히 쑤저우의 교육 발전 방향에 대해 마음껏 이야기할 수 있도록 초청했다. 나는 기회를 잡아 쑤저우를 홍보하고 쑤저우 교육의 발전 현황과 새로운 세기의 교육적 이상에 대해 소개했다. 그리고 《신세기 교육 문고》,《교육 과학 정선 교재 번역 총서》, 신교육 실험학교, 새로운 교육을 위한 사이트, 쑤저우 공업 지역 연구생 센터 등의 과정을 전했다. 그런 다음 주샤오만 선생이 중앙 교육 과학 연구소의 현황과 앞으로의 발전 전략에 대해 소개했다. 소개를 다 들은 후 해외 각지에서 모인 학자들은 마음이 들끓어 조국 교육에 대한 간절한 염원을 표했다.

그날 저녁, 미국 케네소Kennesaw 주립대학 교육학원 원장 완이핑万毅平 박사는 다음과 같은 글을 남겼다.

2002년 8월 교육부의 초청으로 쑤저우에 돌아가 제1회 학습 과학 포럼에 참가했다.

나와 포럼에 참석한 융신, 샤오만, 샤오루小茹와 같은 동료들은 모두 오랜 친구다. 참석자 중에는 이름이 널리 알려진 교육가뿐만 아니라 국내외 교육계의 신예들도 있었다.

8월 13일 샤오만, 즈닝志寧과 함께 쑤저우 란잉 학교 교장 루이펑陸一鵬 선생의 초대를 받아 학교를 방문하게 되었다. 학교의 선진 프로그램과 학교 운영 이념은 나로 하여금 부끄럽고 감동스럽게 했다. 저녁때는 쑤저우시의 부시장인 융신의 초청으로 다과회에 참석해 차를 마셨다.

차를 마시면서 국내외에서 모인 새로운 친구들은 쑤저우, 중국의 교육에 대해 대책을 강구하고 앞을 다투어 의견을 발표했다. 그 정경에 나는 더욱 따스함을 느꼈고 나를 더욱 분발하도록 자극했다.

나는 새로운 큐틴차를 주문했다. 그 빛깔은 비취와 같이 맑은 녹색을 띠고 매우 연한 어린 새싹의 맛이 났다. 한 모금 마시자마자 약간 쓴 맛이 도는 것이 마치 쓴 오이 같았으나 얼마 지나지 않아 입 안 가득 청명한 향이 퍼지고 지금까지 내가 맛 본 여느 명차보다도 더 뛰어난 맛을 느꼈다.

주영신은 쑤저우의 부시장으로서 쑤저우 교육에 대해 깊은 애정을 가지고 있고 미래의 청사진에 대한 계획은 이미 전반적인 고려가 되어 있고 이를 당당하고 차분하게 말했다. 샤오만은 이제 막 중앙 교과소의 소장을 맡았으나 16일이라는 짧은 기간 동안 중국의 교육 과학 연구에 대해 이미 완벽한 견해를 가지고 있었고 개혁에 대한 의지와 자신의 일에 전력을 다하는 정신은 나를 새삼 숙연하게 했다. 그러나 개혁은 항상 어렵고 험난하지만 개혁만이 유일한 활로이다. 나는 단지 그녀의 개혁이 마치 큐틴차와 같이 비록 첫맛은 씁쓸하더라도 뒷맛은 달콤하기를 바랄 뿐이다.

　나는 완 교수의 감상과 축복이 나를 비롯한 많은 교육계의 동료들의
공통된 마음이라고 생각한다.

중국 교육계의 맏형
―구밍위안顧明遠 교수에 대한 인상

중앙 교과소의 큰언니 이야기를 쓴 후 적지 않은 친구들로부터 그렇다면 중국 교육계의 맏형은 과연 누구냐는 질문을 받았다. 사실 나는 그들의 마음속에 이미 확실한 인물이 있을 거라고 생각한다. 이는 논쟁의 여지가 없는 인물이자 매우 자상한 구밍위안 교수이다.

만약 구밍위안 선생이 이제까지 받은 초청장을 하나로 쌓으면 아마 그의 키보다 훨씬 높을 것이다. 세계 비교 교육 학회 연합회의 두 명의 주석 중 한명이고, 중국교육학회 회장, 국무원 학위 위원회 교육학과 소집인, 교육 석사 전공 학위 지도 교수 위원회 주임, 교육부 초중등학교 교과서 심의 위원회 부주임, 고등학교 교육 기술지도 위원회 주임, 국가 교육 발전 연구 센터 전문 자문위원회 부주임, 베이징 사범대학 교육 관리학원 원장 등 구 선생의 직함은 사람들이 탄복해마지 않을 정도이다. 그가 이전에 초등학교 교사, 중학교 교장, 베이징 사범대학 부총장, 저명한 대학의 명예 교수 및 겸임 교수, 초중등학교의 자문위원 등을 맡았음은 말할 것도 없고 일일이 다 셀 수도 없을 정도다.

이렇게 대단한 인물임에도 불구하고 구 선생은 겸허하고 자상하며 사람들이 다가가기 쉬운 품성을 가진 분이라는 것은 아마 많은 사람들이 짐작하기 어려울 것이다. 구밍위안 선생은 지금껏 어떤 교사의 요구도 쉽게 거절한 적이 없다. 보통 학교의 강의를 맡아달라는 요청이나 일반적인 교사의 작품에 서문을 써 달라는 요청도 흔쾌히 승낙했다. 1993년 내가 아직 서른 남짓한 풋내기 시절에 일본 국제 교육 학회의 위탁을 받아 중국에서 개최되는 연례 회의의 집행 주석을 맡은 적이 있었다. 나는 주제넘게 구 선생님에게 편지를 한 통 보내 회의에 참석하고 주제 강연을 맡아달라고 요청했다. 뜻밖에도 선생님은 회의에 참석해 주셨을 뿐 아니라 훌륭한 강연을 해 주셨고 또한 회의의 논문집을 위해 서문까지 써 주셨다.

구 선생님의 평화로운 풍격에 관련된 많은 미담이 있다. 듣자하니 어느 초등학생이 선생님에게 자신의 공부가 너무 힘들고 성적이 나쁘며 다른 학생들과 사이도 좋지 않아 마음이 우울하다는 내용의 편지를 보낸 적이 있다고 한다. 구 선생님은 문제가 해결될 때까지 여러 차례 편지를 보내 그 학생을 지도했다. 기초교육과 거리를 더욱 가까이 하기 위해 그는 종종 각종 의무 교육 자문 활동에 참가했다. 심지어는 길거리에서 학부모들을 위해 자녀 교육에 있어 힘든 문제를 풀어주기도 했다. 그가 나타나기만 하면 그 앞에는 긴 행렬이 늘어서곤 했다. 2000년 4월 8일 오전, 베이징 시단西單 문화광장에는 아이를 데리고 온 어느 아버지가 구 선생과 마주하고 앉아 이야기하기 시작했다. "제 딸은 8살인데 책의 내용을 어떤 것은 기억하고 어떤 것은 기억하지 못합니다. 제가 가르쳐주면 이해는 하지만 다음 날이 되면 금방 잊어버리니 참 조급한 마음이 들 따름입니다." 구 선생은 말했다. "그것은 기억력이 좋고 나쁘고의 문제가 아닙니다. 아이들은 논리적 사고력은 떨어지고 형상적 사고에는 능하지요. 그것은 매우 정상적인 일입니다." 이 학부모는 고개를 끄덕이며 만족해서 돌아갔다. 그는 자신의 물음에 대답을 해 준 사람이 중국 교육계의 맏형이라는 사실을 알게 된 것이다.

중국교육에 있어서 구밍위안 선생의 공헌은 다른 학자들이 쉽게 따라올 수 없는 높은 경지에 올랐다.

1980년 구 선생은 "현대 교육은 현대가 생산한 산물이고 교육과 생산 노동의 결합은 현대 교육의 보편적인 규율이다."라는 관점을 제시하고 교육은 반드시 현대 경제의 발전에 공헌을 해야 한다고 주장했다.

1981년 구 선생은 "학생은 교육의 객체이면서 또한 주제이기도 하다."라고 주장하고 교육 과정에 있어 교사는 주도 작용을 일으키고 학생은 주체적인 작용을 해 학생의 적극적인 주동성을 충분히 발휘해야 한다고 생각했다.

1989년 구 선생은 《교사라는 직업은 전문성을 가져야 한다》를 발표하고 교사의 전문화 문제를 제시했다. 다년간에 걸친 그의 노력으로 1996년 국무원 학위 위원회는 교육 석사 전공 학위를 설치하는 방안에 결의했고 초중등학교 교사들이 석사 학위를 받을 수 있는 길을 열었다.

1990년 구 선생은 12권으로 된 《교육 대사전》을 집필하기 시작했고 이어서 출판했다. 이 책은 교육 과학 연구의 새로운 성과가 집중되어 있고 동서고금을 막론하고 전부 녹아 있다. 천여 명의 작가가 집필에 참여했고 12년이라는 시간이 걸렸다. 집필의 총책임을 맡은 구 선생이 심혈을 기울였음은 가히 짐작할 수 있다. 그는 부인인 주 선생님이 한 글자 한 글자 검토하고 한 글자 한 글자 수정했다고 내게 말해주었다.

2000년 구 선생은 장수 교육 출판사에서 출판된 《세계 교육 대사전》을 집필했다. 사건을 위주로 인류가 교육 활동을 시작한 때부터 20세기 말에 이르기까지 수천여 개의 국가의 교육적 사건 4천여 항목을 수록하고 있다. 이 책은 세계의 역사적 사건의 발생 및 발전을 통해 인류의 교육 발전의 궤적을 묘사하고 교육 발전의 규율을 탐색하는 것을 시도하고 있다. 또한 교육 이론 연구가에게 광범위한 열람, 사색의 공간을 제공하고 있다. 이 책의 기획 및 부편집장으로 나는 전체 과정에 참여하면서 구 선생의 학술에 대한 엄격함과 일에 대한 엄밀함을 두 눈으로 똑똑히 보았다. 한번은 우시에서 편집위원회가 열린 적이 있었는데 마침 그때는 내가 정부의 일을 막 시작한 때여서 공무 때문에 조금 일찍 회의장을 떠났다. 구 선생은 당시에는 비록 아무 말도 하지 않았지만 다른 위원들은 엄숙하게 나를 비판하면서 그렇게 무거운 임무를 모두 구 선생님에게 남긴 것을 책망했다고 한다. 그때의 일로 나는 아직까지도 마음 한 구석이 불편하다. 마지막 작업에 한창 전력투구하고 있을 때 나와 내 제자들은 해야 할 일을 열심히 하면서 이를 선생님에 대한 조금의 사죄라고 생각했다. 이 책은 작년에 중국 도서상을 받았다.

비교 교육학에 대한 구 선생의 공헌은 중국교육 학술계의 모범이 된다. 베이징 사범대학 교육학과 학과장을 맡았을 때 그는 제일 처음 미국 콜롬비아 대학의 후창두胡昌度 교수를 중국으로 초청해 3개월간의 강의와 전국교사 양성반을 거행했다. 80년대 초, 구 선생과 몇 명의 선배들은 공동으로 새로운 중국 성립 이래의 첫 번째 《비교 교육》교재를 집필했는데 이는 현재까지 백만여 권이 인쇄됐다. 1983년에 구 선생은 비교 교육 연구회를 창립하고 장기간 이사장을 역임했다. 구 선생은 중국 첫 번째의 비교 교육 박사와 중국에서 제일 처음으로 교육학 박사 학위를 받은 외국 유학생을 양성해냈다. 현재 비교 교육학은 전국에 4곳에 박사 과정이 설치되어 있고 10여 군데의 학교에서 석사 학위를 수여하고 있다. 이는 한 사람의 그리고 한 학과의 신화라고 할 수 있다.

구 선생은 나의 성장에 매우 관심을 가지셨다. 그는 여러 차례 서신을 통해서 내가 맡은 직책에 최선을 다하고 동시에 학문을 포기하지 말 것을 격려했다. 그는 어떻게 하면 쑤저우의 교육이 한 단계 더 성장할 수 있을지 생각해낼 수 있도록 나를 도와주셨다.

나는 행운아다. 나의 성장 과정에서 구 선생님 같은 연장자가 나를 이끌어 주시고 돌봐주시며 지도 편달해 주셨고 많은 친구들의 도움과 동료들이 있었기에 내 인생은 정말 행운이고 이는 나의 앞길에 원동력이 되어 주었다.

구 선생님, 앞으로도 열심히 노력하겠습니다.

보답할 수 없는 은혜

―옌궈차이燕國材 선생을 기억하며

이 제목을 써 놓고 나는 기억을 더듬어 지금까지 나를 돌보아 주신 자상한 스승의 얼굴들을 하나하나 떠올렸다. 그리고 감동적인 이야기들이 계속해서 내 머리 속에 떠올랐다.

스승의 은혜는 산보다 깊고 스승의 정은 강보다 길다. 나는 바쁜 와중에 짬이 날 때, 성공을 얻었을 때, 학생들과 한자리에 모여 화기애애하게 이야기를 나누고 있을 때 나도 모르게 지금까지 나를 가르쳐 주셨던 스승님들 생각이 떠오르곤 한다.

이 때 내 생각은 옌궈차이 교수님에게서 멈췄다.

1980년 9월 나는 시험을 통과하고 상하이 사범대학 교육 심리학 연구반에 들어가게 되었다. 그때는 정치적으로 좋지 않은 시기였지만 저명한 교육 심리학자들은 두 팔을 벌리고 장차 다가올 과학의 봄날을 맞이하고 있었다.

어느 날 강의실에 키는 별로 크지 않으나 기세가 비범한 중년의 남성이 들어왔다. 수업 종이 울리자 그는 씩씩하게 교단 위에 올라가 칠판에 "대담하게 혁신을 창조하고 자기의 학설을 세우자."라는 문장을 쓰기 시작했다. 후에 우리는 그 사람이 바로 학술계의 전설적인 인물 옌궈차이 교수님이라는 사실을 알게 되었다. 그는 창조성을 가르침의 기조로 삼고 학생들에게 이를 기대했다. 훗날 그는 확실히 이러한 정신을 가지고 우리를 심리학의 영역으로 이끌었다.

옌 교수님은 1930년 12월 29일 태어났다. 17세에 후난성 성립 제4 사범학교에 들어갔고 20세에 베이징 사범대학 교육학과에 들어간 정통적인 정규 교육 출신이다. 대학을 졸업하고 얼마 지나지 않아 그는 개인 저서 《마카렌코의 교육 이론과 방법》을 출간하면서 학술계에 두각을 나타내기 시작했다. 그러나 반우파 운동이 일어나면서 이 혈기왕성 젊은이는 애정을 가지고 있던 교직에서 물러나 노동개조 교육을 받은 후 도서관에서 책을 운반하는 일을 해야 했다. 80년대 초가 되어서야 거의 우리와 비슷한 시기에 학교로 돌아올 수 있었다.

옌궈차이 교수님은 나의 첫 번째 습작 《주희의 심리 사상 연구》를 중요한 학술회의에서 유명한 판수潘菽, 까오줴푸高覺敷 교수님에게 추천해 주셨고 이에 빠르게 두 교수님이 집필하신 《중국 심리학사》문집에 수록될 수 있었다.

나의 두 번째 습작인 《이정二程의 심리 사상 연구》는 옌궈차이 교수님의 추천으로 권위 있는 기간지 《심리학보》에 실릴 수가 있었다.

또한 나는 교수님의 추천으로 예외적으로 《중국 대백과 사전 심리학 편》의 편찬 작업에 참가할 수 있었다. 내가 쓴 항목을 출판사에서 견본 항목으로 정해 다른 작가들이 참고로 하도록 해서 책임 편집자인 장런쥔張人駿 교수님이 쑤저우 대학에 나를 찾으러 와서는 '주 선생님'이라고 했던 재미있는 일화가 생겨났다.

이는 이제 막 교육 과학 연구라는 걸음마를 떼기 시작한 젊은이에게 있어 매우 큰 격려가 되었다.

옌 교수님의 추천 아래 나는 중국 심리학사의 제1권이 전국적인 통일 교재 집필 작업, 전국 심리학사의 제1집 교육 참고 자료의 집필 작업, 중국 심리학사 제1권 사전의 편찬 작업에 참가하게 되었다. 이로써 나는 중국 심리학사의 학술 자료를 만드는 전 과정에 참여했다고 말할 수 있다.

후에 나는 옌 교수님과 함께 《EQ적 요소와 학습》, 《현대적 시야 내에서의 중국교육 심리학사》, 《중국 고대 심리학 사상사》 등의 저서와 논문을 썼다. 그는 스승으로서의 어조로 나를 가르치려 하지 않고 늘 친구와 같은 방식으로 나와 소통하셨다.

후에 옌 교수님은 내가 혼자 독립할 수 있도록 격려하시고 중국 범죄 심리학사, 중국 관리 심리학사 등의 새로운 연구 영역을 개척하셨다. 내가 새로운 저서를 출판할 때, 국내외의 과학 연구 기금을 획득할 때마다 그는 항상 나를 위해 박수를 보내주셨고 격려해주셨다.

내가 알고 있는 학술계의 선배들 중에는 옌 교수님처럼 근면한 사람은 많지 않다. 60세 이후에도 거의 매년 최소한 한 권 이상의 개인 저서가 출간되고 수십 편의 논문을 발표하신다. 그는 그의 4권의 저서로 중국 심리학계에서의 지위를 닦았을 뿐 아니라 EQ적 요소 이론, 소질 교육 이론 등의 방면에 있어 독자적인 혜안을 가지고 자수성가하신 분이다.

나의 인상 속에서 옌 교수님은 거의 늙지 않는 분이고 또한 동심을 가지고 계신 분이다. 옌 교수님은 학식이 풍부하고 강연할 때는 말이 청산유수시며 목소리도 크고 우렁차시지만 일상생활에서는 그다지 사교적인 분은 아니다. 그는 그저 묵묵히 밭을 갈 뿐 수확을 기대하지 않는다. 그는 명예나 지위에 무심하며 득과 실을 따지지 않는다. 이러한 성격은 그가 본래 소유해야 할 것들을 잃게 했지만 그는 이에 전혀 개의치 않고 여전히 유쾌한 모습으로 앞을 향해 나아가신다.

옌 교수님은 벌써 칠순이 넘으셨다. 원래 나는 몇 명의 친구들과 쑤저우에서 고희연을 열어 드리려고 했지만 다른 사람들이 이미 상하이에서 축하연을 열어버렸다. 작년, 교수님과 동고동락하시던 사모님께서 병환으로 세상을 떠나셨다. 교수님은 고향에 묘 자리를 만들어 사모님의 영혼이 아름다운 땅에서 편안하게 쉴 수 있도록 하셨다. 그리고 교수님은 평소대로 새로운 저서를 집필하고 있는 중이다.

2002년 노동절에 교수님의 고향의 유명한 학교, 타오위안桃源 1 중학교에서 나를 강연에 초청했고 나는 두말 할 것도 없이 바로 승낙했다. 그 지역을 직접 느끼고 은사님의 정을 느끼며 사모님의 묘소에 성묘를 하고 싶었기 때문이다. 이로 인해 나는 타오위안과 끊을 수 없는 깊은 인연을 느꼈다.

8월 무더위에 원저우溫州의 창난蒼南에서는 시 전체의 교장들을 위해 강연을 해 달라고 내게 부탁을 해왔다. 이로 인해 그들은 내게 수십 통의 전화를 걸어왔으나 너무 바빠서 승낙을 할 수가 없었다. 결국 그들은 옌 교수님에게 가서 사제지간에 같이 와 달라고 부탁을 했고 나는 이를 거절할 용기가 없었다. 사실 교수님과 몇 마디를 더 나누고 얼마 동안 더 같이 있는 것이 나로서는 가장 갈구하던 일이었다. 그러니 이는 내가 창난을 위해서 일을 하는 것이 아니라 오히려 창난이 내 요구를 만족해 준 꼴이 되었다.

오랜 세월 동안 옌 교수님은 내게 무언가를 요구하지 않으셨다. 그저 바다와 같이 넓고 깊은 은혜를 베풀어 주시기만 할 뿐이었다. 나는 이에 조금이나마 보답할 기회를 갖지 못했다. 은사님의 은혜에 어떻게 보답할 수가 있을까?

교육의 빛 —추쉐화邱學華 선생을 기억하며

중국의 교육계에는 수많은 기록을 창조한 어르신이 계시다.

지칠 줄 모르는 이 어르신은 전국 방방곡곡을 다니며 수 백 차례의 강연을 했고 아이들을 위해 수 백 차례의 공개 수업을 했다. 전국의 3천만 명의 학생과 60만 명의 교사들이 수업에서 그의 교육 방법을 사용하고 있다.

그는 바로 시행 교수법의 창시자 추쉐화 선생이다.

추쉐화 선생은 장수성 창저우常州 사람으로 초등학교 교원, 초등학교 교장, 사범학교 교장, 교과소의 연구 위원을 역임했다. 초등학교 교육 방면에 대한 그의 공로는 그와 같은 길을 걷고 있는 사람들 모두가 인정하는 바다. 시행 교수법은 일종의 시행 교육 사상, 교수법 형식이며 이미 초중등학교나 유아원, 대학에서 운용하고 있다. 마카오의 교육 기관에서는 이미 초중등학교에서 널리 운용할 것을 결정한 상태이다. 추쉐화 선생은 이미 전국 31개의 성, 시 , 자치구 및 홍콩과 마카오 등지에서 600여 차례의 강연을 했으며 약 100만 명의 사람이 그의 강의를 들었다. 20년간 교사들이 시행 교수법과 관련해 쓴 논문이 10만 여 편이고 공개적으로 출판된 저서는 20부가 넘는다. 시행 교수법은 이미 중국 당대의 저명한 교수법 중 하나가 되었다. 그는 오랜 세월을 한결같이 시행 교수법을 널리 보급하고 하위 계층을 위해 선진의 교육 이념을 전파한 명실상부한 교육계의 빛과 같은 존재라고 할 수 있다.

시행 교수법 이론의 탄생과 발전은 아마도 추 선생의 어린 시절에서 어느 정도의 잠재력을 찾을 수 있을지도 모른다. 그는 《40년간 경험한 교육의 기록》에서 다음과 같이 말했다. "어렸을 때 점령지가 된 상하이에서 학교에 갈 돈이 없어 다른 아이들이 책가방을 매고 학교에 가는 모습을 부러워했던 기억이 난다. 그때 나는 훗날 학교의 교장 선생님이 되어서 가난한 사람도 학교에 다닐 수 있게 하기로 결심했다." 이 어린 시절의 꿈은 정말로 실현되었다. 그는 초등학교, 사범학교의 교장 뿐 아니라 당대의 저명한 초등학교 수학 교육 전문가 및 교육 개혁가가 되었다. 물론 학교에 가고 싶다는 소망은 만족되었지만 그에게는 더 높은 소망이 있었는데 그것은 바로 좋은 학교에 가는 것이었다. 그러므로 16세에 농촌에서 초등학교 교사 생활을 시작하면서 추 선생은 교육의 질을 향상시킬 수 있는 방법에 대한 연구를 모색하고 좋은 학교에 가고 싶다는 문제를 해결했다. 암산 교육, 응용문제 교육, 주산 교육에서부터 시행 교수법에 이르기까지 그의 연구는 거듭된 성과를 거두었다.

시행 교육이론은 널리 보급되어 교육의 질을 높이는 데 힘쓰고 있으며 추 선생이 맨 처음 지향했던 학생들로 하여금 좋은 학교를 다니게 하자는 목표를 실현하고 있다. 중국은 인구가 많고 농업 대국으로 농촌의 초등학교가 전국 초등학교 비율의 절대 대수를 차지하고 있다. 그러므로 시행 교육이론을 널리 보급하는 것의 중점은 농촌에 있다. 현대의 유명한 교육가 타오싱즈 등은 일찍이 이러한 문제를 인식했으나 실질적인 효과를 거둔 것은 시행 교육법이다. 통계에 의하면 시행 교육법을 응용하는 교사와 학생의 대다수는 농촌에 있다고 한다. 여기서 알 수 있듯이 추쉐화는 농촌 학교의 교사 수준이 상대적으로 낮고 교육 설비와 경비가 상대적으로 약소하며 학생들의 수준이 고르지 못하는 등의 특징을 고려하여 시행 교육법을 배우기 쉽고 응용하기 쉽게, 그리고 교사들의 현재의 수요를 반영하고 거의 모든 교사들이 이를 파악할 수 있고 모든 학생들에게 적응할 수 있도록 고려했다. (류포녠의 말) 여기에 시행 교육법의 생명력이 존재한다. 비록 어떤 사람들이 시행 교육법의 이론 기초가 어렵다고 지적한 부분에 대해 추 선생 본인은 심지어 "내가 쓴 것들은 이론 상 별로 난이도가 높지 않다."라고 이야기했다. 나는 이것이 바로 시행 교육법이 전국을 풍미하게 된 원인이라 생각하고 시행 교육법 이론을 자신의 이론적 특색과 우세한 효과에 반영한 결과라고 생각한다. 독일의 문호 괴테는 "이론은 회색이지만 생활은 항상 푸르다."라고 이야기했다. 그러므로 우리의 교육이론은 반드시 교육의 실천과 생활에 뿌리를 내리고 있어야 그 왕성한 생명력을 유지할 수 있다.

후에 내가 교육 과학의 대중화를 표명하고 추구한 것은 다소 추 선생의 영향을 받았다고 할 수 있을 것이다. 나는 시행 교육법이 교사들의 환영과 감동을 줄 수 있도록 그가 주최한 대형 행사에 두 차례 참여한 적이 있기 때문이다.

참으로 대단한 것은 이 칠순에 가까운 선생이 지금까지도 부지런하게 그의 시행 교육이론을 전파하고 있다는 사실이다. 그는 거의 1년에 한 번 그가 집필하고 일선 교사들이 참여한 시행 교육법 연구에 관한 문집을 출판한다. 또한 매년 여러 차례 대형 시행 교육 연구 학술회의와 현장 견학에 참가한다.

많은 연세에도 불구하고 추 선생은 젊은이들 못지않은 감각으로 최근 추쉐화의 시행 교육 홈페이지(www.try-qxh.com)를 만들고 내게 편지를 보내 우리 사이트와 연계를 맺자고 제안해 왔다. 그는 우리의 교육을 위한 사이트를 국내 최고의 교육 사이트라고 생각해 자주 들러 주시고 자신의 사이트와 연계를 맺고 싶어 한다.

더욱 대단한 것은 그가 중국 서부에 가서 이상적인 학교를 만들었다는 것이다. 그는 곧 탄생할 화페이華培 국제 실험학교를 위해 "나는 이상적인 학교를 만들고 싶다."는 성명을 썼다.

주영신 선생의 《나의 교육 이상》의 제1장 "내 마음 속의 이상적 학교"를 읽고 깊은 감동을 받았다. 50년 전 나는 초등학교의 교장이었다. 당시의 나는 젊었고 어리벙벙했다. 후에 사범학교의 교장이 되었지만 교장은 자주권이 없었다. 현재 나는 이상적인 학교를 세우기 위해 중국 서부에 좋은 땅을 찾았다. 나는 이미 68세이지만 아직 기상이 가득 차 있고 내 인생의 새로운 기점을 세우기 위해 다시 한 번 시도하고 싶다.

이 학교는 교육가가 관리하는 실험학교가 될 것이며 세계를 향해 외국과의 교류를 촉진하는 국제적 학교가 될 것이다. 중국의 전통 문화를 숭상하고 지역의 특색을 겸비한 현대화적인 학교, 사람을 근본으로 여기고 인간의 전면적인 소질을 향상시키는 새로운 학교, 중국의 서부 대개발에 앞장 설 수 있는 희망의 학교, 외국어 교육을 강화한 제2외국어 학교, 융통성 있는 학교 제도를 가진 개방적인 학교, 환경이 아름답고 오염되지 않은 꽃밭 같은 학교, 현대화 설비를 갖춘 정보화 학교……

그의 시대성을 갖춘 정신은 사람을 매우 감동시킨다. 지금까지 그의 시행 교육법은 소질 교육, 새로운 것을 창조하는 교육, 새로운 과정과 더불어 성장해 왔다. 그는 피곤한 줄 모르고 기쁜 마음으로 새로운 이념과 영양분을 흡수하고 끊임없이 자신의 체계를 완성시키고 자신의 이념을 전파하고 있다.

최근 알게 된 것은 추 선생이 어떠한 이유로 서부에 가겠다는 소망을 완성하지 못하고 닝보寧波의 어느 학교에서 교장을 맡고 있다는 소식이었다. 얼마 전에 추 선생은 전화를 걸어와 그가 이미 새로운 학교 일을 시작했고 새로운 시도, 새로운 일을 시작했다는 사실을 알렸다. 우리는 이러한 교육의 빛과 같은 존재인 추 선생의 새로운 인생의 노정이 다시 한 번 빛나기를 진심으로 축원한다.

영원한 친구—나의 영원한 교육 동반자들

나는 종종 연구생 및 친구들과 현대 사회는 이미 단체 작업의 시대가 되었다고 이야기한다. 그 누구도 타인의 도움을 떠나서는 진정한 성공을 쟁취하기 힘들다.

내 성장에 대해 이야기하면 인생 선배들의 애정과 도움도 물론 중요하지만 친구들의 지지와 협력도 마찬가지로 중요하다. 많은 젊은 학자들과의 교제는 나의 연구 생활에 매우 중요한 부분을 차지하고 있다. 나는 여기서 그러한 친구들과의 추억과 감동을 여러분과 함께 나누고자 한다.

우선 소개하고자 하는 사람은 바로 위안전궈袁振國이다. 그는 나보다 한 살 어리니 후배라고 할 수 있겠다. 그는 키가 크고 마른 편이라 뚱뚱한 나와 선명한 대조를 이룬다. 많은 친구들은 우리가 천성적인 한 쌍이라고 이야기한다. 우리는 같이 글을 지을 뿐 아니라 만담도 할 수 있다. 대학교 3학년 때 우리는 각각 쑤저우와 양저우揚州에서 상하이 사범대학으로 왔다.

전궈의 첫 번째 인상은 양저우의 수재라는 것이었다. 중문과 출신답게 그의 아름다운 문체에 나는 부러움을 금할 길이 없었다. 공부를 시작한 지 얼마 되지 않아 그의 연구 논문은 상하이 사범대학의 학보에 발표되었다. 그러나 나는 그 논문의 관점에 그다지 동의하지는 않았고 그로 인해 우리는 빈번하게 토론과 논쟁을 벌였다. 우리의 우정은 바로 이러한 토론과 논쟁 중에 싹트고 성장한 것이다.

그때 우리는 아무것도 두려울 것이 없었고 패기가 충만했다. 나는 전귀에게 우리도 언젠가는 프로이드처럼 우리가 지은 책이 모든 사람의 책장에 꽂힐 수 있도록 노력하자고 이야기했다. 그래서 우리는 닥치는 대로 책을 읽었고 글을 썼다. 우리는 두 사람의 이름으로 《중국청년보》와 《난징일보》 등의 신문에 칼럼을 개설했으며 《심리학 탐구》, 《쑤저우 대학학보》 등에 같이 논문을 발표했다. 우리의 첫 번째 저서 《심리세계정탐》은 장쑤과기출판사에서 정식으로 출판되었다. 이 책은 우리의 첫 번째 합작품으로 당시 우리는 20대의 청년이었다.

각자의 대학으로 돌아간 뒤에도 우리의 합작은 계속되었다. 우리는 함께 《정치심리학》, 《자문심리학》, 《교제의 예술》, 《남녀차이 심리학》 등을 저술하였다.

후에 전귀가 화둥華東 사범대학에 합격하면서 우리의 연구방향에는 비교적 큰 차이가 생겼다. 하지만 같이 글을 쓰는 일은 줄었음에도 서로 관심을 가지고 도움을 주는 것에는 변함이 없다. 내가 《중화교육사상연구》라는 책을 쓸 때 당대의 사상에 대한 상세한 자료가 부족해서 곤란해 하고 있을 때 전귀는 그가 수집한 자료와 그가 발표한 글을 보내어 나의 연구에 큰 도움을 주었다.

학문에 대한 전귀의 민감성과 그의 재기에 나는 감탄을 금할 길이 없다. 내가 스스로 학문에 있어 방랑자를 표방하던 시절, 안정된 연구 방향은 있지만 평생 연구할 학문을 아직 찾지 못했던 시절에 그는 이미 교육 정책을 그의 주요 연구 영역으로 정해놓고 있었다. 역시 그는 남달랐다. 학문의 연구가 현실에서 발생하는 문제와 국가의 정책 결정 방향에 영향을 끼칠 수 있어야 학문의 가치가 충분히 활용되었다고 볼 수 있다. 전궈는 이러한 길을 찾아낸 것이다. 그는 매년 교육 정책 의 분석에 대한 연구 회의를 개최하고 있으며 나 또한 매 차례 참가하고 있다.

현재 전궈는 교육부에서 일하고 있다. 정부의 관리로서 그는 여전히 학문에 뜻을 두고 있으며 우리는 서로를 격려하곤 한다. 어떤 일에 몰두하기 시작하면 빠져나오지 못하는 내 성격을 잘 알고 있는 전궈는 항상 나에게 건강에 주의하라고 당부한다. 사실상 전궈보다는 내 체력이 더 나은데도 말이다. 이제 우리도 나이가 오십이 넘었으니 서로 일과 휴식을 잘 배분하여 생활해야 할 것이다.

다음으로 소개하고자 하는 사람은 팡잔화方展畵라는 친구로 현재 교육에 몸담고 있는 많은 사람들에게는 아마 아직 낯선 이름일 것이다. 그러나 저장성의 교육계에서는 거의 모르는 사람이 없을 정도이다. 저장성의 교육과학연구원 원장을 맡고 있고 최근에 직접 발로 뛰며 쓴 논문은 지역 연구 방면에 영향을 주었다. 그러나 그는 교육이라는 테두리에서 한 번도 벗어난 적이 없었다. 여기서 우선 그에 대해 잘 알지 못하는 사람들을 위해 간단히 이 친구를 소개하고자 한다. 팡잔화, 1955년 7월생으로 저장성 러칭樂淸 출신이다. 1982년에 항저우 대학 교육학과를 졸업하고 1986년 화둥 사범대학에서 교육기본이론으로 석사학위를 받았다. 주요 직책으로는 전국 교육기본이론학과 심사 위원, 중앙교육과학연구소의 겸임 연구원, 저장성 교육학회 부회장, 저장성 교육과학 기획지도부 주임 등이 있다. 또한 《현대인의 사고훈련》, 《로저스Rogers

의 비지도성 교육 해설》, 《현대 국내외의 교육학파》(공저), 《교육 개혁에 대한 새로운 탐색》(편집), 《교육과학이론》과 같은 주요 저서가 있다. 또한 《창조적 사회심리학》, 《공부법 배우기》, 《천재들과 성공》, 《현대 관리 심리학》, 《청소년의 잠재력 개발》, 《인성론》이렇게 6개의 번역서가 있다. 60여 편의 학술 논문을 발표했으며 그중에서 최근 5년 이내에 1급(준1급 포함) 간행물에 발표된 학술 논문이 16편에 달한다. 《교육과학이론》은 교육부가 주최한 제2회 인문사회과학 우수 연구 성과에서 3등상을 수상했다.

그를 알게 된 것은 재미있는 계기를 통해서였다. 1989년의 어느 날 나는 항저우에서 날아온 전보를 한 통 받았다. "주영신 선생, 제가 지금 《에덴 총서》를 계획하고 있는데 부디 같이 일할 수 있었으면 좋겠습니다." 나는 그때까지 팡잔화 선생을 한 번도 본 적이 없었지만 그의 전보 한 통을 통해 그를 알게 되었고 우리의 막역한 교제가 시작되었다.

팡잔화 선생은 친구가 도움을 요청하면 흔쾌히 들어주는 편이다. 구밍위안顧明遠 선생과 《세계교육대사전》을 집필하고 있었던 때의 일이다. 《국제교육》편은 원래 오스트레일리아의 학자가 쓰기로 되어 있었는데 거의 마지막이 되어서 약속을 지킬 수 없다고 통보해왔다. 나는 매우 초조한 마음에 팡잔화 선생에게 도움을 요청했다. 그는 두 말 하지 않고 바로 나의 요청을 받아들였고 훌륭하게 자신의 임무를 완수해 냈다.

1991년에 나는 일본에서 《소규모 그룹 경영》이라는 책을 번역하고 일본을 떠날 때 선생님께 선물로 드리려고 했다. 당시에 나는 출판업계에 친구가 많지 않았기 때문에 팡 선생에게 도움을 요청했다. 그는 시원스럽게 나의 요청을 받아들여 주었다. 그 덕분에 선생님께 마지막 인사를 드릴 때 이 책은 좋은 선물이 되었다.

팡잔화 선생은 현재에 안주하지 않는 사람이다. 그는 시종일관 탐색하고 기회를 찾는다. 그는 이전에 중국에서 사립교육이 막 시작되었을 때 이미 사립학교를 운영하며 학생들을 모집하고 있었다. 그는 자신의 학문 연구의 방향을 끊임없이 조정하고 자신의 발전에 맞추어 나간다. 최근 2년 동안 그는 주목할 만한 활동을 하고 있다. 그것은 바로 저장성의 교육의 질적 향상 활동이다. 이것은 그가 직접 기획한 것으로 몇 년 동안 새로운 스타일의 우수한 수업 형태를 선별하고 교사들이 수업을 견학하도록 하는 계획이다. 이 활동의 취지는 교실에서 이루어지는 수업에 있어 새로운 기초교육 과정과 개정된 교육 이념을 실현하고 저장성의 새로운 교육의 연구 성과를 보여주며 학과 교육의 새로운 방법을 모색하고 교육을 실천하는 현장에서 교사들이 더욱 성장할 수 있게 하기 위한 것이다. 팡 선생은 이러한 활동에 대해 분명한 어조로 대답했다. "우리는 완벽함을 추구하지 않습니다. 목적은 시대를 앞서가는 교육 관념, 새로운 것을 창조하는 의식, 융통성 있는 교육 방법, 교육 효과가 탁월한 젊은 교사를 배양하는 것입니다. 또한 더욱 넓은 범위에서 저장성의 특색이 담긴 새로운 교육 스타일을 형성하고 이를 통해 저장성의 창조적인 교육이 중국 내에서 더욱 영향력을 지닐 수 있도록 하는 것입니다."

나의 학문의 세계에는 실로 많은 동반자들이 있다. 이들은 내게 실로 많은 도움을 주고 있으며 나와 함께 학문의 길을 걷고 있다. 그들은 모두 나의 영원한 친구들이다.

학교에 영혼의 생기를 불어넣는 사람
—가오완샹高萬祥 교장을 기억하며

나는 국내외의 다양한 학교를 많이 방문했다. 그러나 그중에서도 내가 방문하고 싶은 학교 중 하나는 바로 가오완샹 선생님이 교장을 맡고 있는 학교이다. 나는 이곳에서 영혼을 가진 학교와 학교에 영혼을 불어넣은 사람을 보았기 때문이다. 많은 학교가 호화로운 건축을 뽐내고 있지만 영혼이 느껴지지 않는다. 이러한 학교에는 학교에 영혼을 불어넣어 줄 교장 선생님이 존재하지 않는다.

가오완샹 교장은 최근 매우 특별한 제목의 책《당신에게 학교를 드립니다》를 출간했다. 그는 나에게 책의 서문을 부탁했고 이에 나는 흔쾌히 응했다. 내가 그의 책에 서문을 기쁜 마음으로 쓴 이유는 가오완샹 선생이 어떻게 학교에 영혼을 불어넣었는지 모두에게 알려주기 위함이다.

가오완샹 선생은 다른 교장 선생님들과 별다른 차이가 없다. 그의 가장 큰 특징은 바로 독서를 매우 좋아한다는 것이다. 독서에 대한 그의 애정은 정말 남다르다. 그를 알게 된 지 20년이 다 되어 가는데 20년 동안 우리를 연결해 준 연결고리는 바로 교육과 책이다. 가오완샹 선생을 통해서 나는 좋은 책을 많이 읽게 되었고 좋은 사람들을 많이 알게 되었다. 그가 좋은 책과 좋은 사람을 발견했을 때 느끼는 흥분과 감정은 콜럼버스가 신대륙을 발견했을 때에 비할 수 있을 것이다. 그는 바로 나에게 전화를 걸어 와 "주 선생, 《어머니를 발견하다》를 읽으셨소?" "주 시장, 《마음의 조각상》이라는 책을 혹시 가지고 있소?" "오늘 저우 궈핑周國平이 우리 학교에 오는데 혹시 시간이 있습니까?"라고 묻는다. 그가 추천해 준 책은 점점 나의 책장을 채워가고 있고 그가 소개해 준 많은 사람들은 나의 친구가 되어가고 있다. 리전시와 같은 친구들도 그가 소개시켜 주었다. 가오완샹 선생과 그들을 엮어주는 연결체는 바로 책임을 나는 알고 있다. 나는 리전시가 가오완샹 선생에 대해 쓴 글을 읽은 적이 있다. 그중에서도 책과 관련된 부분을 발췌해 보았다.

가오완샹 선생님의 서재는 이미 서재라고 부를 수 없을 정도이다. 아마도 '서고'라고 부르는 편이 더 적당할 것이다. 서재의 벽은 대부분 책장으로 덮여있기 때문에 그의 서재에는 벽이 없다. 바닥부터 천장까지가 전부 책장이다. 책장의 공간에는 이백, 두보, 셰익스피어, 루쉰 등 많은 작가들의 책이 빽빽이 차 있다. 그의 책장에는 동서고금을 막론한 인류의 문명과 사상의 정수가 담겨져 있다고 해도 과언이 아니다. 가오완샹 선생님은 득의양양하게 서재로 들어가 마치 천만대군을 거느린 것처럼 만족스러운 표정을 짓는다. 그의 많은 책들은 마치 장군의 지시를 기다리는 병사들처럼 옅은 갈색의 책장 안에서 조용히 우뚝 솟아 있었다. 나는 책장 사이에 서서 일반적인 책의 향기 뿐 아니라 책에 담겨진 내용에서 우러나오는 향기와 사상의 숨결과 목소리를 들었다. 나는 자오완샹 선생님이 참으로 부러워졌다. 그가 확실히 대단한 책들을 쓴 대단한 사람들에 둘러싸여 있다고 생각했기 때문이다.

　가오완샹 선생은 독서에 관해 많은 명언을 남겼다. 그는 독서를 하거나 책을 가르치거나 책을 쓰는 등 하루에 책을 한 번이라도 접하지 않고는 살아갈 수 없다고 했다. 책은 우리를 성장시키는 양분이다. 책은 문학계, 교육계의 많은 사람들과 교제할 수 있게 해주고 사고와 문화에 대한 시야를 확장시킨다. 또한 책은 나를 열정적이게도 하고 침착하게도 하며 집착하거나 욕심 없게 만들기도 한다. 책은 진정한 학교라고 할 수 있다. 수준 높은 독서 인구를 양성하는 것은 우리의 기초교육에 있어서 빼놓을 수 없는 신성한 사명이다. 모름지기 사람은 평생토록 독서하는 습관을 유지해야 사랑하는 마음, 양심, 책임감을 더욱 향상시킬 수 있고 영원한 젊음을 간직할 수 있다. 그러므로 책을 벗 삼는다는 것은 위인과 친구가 되는 것을 의미하고 또한 문화와 진리를 벗 삼는 것을 의미한다.

　가오완샹 선생의 독서력은 주위 사람들에게도 퍼져가고 있다. 교사들, 학생들도 책을 사랑하게 되었다. 그렇기 때문에 그의 학교에는 책의 향기가 충만하다. 이유는 잘 모르겠지만 나는 가오완샹 선생을 볼 때마다 수호믈린스키가 남긴 명언이 떠오른다. “책이 가진 무한한 힘을 믿는 것은 바로 나의 교육에 있어 하나의 진리이다.” 나는 바로 책이 가오완샹 선생에게 영혼을 불어넣었고 또한 학생에게, 교사에게, 그리고 학교에 영혼을 불어넣었다고 생각한다. 《당신에게 학교를 드립니다》는 학교에 영혼을 불어넣는다. 가오완샹 선생의 글은 독서란 우리에게 영혼을 불어넣는 것이며 책의 향기가 넘치는 학교를 만드는 것은 학교에 영혼을 불어넣는 것이라는 점을 강조한다.

가오완샹 선생은 시인의 기질을 가진 국어 교사이다. 그러나 나는 그의 시인과 같은 열정이 국어 교육에 대한 냉정한 사고를 없애버리지는 않는다고 생각한다. 그의 대담하고 솔직담백한 논점은 수준 높은 의식을 기초로 나온 것이다. 가오완샹 선생은 그저 교과서를 가르치기만 하는 교사가 아니며 또한 일반적인 의미의 명교사도 아니다. 지난 세기말에 있었던 논쟁에서 언어교육계의 사람들 중에서는 적은 수의 사람들만이 자신들의 분야 외의 것에 대해 정면적인 호응의 목소리를 냈다. 그 적은 수의 사람들 중 한사람이 바로 가오완샹 선생이다.

한 학교의 교장으로서 그리고 국어 교육을 염려하는 교사로서 가오완샹 선생은 최근 언어교육에 대한 토론이외에도 기타 관련 문제에 대해서도 작품과 논문 저술 활동을 하고 있다. 현재 가오완샹 선생은 과거 여러 해 동안 쓴 그의 관점과 논문을 다시 손질하고 있다. 그가 쓴 《언어의 시적인 의미》 속에서 그는 그의 언어교육에 대한 이상과 작문 교육에 대한 연구와 실천을 실제 생활에서 진행한 것에 대해 기록했는데 이는 사람들에게 많은 감동을 준다. 그가 한 일들은 그리 위대하지 않을지라도 그는 시종일관 같은 태도로 일했다. 마치 그가 책 속에서 묘사한 시대에 맞지 않는 늙은 교장처럼 시종일관 같은 방식과 같은 태도를 유지했다. 이를 위대하다고 할 수 있을 것이다. 그리고 책에서 이러한 상황은 도처에서 볼 수 있다. 예를 들어 그의 교육이념, 그는 국어 교재의 개혁을 주장한다. 모든 국어 교사들이 그처럼 책을 벗 삼을 수는 없을 것이며 시종일관 교사로서의 자신의 영혼을 가꾸는데 심혈을 기울일 수 없을 것이다.

책 속에서 우리는 그가 끊임없이 국어 교육에 있어서 시적인 의미를 추구하고 학교에 문학적인 분위기를 조성하고자 함을 발견할 수 있다. 그는 국어 교재의 변화와 국어 교수법의 개혁에 관심을 가지고 있다. 그는 국어 교수법 관련 토론에 적극적으로 참여한다. 그는 또한《베이징 문학》에 우리를 위해 토론의 세세한 항목을 열거해놓았다. 현재 그의 주변에는 이미 그를 존경하는 국어 교사의 모임이 형성되었다. 그는 이러한 교사들을 위해 정교하고 아름다운 명함을 만들어 그들이 독자들 앞에서 입장을 분명히 밝힐 수 있도록 했다. 이것은 모두 이 책에 그만의 독특한 관점을 담는 결과를 낳았다. 이 책은 국어 교육에 관한 수많은 책들 중에서 독특한 위치를 지닌다. 독자들이 이 책을 통해 많은 것을 깨달을 수 있을 것이라고 나는 확신한다. 이것이 바로 이 책이 지어진 목적이다.

유명한 철학자 포이어바흐Feuerbach는 사람은 그가 섭취한 것들로 이루어진다고 말했다. 우리는 가오완샹 선생의 책을 통해서 과연 그가 무엇을 섭취했는지 대체적으로 이해할 수 있을 것이다. 또한 이러한 표현이 완전한 표현인지 아닌지 모르겠지만 사람은 그가 뱉어낸 것과 같다고도 말할 수 있다고 생각한다. 현재 가오완샹 선생은 그의 마음속에 담겨져 있는 진심을 종이 위에 쏟아내었다. 우리는 이 글자들을 통해서 가오완샹 선생에 대해 좀 더 알 수 있을 것이다.

지칠 줄 모르는 열정

―우장吳江현 숭릉松陵 노동자 학교 교장 진원정金蘊正 선생을 기억하며

　장수성 우장현의 숭릉 마을에 있는 유명한 숭릉 노동자 학교의 교장 진원정 선생은 체구가 자그마하고 마른 여성이다. 그녀가 가르친 학생은 숭릉 마을 도처에 널리 퍼져 있고 그녀의 명성은 학교와 마찬가지로 유명하다.

직업 기술 교육

　진 선생은 오랫동안 교직을 맡아온 분이다. 1950년 아직 우장 사범학교에서 공부를 하고 있을 무렵 그녀는 방학을 이용해 농촌에 가서 농민들에게 글을 가르쳤다. 졸업 후 노동자 교육에 종사했고 숭릉 노동자 학교의 교사를 맡았고 이 기간 동안 그녀는 수많은 농민과 공장 노동자들이 문맹에서 벗어날 수 있게 했다. 1956년부터 그녀의 일에는 자주 변동이 생기기 시작했으나 여전히 노동자 교육을 하던 시절을 그리워했다. 그래서 1979년에 숭릉 노동자 학교로 발령 받아 전부터 해오던 일을 하게 되었을 때 그녀는 두말없이 숭릉으로 돌아갔다. 이미 반 백발의 나이가 된 진 선생은 마치 새로운 청춘을 얻은 듯 생기와 활력이

흘러 넘쳤다. 그녀는 교육 계획을 정하고 각계와 소통하고 타지의 교사들을 초창하고 학생 참관 수업을 기획했으며 교육 자료와 서적을 구입하고 교육 설비와 필요한 용품을 추가로 구입하며 타지 대표단의 참관 교류를 응접했다. 그녀는 이어서 각각 3개의 TV 양성반, 야간반, TV 중등 전문반 담임을 맡고 때로는 강단에 올라 강의를 하고 학생들과 마음을 터놓고 이야기하며 가정 방문, 사회 조사, 외부 회의 개최를 했다. 그리고 동시에 스스로 《교육 통신》을 편집하고 각지에 이를 보내 서로 교류했다. 그녀는 거의 학교의 모든 업무를 혼자서 도맡아 했는데 성과가 매우 좋아 사람들로 하여금 혀를 내두르게 했다.

진 선생은 개혁개방이 심화됨에 따라 예전의 직업 교육 체제와 방식은 이미 농촌의 상품 경제와 건설 발전의 요구에 적합하지 않다는 것을 느꼈다. 그리하여 당, 정, 노조의 지지 하에 대담하게 새로운 탐색을 진행했다. 우선 그녀는 노동자 학교의 단일화 된 문화 교육 방식을 다양한 학과, 다양한 전공의 방향으로 발전시켰다. 이에 따라 학교에는 40여 개의 전공이 설치되었으며 600여 개에 달하는 각종 수업 과정이 개설되었다. 그런 다음 그녀는 융통성 있고 다양한 학교 운영 방식을 채택했다. 노동자 교육이라는 특수한 상황에 적응하기 위해 학교는 학생들로 하여금 단과, 다양한 과목 혹은 전 과목을 자유롭게 선택하는 것을 허용했고 직장을 다니면서도 교육을 받을 수 있도록 융통성 있게 직접 수업을 받는 방식과 통신 교육 방식을 이용해 여러 층의 사람들이 지속적인 교육을 받을 수 있도록 했다. 11년 이래 이 학교에서는 100명이 넘는 청장년 노동자 학생들이 문맹을 벗어났고 총 521개의 반을 개설해 연이어 3,000명이 넘는 단과 과정 수료생 및 고등교육 과정 졸업생을 배출하고 있고 6만 명이 넘는 사람들에게 각종 양성과정을 진행하고 있다.

11년 동안 진 선생은 자신을 돌볼 틈도 없이 일에 전념했다. 잠자리에 누워서도 학교의 일을 걱정할 정도였다. 그녀의 딸들은 때로 그녀를 꾸짖으며 말했다. "어머니의 정신은 온통 학교로 향해 있군요!"

다방면에 원조를 구하다

1979년 2월, 진 선생은 20여 년 전에 재직했던 숭링 노동자 학교로 돌아왔다. 교문을 들어서자 그녀는 눈앞에 펼쳐진 광경에 아연실색했다. 흙먼지를 뒤집어 쓴 책상 몇 십 개가 폐허가 된 학교 건물 사이에 드문드문 흩어져 있었고 먼지가 쌓인 학교 장부에는 단지 6편分의 잔고가 남아있을 뿐이었다. 그 날 밤, 진 선생은 밤늦도록 잠들 수 없었다. 그녀는 마음속으로 개인의 능력에는 한계가 있으니 유일한 해결책은 사회의 힘을 빌려 국면을 개척하는 수밖에 없다고 생각했다.

다음날 아침 일찍부터 그녀는 원조를 구하기 위한 활동을 시작했다.

신입생을 모집하기 위해 공장에 가서 청년 노동자들을 학교로 보내달라고 요청했다. 어떤 공장은 업무에 지장을 줄 것을 염려해 자신의 공장의 노동자들을 학교로 보내는 것을 허락하지 않았다. 어떤 곳은 어림없다며 교육 경비를 지불하려고 하지 않았다. 비록 수없이 문전박대를 당했지만 그녀는 계속해서 여러 곳을 방문해 교육에 대한 이익을 설명하고 학생을 보내줄 것을 요청했다.

한 번, 두 번 효과가 크게 나타나지 않자 그녀는 피동적인 방법에서 주동적인 방법으로 노선을 변경했다. 한편으로는 중앙 정부, 국무원의 노동자 교육과 관련된 규정을 인쇄하여 기업 등에 배포하고 다른 한편으로는 사회의 요구를 이해하고 이에 준하는 학교 운영 방침을 세웠다. 그녀는 공장에 가서 식당의 식단이 단조롭고 맛이 별로 없다는 사실을 반영해 요리반을 개설하고 두 명의 고급 요리사들이 공장 식당의 조리사들을 교육하도록 했다. 2개월 후 교육을 받은 조리사들은 여러 가지 종류의 요리를 만들어 낼 수 있게 되었다.

그녀는 유아원에 가서 보육사들이 아이들을 제대로 돌보지 않고 아이들이 울면 그저 엉덩이를 때리는 것을 목격하고 유아교육반을 개설해 보육사들에게 이야기 하는 법과 풍금 치는 법, 노래, 아이들의 생리와 심리에 대한 지식을 가르쳤다. 이러한 교육을 받은 보육사들은 원래의 유아원으로 돌아갔고 유아원은 변하기 시작했다.

그녀는 마을의 젊은 청년들이 일이 끝나면 모여서 술 마시고 주정하는 광경을 보고 문예창작반을 개설해 공장 노동자들의 문예적인 기질을 훈련하기 시작했다. 이는 노동자들이 일터로 돌아간 후 청년 조직이 생기기 시작했다. 학생 모집의 문제는 이렇게 하나씩 해결되고 있었다.

물질적인 원조를 구하기 위해 관련 기관에 학교 운영 조건을 개선하기 위한 원조를 요청했다. 학교에는 체육 시설이 없었기 때문에 그녀는 몇 개의 농구 기구를 얻어 왔다. TV 관련 수업을 할 때 TV가 꺼져버리곤 했기 때문에 그녀는 TV를 가지고 공장에 가서 빌려와 수업을 했다. 학교에는 교육용구가 부족했기 때문에 그녀는 기업에 가서 쓸모없는 물건을 얻어와 직접 오래된 설비를 개조했다. 이렇게 해서 무에서 유를 창조하고 더 나아가 좋은 시설을 갖추고 학교는 점점 설비들로 무장되기 시작했다. 현재 학교에는 200여 개의 책상과 걸상, 500여 권의 책과 컬러 TV, 비디오, 중문 영문 타자기 등의 교육 설비가 구비되어 있다. 이는 11만 6천 위안의 가치가 있는 물건들이다.

경비를 조달하기 위해 관련 기관에 학교 운영 규모를 확대하기 위한 협조를 요청했다. 1988년부터 학교 규모의 확대와 물가의 상승에 따라 적은 양의 학비 수입은 이미 학교의 정상적인 운영을 유지하기 어려운 상황에 이르렀다. 진 선생은 어쩔 수 없이 상급 기관에 원조를 요청했다. 이윤이 높은 대기업을 찾아가고 그녀의 학생, 오래된 친구들을 찾아갔고 그들은 모두 그녀의 학교 운영에 대한 진심에 감동해 계속해서 지원을 해주었다.

후에 그녀는 학교 건물을 개조하려고 마음을 먹었다. 그녀는 철저하게 학교 운영 조건을 개선하고 교사와 학생들에게 양호하고 쾌적한 환경을 제공해주고 싶었다.

누군가가 저명한 직업 교육가 황옌페이黃炎培 선생에게 직업학교 교장의 자격 조건은 무엇인지 질문한 적이 있었다. 황 선생은 다음과 같이 대답했다. "다른 학교의 교장들도 다 갖추고 있는 열정이나 학력, 품행, 경험은 절대 하나라도 부족해서는 안 된다. 여기에 사회적 활동력이라는 조건이 하나 더 추가되어야 한다." 진 선생의 사회적 활동력은 학교 운영을 하면서 충분하게 드러났다.

그녀는 우선 교실에서 행정관리 전공반의 학생들에게 기부금을 모집했고 후에 현 위원회 지도층의 관심 아래 간담회를 개최하고 현장에서 23만 위안의 기부금을 모집했다. 계속해서 물자국, 세무국, 전력공사, 수자원공사 등이 잇달아 원조를 했고 학교 건물 문제는 드디어 결과를 볼 수 있었다. 건물 건축 과정 중에 그녀는 거의 매일 공사 현장에 가서 공사 현황을 살피고 노동자들을 위문했고 공사현장 관리자는 이에 감동해 정성으로 건물을 시공했고 이 공사 수준은 전체 현의 표준이 되었다. 운송업자는 그녀의 열정에 감동해 주동적으로 운수비용을 거의 절반이나 삭감해 주었다. 현재 공사는 거의 마무리 단계에 와 있다. 1,800 평방미터나 되는 두 채의 새로운 건물을 1991년 4월 30일 전에 사용할 수 있게 된다. 진 선생의 이러한 정신은 정말 탄복하지 않을 수 없다.

진심 어린 인간관계

숭링 노동자 학교는 노조에서 운영하는 작은 학교이지만 이곳에는 명성이 자자한 인재들이 모여 있다. 쑤저우의 명교수, 대학 강사 등 백여 명의 사람들이 자주 와서 수업을 가르친다. 진 선생은 어떻게 이런 사람들을 한데 모을 수 있었을까? 그 비결은 바로 사람들을 살갑게 대하고 진심으로 교제하는 것이다. 진 선생은 사회를 위한 인재를 배양하기 위한 노동자 학교를 제대로 운영하기 위해서는 수준 높은 교사들이 필요하다고 생각했다. 때문에 그녀는 이곳에 온 교사들을 지극정성으로 살핀다.

법학개론 강의를 맡고 있는 샤스위夏時雨 부교수는 당뇨병 환자다. 그가 아직 오기 전에 진 선생은 그가 언제든지 물을 마실 수 있게 따뜻한 물과 차가운 물을 두 병 교실에 준비해 놓았다. 식탁에는 맛있는 두부와 생선, 닭고기 탕을 준비했다. 회계 원리를 가르치는 톈전성田震生 부교수가 수업을 할 때 잔기침을 하는 소리가 들리자 진 선생은 바로 병원에 가서 약을 처방받아 지어왔고 수업이 끝날 무렵 톈 교수는 뜨거운 배 즙을 받아 마실 수 있었다.

한번은 야간 수업을 담당하는 교사가 숙소로 돌아갈 때 비를 맞은 적이 있었는데 진 선생은 마치 자신이 비를 맞기라도 한 듯 안타까워했다. 그녀는 교사들이 걸어서 돌아가지 않도록 집을 하나 마련하고 새로운 침구를 사들였다. 찌는 듯한 무더위에는 교사들과 학생들이 안심하고 쾌적한 환경에서 공부할 수 있도록 교실과 교사들의 숙소에 에어컨과 모기약을 마련해 놓았고 때로는 차가운 수건을 건네거나 살충제를 뿌리기도 했다. 추운 음력 섣달에는 교사들이 수업을 할 때 사용할 수 있도록 휴식에 필요한 모든 물품을 준비해 놓았다.

진 선생의 세밀한 배려와 일을 위해 진심으로 노력하는 모습은 교사들이 학교에 대한 애정을 불러 일으켰다. 쑤저우의 명망 높은 교수들은 매우 높은 수준의 학교나 기업의 요청을 사절했다. 어떤 곳은 숭링 노동자 학교보다 높은 보수를 제시하는 곳도 있었지만 그들은 동요하지 않았다. 그들은 "이곳에서 학생들을 가르치는 것은 우리의 의무이자 또한 우리가 가장 원하는 일이다. 진 선생님의 진심어린 애정과 고귀한 정신은 우리를 감동시켰기 때문에 우리는 진심 어린 인간관계를 보고 이곳에 온 것이다."라고 말한다.

이러한 진심어린 마음이 많은 교사들로 하여금 자신이 겸직을 하고 있다는 사실을 망각하고 모든 수업에 책임을 갖고 진심으로 임하게 하는 것이다. 어떤 교사는 약을 먹고 침을 맞아가면서도 수업을 한다. 왜냐하면 그들은 수업을 조정하는 일이 진 선생에게 얼마나 많은 불편을 초래하는지 잘 알고 있기 때문이다. 많은 교사들은 진 선생을 위해 참모 역할을 한다. 전공 설치, 교재를 선택하고 구입하는 일에서부터 계획을 정하고 교사를 모집하는데 까지 모두 적극적으로 방안을 제시한다. 이는 숭링 노동자 학교가 더욱 발전할 수 있도록 하고 있다. 그래서 어떤 사람들은 그녀를 두고 쑤저우 전체 대학의 교장이라고까지 이야기하기도 한다.

05

인터넷에 대한 단상

가상 세계는 진실하다.

정보를 수집하는 경로가 갈수록 다원화되어 가고 있는 오늘날, 우리는 매체와 접촉하지 않고는 공부나 일을 할 수 없다.

다시 말해 만약 평면적인 매체를 접함과 동시에 인터넷의 세계와 접한다면 우리는 약동하는 전 세계의 흐름을 배울 수 있다. 또한 인터넷에는 학문과 현실세계가 서로 교류하고 긴밀하게 연결되어 있어 생동적인 학문과 다양한 생활, 인생의 정취를 느낄 수 있다.

작가는 인터넷을 활용하여 그의 인격과 학술적인 역량을 바탕으로 대중을 운집시켰다. 현재 중국의 교육계에 있어 영향력 있는 젊은 인재들을 모아 공동으로 '새로운 교육을 위한 사이트'를 운영하고 있다. 이 사이트 안에서는 재능을 가진 젊은 인재들이 서로 손을 잡고 새롭고 힘찬 조류를 형성하고 있다.

인터넷을 통해 당신은 작가와 마찬가지로 인생이 더욱 풍요롭고 아름다워짐을 느낄 수 있을 것이다.

사이트를 열다

인터넷은 젊은이들의 세계다. 결코 젊다고 할 수 없는 내가 왜 인터넷에 깊게 빠지게 되었는가에 대해 이야기 하고자 한다.

나는 원래 인터넷은 일고의 가치도 없는 것이라고 생각했다. 아들이 인터넷을 하는 것을 반대했을 뿐 아니라 박사 과정 중인 제자 리전시李鎭西에게 인터넷에 너무 빠져 있다고 나무란 적도 있다. 나는 인터넷 탓에 그들이 진지한 학문은 멀리하고 시간을 낭비하고 있다고 생각했기 때문이다. 그러나 아들은 내가 뭐라고 하던지 여전히 인터넷에 빠져 있었고 리전시 학생도 마찬가지였다. 후에 나는 교단의 젊은 인재들이 모두 인터넷에 빠져 있다는 사실을 발견했다. 그들은 인터넷을 통해 자신의 재능을 드러내고 친구나 마음이 맞는 동료를 사귀며 정치를 비판하고 논쟁을 벌였다. 상호적인 인터넷은 그들에게 있어서 자신을 표현할 수 있는 무대나 마찬가지였다. 이로서 나도 인터넷에 대해 다시 생각해 보지 않을 수 없었다.

어느 날, 결국에는 나도 인터넷의 세계에 발을 들여놓게 되었다. 2002년 4월 16일 저녁에 리전시를 비롯한 몇몇 학생이 모여 있는 가운데 그들은 인터넷 사이트를 어떻게 운영하고 어떻게 사람들과 교류하는지에 대해 끊임없이 이야기했다. 한마디로 인터넷 세계는 정말 대단하다는 것이었다. 결국 그들은 술기운에 나를 인터넷의 세계로 끌어들이기 시작했다. "선생님, 선생님은 왜 사이트를 운영하지 않으세요?"

그때 나는 인터넷 사이트에 대해 워낙 익숙하게 들어온 터라 조금도 망설이지 않고 대답했다. "그래. 나도 한다!"

그리하여 2개월 후인 6월 18일, '새로운 교육을 위한 사이트'가 정식으로 탄생했다. 사이트를 열면서 첫 페이지에 나는 다음과 같은 글을 남겼다.

새로운 교육을 위한 사이트가 드디어 시작됐습니다. 인터넷은 젊은이들의 공간이지만 다시 젊어질 수 없는 저는 젊음을 느끼고 스스로 젊은 마음을 갖기 위해 그리고 인터넷의 유혹에 못 이겨 사이트를 열었습니다. 저는 지금 매우 흥분되고 미래에 대한 희망과 불안감이 교차합니다.

제가 생각하는 이상적인 사이트란 모두가 평등한 공간입니다. 누구나 발언권이 있고 진부한 스타일에 얽매이지 않으며 자신의 진정한 생각을 표출하면 됩니다.

제가 생각하는 이상적인 사이트란 순수한 학문이 존재하는 곳입니다. 진지하되 유머를 잃지 않고 통속적이되 저속하지 않아야 합니다. 인터넷의 생존과 발전은 도덕과 법률적인 약속을 필요로 합니다.

제가 생각하는 이상적인 사이트란 따뜻한 가정입니다. 모든 회원과 방문자, 운영자가 모두 이 가정의 유쾌한 구성원입니다. 이곳에는 가장이 따로 정해져 있지 않습니다. 우리 모두가 다른 사람을 위해 지칠 줄 모르고 봉사하는 사람입니다.

제가 생각하는 이상적인 사이트란 교육자들의 요람입니다. 여기에서는 연구와 토론을 통해 나오는 지혜와 이상이 가득합니다. 교육에 관심을 가지고 당신 주위의 교사와 학생을 사랑하며 진심으로 교류하며 열정을 가지고 열심히 노력해야 합니다.

제가 생각하는 이상적인 사이트란 매체와 상호 작용하는 사이트입니다. 우리는 각종 교육 관련 신문사와 출판사의 큰 지지를 얻고 있습니다. 새로운 교육을 위한 사이트는 교육에 불꽃을 일으키는 꿈의 공장이 될 것입니다.

이 사이트로 인해 나의 생활은 더욱 다채로워졌다. 매일 아침 6시 쯤 한 시간 동안 사이트를 둘러보고 정오 쯤 되면 또 들러본다. 인터넷 생활은 내 휴식시간을 점령해버렸지만 이 사이트가 나에게 있어 꼭 필요한 부분이 되었음을 깊이 느끼고 있다.

사이트를 열고 인터넷을 시작하면서 나는 젊어진 기분을 맛본다. 젊은 교사들과 같이 교류하고 의견을 나누면서 느끼는 열정과 용기, 전념과 집착은 마치 자신이 뜨거운 피가 끓었던 청년시절로 되돌아간 것 같은 느낌을 준다.

사이트를 운영하면서 나는 더욱 많은 진심을 듣게 됐다. 관점이 뚜렷한 댓글과 거리낌 없는 평론(특히 교육현황에 대한 비평)은 나를 더욱 냉정하게 생각하게 하고 교육개혁에 대한 동기가 된다.

사이트를 운영하면서 나는 많은 교육 인재를 발견했다. 원래는 안면이 없는 사이지만 사이트를 통해 많은 우수한 교사들과 교제하게 됐다. 그들은 진정한 교육계의 영웅이다.

사이트를 열고 인터넷을 시작하면서 나는 다른 매체와 더욱 가까워진 것을 느낀다. 전에는 신문사 등과의 매체와 연락을 할 때 서신이나 전화를 이용했었기 때문에 시간이 오래 걸리고 번거로웠다. 지금은 인터넷을 통해 짧은 시간 안에 원고 약속이나 투고가 가능하게 되었다. 또한 인터넷을 통해 나는 더욱 많은 편집자들을 알게 되었다.

사이트를 열고 인터넷을 시작하면서 나는 외부의 세계에 더욱 관심을 갖기 시작했다. 손쉽게 대량의 자료와 평론을 읽을 수 있고 다양한 각지의 교육 행태를 관찰할 수 있게 됐다. 많은 이들의 솔직하고 성실한 마음을 대하면서 나는 더욱 사명감을 느낀다. 산시山西성 장즈長治를 고찰하고 《농촌의무교육의 발전성》을 썼고 저장浙江성 원저우溫州와의 교류를 통해 《창난蒼南의 교육》을 썼다.

……

사이트를 운영하면서 나는 사이트에 더욱 애착을 갖게 됐다. 그래서 베이징에 출장을 갔을 때 사이트를 둘러보기 위해 PC방을 찾아 한 시간 동안이나 헤매고 다닌 적이 있다. 사이트를 운영하면서 나에게는 더 많은 근심과 충실감, 동기가 생겼다.

나에게 이런 변화를 준 사이트와 친구들에게 감사한다.

침묵하는 대중이
자신의 목소리를 낼 수 있도록 해야 한다

이 글은 작가가 편찬한 《새로운 교육을 위한 사이트·교육의 화제 시리즈》의 서문이다.

누구나 교육을 받아야 하고 모든 가정과 사회는 교육을 떠나서 살 수 없다. 그러므로 사람들은 항상 교육에 관심을 가지고 있으며 교육에는 여러 가지 화제가 끊이지 않는다.

현대 사회에서 사람들이 가장 필요로 하는 것을 두 가지 꼽는다면 바로 건강과 교육이다. 건강은 생존본능과 관련이 있고 교육은 사람의 발전과 관계된다. 정보가 다원화되고 경제가 글로벌화된 현대 사회에는 과학기술의 눈부신 발전으로 지식의 양이 기하급수적으로 증가하고 지식의 갱신 속도의 주기도 단축된다. 또한 지식이나 기술과 업무의 연계가 더욱 세밀하고 복잡해진다. 교육은 이미 인류의 생존과 관련되어 있으며 전 사회의 초점이 되었고 이에 자연스럽게 사람들이 가장 많이 논하는 화제가 되었다.

그러나 우리는 다음과 같은 사실을 간과해서는 안 된다. 비록 거의 모든 사람들이 교육에 대해 할 말이 있다고 해도 전통적인 매체에 있어서 교육에 대한 발언권은 거의 '교육자'가 독점하고 있다는 사실이다. 그러므로 '침묵하는 대중'이 존재하게 되는 것이다. 침묵하는 대중이라는 개념 혹은 사고방식은 우선 교육의 일선에서 바쁘게 뛰고 있는 보통 교사들에게 해당된다. 즉 침묵하는 대중의 의견은 존재하지 않고 교육자, 권위 있는 인사의 발언이나 결론이 교육의 방향을 결정한다는 것이다. 그러나 교육자들의 견해와 현실 사이에는 뚜렷한 차이가 존재하기 때문에 많은 사람들이 교육자들의 견해를 의심하고 그들의 평가에 대해 만족하지 못한다. 이러한 의견을 나는 매우 고맙게 생각한다. 그러나 내가 확실하게 말할 수 있는 것은 보통 교사들의 발언에는 우리가 듣고 느끼는 것보다 더 진실한 말의 무게와 생각이 담겨 있다는 점이다. 교육 사상의 진보와 변천을 위해서는 다 같이 소리를 모아야 한다.

그나마 안심이 되는 것은 포털 사이트가 매스미디어의 방식에 커다란 혁명을 가져다주었다는 점이다. 인터넷 게시판은 자신의 생각을 말하고 싶은 사람들에게 말할 수 있는 강단이자 무대가 되어주고 있다. 새로운 교육을 위한 사이트도 이런 무대를 제공한다. 당신이 말한 의견은 다른 이들의 공감을 얻을 것이고 그 영향력은 지식이 풍부한 학자나 교육자에 뒤지지 않을 것이다. 당신의 의견이 다른 사람과 맞지 않거나 모두 당신의 의견을 비난한다면 당신은 자신과 타인을 위해 다시금 자신의 의견에 대해 냉정하게 생각하게 될 것이다. 당신도 말하고, 그도 말하고, 모두들 할 말이 있다. 의견을 말하는 사람이 많으면 의론이 분분한 것은 당연하다. 아무런 제약이나 구속이 없으며 개성을 드러낼 수 있는 논단에서는 논쟁, 변론, 심지어 말싸움도 피할 수 없는 일이다. 게시판에는 의견의 옳고 그름을 판단하는 권위나 재판이 존재하지 않는다. 한바탕 격렬한 논쟁을 벌이고 나면 남은 불씨는 아름다운 결정으로 변한다. 그 화제는 난이도와 깊이를 가지며 새로운 의의를 지니는 결론으로 남는다. 또한 네티즌들이 제공한 생동감 넘치는 의견은 화제 자체에 현실적인 의미를 부여한다.

진정한 교육자는 우선 보통의 교육 종사자로서 교육에 대한 관심을 가져야 한다. 교육 종사자는 자신의 체험에 충실하고 시대의 조류에 휩쓸리거나 왜곡 당하지 말아야 하며 자신만의 독립적인 위치와 발언 체계를 갖춰야 한다. 또한 자신과 다른 발언 체계를 가진 사람과의 대화를 통해 상호보완하고 발전해야 한다. 일선의 교사들은 모두 자신의 발언권을 소중히 하고 다른 사람의 발언권을 존중해 침묵하는 대중이 자신의 목소리를 낼 수 있도록 해야 한다.

같이 축배를 듭시다

오늘은 새로운 교육을 위한 사이트가 정식으로 운영된 지 한 달째 되는 날이다.

2002년 6월 18일, 많은 회원들의 축복 속에서 기대감을 가지고 우리 사이트가 힘찬 울음소리를 내며 탄생했다. 한 달 동안 총 방문자 수는 21,578건에 달하며 일일 평균 방문 수는 744회에 달하고 최고 방문 수를 기록한 날은 935 차례에 달했다. 지금까지 여러 게시판에 등록한 아이디는 467개가 넘고 주제 글에 달린 댓글은 1,755개, 댓글의 총 수는 10,700개가 넘는다. 글 당 평균 5개가 달리고 가장 많은 댓글은 80개 정도나 된다.

만 1개월이 된 우리 사이트는 포동포동하게 자라 정말 귀여운 아기 같다고 할 수 있다. 모든 것은 회원들의 열정적인 참여와 게시판 관리자들의 근면과 애정, 여러 매체들의 전폭적인 지지가 있었기에 가능했다.

만 1개월이 된 기쁜 날을 맞이하여 나는 《인민정협보》, 《교사들의 벗》, 《교사박람》 등의 간행사 및 출판사와 축배를 들고 싶다. 그들의 참여가 있었기에 우리 사이트에는 활력이 넘칠 수 있었다. 앞으로도 더욱 많은 협력을 부탁합니다.

나는 전체 관리자 리전시를 비롯한 게시판 관리자들에게 축배를 청하고 싶다. 그들의 노력이 없었다면 우리 사이트의 번영과 미래도 없을 것이다.

또한 나는 우리 사이트의 전체 회원들에게 축배를 청하고자 한다. 그들의 가입과 활동, 진정한 공헌이 없다면 우리의 노력은 그 의의를 잃고 말 것이기 때문이다.

내년 6월 18일은 우리 사이트의 1주년 기념일이다. 첫 돌을 맞은 우리 귀염둥이는 더욱 성숙하고 더욱 귀여울 것이다. 그때가 되면 우리 모두 쑤저우에 모여서 같이 축배를 듭시다.

건배!

함께 가는 길

　새로운 교육을 위한 사이트를 개설한 날을 아직도 기억한다. 갓난아기를 돌보는 것처럼 우리는 막 탄생한 우리의 사이트를 계속해서 살펴보았다. 그 날 하루 동안 얼마나 자주 사이트를 드나들고 방문자 수를 확인했는지 모른다. 사이트를 개설한지 6개월이 되기 바로 전날인 2002년 12월 15일에 나는 통계를 내 보았다. 방문 수는 22만 건에 달했고 하루 평균 방문량은 1,200건이 넘었으며 최대 방문 기록은 2,600건이었다. 등록된 아이디는 4,506개, 게시물은 1만 건에 가까웠고 총 댓글 수는 10만 건에 달했다. 지금 내가 이렇게 글을 쓰고 있는 순간에도 새로운 교육을 위한 사이트는 계속해서 자랑스러운 기록을 세우고 있다. 현재 방문 수는 85만 건에 달했고 일일 최대 방문 기록은 5,000건이었다. 등록 아이디는 13,999개, 게시물은 3만 건, 댓글은 총 30만 건이 넘었다. 이제는 짧은 시간에 댓글을 읽는 것조차 힘들게 되었다.

　사람들은 항상 내게 묻는다. 그렇게 많은 시간을 새로운 교육을 위한 사이트에 투자할만한 가치가 있는 것이냐고.

　나는 자랑스럽게 대답할 수 있다. 그렇고 말고요. 무척 가치 있습니다!

　여기에는 너무 많은 이유가 있다.

　첫째, 새로운 교육을 위한 사이트는 내가 직접 일선의 소리를 경청할 수 있게 해주었다. 어떤 학교가 불법보충수업을 하고 있다. 어떤 학교가 교사의 권익을 침범하고 있다 등 이러한 이야기는 최근에 사이트를 통해 내 귀에 들려왔고 나는 될 수 있는 한 빠른 시일 내에 해결을 하고자 한다.

둘째, 새로운 교육을 위한 사이트를 통해 많은 일선의 교사들을 알게 됐다. 첫 번째 정기모임 때 서로 처음 보는 사이임에도 불구하고 내가 한 사람씩 자세히 소개하자 모두들 크게 놀랐다. 사실 나는 정말 많은 교사들을 알고 있다. 그들의 직업에 대한 소명정신과 교육에 대한 열정, 넘쳐흐르는 재능은 나에게 깊은 인상을 주었다. 그들이야말로 새로운 교육을 위한 사이트를 빛내주는 사람들이다. 그들 중 많은 사람은 이미 나와 좋은 친구가 되었다.

셋째, 새로운 교육을 위한 사이트를 통해 의기투합할 동지를 찾았다. 나는 현대 사회는 모두가 같이 일하는 시대이기 때문에 한 개체 혹은 개인이 큰 성공을 이루기는 어렵다고 말하곤 한다. 새로운 교육을 위한 사이트를 통해 나는 진정한 교육의 영웅들을 발견했다. 만약 그들의 도움이 없었다면 《새로운 교육을 위한 사이트 문고》는 출간되기 어려웠을 것이다.

넷째, 새로운 교육을 위한 사이트는 내게 교육연구 발전의 원동력을 찾게 해 주었다. 나는 매일 새로운 교육을 위한 사이트에서 영감을 얻고 소재를 발견한다. 사이트를 통해 교사들이 제일 관심을 갖고 있는 사항이 무엇인지, 무엇을 좋아하는지, 무엇을 가장 싫어하는지에 대해 알 수 있었다. 또한 그들의 생활에서 어떤 변화가 일어났는지에 대해서도 가르쳐 주었다. 이는 내 사고의 출발점이자 연구의 중요한 근거가 되어 준다.

나는 리전시를 비롯한 다른 친구들과 함께 우리가 중국 최고의 교육 사이트를 만들 것이라고 이야기한 적이 있다. 그 목표는 이미 멀지 않았지만 그에 따른 임무는 여전히 어렵고 힘들다고 생각한다. 우리는 점차 우리만의 교육 창고를 만들어서 교사들에게 더욱 다양하고 좋은 자료를 제공해야 한다. 우리는 더욱 믿을 수 있는 온라인 기술로 교사들을 지지해야 한다. 우리가 해야 할 일은 매우 많고, 우리의 야심도 매우 크다.

지금까지 우리가 함께 걸어온 날들은 매우 따스했고 즐거웠고 행복했다.

앞으로도 계속 손을 잡고 앞을 향해 나아갈 수 있기를 희망한다.

나의 편집자 친구들

인터넷 시대에 우리는 점점 문자의 편집을 잊어버리고 있다. 우리는 가상의 세계에서 누구든지 구속받지 않고 자신의 의견을 표출할 수 있으며 문장을 쓰고 서명을 하는 데 자유롭고 글 수도 무한정이기 때문이다. 그러나 일단 평면적인 매체에 글을 발표하려면 편집자와 접촉해야 하고 그러는 와중에 여러 상황을 겪고 나서야 작가가 이야기하고자 하는 바를 나타낼 수 있다.

그러나 내 인생의 여정에서 나는 확실히 나의 학술에 영향을 끼친 적지 않은 편집자들을 만났다.

우선 《중국 대백과 전서·심리학》의 책임 편집자 장런쥔張人駿 선생에 대해 이야기하고자 한다. 1981년 내가 아직 상하이 사범대학에서 공부를 하고 있을 때 은사 옌궈차이 교수님의 추천으로 《중국 대백과 전서·신리학》의 편찬 작업에 참여하게 되었다. 워래대로라면 대백과 전서를 편찬할 수 있는 자격은 최소한 강사라는 직함 이상을 가지고 있어야 하는데 옌궈차이 교수님은 이에 구애받지 않으시고 나를 추천하셨다. 혹은 교수님이 당시 나의 학생 신분을 일부러 감추셨는지도 모르겠다.

나는 자연히 총애를 받아도 겸손함을 잃지 않고 태만할 수도 없어서 매우 빨리 몇 개의 항목을 완성했고 출판사의 심사 접수에 보냈다. 생각지도 않게 내가 쓴 항목이 견본으로 뽑혀 모든 편찬자들에게 보내졌고 교수님들은 여기저기 "주영신이라는 사람이 누굽니까? 왜 지금까지 들어본 적이 없지?"라며 묻고 다니셨다고 한다. 이름이 알려지지 않은 나로서는 그저 남몰래 기뻐할 수밖에 없었다.

1982년 겨울 중국대백과 전서 출판사의 편집자 장런쿼 선생은 쑤저우 대학에 나를 찾아왔다. 당시 나는 마침 집에 돌아가 있었기 때문에 장 선생과 만날 좋은 기회를 놓치고 말았다.

1983년에 장 선생은 나를 출판사에서 일정 기간 근무하며 그의 편집 작업을 돕도록 했다. 그는 새파란 애송이인 나를 보고도 전혀 놀라는 기색이 없었다. 혹은 그가 쑤저우 대학을 방문했을 때 내가 교수가 아니라는 사실을 알게 되었는지도 모르겠다. 베이징에서 일하는 동안에 나는 일생에서 가장 잊기 힘든 시간을 보냈다. 나는 선배 학자들이 심혈을 기울여 완성한 원고를 읽으면서 무수한 참고 문헌을 찾아보았고 그 결과 중국 최초의 심리학 백과에 미약하나마 공헌을 할 수 있었다.

이 때 나는 장 선생과 깊은 우의를 다졌다. 그리하여 우리는 일련의 합작을 이루어낼 수 있었다. 우리는 공동으로 《심리학 인물 사전》, 《심리학 작품 사전》의 편집을 주관했고 《상담 심리학》, 《심리 상담과 상담 심리학》 등의 작품과 논문을 지었다. 그는 나를 보통의 작가나 그보다 30살이나 어린 후배로 보지 않고 친밀한 친구로 대해 주었다. 베이징에서 쑤저우로 돌아갈 때마다 그는 나의 부인과 아이를 위해 우정이 담긴 선물을 마련해 주었다. 내가 가장 힘들 때 그는 정신적으로 지지해 주었을 뿐 아니라 많은 실질적인 도움을 주었다.

한번은 우리 가족이 베이징으로 여행을 간 적이 있었는데 그는 자신의 집에 머무를 수 있게 해주었을 뿐 아니라 관광 안내원을 자처하며 우리를 떠날 때까지 안내해 주었다.

최근 2년 동안 우리의 왕래는 좀 적어졌다. 사실 내가 학교의 지도자 직책을 맡은 후부터 그는 연락을 잘 안했다. 나는 문득 그가 몇 년 전에 한 말이 생각났다. "좋은 일을 축하해주기는 쉬워도 어려운 일을 당했을 때 도와주기는 힘든 법이오." 나는 지금까지도 우리들이 주고받았던 편지를 간직하고 있다. 그의 시원스럽고 뛰어난 문장을 보면 나는 그와 함께 했던 잊기 힘든 시간으로 돌아간 것 같은 느낌이 든다.

장런췬 선생에 대한 이야기를 하니 자연스레 자오밍둥趙明東 선생이 떠오른다.

자오밍둥 선생은 톈진 인민출판사의 편집자로 현재는 사장을 맡고 있다. 장 선생도 톈진 출신으로 우리가 편집을 주관한 《심리학 인물 사전》은 장 선생이 톈진 인민출판사로 보낸 것이다. 이 때 책임 편집자가 바로 자오밍둥 선생이었다.

내가 톈진 인민출판사에서 출판한 책의 목록을 보면 우리들의 각별한 관계를 알 수 있을 것이다.

《심리학 인물 사전》(1986)

《심리학 작품 사전》(1989)

《가정 관계 심리학》(1987, 장러췬蔣樂群과 공동 번역)

《교재의 예술》(1987, 위안전궈袁振國 등과 공저)

《성 발달 심리학》(1989, 장러췬과 공동 번역)

《남녀 차이 심리학》(1989, 위안전궈 등과 공저)

《자아 청정법―지혜로운 사람들의 심리의 비밀》(1992)

《개발 지역의 관리 조직 체계와 지방 정부 기구의 개혁》(2001)

　자오 선생의 도서의 학술적 가치와 시장 현황에 대한 판단은 실로 대단하다. 어떤 책들은 그가 직접 원고를 모집한 것으로 판매 실적이 매우 좋았다. 《교재의 예술》 같은 책은 공전에 없는 성황을 이루었고 명작가들의 위세를 압도할 정도였다. 어떤 책은 바쁜 친구를 위해 편집했다. 《자아 청정법》의 경우는 내가 일본의 지도 교수님에게 헌정하기 위해서 서둘러 인쇄한 것으로 내용은 좋지만 발행 부수가 그다지 많지 않았음에도 불구하고 그는 최선을 다해 주었다. 사실 80년대 중반의 우리들은 아직 신인에 불과했지만 자오 선생은 우리를 신임했고 우리는 이에 크게 감동했다. 책을 매개로 우리는 평생의 좋은 친구가 되었다. 그는 현재 사장이 되었는데 나는 항상 그에게 빚을 지고 있다고 생각하고 있기 때문에 그를 위해 두 가지 효과를 볼 수 있는 책을 기획하려고 한다. 모두들 좋은 책이 있으면 나의 좋은 친구인 자오 사장에게 보내 주기를 바란다.

　또 한 사람은 《교사박람》의 부편집자 쉐눙지薛農基 선생이다.

　쉐 선생을 알게 된 것은 완전히 우연이었다. 하루는 신문을 보고 있던 중에 무의식적으로 《교사 박람》의 광고를 보고 지금까지 발행된 전년도의 간행물을 주문하여 구입했다. 제1기의 책을 보고 나는 잠시도 손에서 놓을 수 없을 정도여서 얼른 내 첫 번째 글 《내가 생각하는 이상적인 교사》를 보냈다.

뜻밖에도 쉐 선생은 빠르게 전화를 걸어와 글 전체를 간행물에 싣겠다고 했다. 이 글은 발표되고 독자들의 큰 반향을 불러 일으켰다. 많은 교사들은 편지를 보내와 그들이 이 글을 몇 번이고 읽었으며 어떤 단락은 아예 외워버리기까지 했다고 이야기했다. 이어서 나는 《내가 생각하는 이상적인 지식 교육》, 《내가 생각하는 이상적인 체육》, 《중국교육에 있어 부족한 점은 무엇인가》 등을 보냈고 이는 빠르게 발표되었다. 나의 글은 매우 긴 편인데 《교사박람》의 페이지 수는 그다지 많지 않다. 그러나 지면을 아끼지 않고 중점적으로 실어 주어서 나는 매우 감동을 받았다.

2001년 쉐 선생은 나를 장시의 강연에 초청했고 《교사박람》의 독자들과 직접 대면하는 시간을 갖게 되었다. 난창南昌으로 가는 길에 나는 장시성 사람들의 순박하고 관대함, 열정을 느낄 수 있었다. 왕즈리 편집장 등 《교사박람》의 친구들과 허심탄회하게 이야기를 나누었고 《교사박람》의 고문이 되어 구밍위안을 비롯한 내가 존경하는 어르신들과 함께 《교사박람》의 속표지에 이름을 나란히 하게 되었다.

물론 고문이라는 직책은 나도 근심이 되었다. 나는 《교사박람》을 내 친구들에게 소개하기 시작했다. 작년 말에 쑤저우에서는 독자 좌담회가 열렸다. 좌담회에 출석했던 교장과 교사들은 이미 열렬한 독자가 되었고 어떤 사람들은 열렬한 작가가 되었다. 리전시, 위안웨이성, 양수빙 등 나의 학생들은 《교사 람》의 확실한 친구가 되었다. 때로 나는 세상에 많고 많은 잡지 중에서 하필이면 《교사박람》과 인연이 있는지 궁금해 하곤 한다.

여기까지 이야기 하고 보니 장수 현지의 편집자를 소개해야겠다. 우선 등장할 인물은 장수 교육출판사의 편집자 쑨춰어孫嵯峨이다.

나는 그녀를 쑨 선생이라고 부르는데 익숙해져 있다. 그녀를 처음 만난 것은 그녀가 쑤저우 대학에 원고를 의뢰하러 왔을 때였다. 당시 나는 아직 이름이 알려지지 않은 학생에 불과했고 교수님들이 참석하는 회의에 참가할 자격이 없었다. 그러나 나는 그녀의 얼굴에서 선량함과 성실함을 읽을 수 있었다.

1, 2년이 지나고 나는 나의 첫 번째 원고《학교 심리 자문》을 보냈는데 그녀는 이를 매우 중시했다. 단지 한 번 만났을 뿐인 젊은이의 자발적인 투고를 바로 출판 계획에 들어갔고 그녀는 이 책의 책임 편집자가 되어주었다. 나의 매우 중요한 학술적 저작은 전부 그녀의 손을 거치고 그녀가 한 글자 한 글자 심사하며 읽어본 후 활자화 되었다.

《중국교육 사상 연구》라는 책은 약 80만 자에 가까운 글자로 이루어진 책으로 나는 거의 2년이라는 시간에 걸쳐 내 학술의 기초라 할 수 있는 이 책을 완성했다. 책을 쓰는 동안 나는 극도로 흥분한 상태였고 밤낮을 가리지 않고 저작에 몰두했다. 더운 여름에는 웃옷을 벗고 작업했으며 온 몸에 땀띠가 가득했고 땀이 비 오듯 흘러내렸지만 원고를 썼다. 추운 겨울에는 무명옷을 입고 손에는 동상이 걸렸지만 집필 작업을 멈추지 않았다. 이렇게 지탱할 수 있었던 중요한 원동력 중의 하나는 바로 쑨 선생을 실망시킬 수 없었기 때문이다. 나는 그녀를 실망시키지 않기 위해 반드시 중국교육 사상사를 완성해야만 했다. 이 책은 내가 최선을 다해 집필한 책으로 결과적으로 전국에서 많은 상을 수상하게 되었다. 내가 정교수로 승진하는 데는 이 책이 큰 공헌을 했다.

나의 또 다른 책 《고등학교의 교육 관리 시스템에 관한 연구》는 나의 박사 논문으로 마찬가지로 쑨 선생의 추천으로 장수 교육출판사에서 출간되었다. 이 책은 비교적 학술성이 강한 책으로 단지 3,000부만 인쇄했으나 쑨 선생은 빈틈없이 책을 심사하고 교정했으며 심지어 나를 도와 판매했다.

1993년에 나는 교육에 관한 국제회의를 주최했다. 회의의 주최자로서 나는 장수 교육출판사에 넌지시 후원을 요청해 보았는데 쑨 선생은 두말없이 중간에서 나서서 도와주어 출판사 사장은 조력자가 되어 주었다. 회의 기간 동안 장수 교육출판사는 구성이 대단한 대표단을 보내고 회의 문집을 출간하는 비용 전부를 부담했다. 바로 이 회의 기간 동안에 우리는 중요한 학술적 의미를 지니는 《세계 교육 대사전》의 출판을 기획했다. 이 책은 나와 구밍위안 선생이 공동으로 진행한 것으로 5년이라는 시간이 걸린 300여 만 자의 작품이다. 이 책의 구체적인 편집 업무는 마찬가지로 쑨 선생의 지휘 아래 완성되었다.

다년간의 문자를 통한 교류는 우리에게 깊은 우정을 갖게 해 주었다. 심지어 내 제자들도 쑨 선생과 돈독한 교제를 나누고 있다. 현재 난징에서 일하고 있는 양수빙은 종종 그녀의 집에 찾아가곤 한다. 그리고 나와 제자들이 쓴 《새로운 교육론》, 내가 진행한 대형 학술 번역 과정 《교육 과학 정선 교재 번역 총서》도 장수 교육출판사에서 출간되었다.

두 번째로 소개할 인물은 《인민 정협보》의 편집장 허춘란이다.

그녀를 알게 된 것도 꽤 우연적이다. 2001년 10월 교육부는 쑤저우에서 도시 교육 종합 개혁 회의를 개최했다. 그녀는 기자단의 일원으로 《인민일보》의 원훙옌溫紅彦, 《중국 청년보》의 셰샹謝湘 등과 같이 쑤저우를 방문했다. 회의 기간 중에 나는 그녀를 초대해 차를 마시고 이야기를 나누며 쑤저우의 교육 발전 상황을 소개했다.

베이징으로 돌아가서 허춘란과 셰샹은 《박사 부시장의 교육적 이상》이라는 기사를 《중국 청년보》에 발표했다. 얼마 지나지 않아 그녀는 《교육, 사람의 모든 것을 위해, 모든 사람을 위해―주영신의 교육 사상과 실천》이라는 장편의 기사를 썼다.

지금까지 많은 기자들과 교류해 왔지만 원고는 쓰지 않고 조건을 제시하거나 광고나 일 처리를 부탁하는 기자들도 많이 만나왔다. 그렇기 때문에 나는 일부러 이들을 경원시하고 여러 사람들로부터 미움을 산 적도 있다. 나는 때때로 허 선생이 무언가 따로 생각하고 있는 것이 아닐까라는 잡념이 떠오르기도 한다. 사실 지금까지 그녀는 단 한 번도 나에게 무언가를 부탁한 적이 없다.

진정으로 그녀를 알게 된 것은 그 이후 여러 번의 왕래와 심지어는 싸우기 시작하면서부터다. 그녀는 내가 알고 있는 사람 중에서도 드물게 강렬한 사회적 책임감을 가지고 일에 노력하는 편집자 중 한 사람이다. 길지 않은 원고를 위해 그녀는 당신과 반복해서 토론할 것이다. 어떤 때는 냉정하게 판단하여 당신이 주동적으로 눈치 채고 스스로 고치도록 할 것이다.

그녀는 전문가의 시각과 사람들에 대한 이해와 관심으로 그녀의 교육관을 만들었고 교사들의 임금 문제와 의무 교육을 위해 소리 높여 외친다. 최근 1년간 나는 《인민 정협보》에 많은 글을 발표했다. 그래서 사람들은 농담으로 나를 《인민 정협보》 전문 작가라고 부르기도 한다.

2002년 6월, 새로운 교육을 위한 사이트가 개통된 후 허춘란은 즉시 우리의 식구가 되어 최근에는 《새로운 교육을 위한 사이트 주간》의 관리자가 되었다. 이렇듯 우리는 공동으로 사이트를 돌볼 뿐 아니라 《인민 정협보》의 《새로운 교육을 위한 사이트 주간》을 위해 공동으로 고군분투하고 있다. 공동의 교육적 이상은 우리처럼 꿈을 추구하는 사람들을 긴밀하게 하나로 연결해 준다. 그리고 마치 여동생과 같은 존재인 허춘란은 사이트 내에서 '큰언니'라고 불린다. 나는 이는 아마도 그녀의 교사에 대한 지속적이고 열정적인 관심이 사이트 내의 교사들로 하여금 그녀를 언니로 생각하게 한 것은 아닐까라고 생각한다.

허춘란은 나를 선생님이라고 부르는데 익숙해져 있고 나도 그녀를 진심으로 제자처럼 생각하고 있다. 그러나 공간적인 거리는 이러한 소망을 현실로 이루어주지 못했다. 나는 그녀를 나의 진실한 친구인 위안전궈 선생에게 추천했다. 나는 2003년에 박사 학위 취득과 그녀가 맡고 있는 주간 일이 성공하는 겹경사가 그녀에게 찾아오기를 소망한다.

가장 중요한 사람은 마지막으로 등장하기 마련이다. 마지막을 장식할 사람은 바로 《신교육》의 편집장 쭝핑宗苹 선생이다.

쭝핑은 여장부 같은 기질을 지닌 사람이다. 2000년 5월의 어느 날, 그녀는 갑자기 나를 찾아오겠다고 예고 전화를 걸어왔고 그로부터 3시간 후 난징에서 쑤저우로 왔다. 회의의 쉬는 시간을 이용해 나는 그녀의 취재를 받았다. 며칠 지나지 않아 큰 사진과 함께 긴 글이 신문에 실렸다.

두 달 후, 《신교육 주간》은 아름다운 호반에서 새로운 교육을 위한 문예 교류회를 거행했고 쭝핑은 나에게 교류회에서 연설을 맡아줄 것을 요청해왔다. 무더운 여름날 나의 강연은 오후 2시부터 6시 반까지 계속되었다. 회장은 때로는 아주 조용했고 때로는 이해하고 웃으며 종업원들은 차 따르는 것을 잊고 내 강연에 열중했으며 많은 사람들의 눈에는 눈물이 그렁그렁했다. 이 강연은 원고를 정리한 후 《내가 생각하는 이상적 교사》라는 제목으로 《신교육 주간》 제1면에 발행되었다. 이어서 《중국교육 신문》, 《교사박람》, 《교사의 길》 등 많은 간행물에 개재되었다. 쭝핑은 편집장이라는 유리한 위치를 이용해 나에게 《이상적 학교》, 《이상적 교장》, 《이상적 학부모》, 《이상적 학생》, 《이상적 교육》 등의 글을 쓰게 했다. 이러한 글은 《신교육 주간》 (후에 《신교육》이라는 이름으로 바뀌게 된다.)과 빛나는 세월을 함께 하게 된다. 편집부와 나는 대량의 편지를 받았으며 그중 많은 신문은 발행 부수를 늘려야 했다. 이러한 글들이 있었기에 《나의 교육 이상》, 《신교육에 대한 꿈》이 있을 수 있었다.

나는 《나의 교육 이상》이라는 책의 속표지에 쭝핑에게 다음과 같은 말을 남겼다. "감사합니다. 이 책은 당신 덕분에 태어나게 되었습니다."

《나의 교육 이상》의 출판 후 중국교육 이론 학계에서는 매우 큰 반향이 일었다. 전국에서 교육 이상에 대한 바람이 일었다. 출판사는 연이어 6차례 재판을 진행했고 교육 관련자들의 손에는 이 책이 한 권씩 들려 있었으며 많은 교사, 교장 심지어 교육 위원회 주임은 이 책 속의 단락을 통째로 외우기도 했다. 나는 후난성의 류양劉陽에서 강연을 할 때 그 곳에서 6,000권의 해적판을 발견했다. 경제적 여건의 여의치 않아 책을 살 수 없는 교장 선생님들은 100권이나 제본을 떠서 학교 전체 교사들에게 배포했다. 나는 감동하고 흥분되었다. 교육 이상이 전국 각지에서 큰 반향을 불러일으킬 수 있었던 것은 그것이 교사들의 마음의 등불에 불을 지폈기 때문이다. 그리고 이는 어떤 의미에서는 쭝핑 선생으로부터 비롯된 것이라고 볼 수 있다.

그 밖에도 나에게는 편집자 친구들이 많이 있다. 모든 편집자들과의 교제 속에는 항상 감동적인 이야기가 있다. 만약 기회가 된다면 나는 그들을 위해서 문인들 간의 교제 속의 진심어린 정과 기쁜 체험을 모두와 나누고 싶다.

학생들에 대한 감사의 마음

나의 졸작 《새로운 교육의 꿈》에는 석사과정, 박사과정 재학생들과 같이 찍은 사진이 실려 있다. 1년에 한 번 사제 간의 모임을 갖는데 이는 내게 1년 중 가장 즐거운 날이다. 학생들은 망년회 형식을 통해서 서로 끝없이 이야기를 나누고 자유자재로 웃고 떠든다. 나도 그들과 마찬가지로 흉금을 터놓고 이야기를 나누고 있노라면 마치 젊은 시절로 돌아간 듯한 기분이 든다.

이 날이 되면 나는 새로운 교육을 위한 사이트의 학생들을 생각한다. 사실 나는 그들을 학생이라고 부르기 보다는 뜻을 같이 하는 친구라고 부르고 싶다. 물론 그들과의 우정은 내 곁에 있는 이 젊은 친구들과의 그것에 뒤지지 않는다. 그들이 교육을 끊임없이 연구하고 이상을 좇으며 나를 존중해주는 것에 대해 나는 감동을 금할 길이 없다. 이러한 감동은 일 년에 한 번이 아니라 수시로 밀려든다. 매일 나는 컴퓨터를 켜고 새로운 교육을 위한 사이트의 친구들에게서 인사를 받고 이를 통해 감동을 받는다. 나는 어제 먼 곳에서부터 편지를 한 통 받았다.

친애하는 주 선생님께

안녕하세요?

전에 쑤저우에 갔다 돌아오던 날을 아직도 기억합니다. 돌아오는 기차에서 선생님께서 제게 주신 따스함과 선생님에 대한 존경심이 차츰

제 마음속에 스며들기 시작했습니다. 갑자기 한 장면이 제 머릿속을 스치고 지나갔습니다. 먼 훗날 제가 존경하는 선생님께서 세상과 작별을 고하실 때, 제가 어디에 있든지 당장 선생님께로 달려가 선생님의 손을 잡고 세상에서 가장 아름다운 축복의 말로 선생님을 보내드리는 장면이었습니다. 저 뿐만 아니라 우리 주위의 많은 사람들이 저와 같은 생각을 하고 있겠지요.

저는 선생님과 같은 많은 인생의 선배님들의 관심과 배려 속에 생활할 수 있어서 정말 행복합니다. 그분들과는 세대 차이도 없고 깊은 곳에서 우러나오는 그분들의 미덕이 저를 감화시킵니다. 저는 앞으로 제가 깨달은 바와 인생의 선배님들께서 저에게 주신 것들을 하나하나 모아 책으로 쓸 예정입니다. 저의 생각에 동감하는 젊은이들은 많지 않을 거라고 생각되지만 인류의 문명이나 정신은 그런 식으로 세대를 거쳐 전해지는 것인지도 모르겠습니다.

저는 선생님께서 새로운 교육을 위한 사이트를 열었을 때 하신 말씀을 아직도 기억하고 있습니다. "저 같이 나이를 먹은 교육자는 소통과 교류를 할 수는 있지만 다시 젊어지기는 어려우니 저는 다리 역할을 하고 싶습니다." 맞아요. 세대를 이어주고 전승하는 것은 우리 모두의 사명이지요. 저도 나중에 선생님 같은 분들이 제게 주신 애정을 후대의 사람들에게 베푸는 사람이 되고 싶습니다.

얼마 전에 새로운 교육을 위한 사이트에 갔다가 다른 선생님의 교안을 봤습니다. 저는 그들의 고집과 순수한 열정에 깊은 감동을 받았습니다. 저도 그들의 열정을 더욱 퍼뜨릴 수 있는 일을 하고 싶습니다.

......

스승의 날에는 내 강연을 들어본 적이 있다는 저장성의 교사(현재는 교육관리 업무에 종사하고 있다)에게 편지를 받았다.

오늘은 스승의 날이니 선생님은 매우 바쁘시겠군요. 교육에 종사하는 사람으로서 선생님은 저의 모범이십니다. 제가 선생님의 경지에 이르려면 한참 멀었다는 사실은 잘 알고 있습니다. 하지만 높은 산은 사람이 우러르고 큰 길은 사람들이 다니며 비록 그 경지에 오르지는 못하더라도 마음만은 열심히 정진한다는 말이 있듯이 저도 항상 노력할 것입니다.

......

이런 편지를 적잖이 받았는데 받을 때마다 마음이 흔들리고 가슴이 따뜻해진다. 편지를 읽노라면 한 순간에 모든 번민과 피로가 싹 사라진다. 이러한 행복은 교사만이 가질 수 있는 것이다.

나는 종종 다양한 종류의 감사의 말을 듣는다. 그러나 정작 감사해야 할 사람은 바로 나다. 나의 학생들은 나에게 젊은 감각과 활력, 동기, 애정이라는 귀중한 체험을 주었다.

사실 스승의 날 하루뿐 아니라 내가 살아있는 매일매일, 마음속 깊은 곳에서부터 우러나오는 진심을 담아 학생들에게 감사하다고 전하고 싶다.

주영신 성공보험회사

기쁜 소식입니다!

'주영신 성공보험회사'가 드디어 정식으로 개업합니다!

오늘날에는 보험업계가 매우 성황을 이루고 있다. 생명보험, 재산보험, 의료보험 등 가지각색의 보험들이 출현하고 있다. 이렇게 많은 보험회사들이 우후죽순으로 생겨나는 가운데 오늘 나도 성공보험회사를 열려고 한다.

본 회사의 주지 : 고객의 이익을 확보하고 고객의 성공을 격려한다.

가입대상 : 제한 없음. 단 교육관련 종사자를 환영한다. 교육에는 우리 나라의 미래와 성공이 달려있기 때문이다.

보험금액 : 제한 없음. 몇 백 원에서 수천만 원까지 고객의 자유

기입기간 : 10년

가입조건 : 매일 자신을 반성하고 일기를 쓸 것. 하루 동안 본 것, 들은 것, 읽은 것, 생각한 것이 모두 글이 될 수 있다. 10년 후에 본 회사로 가지고 올 것.

배상방법 : 만약 보험가입자가 10년 후에 자신이 성공한 사람의 반열에 오르지 못했다고 생각할 경우 본 회사가 원금의 100배를 보상한다. 아마도 현재 천만 원 이상 투자한 사람은 엄청난 부자가 될 것이다.

본 회사는 고객의 성공을 바라며 영리를 목적으로 하지 않는다. 모든 이윤은 전부 소외계층 아동을 돕는 데 쓰인다.

궁금한 점이 있으시면 언제든지 연락 주십시오!

가입문의 : webmaster@eduol.cn

주영신 성공보험회사

2002년 6월 26일

교육계의 이단아

최근 《중국교육정보신문》의 기자 양웨이광楊偉廣 선생이 쓴 《현행 언어교육의 교재에 대한 도전》이라는 글을 읽었다. 이는 칭다오靑島시의 제2중학교 국어교사 왕저자오王澤釗에 대해 쓴 글이었다.

왕저자오 선생은 독특한 방식으로 수업을 진행했다. 대부분의 교사들이 사용하는 교재를 사용하지 않고 개학하고 3주 동안 교과서의 선택에 대한 수업을 하고 남은 시간에는 자신이 엄선한 글을 가르친다. 그의 수업 때 학생들은 일어났다 앉았다 할 필요도 없고 마음대로 말을 자르거나 반박해도 상관없었다. 그의 수업은 때로는 읽기, 때로는 대화, 그리고 때로는 변론, 표현 등의 방식으로 진행됐다. 그의 수업에서는 루소, 카프카, 헤밍웨이, 앨런 포 등의 작품을 들을 수 있다.

비록 지금까지 그가 졸업시킨 17회의 졸업생들은 매년 우수한 성적으로 상급학교에 진학했고 그가 집필한 교재는 출판사에서 정식으로 출판됐으나 현행 교육 체제는 여전히 그의 행위를 용납하지 않았다. 어느 나이 든 교사는 하소연했다. "그는 남의 자식을 망쳐놓고 있습니다. 제발 그가 이런 식으로 수업을 하지 않도록 해 주십시오." 어느 학부모는 교장에게 직접 전화를 걸었다. "지금까지 교과서를 중요시하지 않는 선생님은 본 적이 없습니다." 학교에서는 그를 눈엣가시로 여겼다. 그러나 그는 학생들의 기억에 영원히 남는 학교를 만들고 싶다는 꿈을 가지고 있었다.

　현실적으로 왕저자오 선생과 같은 '이단아'적인 교사는 교사생활을 제대로 하기가 힘들다고 알고 있다. 창조적 정신과 낡은 관습을 타파하는 용기를 가진 교사들은 오로지 대학입시만을 위한 철옹성 같은 교육의 벽에 부딪히고 만다. 그들은 결국에는 어쩔 수 없이 자신을 모나지 않게 가다듬고 낡은 관습에 적응해간다. 이는 아마도 많은 젊은 교사들이 사회화 되어가는 과정이라고 할 수 있을 것이다.

　그러나 자기 방식을 견지해나가는 사람은 지혜로운 자요, 용감한 자다. 그들은 자신의 명예와 가정 혹은 건강을 대가로 치르면서까지 낡은 관습과 맞서 싸운다. 교육계의 이단아들은 우리에게 참신한 교육과 사고방식을 가져다준다. 교육계의 권위자들이 그들을 위해서 관용적이고 이해적인 환경을 만들어 주기를 바란다. 더 많은 교육계의 이단아들을 통해 학생들이 더욱 다채롭게 성장했으면 하는 바람이다.

교육에 기적을 일으키는 젊은이
―쑤징蘇靜 선생을 기억하며

믿을지 믿지 않을지 결정하는 것은 당신에게 달려있지만 교육에 기적을 일으킨 젊은 여 선생이 이미 우리 사이에 존재하고 있다는 사실은 반드시 믿어주기를 바란다.

그녀의 이름은 쑤징으로 칭다오靑島시 자위嘉峪 초등학교에서 근무하고 있다. 그녀가 교편을 잡은 지 채 1년이 되지 않았을 무렵, 그녀는 반 학생들에게 길고 짧은 고전 시 100여 편을 외우도록 했다. 더욱 대단한 것은 학생들은 어떤 단어를 제시하면 2분 내에 가볍게 즉시 시를 지어 낼 수 있다는 사실이다.

《중국교육 신문》에 그녀에 관한 기사가 실린 것을 보고 나는 깊은 감동을 받았다. 만약 교육에 기적이 있다고 한다면 이것이 바로 기적이다. 그리고 이 기적은 평생토록 교육을 담당해 온 사람들이 실현하지 못했던 심지어는 상상도 하지 못했던 일이다.

나는 즉시 쑤징의 이야기를 내가 편찬하는 책 《교육의 기적》에 넣고자 연구생에게 그녀와 연락을 취하라고 부탁했다.

새로운 교육을 위한 사이트가 개설된 후 나는 쑤징의 이야기를 통해 젊은 교사들이 성공의 문을 두드릴 수 있도록 격려하려고 계획했다.

2002년 국경절에 쑤징은 특별 손님으로 초청되어 쑤저우에서 열린 새로운 교육을 위한 사이트의 업무 회의에 참석했다. 쑤징이 들어오자

회의는 잠시 동안 청춘의 활력과 농후한 시적 기운이 넘쳐흘렀다. 그녀의 시원스러운 성격과 예의와 열정, 특히 민첩한 재기는 모든 회의 참석자들에게 깊은 인상을 남겼다.

칭다오에 돌아간 후 그녀는 우리 사이트의 확실한 친구가 되었다. 그녀는 그녀의 친구들, 동료들을 우리 사이트로 불러 모았을 뿐 아니라 우리 사이트를 위해서 진심이 담긴 시를 지어주었다.

영원한 천국
—새로운 교육을 위한 사이트의 진실한 친구들에게 바치는 글

나는 당신을 영원한 천국에 보내드리고 싶습니다.
아픔과 방황이 걸음을 멈추는 곳,
온화한 노래가 생명 속에 충만한 그 곳으로.
우리는 서로 만난 적도 없지만
마음과 마음은 이미 하나가 되었습니다.
이곳에는 거짓이 없고
진실한 웃음만이 넘쳐흐릅니다.
쓸쓸함은 영원히 사라지게 하고
우리의 이상은 더 이상 상처받지 않도록 해요.
따뜻한 햇볕이 행복을 불러와

이곳에는 행복이 넘쳐흐릅니다.

새로운 교육을 위한 사이트―영원한 천국,

이보다 더 아름다운 희생과

이보다 더 고귀한 사랑이 있을까요.

새로운 교육을 위한 사이트―영원한 천국,

당신의 영혼이 가장 갈망하는 소리를 부르짖고 당신의 생명이 간직한

희망의 춤을 추어요.

새로운 교육을 위한 사이트―영원한 천국,

격정은 사랑의 빛을 빛나게 하고

이상은 새로운 교육의 내일로 우리를 인도하도록 해요.

어서 오세요, 어서 오세요, 꿈과 손을 잡고

영원한 천국으로 달려가요.

천국으로……

　쑤징의 선천적으로 타고난 예술적인 기질은 시를 가르치는 데 있어서 가장 훌륭한 인지와 감정적 배경을 제공해 주었다. 그녀는 연이어 3개의 자격증을 따고 회화, 조각 등의 방면에 소질을 갖고 있다. 그녀는 국가 관광 가이드 자격증도 가지고 있다. 교사라는 직업 외에도 다방면에 다재다능한 인재가 아닐 수 없다. 그녀는 다음 친목회 때 이 시에 곡조를 붙여 우리 사이트에 모인 친구들을 위해 노래를 불러 주겠다고 했다.

　활기 넘치는 청춘, 샘솟는 시적 정서, 일에 대한 열정, 그러나 쑤징을

단지 감성적인 여성으로만 생각해서는 안 된다. 그녀는 시화詩化 교육에 대단한 이해와 이성적 견해를 가지고 있다. 나는 이것이 매우 귀중하다고 생각한다. "교육은 시적인 세계입니다." "간결하면서도 의미를 풍부하게 담고 있는 언어는 모두 시라고 할 수 있습니다." "시적인 정서를 가진 아이와 교사만이 어느 순간에 시적인 토양을 가질 수 있어요. 물론 이 순간은 빠르면 빠를수록 좋습니다." 당당하고 차분하게 말하는 그녀의 모습 속에서 나는 대단한 사상가의 모습을 보았다.

회의 기간에 나는 쑤징과 아름다운 약속을 했다. 우리는 그녀의 시를 쑤저우에 널리 확대하고 더욱 많은 학생들이 이를 누리고 중국 전통 문화의 꽃을 활짝 피울 것을 결정했다. 또한 그녀의 시적 정서가 쑤저우에 전파되어 더욱 많은 교사들이 교육을 누리고 학생을 믿게 하자고 이야기했다. 우리는 또한 쑤징이 빠른 시일 내에 쑤저우에 와서 깊은 연구를 하고 영원한 천국을 느끼도록 약속했다.

나는 쑤징에게 《신교육의 꿈》이라는 책을 선물하면서 속표지에 다음과 같은 글을 남겼다. "쑤징 선생, 아이들을 믿고 교육을 마음껏 누린다면 꿈은 반드시 실현될 것입니다." 나는 마음속으로 묵묵히 외친다. 쑤징 선생, 힘내세요.

즈위안紫園의 수호자

아름다운 도시 쑤저우에는 아름다운 학교가 하나 있다. 아름다운 숲 속에 위치하고 있는 그 학교는 바로 쑤저우 특수학교다. 이 학교가 위치한 숲이 바로 즈위안이다. 즈위안에서 열심히 공부하고 있는 아이들은 비록 정상적인 아이들 같은 청력과 시력을 가지고 있지는 않지만 멋진 삶을 추구하는 용기를 가지고 있다. 나는 그들이 가꾼 분재와 직접 빚은 도자기, 그림, 그들이 만든 멋진 공연을 본 적이 있다. 그중에서도 가장 감동적이었던 것은 시각장애를 가진 아이들이 정상적인 아이들조차 해내기 힘든 단체무용을 무대 위에서 해낸 것이다. 이 아이들의 뒤에는 분명 우수한 교사들이 존재함을 나는 알고 있다. 작년에 그들은 내게 교사들이 만든 작품집을 보내왔다. 나는 그들을 위해 다음과 같은 글을 썼다.

저는 매우 감동하여 이 글을 다 읽었습니다. 쑤저우 특수학교 선생님들의 일에 대한 열정과 아이들에 대한 진실한 사랑에 감동을 금할 길이 없습니다. 저는 정말 여러분께 감사드립니다. 여러분들은 눈이 안 보이는 아이에게 빛을 주었고 들을 수 없는 아이가 사랑의 선율을 느낄 수 있도록 해 주었습니다. 여러분은 즈위안의 수호자이자 즈위안의 아이들 모두의 영혼의 수호자입니다. 즈위안은 여러분들로 인해 더 아름답고 우리의 교육은 여러분들로 인해 더 깊은 의미를 지닙니다. 아이들은 여러분들로 인해 삶의 의의를 발견합니다. 그 아이들이 즈위안을 떠날 즈음에는 암흑과 소리가 없는 세상으로부터 탈출할 수 있을 것임을 저는 확신합니다.

즈위안의 수호자들이여! 저는 여러분들이 너무 자랑스럽습니다.

흥미로운 것은 아름다운 즈위안에 정말로 아름다운 영혼의 수호자가 있다는 것이다. 새로운 교육을 위한 사이트에 어느 날 그 수호자의 그림자가 나타났다. 그녀의 비범한 태도와 특수교육에 대한 열정은 모두에게 깊은 인상을 남겼다. 그녀의 끊임없는 노력 끝에 '특수교육논단'이 생겨났다. 그녀는 갖은 방법을 다해 특수교육계의 중요한 인물들과 특수학교의 교장들을 초청했고 우리 사이트는 이미 특수교육 연구의 요지가 됐다. 내가 토론회에 참석하기 위해 그녀의 학교에 갔을 때 그녀는 교장 선생님께서 내게 주시는 심사비라며 흰 봉투를 주저하며 내밀었다. 나는 학교의 돈을 받아서는 안 되기 때문에 거절했다. 그랬더니 그녀는 상심해서 눈물을 흘리는 것이었다. 저녁 때 그녀는 사이트상으로 나에게 사과의 쪽지를 보냈다. 교장 선생님이 시킨 일이라 어쩔 수 없이 나에게 봉투를 전해주려 했다는 것이다. 나는 그녀의 순수한 마음을 느낄 수 있었다. 후에 나는 그녀의 이름이 팡홍方紅이며 그녀의 남편도 쑤저우의 학교에서 교장을 맡고 있는 특수교육 전문가라는 사실을 알게 되었다.

그녀는 항상 특수교육논단의 인기가 아직 부족하므로 더욱 노력을 해야 한다고 말한다. 하지만 나는 평범한 특수학교의 교사로서 이러한 논단을 만든 것 자체가 이미 대단하다고 생각한다. 그녀는 즈위안의 수호자일 뿐 아니라 우리 사이트의 수호자이자 특수교육의 수호자다.

꿈을 좇는 사람들

이 글은 작가가 《현대 교육 일보》의 편집을 맡고 있는 주인녠 선생의 문집에 기고한 서문이다.

주인녠朱寅年 선생을 알게 된 것은 우연한 기회를 통해서였다. 2002년 어느 날 나는 우리 사이트에서 산둥성의 회원으로부터 쪽지를 받았다. "《현대 교육 일보》의 기자 주인녠이 선생님을 취재하려고 하는데 괜찮으시겠어요?" "물론 괜찮지요." 그리하여 다음날 우리는 전화로 심도 깊은 이야기를 나누었다. 내가 왜 심도 깊은 이야기라고 표현했는가 하면 주 선생이 보내온 취재 요강에 그가 이미 취재 대상에 대해 심도 깊은 연구와 이해를 진행했다는 것이 나타났기 때문이다. 그는 열심히 나의 글과 책을 읽었으며 독특한 시각으로 질문을 했다. 2주 후 《박사, 교수, 시장, 그리고 네티즌》이라는 제목의 장편의 기사가 《현대 교육 일보》에 실렸다. 그때부터 나는 그의 작품과 행방에 주의하기 시작했다.

우리가 만날 기회가 늘어나고 그의 작품을 읽는 것이 늘어남에 따라 나는 그의 세계에 들어가기 시작했다.

비록 그의 작품을 읽는 것이 종종 무거운 마음을 갖게 하는데도 불구하고 나는 그의 작품을 읽는 것을 매우 좋아한다. 나는 그의 책 속에서 사립대학 학생이 공안국에 붙잡혀 간 것에 대해 법학 박사를 방문한 인터뷰를 보았으며 발달된 지역이 오히려 교육 방면에는 재난을 맞고 있는 것을 폭로한 사실과 저장성의 소년공 현상과 왜 이런 일이 빈번하게 발생하는지에 대한 그의 연구를 보았다. 그는 굳이 이러한 사건의 당사자들을 만나 취재하지 않아도 되고 자연스럽게 각종 회의에 참가하며 당당하게 선물을 받고 고급 호텔에 묵으며 이러한 험한 일을 하지 않아도 되는 사람이다. 나는 주 선생이 이러한 일들 때문에 적지 않은 대가를 치렀을 거라고 생각한다. 그러나 그는 아무런 불평이나 원망도 하지 않는다.

내가 주 선생의 작품을 좋아하는 이유는 전문적인 시각으로 자세히 문제를 분석하기 때문이다. 《중국의 현대화는 아직 멀었는가?》, 《농촌 의무교육과 농민 부담》, 《특수교육 : 교육의 사각지대에도 빛을 비추자》 등의 작품에서 나는 그의 학습과 독서의 그림자를 보았다. 베이징에서 우리 사이트의 회원 회의를 열었을 때 청각 장애인 회원들이 청각 장애인 교육에 대한 그의 염원을 불러 일으켰던 일을 기억하고 있다. 이 방면에 얼마나 지식이 있는지 모르지만 그는 단기간 내에 호평을 받은 글을 써 냈다. 강렬한 책임 의식과 일에 전력투구하는 정신이 없었다면 이는 아마도 이루기 어려웠을 것이다.

재미있는 사실은 주 선생은 후기에 《그 따뜻한 꿈》이라는 제목을 붙였고 나도 최근 쓴 책의 제목이 《신교육의 꿈》으로 똑같이 '꿈'이라는 글자가 들어간다는 것이다. 주 선생은 "고질적인 병폐가 있는 교육이 다시금 내가 교육의 변화를 선동하는 기자에 대한 꿈을 가지도록 북돋아 주었습니다."라고 말한다. 사실 바로 이러한 이유로 나도 교육을 부르짖는 학자의 꿈을 가지게 되었을지도 모른다. 같은 꿈을 좇는 사람들로서 우리는 꿋꿋하고 자신 있게 외칠 수 있을 것이다.

교육이라는 이름 하에 우리는 우리의 사명을 다할 것이라고.

아름다운 황금해안

이 글은 작가가 쿤산昆山시 위펑玉峰실험학교 청위안핑 선생의 교육 수필집에 기고한 서문이다.

"황금처럼 빛나는 바닷가, 따뜻한 햇살. 32킬로미터에 달하는 빛나는 백사장은 호주에서 제일 유명한 해변입니다. 서핑, 스쿠버 다이빙 등의 수상 스포츠, 놀이공원, 커럼빈Currumbin 야생조류보호구역, 무비월드 등 온가족이 신나게 즐길 수 있습니다." 이는 호주 퀸즐랜드 주 관광청의 골드코스트(황금해안) 광고다.

우리의 새로운 교육을 위한 사이트에도 이러한 아름다운 황금해안이 있다. 그것은 바로 청위안핑程遠平 선생이 발표한 《심호흡—해안 선생과 학생들의 이야기》이다.

청위안핑 선생은 1편을 쓸 때 자신의 심정을 다음과 같이 나타냈다.

나는 내가 가진 동심을 발휘하여 아이들의 영혼을 찾아내고 그들과 진정한 친구가 되었으며 그들의 말을 열심히 들었다. 나의 우둔한 손으로 위펑에서 학생들을 가르친 순간들을 기록한다. 나의 보잘 것 없는 문자로 아이들의 천진난만한 성장 과정을 기록한다.

다른 사람들은 어떤지 모르지만 나는 매일매일 삶에 대해 감사한다. 먹을거리를 주시는 신께 감사하고 생각할 수 있는 머리를 주신 어머니께 감사한다. 그리고 나에게 커다란 기쁨을 주는 학생들에게 감사하고 매일 아침 떠오르는 태양에게 감사한다.

　한창 나이에 요절한 동료들을 생각할 때, 티끌이 되어 사라진 선인들을 생각할 때 나는 마음속에 감사하는 마음이 충만하여 외친다. 고맙다, 나의 삶이여!

　그는 학생들과 호숫가에서 어떻게 해야 끊임없이 자신의 행위를 성찰하고 성품이 훌륭한 사람이 될 수 있는지 토론했다. 그는 학생들과 운동장에서 어떻게 해야 교과서를 맹신하지 않고 자신의 머리를 사용해서 사고하는 법을 배울 수 있는지 토론했다. 그는 학생들과 휴게실에서 부모를 어떻게 이해하고 존중하며 어떻게 해야 효과적인 의사소통을 할 수 있는지에 대해 토론했다. 우리는 그가 학생들에게 다음과 같이 말하는 것을 보았다. "사랑하는 마음과 물질적인 기부는 정비례하는 것이 아니다. 사랑하는 마음만 있으면 사랑을 받는 사람은 반드시 그 따스함을 느낄 수 있다." 또한 학생들에게 당부하는 모습도 보았다. "결함이 있는 친구들에게 친절하게 대하고 그들에게 삶에 대한 자신감을 심어주는 것은 우리 정상적인 학생들이 반드시 해야 할 일이다."

　꼬박 한 달 동안 청 선생과 학생들은 서로 마주보고 의사소통을 했고 마음과 마음으로 교류를 나누었다. 또한 청 선생은 우리 사이트에 아름다운 풍경을 가져다주었다. 어떤 네티즌은 "선생님의 심호흡을 들을 수 있었습니다. 그리고 학생들의 발전과 선생님의 삶에 충만한 아름다움을 느낄 수 있었습니다."라고 했고 어떤 교사는 "황금해안 선생님, 선생님의 비범한 마음 씀씀이와 애정, 그리고 반짝반짝 빛나는 지식의 조각들은 우리의 마음을 보살펴 주고 인생을 성장시킵니다. 글 한 편을 읽을 때마다 저도 심호흡을 한 차례 하게 됩니다. 저는 선생님의 글을 통해 희망의 무지개를 보았습니다.”라고 감탄했다. 많은 교사들이 인성교육의 방법을 배우고 교사로서의 보람을 느꼈다. 모두들 이렇게 학생과 평등하게 교류하고 학생들의 마음에 실질적인 감동을 남기는 진정한 교육에 감동했다.

청 선생은 이야기를 끝맺는 시점에서 다음과 같은 고별사를 남겼다.

심호흡이 일단락되었다. 나는 베이다오北島의 시구가 생각났다. 모든 것은 결말 없는 시작이며 모든 것은 조금만 늦추어도 가버린다. 마지막은 새로운 시작을 의미하고 시작은 결말을 향해 나아가는 것을 의미한다. 또한 나는 나의 시 구절을 인용하려고 한다. 황혼, 그것은 밤의 시작이며 사랑의 여명이다.

청 선생과의 잠시 동안의 이별은 분명 그의 새로운 탐색의 시작이라고 생각한다. 학생들을 사랑하고 인생을 사랑하는 사람인 청 선생은 반드시 더욱 뛰어난 새로운 글을 가지고 다시 우리들 곁을 찾아올 것이다.

진정으로 학생을 생각하는 교사의 마음

　본문 내용은 작가가 쿤산시 위펑 실험학교의 우잉화吳櫻花 선생의 교육수필에 기고한 서문이다.

　나는 시인 하이즈海子의 시 중에서도 특히 《드넓은 바다, 따뜻하고 꽃피는 봄》이라는 시를 가장 좋아한다.

　내일부터는 행복한 사람이 되자.

　말을 먹이고, 장작을 패고, 세계 여러 곳을 돌아다니자.

　내일부터는 먹을 양식과 채소에 관심을 갖자.

　나에게는 집이 있다. 그리고 드넓은 바다와 따뜻하고 꽃피는 봄.

　내일부터는 모든 사람들에게 편지를 쓰자.

　그리고 그들에게 나의 행복을 이야기해 주자.

　행복이 어느 순간 나에게 전해준 것을

　나는 모든 사람들에게 이야기 해줄 것이다.

　모든 개울, 모든 산에 따뜻한 이름을 지어주고

　낯선 이의 행복을 빌어주자.

　당신의 앞날이 환하게 빛나기를

　당신에게 평생을 함께할 사람이 있기를

　당신이 험한 세상 속에서 행복을 찾을 수 있기를

나도 드넓은 바다와 따뜻하고 꽃피는 봄을 맞이할 수 있기를

어느 날 나는 우리 사이트에서 하이즈와 같은 사람을 발견했다. 물론 나는 시인 하이즈가 이미 세상을 떠난 것을 알고 있다. 하이즈의 본명은 차하이성査海生으로 1964년 5월 안후이安徽성 화이닝懷寧현에서 태어났다. 15세가 되던 해인 1979년에 베이징 대학 법학과에 합격했고 재학 기간 동안 시를 창작하기 시작했다. 1983년 베이징 대학을 졸업하고 중국정법政法 대학의 철학 교육 연구실에서 일하게 되었다. 1989년 3월 26일 산하이관山海關의 철길에서 자살했다.

하이즈는 정신적인 세계에서 행복을 찾고자 했던 사람이었다. 그의 생전의 좋은 친구였던 시인 시촨西川은 그를 회고하며 다음과 같이 말했다. "하이즈는 그의 삶 속에서 행복을 찾지 못했습니다. 그것은 아마도 그의 편파적인 성격에서 비롯된 것일지도 모르겠습니다. 그의 방에는 TV도 없고 녹음기 심지어는 라디오도 없었습니다. 그는 빈곤하고 단조롭고 고독한 생활 중에 시를 썼습니다. 그는 춤을 출 줄도 몰랐고 수영도 못하고 자전거도 타지 못했습니다." 《드넓은 바다, 따뜻하고 꽃피는 봄》은 그가 세상을 떠나기 두 달 전에 쓴 작품이다. 시 속의 화자는 결국 세상에 적응하기 시작한다. 그러나 하이즈는 마음이 고독한 시인이었다. 우샤오둥吳曉東은 《20세기 중국 문학 명작 시선》에서 하이즈를 다음과 같이 평가했다. "하이즈는 줄곧 시에 대한 이상을 추구했다. 그는 진리와 영원에 대해 탐구했으며 생명의 최후에 대해 깊은 관심을 가졌다. 어떤 의미에서 세속적인 생활과 공존할 수 없었다. 그러므로 《드넓

은 바다, 따뜻하고 꽃피는 봄》에서 표현한 '험한 세상 속에서 행복을 찾을 수 있기를'에 대한 동경은 시인의 한 순간의 상상 속에서만 존재한다. 그는 세상 사람들에게 축복을 남겼으나 본인은 속세에서 행복한 삶을 찾지 못했다. (혹은 찾기를 원하지 않았다고 할 수 있다) 이는 몇 개월 후의 하이즈의 요절과 연상시켜 보면 참으로 기묘한 느낌을 갖게 된다. 《드넓은 바다, 따뜻하고 꽃피는 봄》을 창작할 시기의 하이즈는 삶에서 아마도 진퇴양난의 상황을 맞이하고 있었을 것이다. 속세에서의 행복을 선택한다는 것은 위대한 시를 쓰겠다는 이상을 포기한다는 것을 의미하고, 속세에서의 행복한 삶을 포기하는 것은 자신의 생명을 포기하는 것을 뜻한다. 하이즈는 최종적으로 후자를 선택했다."

교사로서의 하이즈와 시인으로서의 하이즈는 확실히 상통하는 부분이 있다.

나는 이 평범하지 않은 하이즈에 대해 알고픈 마음이 생겼다.

나는 사이트를 통해 그가 학급의 학생들을 위해 만든 계획서와 학생과 주고받은 서신, 그가 학생에게 남긴 평가를 보았다. 올해(2003년) 5월에 추창러우儲昌樓가 나에게 하이즈 출판사에서 출판된《아이야, 나는 너의 성장을 지켜보고 있단다》라는 책을 주었다. 이 책에 담긴 50여 통에 달하는 편지는 모두 한 명의 학생을 위해 쓴 것이었다. 그때 우리는 회의를 하고 있었는데 회의에 참석한 교육부 부장은 책에 빠져든 나머지 회의 중에 이 책을 다 읽었다. 우리의 공통적인 감상평은 매우 감동적이라는 것이었다. 만약 모든 교사들이 하이즈 선생처럼 아이들을 가르친다면 쑤저우의 교육은 분명히 크게 발전할 뿐만 아니라 학생들은 분명 더욱 행복해질 것이다. 학교에서 받는 월급에만 관심을 가지고 아이들을 관심과 사랑으로 가르치지 않는 일련의 교사들과 비교할 때 하이즈 선생은 정말 위대하다.

나는 자발적으로 추창러우에게 하이즈 선생을 위해 책의 서문을 쓰겠다고 이야기했다. 누군가의 부탁을 받기도 전에 책의 서문을 쓰겠다고 내가 먼저 나선 것은 이번이 처음이다. 어제 나는 비로소 하이즈 선생의 본명이 우잉화라는 사실을 알게 되었다. 현재 그녀는 쿤산 위펑 실험학교 중학부의 교사로 일하고 있다. 그녀는 나에게 단문의 편지를 통해 1년간 학생들을 위해 쓴 펑어를 모아 《아이야, 나는 너에게 하고 싶은 말이 있단다》라는 책을 내려고 하는데 내가 이 책을 위해 무언가 써 주기를 바란다는 의사를 밝혔다. 나는 물론 흔쾌히 수락했고 그녀의 원고 전체를 다 읽고 나서 또 한 번 깊은 감동을 받았다. 그녀가 리징징 李靓靓이라는 학생에게 쓴 펑어를 아래에 소개하고자 한다.

징징아, 너는 네 이름처럼 예쁘고 깨끗하구나. 선생님은 너의 까만 눈과 긴 속눈썹이 깜박거리는 모습을 보는 게 너무나도 행복하단다. 너의 눈 속에는 마치 무궁무진한 신비가 감추어져 있는 것 같아. 그리고 장미꽃 봉우리 같이 예쁜 너의 얼굴을 보는 것도 나는 정말 좋아한단다. 책을 읽는 너의 낭랑한 목소리는 사람들을 끌어들이는 힘을 가지고 있지. 네가 있기에 우리 반이 더욱 빛난단다. 너의 노력이 있었기 때문에 우리 반은 더욱 뛰어난 반이 될 수 있었단다.

너는 예쁘고 총명하지만 외유내강의 성격을 지닌 탓에 종종 공부에서 최고의 실력을 발휘하지 못했다고 생각한단다. 그러나 선생님은 너의 재능과 침착함, 강인함을 높게 평가하고 있단다.

겨울은 비축의 계절이다. 네가 이번 겨울방학을 이용해 자신의 기분과 페이스를 조절해서 긴장의 연속인 중학교 생활에 되도록 빨리 적응하기를 선생님은 바라고 있단다. 앞으로 어떠한 어려움이 있더라도 반드시 이겨낼 수 있다고 선생님은 굳게 믿는다. 많은 격려와 갈채가 너를 기다리고 있단다.

징징, 열심히 노력하렴.

담임 우잉화

2003년 1월

그녀는 또한 이 학생을 위해서 다음과 같은 편지를 썼다.

징징 안녕?

지난 학기 말에 너의 어머님이 눈물을 닦으시며 내게 반을 바꾸어 달라고 부탁하러 오셨던 일을 기억하고 있단다. 이유는 네가 3반에서 이런 저런 괴롭힘을 받아 너의 학업과 생활이 엉망진창이 되었기 때문이었지. 선생님은 정말 많이 걱정하고 초조했지만 너에게 아무런 도움을 주지 못했구나. 여러 번 너와 마음을 터놓고 이야기를 나누었지만 너의 머릿속에 가득한 걱정을 해결해 주지는 못했구나. 어려움을 이겨낼 수 있는 힘은 바로 너 자신에게 있다는 사실을 명심하거라.

일기에서 적힌 것처럼 겨울방학 중에 많이 반성하고 마음을 좀 추스른 것 같더구나. 학기가 시작되고 나서 활발한 모습을 보여 주었고, 새로운 자세로 임한 덕분에 학기 시험에서 우수한 성적을 거두었지. 너의 학습 방면에 있어서의 변화는 너의 마음까지도 변화시켰구나. 항상 미소 짓고 있고 웃는 소리가 네 주위에서 끊이지 않았지. 하지만 선생님은 여전히 네게 잠재력이 있다고 생각한단다. 너는 조금 더 노력을 할 뿐이지만 사실 너의 실력은 결코 여기에 그치지 않는단다. 너는 우정과 학업 사이에서 망설이고 있지. 사실 이 두 가지 요소의 관계는 본래 대립적인 것이 아니란다. 단지 어떤 것을 우선으로 하고 어떤 것을 차선으로 하느냐의 문제인거야. 총명한 너라면 1년간의 경험을 거치고 2학년이 됐을 때에는 확실히 깨달을 것이라고 믿는다.

반장선거를 하던 날의 연설을 아직 기억하고 있니? 너는 반장이 된다면 학급 친구들과 선생님의 기대를 저버리지 않고 선생님을 도와 더욱 좋은 학급을 만들겠다고 이야기했지. 만약 당선되지 않는다고 하더라도 실망하지 않을 것이며 자신에게 부족한 부분을 돌아보겠다고 했었다. 또한 온 힘을 다해 반장으로서의 임무를 수행하겠다고 약속했었지. 반장이라는 임무를 수행하기 위해 자신을 포기하는 너의 태도에 다른 사람들은 정말 존경심을 느꼈단다. 비록 한 표 차이로 반장에 당선되지 못했지만 너는 행동으로 너의 맹세를 증명했단다. 그게 바로 너란다. 관용적이고 침착하며 다른 사람을 이해하고 사람들의 사랑을 받는 리징징이지.

학급임원으로서 너는 몸소 다른 학생들의 모범이 되어 주었지. 학습 성적이 우수할 뿐 아니라 같은 조의 친구들이 성적을 올리는 데 많은 도움을 주었다. 너는 다른 학생들이 수업 시간에 더욱 많이 발표하도록 격려했지. 이번 학기 동안 너는 수업시간에 항상 활기차게 발표했고 네가 속한 조의 발표 횟수는 다른 조에 비해 월등히 많았단다. 우리 3반이 이렇게 단결이 잘 되고 더욱 분발하게 된 것은 너의 공이 매우 크단다. 네가 노력을 했기 때문에 우리 반도 발전할 수 있었던 거야. 선생님은 너에게 고맙다는 말을 전하고 싶구나.

《버들 잎》을 공부하던 공개 수업 때의 일을 아직 기억하고 있니? 선생님은 너에게 대표로 본문을 읽으라고 했지. 너는 반복된 연습에도 전혀 불평하지 않았어. 그날 저녁에 교무실에서 선생님이 네게 낭독할 때의 악센트와 리듬을 가르쳐 줄 때에 어찌나 이해를 잘 하는지 선생님은 정말 감탄을 금할 수가 없었단다. 총기가 충만한 우리 징징이는 그저 열심히 노력만하면 해내지 못할 일이 아무것도 없단다. 다만 한 가지 바람이 있다면 발표를 할 때나 책을 읽을 때 좀 더 큰소리로 이야기하는 거야. 그것만 지켜준다면 너는 분명 완벽한 학생이 될 거야.

너는 아무런 불평 없이 우리 반을 위해서 칠판에 필기를 해 주고 있지. 너의 그 단정한 글씨는 다른 학생들의 시선을 사로잡고 선생님조차도 부끄러움을 느끼게 한단다. 게다가 너는 효녀이기도 하지. 너의 작문 《사랑의 잔소리》를 읽었을 때 선생님의 눈에는 눈물이 핑 돌았단다. 너의 어머니는 너처럼 어머니를 잘 이해해주는 딸을 두어서 정말 기쁘실 거야.

어떠한 일을 만나든지 항상 냉정하게 대처하고 이성적으로 생각하는 너를 보면 아직 14살인데도 불구하고 어려운 일을 해내는 것이 매우 기특하단다. 지난 1년 동안 나는 네가 화내거나 짜증부리는 것을 본 적이 없다. 너의 미소와 평안한 마음은 우리 반의 다른 학생들에게까지도 영향을 미친단다.

선생님이 너에게 하고 싶은 말이 또 하나 있단다. 무슨 문제를 만나거든 부모님이나 선생님과 더욱 많이 상의했으면 하는 거란다. 부모님과 함께 학교생활에 대해 이야기 나누고 선생님에게는 생활에 있어 어려운 부분을 더욱 이야기 해주었으면 좋겠구나. 그러면 너의 시야를 넓히고 더욱 밝은 성격을 키우는 데 많은 도움이 될 거야. 그리고 다른 사람과 교류하는 법을 배우는 것은 원래 하나의 생존 능력이란다. 그렇다고 생각하지 않니?

인생이라는 길은 느리고도 길단다. 이제 막 청춘의 한 걸음을 내딛은 너에게 있어서 그 걸음이 좀 힘들고 어렵다고 할지라도 너는 반드시 평탄한 길을 걸어갈 수 있을 것이다. 네가 올바른 길로 나아가고 성공이라는 목표를 향해 용감하게 나아갈 수 있기를 진심으로 기원한다.

담임 우잉화

2003년 6월

내가 전문을 다 인용한 이유는 이러한 편지가 내용이 텅 빈 논문들보다 훨씬 낫다는 것을 모두에게 이야기하고 싶어서이다. 이는 한 사람의 교사가 학생에게 보낸 러브레터라고 할 수 있다. 우잉화 선생을 대하고 나는 진심으로 선생님이 한 번 되어보고 싶다는 생각을 했다. 심지어 우잉화 선생의 학생이 되어 그녀가 쓴 편지를 받고 싶다는 생각도 했다. 우잉화 선생, 나는 당신의 성장을 지켜보고 있습니다.

새로운 교육을 위한 사이트의 회원들

피터팬 같은 리전시

나는 그를 선생으로서 먼저 알게 되었다.

우리 둘 다 알고 있는 친구 까오완샹이 우리를 소개해 주었다. 그는 나에게 쓰촨성의 청두에 한 중등학교 교사가 있는데 그가 쓴 《사랑과 교육》이라는 책이 영향력이 대단해서 많은 교사들이 감동의 눈물을 흘렸다는 이야기를 했다.

그리하여 나는 완샹에게 리전시를 쑤저우로 초청해 우리의 명교사 양성반을 위해 강의를 해달라고 부탁했다.

그 날 나는 언제든지 공무를 보러 나갈 수 있기 위해 일부러 맨 뒷자리에 앉았다. 하지만 나는 그의 강연이 그렇게 대단할 줄은 미처 생각하지 못했다. 비록 격앙된 어조는 없었지만 그의 학생들과의 교류에 대한 소개는 그 장소에 있던 모든 사람의 마음을 움직였다. 세심한 리전시는 후에 나의 눈에 눈물이 그렁그렁 고인 것을 보았다고 책에 쓴 적이 있다.

하늘이 정해준 운명인지 그는 나의 박사과정 지도학생이 되었다. 학기가 시작될 때 모든 사람들은 리전시가 좀 특이한 사람이라는 것을 발견했다. 그의 특이한 점은 첫째, 그는 이미 상당한 지명도가 있는 사람이어서 종종 학교에서 강연을 부탁한다는 점이었고 둘째, 그는 영어 실력이 형편없어서 나는 한 학생에게 그에게 영어를 가르쳐 달라고 부탁했다. 그는 중고등학생처럼 매일 아침 단어를 외웠다. 그는 전화를 참 자주 한다. 마치 아침에는 전화로 오늘 할 일을 물어보고 저녁에는 이에 대한 보고를 하는 것 같다. 다른 학생들은 나에게 슬그머니 말한다. "리전시 선생은 정말이지 어린애 같아요."

그는 인터넷을 정말 좋아해 수업에서 인터넷에 관련된 이야기를 하곤 한다. 우리는 그에게 중학생처럼 인터넷에 빠지지 말라고 직접적으로 얘기했지만 그는 누가 뭐라고 하던지 자기 식대로 할 뿐이다. 더욱 재미있는 것은 어느 날 그와 샤오쥔, 웨이성 등은 나를 인터넷의 세계에 끌어들이려고 작당을 했다. 그들은 저명한 학자들은 모두 자신만의 사이트를 가지고 있으니 나도 당연히 가지고 있어야하지 않겠냐며 설득했고 그 결과 작년 6월에 새로운 교육을 위한 사이트가 탄생하게 되었다.

우리의 사이트에 있어서 리전시의 모습은 마치 장난을 좋아하는 어린 아이 같다. 그는 자신이 오염되지 않은 동심을 가지고 있다는 미명 하에 당당하게 자신은 어른이 되고 싶지 않다고 이야기한다.

그가 어른이 되고 싶어 하지 않는 까닭에 그는 자신의 학생들과 같이 장난하며 자신을 그들의 일원으로 만들어 버린다.

그가 어른이 되고 싶어 하지 않는 까닭에 그는 마치 어린 아이들처럼 말을 거리낌 없이 한다. 그는 교사란 인류의 영혼의 설계자라고 하는 말이 당치도 않다고 이야기한다.

그가 어른이 되고 싶어 하지 않는 까닭에 그는 자신의 마음을 숨기는 데 서투르다. 쟁론이 벌어지며 얼굴이 발개지며 의견을 이야기하고 기쁠 때는 다른 사람을 끌어안거나 키스를 퍼붓는다.

올해 어린이날에 리전시는 자신이 어른이 되고 싶어 하지 않는 이유를 드디어 밝혔다. 그는 다음과 같은 영혼의 독백을 써 내려갔다.

동심이란 무엇인가? 동심은 아이들의 천진무구한 마음이다. 사람은 영원히 어린 시절에 머무를 수 없지만 영원히 동심을 간직할 수는 있다. 아이들의 순진함과 선량함은 한 사람의 연령에 따라 다른 방식으로 나타나기 때문이다. 그렇다면 우리는 어떻게 동심을 간직할 수 있는가?

동심을 간직한다는 것은 바로 다른 사람에 대한 선량한 마음을 간직한다는 것이다. 나는 초등학교 시절에 시각 장애인을 도와 길을 건넌 적이 있으며 길을 잃은 어린 아이의 엄마를 찾아 주었다. 나는 이러한 소중한 마음이 나이를 먹어감에 따라 더욱 확장되어 단체, 국가, 민족에 대한 사랑으로 승화되기를 원한다. 그리고 이러한 애정이 업무와 생활의 소소한 일에서 실현되고 사이트의 모든 회원에 대한 애정으로 실현되기를 바란다.

동심을 간직한다는 것은 바로 정직한 마음을 간직한다는 것이다. 아이들의 눈은 작은 모래 한 알도 받아들이지 않는다. 아이들의 입은 거짓말을 하지 않는다. 동화 《벌거숭이 임금님》에서도 단지 어린 아이만이 임금님은 옷을 입지 않았다고 용감하게 말하지 않았던가? 누군가는 어리석다고 말할지도 모르지만 이러한 마음이 동심이라고 나는 생각한다.

동심을 간직한다는 것은 바로 일에 대한 창조적인 마음을 간직한다는 것이다. 어린 아이들은 보고 느끼는 모든 것을 신기하게 생각하고 무엇이든지 해보고 싶어 한다. 과학자에게 있어 가장 중요한 성품 중의 하나는 바로 어린 아이처럼 이 세계의 모든 것에 대해 호기심과 탐색의 시선을 갖는 것이며 끊임없이 개척하고 진취적인 정신을 갖는 것이다. 이것 또한 일종의 동심이라고 할 수 있다.

동심을 간직한다는 것은 바로 생활에 대한 열정을 간직한다는 것이다. 아이들은 생활에 대해 동경과 환상을 가득 품고 있다. 동심을 가진 사람은 항상 생활에 있어 격정과 낙관을 가지고 있다. 어떤 사람은 아직 젊은데도 생활에 대해 만족하지 못하며 어떤 사람은 이미 노년이 되었는데도 생활의 기쁨을 창조하며 갈수록 젊어지는 삶을 살아가고 있다.

리전시는 자신의 산문 《성숙해지고 싶지 않다》에서 자신은 영원히 동심을 잃지 않기를 바라며 우리 사이트의 회원들도 영원히 빛나는 동심을 간직하기를 원한다고 썼다.

더욱 재미있는 것은 우리 사이트의 많은 회원들이 나에게 슬그머니 이렇게 이야기한다는 것이다. "선생님이랑 리전시는 성격이 정말 비슷해요." 내가 리전시에게 영향을 미친 것인지 아니면 리전시가 나에게 영향을 미친 것인지는 모르겠지만 나는 리전시에게 솔직하게 이야기한 적이 있다. "네가 내 제자라고 하기보다는 우리가 서로 스승이고 제자라고 하는 편이 낫겠다." 교실에서 토론을 할 때나 상생활에서 나는 리전시에게 많은 것을 배운다. 그는 나를 인터넷의 세계로 인도해 주어 무수한 일선의 교사들을 만나게 해 주었고 새로운 친구, 새로운 영감,

새로운 공간을 갖게 해 주었다.

기왕 리전시가 어른이 되고 싶어 하지 않는다면 우리도 같이 어른이 되지 않았으면 좋겠다. 우리가 영원히 젊은 마음을 간직하게 해 주었으면 좋겠다.

기꺼이 헌신하는 추창러우儲昌樓

추창러우는 그냥 좋은 사람이 아니라 정말로 좋은 사람이다.

그를 아는 사람은 모두 그의 문장 실력이 뛰어나다는 것을 안다. 장수성에서 열린 몇 차례의 교육 과학 회의와 시상식에서 그의 논문은 종종 일등상을 수상하곤 한다. 그는 K-12와 우리 사이트에 비바람을 불러 일으키고 많은 대단한 글을 썼다.

그를 아는 사람들은 그가 요즘에 거의 사라진 것 같다는 생각을 한다. 꽤 오랫동안 그의 대단한 문장을 읽지 못했고 그가 수상하는 모습을 보지 못했기 때문이다. 이러한 일은 그에게 식은 죽 먹기나 마찬가지다.

추창러우를 잘 아는 사람들은 그가 자신의 생명을 새로운 교육의 실험에 바쳤다고 이야기한다. 우리 사이트에 들어와서 '새로운 교육 실험 논단'을 본다면 그의 공헌을 볼 수 있을 것이다.

그가 새로운 교육의 실험을 위해 걸핏하면 밤샘 근무를 하며 컵라면을 벗 삼아 날이 밝을 때까지 노력한 것을 나는 알고 있다.

또한 그가 새로운 교육의 실험을 위해 여러 차례 학교를 방문해 지도, 강연, 시범을 보이고 쿤산昆山에서 우장, 쑤저우, 난징에 이르기까지 그의 바쁜 혼적을 찾아볼 수 있다는 사실을 알고 있다.

새로운 교육의 실험을 위해 그가 장문에 달하는 방안과 보고서를 작성하고 수백 통의 전화를 하고 얼마나 많은 메시지와 이메일을 보냈는지도 나는 알고 있다.

그러므로 나는 그에게 항상 감격하고 있다. 이러한 이야기를 꺼낼 때마다 그는 그저 씩 웃을 뿐이다. "사람들에게 있어 큰일을 하는데 제가 그저 열중해서 할 수 있다면 그저 행복할 따름입니다."

위안웨이성이 쓴 《추창러우 형》라는 글에서 그는 다음과 같이 이야기하고 있다. "처음에 추 형이 다른 사람보다 매우 뛰어나다는 사실에 주위 사람들, 특히 학교의 지도자들은 불안해하고 그래서 그를 배척하고 압박했다. 게다가 그의 부인마저도 연루되어서 그 핍박은 더욱 심해졌다. 그리하여 결국 그는 부인과 아이들을 데리고 쑤난蘇南으로 피해가는 방법을 선택할 수밖에 없었다. 고향에서 그는 다년간 교무주임을 맡았다. 쿤산에서 그는 보통 교사부터 시작해 시의 교육국에서 교육 관련 일을 했고 교육 연구직을 겸해 눈코 뜰 새 없이 바빴다. 그는 주임이라는 직함에 조금도 손색이 없었다. 그가 쿤산 중등학교에서 맡은 반 학생들은 대학 입학시험에서 놀랄만한 높은 점수를 거두었다. 그는 성에서 주최한 논문 발표 대회에서 1등으로 가장 높은 상을 수상했다. 다른 사람과 달리 그는 고향을 마음속에 간직하고 있는 사람이다. 몇 년후 그는 고향의 지모가 뛰어난 사람이 되었다." 그의 인덕은 그가 고향을 생각하는 마음을 통해 짐작할 수 있다.

내가 아는 사람들을 비롯해 많은 이들은 그에게 쿤산을 떠나서 지금의 수입보다 몇 배나 높은 다른 지역으로 옮길 것을 권유했다. 거의 매번 웨이성이 묘사한 장면이 떠오른다. 그는 얼굴색이 갑자기 변하면서 흐느껴 울며 이야기하기 시작했다. "나는 갈 수 없어. 내가 힘들 때 쿤산은 나를 받아주었는데 내가 어떻게……" 눈물을 하염없이 흘리며 우는 목소리로 말하는 것이다. 그의 은혜에 보답하는 성격과 일편담심은 상상할 만하다.

친구들과 추창러우에 대해서 이야기 할 때면 거의 모든 이들은 그는 열성과 진심이 정말 대단한 사람이라고 감탄하곤 한다.

재능이 출중한 자오샤오쥔焦曉駿

만약 우리 사이트에서 재능이 뛰어난 사람을 뽑는다면 나는 두 사람이 그 후보에 오를 것이고 수상할 수 있을 것이라고 확신한다. 그중 한 사람은 관리자이고 다른 한 사람은 쑤저우 사람이다.

그러나 우리 사이트를 오랫동안 지켜본 사람이라면 알겠지만 이 두 사람은 같은 이름을 가지고 있다. 그 사람은 바로 자오샤오쥔이다.

나는 먼저 한 가지 비밀을 밝히고자 한다. 자오샤오쥔은 주량이 대단한 사람이다. 그가 리전시, 위안웨이성과 함께 내가 교육 사이트를 개설하도록 하자는 모의를 할 때 술이 가장 센 사람은 바로 자오샤오쥔이었다. 내가 어리둥절해 하며 그 계획에 동참하는 데는 그의 공로가 제일 컸다. 만약 우리 사이트에서 술 마시기 대회를 하려고 한다면 절대 그는 부르면 안 된다. 그가 주량이 대단한 사람이라는 사실을 꼭 기억하기 바란다.

인터넷상에서 관리자는 사이트의 관리를 책임지는 사람이다. 관리자는 당연히 인터넷에 능한 사람이어야 한다. 나는 아직도 이 영문과의 재능 있는 사람이 어떻게 컴퓨터를 능수능란하게 다룰 수 있는지 신기하기만 하다. 그는 나의 컴퓨터이자 인터넷 고문이다. 나는 자주 컴퓨터 앞에서 그에게 전화를 걸고 그는 수화기 너머에서 나에게 방법을 가르쳐 준다. 물론 우리 사이트에 에러가 발생하면 나는 조금도 개의치 않고 그를 나무란다. 한번은 우리 집사람이 돈 한 푼 안 주면서 왜 그렇게 그를 못살게 구느냐고 이야기한 적이 있다. 나는 우리 사이트의 모든 사람들, 회장(본인)에서 사장(리전시)에서 관리자에 이르기까지 모두들 의무 노동을 하고 있는 것이라고 대답했다. 그러나 자오샤오쥔은 가장 중요한 인물이다. 사이트에 문제가 생길 때마다 나와 친구들의 유일한 해결책은 자오샤오쥔을 찾는 것이었다. 춘절 기간 동안에 그를 재촉하여 우리 사이트의 회원들과 즐거운 명절을 보냈다. 나는 이따금씩 황당한 생각을 하곤 한다. 만약 자오샤오쥔이 없다면 우리 사이트는 어떻게 될까? 어떤 때는 만약 우리 사이트에서 인터넷 대회를 연다면 그가 일등상을 거머쥘 것이라는 생각도 한다.

자오샤오쥔은 운전에도 능하다. 전문적인 운전수들과 비교한다면 물론 좀 실력의 차이가 나겠지만 우리 사이트의 차를 가지고 있는 회원 중에서 그는 운전을 잘하는 편에 속한다. 만약 우리 사이트의 회원들이 쑤저우에 오게 된다면 그때는 당연히 자오샤오쥔이 운전기사가 될 것 이다.

자오샤오쥔의 최대의 특기는 문학이다. 나는 그의 산문 《창밖에 내 리는 비》를 매우 좋아한다. 그 세밀한 묘사에 드러나는 담담한 이별의 슬픈 감정을 다시금 음미해보도록 하자.

겨울. 창밖에는 비가 계속 내리고 있다. 나는 그저 창가에 혼자 멍하 니 앉아 있다.

이 비가 만약 봄에 내렸다면 당신이 있는 곳의 길가에 있는 신록들이 빗방울을 빨아들였을 것이고 가벼운 바람이 창문으로 들어와 봄기운을 전해 주었을 것이다. 나는 당신이 창문을 열고 손을 내밀어 빗방울을 어 루만지거나 아예 밖으로 나가 비를 맞으며 당신의 머리를 적실 것을 알 고 있다. 그 흠뻑 젖은 느낌은 당신의 이마, 당신의 눈, 당신의 입술을 적 시고 결국은 당신의 마음속 깊은 곳까지 젖어들겠지. 당신은 자신이 이 미 빗속에 점점 녹아들어 내일의 봄빛과 융화되는 기분을 느낄 수 있을 것이다.

이 비가 만약 여름에 내렸다면 당신은 동네 아이들과 놀면서 미소를 지을 것이다. 그 미소는 당신 자신만이 느낄 수 있는 미소다. 그것은 일 종의 희열이다. 당신은 자연스레 책을 덮고 창가로 가서 어두침침한 구 름이 문 앞의 백양나무 가지에 낮게 드리운 것을 볼 것이다. 백양나무

잎사귀들은 이미 작렬하는 태양 아래 있던 모습과 달리 가느다란 빗줄기가 가볍게 먼지를 씻어 주어 마치 마음의 더러운 것을 씻어버리는 것처럼 빗속에서 가볍게 흔들릴 것이다. 길고 지루한 여름밤, 벌레 소리가 사방에서 들려오고 내리는 비와 함께 시원한 바람이 불어온다. 그런 날 밤에는 당신은 분명 달콤한 꿈을 꾸겠지.

이 비가 만약 가을에 내렸다면 당신은 분명 푸른 산을 비구름이 반쯤 뒤덮고 물색이 희미한 호숫가에서 잠깐 쉬던 일을 생각하고 있을 것이다. 가을은 바쁜 계절이다. 가을비는 당신이 갑자기 일을 그만두고 싶어지게 할 것이다. 물가에 지은 정자, 대나무와 돌계단, 당신은 아마도 내가 읊어주던 시의 한 구절, "강남의 가을이 아름답다하여 보러왔는데 강남의 가을 풍경은 발처럼 비가 드리워져 있구나."를 떠올릴지도 모르겠다. 가을은 사색의 계절이라 창가에 앉아 책을 받쳐 들고 비취색의 옅은 구름이 몽롱하게 드리워진 풍경을 바라보며 당신의 시상을 떠오르게 할지도 모르겠다.

그리고 이 비는 겨울에, 그것도 당신이 여행을 하는 날에 내리고 있다. 으슬으슬한 바람이 옷깃에 스며들고 비는 소리 없이 아침부터 저녁까지 줄곧 내리고 있다. 나는 나가고 싶지 않다. 그저 혼자 창가에 앉아 멍하니 있는 것이 좋다. 왜 갑자기 대학 시절에 듣던 노래의 한 소절이 생각나는지 모르겠다. "또 비가 내리는 날이군요. 창밖에는 하염없이 비가 내리고 있어요. 그리움이 밀려오고 또 예전일이 생각나네요. 당신이 빗속에서 안녕이라 말한 것을 기억하고 있어요. 지금처럼 혼자 빗속을 걸으면 자꾸만 근심이 더해만 가네요."

사람이 옛날을 회상하며 슬픔을 느끼게 하는 새해가 가까워온다. 세월이 소리 없이 흘러가고 모든 계절이 바람처럼 덧없다는 것을 진작 알았더라면 그때의 당신은 하염없이 내리는 비처럼 많은 생각을 하고 있었을까? 이러한 기억은 매우 평온하다. 아마도 이미 지나버린 일이기에 편안할 수 있는 것이리라.

물론 자오샤오쥔의 가장 아름다운 부분은 바로 그의 영혼이다. 나와 리전시가 둘 다 매우 바쁘면 사이트 회원들을 응대하는 일은 모두 그가 처리한다. 많은 사람들은 기차역에서부터 샤오쥔의 안내로 쑤저우 공업 지역 참관한다. 그러나 지금은 사이트의 회원이 너무 많아져서 그가 일일이 응대할 틈이 없을 것이다.

자오샤오쥔이 오면서부터 나의 연구생들은 그를 질투한다. "자오샤오쥔이 오고 나서 우리는 선생님의 총애를 잃었어요." 그러면 나는 웃으며 "그거야 다 샤오쥔이 재능이 많고 귀여우니까 그렇지."라고 대답한다.

꿈꾸는 교사

위춘샹于春祥에 대한 기본적인 인상은 다음과 같다. 우선 전형적인 산둥 남자라는 것과 새로운 교육을 위한 사이트의 충실한 벗이라는 것, 그리고 신교육 실험의 적극적인 실천자라는 것이다.

그를 처음 알게 된 것은 우리 사이트에서였다. 아마도 2003년 봄으로 기억하는데 그는 우리 사이트에 자신이 쓴 글을 발표하기 시작했다. 나는 그것을 보고 이 사람이 자신만의 생각을 가진 교사이자 열정을 가진 교사라고 느꼈다. 그리하여 나는 그의 글에 주시하기 시작했다. 그의 글을 읽고 나는 그가 본래 새로운 기초교육의 적극적인 창도자이며 이전에 린즈臨淄 지역의 교사들을 데리고 기세가 드높게 새로운 기초교육의 실험을 했던 적이 있음을 알게 되었다. 그러나 우리 사이트에 들어온 이후 그는 다시금 신교육 실험에 열중하게 되었다. 그는 다음과 같이 우리 사이트를 평가한 적이 있다.

인터넷은 나에게 있어 생소하지 않다. 이미 5년 동안 인터넷을 사용해 왔고 수많은 사이트를 둘러보았지만 내게 그다지 큰 충격을 준 일은 없었다. 그러나 새로운 교육을 위한 사이트는 실로 매력이 무궁무진하다. 사람의 구미를 끌어당기며 추구하고 싶은 마음이 생기고 운명을 바꿀 수 있을만한 곳이다. 이곳에는 삼엄한 등급 배열은 없고 시장과 평민이 있을 뿐이다. 이곳에는 학벌에 따른 고압적인 태도가 있는 것이 아니라 대등한 교류만이 있을 뿐이다, 이곳에는 사람 사이의 서먹함이 없고 생명에 대한 깨우침과 돌봄이 있을 뿐이다. 이곳에는 국경이나 경계가 없고 단지 커다란 가정의 화목함이 있을 뿐이다. 우리는 주영신 선생의 선견지명에 감탄을 금할 수 없다. 새로운 교육을 위한 사이트는 이미 명실상부한 교사들을 위한 인터넷상의 배움터가 되었다. 우리 사이트가 5년 후 혹은 10년 후에 더욱 많은 교육 전문가들을 배출해낼 것이라는 사실에 누구도 의심을 갖는 사람은 없을 것이다. 또한 5년 혹은 10년의 발전을 거쳐 이곳의 교사들이 전문가적인 인재가 될 것이라는 사실에 의심을 갖는 사람도 없을 것이다.

우리 사이트에 대한 애정을 바탕으로 그는 '100개의 학교, 1,000명의 사람, 10,000개의 댓글' 활동을 시작해 우리 사이트가 산둥 린즈 지역에 영향을 주기 위한 많은 일들을 했다. 또한 그는 새로운 교육 실험을 제창하는 글과 교육 수필을 몸소 실천했다. 그의 "춘샹 야화"는 우리 사이트의 아름다운 풍경이 되었다. 그는 《꿈을 좇다》라는 서문에 자신이 걸어온 인생의 발자취를 반영하고 있다.

내가 그를 처음 만난 것은 2003년 7월이었다. 산전수전을 다 겪은 것 같은 그의 모습을 보고 나는 그를 형님이라고 부르려고 했지만 알고 보니 그는 나보다 생일이 한 달 느렸다. 또한 이것저것 깊게 물어보다가 그가 '중국 우수교사' '즈보淄博시 중국어문학과의 리더' 등의 영예로운 칭호를 받은 적이 있음을 알게 되었다. 《초중등 작문의 목표와 전 과정 훈련》, 《yss 탐험기》, 《초중등학생을 위한 독서 선집》 등을 저술했다. 그중 《초중등 작문의 목표와 전 과정 훈련》은 산둥성의 신세기 중등학교 국어 교과서 실험성과의 1등상을 받았다. 그는 이미 매우 영향력 있는 교사라고 말할 수 있다. 우리의 개막식에서 그는 비장함이 감도는 감동적인 이야기를 연설했다. 우리는 농촌 교사의 고생스러운 성장 과정과 직접 발로 뛰며 열심히 꿈을 좇는 춘상에 대해 알게 되었다.

더욱 효과적으로 새로운 교육 실험을 널리 추진하고 실천하기 위해 그는 스스로 기관의 편안한 직책을 포기하고 산둥성에 위치한 농촌학교의 교장을 맡았다. 교장이 된 이후 그는 인터넷에 접속하는 시간이 줄었다. 그러나 우리 사이트에 대한 그의 걱정과 근심은 줄지 않았고 새로운 교육 실험에 대한 애정도 결코 줄지 않았다. 그는 나에게 앞으로도 교육 수필을 쓸 것이며 자신과의 약속을 지켜나갈 것이라고 이야기했다.

《새로운 교육을 위한 사이트 문고》의 《교육 수필》 제1집 출판 후 사회의 호평을 받았다. 제2집의 출간을 고려하고 있을 때 나와 리전시는 약속이나 한 듯이 춘상을 떠올렸다. 우리 사이트의 '춘상 야화'라는 인터넷상의 수필을 정선하고 가공해 만들어진 《직접 발로 뛴 사색》이라는 책은 작가가 살아있는 교육 현실을 깊게 생각한 결정체이다. 우리는 이를 통해서 춘상의 풍격과 교육 실천을 중시하는 그의 관점 및 새로운 이념을 볼 수 있다. 사회적 이슈를 날카롭게 분석하고 교육에 대한 평가와 견해는 그만의 독특한 관점이 있다. 또한 참신한 방법으로 실천 방안을 탐색하고 생생한 언어로 표현해 읽는 재미가 있다. 나는

책 속의 많은 글을 읽었고 후에《중국교육 일보》,《현대 교육 신문》,
《교사들의 벗》,《교사의 길》,《산둥 교육》 등의 간행물을 통해 읽었
지만 지금 읽어도 여전히 재미가 있다. 나는 더욱 많은 학교가 새로운
교육 실험의 대열에 합류하고 더욱 많은 교사들이 교육 수필을 집필하
게 되기를 기대한다.

인터넷과 전통 매체의 상호작용

이 글은 작가가 집필한 《새로운 교육을 위한 사이트 문고》의 전체 서문이다.

누군가 말하길 인터넷 사이트의 발전이 인류의 사회와 생활에 미치는 거대한 영향은 예측하기가 매우 어려운 것이라고 했다. 또한 이러한 영향이 최종적으로 어느 정도에 까지 미치게 될지에 대해서도 현재로서는 예측하기가 매우 어렵다고 한다. 어쩌면 최종적인 단계라는 개념 자체가 존재하지 않을지도 모른다. 나는 이 의견에 동의한다. 그러나 사람들은 인터넷의 부정적인 영향을 더 많이 본다. 복잡한 PC방, 사람을 빠져들게 하는 게임, 비정상적인 채팅 등 심지어 학생이 인터넷을 사용하도록 허용해야 하느냐 마느냐가 논쟁의 화제가 되기도 한다. 사실 현대적인 교류 도구이자 정보의 원천으로서 인터넷은 기존의 매체와는 비교힐 수 없을 정도로 우월하며 신속하다. 인터넷은 우리가 생활하는 현재 세계를 빠르게 변화시켰고 정보와 지식이 넘쳐나는 현상을 야기했다. 인터넷은 시간과 공간의 한계를 무너뜨렸고 인류의 노동력, 자원, 지식 자본을 절감시켰다. 동시에 우리의 교육개발에 있어서 무한한 가능성을 가져왔다. 인터넷이 정보와 지식의 습득 방식을 변화시킨 것에는 의심의 여지가 없다. 이러한 변혁의 시대에는 교육도 반드시 시대의 흐름과 같이 해야 한다. 과학기술이 인류를 변화시키는 흐름 속에서도 굳건히 서야 하며 새로운 사물의 등장이 초래하는 부분적인 폐단을 재난으로 여겨서는 안 된다.

이러한 생각을 바탕으로 나와 동료들은 새로운 교육을 위한 사이트를 창설했다. 학습 공동체의 설립, 인터넷 문화의 정화, 교육 인재의 집결, 교육의 품질 향상, 인터넷이라는 문명의 이기를 최대한 활용하는 것, 바로 이것이 우리의 꿈이다.

2002년 6월 18일 새로운 교육을 위한 사이트가 열린 이래 방문자는 날로 많아지고 교육에 대한 열정을 품은 동료들이 사방팔방에서 모여들기 시작했다. 처음 4개월 동안 등록한 회원은 2,300명이 넘었고 각 논단의 글에는 5만 건이 넘는 댓글이 달렸다. 사이트를 시작하면서 내 삶에는 걱정거리가 더 늘어났으나 그에 따른 충실감도 더 늘어났다. 나와 회원들은 교류의 기쁨을 맛보았다. 우리는 사이트를 통해 아무런 제약 없이 더 많은 실제 이야기를 들을 수 있었다. 관점이 분명한 댓글과 아무런 거리낌 없는 평론, 특히 교육 현황에 대한 비판은 진심으로 교육에 관심을 갖고 있는 사람들에게 냉정한 사고, 사색과 압력, 변화에 대한 원동력을 주었다. 다양한 사고와 견해를 가진 교육 매체의 편집자, 기자들의 참여 또한 우리 사이트의 자랑이다. 그들은 사이트를 통해 짧은 시간 안에 원고를 의뢰하거나 투고하고 비판적인 평론을 모으고 완성한다.

새로운 교육을 위한 사이트를 처음 열었을 때 내가 생각했던 이상을 모두 현실로 이루었다고 말할 수는 없지만 최소한 한 가지는 내게 큰 위안이 된다. 그것은 바로 새로운 교육을 위한 사이트를 통해 원래는 전혀 안면이 없는 우수한 교사들과 교제할 수 있었다는 점이다. 그들은 전국 각지에 분포되어 있다. 그들은 우리 사이트의 엘리트이며 교육계의 진정한 영웅이다. 우리 진정한 영웅들은 바쁜 업무 중에도 짬을 내어 사이트에 들어와 교육 방법을 교류하고 인생의 관점을 논하며 교육 사상에 대해 논쟁을 벌인다. 새로운 교육을 위한 사이트에 쓰인 수많은 글과 거기에 달린 댓글에는 네티즌들의 교육에 대한 감정과 생각이 응집되어 있다. 그들은 교육에 대한 문제점과 새로운 교육 이념 및 동태에 관심을 기울인다. 그들의 감정과 생각은 교사들에게 있어 새로운 교육을 위한 사이트를 정신적인 안식처로 느끼게 하는 데 한몫하고 있다.

새로운 교육을 위한 사이트의 독특한 의사소통 방식을 통해 모두가 공통적으로 관심을 가지고 있는 교육문제에 대해 충분히 생각, 연구, 탐구한 후 《새로운 교육을 위한 사이트 문고》를 만들었다.

《새로운 교육을 위한 사이트 문고》 제1집은 교사들의 마음을 다 털어 놓은 《교육 수필 시리즈》, 교육을 직시하고 인문학에 대한 관심을 제창한 《교육 리포트 시리즈》, 균형적인 발전과 교육의 미래를 탐색하는 《교육 문제 시리즈》, 관점의 본질을 파악하고 학생들의 사고를 불러일으키는 《학생들과 함께 시리즈》이렇게 4종으로 되어 있다. 우리는 이 총서를 통해서 인터넷과 전통 매체의 상호작용, 선진 교육 이념이 더욱 넓게 전파되기를 희망하는 동시에 인터넷 문화의 매력이 전 사회의 광범위한 공동체 의식을 갖도록 하는 데 일익이 되기를 바란다.

이 총서의 출판은 우리 사이트 회원들의 노력뿐 아니라 쓰촨四川 출판사, 허베이河北 인민 출판사, 쑤저우대학 출판사, 희망출판사의 커다란 지지에 힘입어 이루어졌다. 이 자리를 빌어 삼가 감사의 뜻을 전하는 바이다.

PC방이 만든 학습 공동체

2002년 8월 16일 오후, 나는 쑤저우시의 문화 관광국, 상공국, 공안국 등을 인솔해 PC방 조사 및 정비 업무에 나섰다. 쑤저우의 PC방은 전체적으로 환경과 설비가 우수한 것으로 나타났다. 산자오저우三角洲(PC방 이름-역주) 같은 경우는 100여 대의 액정 모니터와 에어컨, 공기청정기 등의 설비를 갖추고 있어 비교적 쾌적한 환경을 제공하고 있다. 그러나 전국 대부분의 PC방에 존재하는 일련의 문제점들은 이곳에도 존재하고 있었다. 이메일이나 자료를 찾기 위해 컴퓨터를 이용하는 것 외에도 대부분의 남성 고객들은 온라인 게임에 열중하고 여성 고객들은 인터넷 채팅을 통해 잡담 하는 것을 즐기고 있었다. PC방 내의 더러운 공기와 담배 연기는 기침이 나올 정도여서 건강에 악영향을 끼친다. 미성년자들은 인터넷 세계에 빠져 스스로의 힘으로는 벗어나기 힘들고 밤이 깊어도 집에 돌아갈 생각을 하지 않는다. 그렇기 때문에 많은 부모들이 PC방이라면 치를 떨고 사회의 인사들이 입을 모아 PC방의 환경을 정비하거나 심지어는 PC방을 퇴출해야 한다고 주장하고 있는 것이다.

이러한 이야기를 듣고 있자니 떠오르는 말이 있다. 우리는 만사에 방해가 되면 당장 없애버리고 무언가 필요하다고 생각되면 앞뒤 사정 가리지 않고 건물 같은 것을 세워 버리는데 우리의 인터넷 사정 또한 이와 같다고 볼 수 있다. 인터넷은 도구이고 도구 자체는 원래 중성적인 가치를 지닌다. 도구가 이익이 되느냐 해가 되느냐는 전적으로 그 도구를 사용하는 사람에게 달려있다. 예를 들어 식칼은 요리를 만드는 데 사용되지만 쓰는 사람에 따라 식칼을 이용해 사람을 죽일 수도 있는 것이다. 사람을 죽이는 것이 식칼의 본래 용도인가? 그러므로 도구에 대한 과학적이고 올바른 인식과 어떻게 하면 PC방의 폐해를 줄이고 이로운 점을 늘려야 할 것인가를 돌이켜 생각해 봐야 한다. 결코 인터넷이라는 도구 자체를 소홀히 하거나 버려두어서는 안 된다.

기준치에 부적합한 PC방을 단호히 정리하고 불법 PC방을 조사하여 처리한다면 우리는 학습화된 공동체를 설립할 수 있을 것인가? 게임 회사들은 아이들의 심신 발전에 유익하고 교육에 유용한 소프트웨어를 개발할 수는 없을까? 우리의 교육 정보 사이트는 더욱 견실해져서 아이들이 이곳에서 더욱 창조적이고 실용적인 정보를 획득할 수 있게 할 수는 없을까? 우리의 학교는 학교의 컴퓨터실을 PC방처럼 활용해 학생들이 이곳에서 게임을 하고 교류하며 인터넷을 더욱 유용하게 쓸 수 있도록 할 수는 없을까?

인터넷의 잠재력은 무한하다. 그러나 인터넷을 이용하지 못하는 사람이나 내지는 네티즌(그중의 대부분은 학생)의 인터넷에 대한 이해가 매우 부족한 상태다. 그들에게 있어서 인터넷은 아마도 게임과 수다, 시간을 소비하는 행위를 대표하는 매체일지도 모른다. 사실 인터넷은 매우 짧은 시간 내에 보급되기 시작했기 때문에 인터넷의 특징과 도구적인 면에서의 개성이 분리되지 못했다. 엔지니어는 인터넷을 통해 설계도 및 원격 조종 과정을 주고받고 의사는 인터넷을 통해 진찰하고 병을 치료한다. 교사는 인터넷을 통해 원거리 수업을 진행하며 학생은 인터넷을 통해 다양한 책을 읽는다. 과학기술의 진보와 경제발전은 인터넷의 발전에 하드웨어적인 기초라고 할 수 있지만 우리에게 당장 시급한 것은 소프트웨어적인 기초다. 즉 인터넷 응용 지식의 보급과 온라인 예절의 형성이다. 이러한 두 가지 기초가 균형적으로 발전해야 인터넷은 원활한 순환 궤도에 오르게 된다.

정보화 사회에서 인터넷은 이미 많은 사람들의 생활의 일부분이 되었다. 이러한 때에 인터넷에 대한 단순한 금지나 비판, 제한은 아무런 도움이 되지 않는다. 관건은 어떻게 해야 건강한 인터넷 문화를 형성하고 진정한 인터넷 문명을 이룩하며 문화적인 새로운 인터넷 시대를 열어 가는가 하는 것이다. 뜻이 있는 사람들이 모여 인터넷 환경의 정화에 앞장서서 우수한 인터넷 지원을 확보해 다음 세대에 풍부하고 건강한 정보 공간을 물려주기를 바라는 바이다.

사스SARS로 인한 격리와 온라인 교육의 중요성

사스가 발생하고 지금까지 혹독한 대가를 치르고 나서 우리가 얻은 사스에 대한 기본적인 공통 인식은 전염성이 매우 강한 질병이라는 것과 새로운 형태의 전염병으로 아직까지 특별한 치료 방법이 없다는 것이다. 이러한 두 가지 요인은 사스의 전염을 예방하는 가장 효과적인 방법은 격리밖에 없다는 사실을 증명해 주었다. 그러므로 사스가 심각하게 발생한 지역에서는 아이들이 학교에 갈 수 없었다.

교육부는 학생들이 사스로 인해 학업을 소홀히 하지 않기 위해 인터넷을 이용한 수업 방식을 격려했다. 교육의 개혁적인 면에서 보면 이는 두 번 다시없는 절호의 기회다. 사스는 온라인 교육에 있어 공전의 원동력을 제공했다. 인류의 업적은 종종 우연한 역사적인 사건을 통해 촉진되는 경우가 있다. 우연은 좋은 찬스가 된다. 우리는 이러한 계기를 통해 인터넷을 이용하고 모두 힘을 합쳐 온라인 교육의 새로운 형식을 찾아야 한다. 그리하여 사스 때문에 집에서 학습하는 학생들에게 효과적인 수업을 제공하고 미래에 전국 온라인 교육의 발전을 개척하는데 좋은 본보기가 되어야 한다. 이를 통해 전국의 학생, 특히 농촌 같은 지역의 의무 교육이 온라인화 되어 많은 학생들이 혜택을 받을 수 있도록 하는 데 귀감이 되어야 한다.

현재까지 온라인 교육의 발전은 세계 각국의 연구와 탐색을 통해 사람들의 공통적인 인식을 점점 달성하고 있다. 온라인 교육은 인터넷의 발전에 따라 나날이 보급될 것이며 영향력은 더욱 커질 것이다. 그러나 한편으로 온라인 교육은 아직까지 공인된 성공모형이 존재하지 않는 새로운 교육의 형태이다. 이는 현재의 온라인 교육이 아직 탐색과 연구 단계에 위치해 있음을 나타낸다.

세계 각국의 온라인 교육은 아직 시작 단계에 불과하지만 온라인에 기초한 새로운 교육모형이 좋은 성과를 보인 경우도 있다. 만약 학교교육이 전부 온라인으로 이루어진다면 중국처럼 대부분의 인구가 농촌이나 변경 지역에 집중되어 있는 개발도상국의 경우 전국을 연결하는 온라인 교육을 통해서 모든 지역에 통일된 형식의 교육을 진행할 수 있을 것이다. 그렇게 되면 낙후된 지역의 교육에도 활기를 띠기 시작할 것이고 무수한 인력자원이 개발될 수 있을 것이다.

미국은 인디언들이 거주하는 궁벽지고 낙후된 지역의 학교에 인터넷을 연결했다. 학교의 인터넷은 수업에 유용하게 쓰일 뿐 아니라 인디언들이 거주하는 지역의 주민들이 이용할 수 있는 인터넷 센터가 되고 있다. 동시에 많은 유명 대학에서 이미 무료로 인터넷 강의를 제공하고 있다. 이러한 가시적인 형태의 새로운 온라인 교육 모형은 전통적인 교육의 한계와 시간과 공간의 제약, 신분과 계층의 제약을 타파했다. 정보의 최대한의 유통을 실현한 것을 기초로 사람 사이의 교류를 최대한 촉진하고 사람들끼리의 교류가 이루어지는 가운데 정보를 최대한 이용하도록 한다.

온라인 교육의 발전을 촉진하는 데 있어 최대의 관건은 바로 정보력이다. 정보력의 원천과 크고 작음은 핵물리학의 질량에너지 공식을 통해 나타낼 수 있다. 즉 E=MC2다. 온라인 교육의 E=MC2 공식에서 E는 온라인 정보화electronic를 나타내고 M은 사람man을 의미한다. C2가 나타내는 두 가지 중 하나는 온라인이라는 기초 위에 무한한 연산능력computing을 성립하는 것이고 다른 하나는 무한한 정보자원contents을 성립하는 것을 나타낸다. 이 공식은 한편으로는 과거의 교육을 계승하고 있다고 볼 수 있다. 즉 모든 교육의 핵심은 인간이 사회화 되는 과정의 핵심이라는 것을 나타낸다. 또한 이 공식은 인터넷이 어떻게 발전하든지 그의 본질은 인류가 현재 소유하고 있으며 무한대로 확장되고 있는 연산능력과 정보자원이라는 것을 의미한다. 인간적인 측면에서 본다면 사람이란 개인이나 집단 혹은 지역 내지는 국가가 나타내는 범위에 있어서 사업의 핵심요소다. 최첨단의 문화와 생산력을 창조하고 다수의 이익을 보호하는 각도에서 출발해야 최대한 사람의 적극성을 동원할 수 있고 사람의 잠재력을 최대한 발휘할 수 있다. 이와 마찬가지로 인터넷의 무한한 통신기능과 정보자원 발전도 사람과 밀접한 관계를 가진다. 민약 개인이 우선 자신이 소유한 정보자원을 공유하고 싶어 하지 않는다면 온라인상의 무한한 정보자원을 형성하기 어려울 것이고 무한한 연산능력은 낭비될 것이다. 사실 현재 우리의 온라인 교육의 현황이 이러하다.

온라인의 무한한 연산능력 방면에 있어서 우리는 정보의 핵심기술을 가능한 빠르게 발전시켜야 한다. 7천만 명에 달하는 미국의 초중고등학생의 인터넷 이용률은 2001년에 이미 99%에 달했지만 2억 명 이상이나 되는 중국 학생들의 인터넷 이용률은 2002년 말 겨우 4%에 불과했다. 게다가 컴퓨터를 가지고 있지 않은 학생이 매우 많았다. 무한한 연산능력을 실현할 수 있는 찰나에 정보화 수준이 중국의 발목을 붙잡고 있는 것이다.

온라인 교육이 가진 잠재력이 완전한 개방되는 과정에서 사람들은 종래의 유한한 교육자원이 지닌 교육 관념을 최근 10년 사이에 출현한 무한한 온라인이라는 교육자원이 지닌 교육 관념으로 바뀌었다. 이는 전대미문의 교육혁명이라고 할 수 있다. 사스의 출현은 빠른 시간에 인터넷이 교실을 대신한 교육 현장이 되게 했고 이는 온라인 교육 발전에 전대미문의 원동력을 제공했다. 천릿길도 한 걸음부터고 티끌도 모아야 태산이 되듯이 변화는 조금씩 천천히 이루어져야 한다. 온라인상의 교육을 통해 현재 교육의 각 방면에 대해 서둘러 결과를 도출하려고 하면 오히려 역효과가 날 뿐이다. 온라인 교육은 일정한 경제적 조건의 제약을 받아야 하고 구체적인 단계를 거쳐서 발전해야 한다. 베이징을 예로 들어 보자. 베이징은 중국에서 가장 발달된 도시지만 베이징에 있는 학교의 컴퓨터 설비와 학생들의 비율은 현재 1:10 밖에 되지 않는다. 그러므로 베이징의 자택학습은 3가지 종류가 있다. 첫째는 TV교실형식, 둘째는 방송수업형식, 셋째는 적극적으로 추진하고 있는 온라인 교육형식이다. 세 가지 방법은 각각 장단점이 있다. 우선 TV교실형식과 방송수업형식은 보급률이 높다는 이점이 있어 자택학습의 주요 형태로 자리 잡았으나 상호적인 학습이 이루어질 수 없다는 단점이 있다. 온라인 교육의 이점은 실시간으로 상호학습이 가능하다는 것이지만 단점은 인터넷이 대중화되지 않았다는 점이다. 게다가 사스가 유행할 시기에 PC방들은 전부 문을 닫았고 많은 학생들은 인터넷과 접촉할 수 없었다. 인터넷을 통해 우수한 교육적 자원을 수집하고 이를 최대한 정리한 다음 가장 합리적인 가격과 형식으로 모든 교사와 학생에게 개방해야 한다. 구체적으로 말하면 다음과 같은 두 가지 방법이 있다. 하나는 지역의 온라인 교육 사이트를 만들어 학생과 교사에게 무료로 개방하는 것이다. 온라인 교육 사이트를 통해 지역 별로 통일된 수업과정을 개발하고 각 학교의 교안을 수집하여 나라가 정한 교육과정에 맞춰 이차적인 과정을 개발한다. 온라인상에서 공부하는 학생들의 진도를 서로 조정하고 온라인상에서 교사와 학생, 교사와 교사 간의 교류 속에서 최대한 우수한 교육적 자원을 선택한다. 다른 하나는 선택된 우수한 교육적 자원에 대해 온라인상에서 실시간으로 조사연구를 진행하고 학생들의 동태를 파악한 다음 가장 우수한 내용을 선택해 TV와 방송 매체 제작자들의 도움을 받아 전문화 된 TV 및 방송 교실 프로그램으로 제작하고 이를 방송하는 것이다. 이렇게 되면 모든 교사와 학생들이 우수한 교육 프로그램을 유힌한 시간에 충분히 활용할 수 있다.

이러한 형태의 새로운 교육 모형의 끊임없는 발전은 더욱 많은 사람들이 언제 어디서나 무슨 내용이든지 효과적으로 공부할 수 있게 해 준다. 그리고 우리의 교육은 진정한 온라인 교육 시대로 들어서게 된다. 전 세계의 정보를 최대한 효율적으로 활용하는 것은 사람들의 적극성을 충분히 발휘시키고 항상 새로운 것을 창조하며 정보화 사회의 발전을 촉진시키는 원동력이 된다. 사스로 인해 초래된 격리와 위기는 온라인 교육에 있어 커다란 이익이 되었고 우리는 사스로 인한 손실을 교육

의 진보로 보완할 수 있다. 이를 바탕으로 우리는 더욱 발전할 수 있을
것이다.

인터넷의 익명성과 실명제

일부 네티즌이 인터넷 실명제를 주장한 이후로 찬성과 반대의 의견이 분분하다. 나는 혹시라도 우리 사이트에 새로 가입한 사람들과 사이트에 모인 각 방면의 걸출한 인재들을 잃을까 두려워 나는 우선 다수의 의견에 따르자고 생각했다. 오늘 셰웨이허謝維和 교수의 글을 읽고 실명제를 실시하는 것이 새로운 교육을 위한 사이트가 지향하는 목표일지도 모른다는 생각을 했다. 물론 서로 간에 진실함이 있다면 아이디를 사용하는 것도 크게 문제될 것은 없다. 다음의 세 교수의 글을 읽고 다 같이 토론해 보기로 하자.

내가 줄곧 생각해 온 문제 혹은 의문이라고도 할 수 있는 것에 대해 여러분과 의견을 나누고자 한다. 인터넷상의 사이버 공간에서 네티즌이 실명을 쓰는 것이 좋은가 아니면 아이디를 쓰는 것이 좋은가? 아마도 여러 문제점을 제기하는 상황에서는 익명성이 보장되는 것이 비교적 편리할 것이다. 그러나 실명을 사용하면 교제를 하는 중에 서로 간에 약속과 책임을 가질 수 있다. 나는 개인적으로 실명제를 주장하는 바이다. 물론 내 생각이 온라인 세계의 특징에 부합하지 않을 수도 있다. 혹은 현실 세계의 일반적인 교제 방식을 인터넷 세계에 적용하려고 하는 것인지도 모르겠다. 그러나 사람들은 실제적인 것을 추구하는 경향이 있다. 사람들은 인터넷을 통해 얻은 것들이 일시적이거나 단순한 유희적인 만족에 지나기를 원하지 않는다.

　인터넷 채팅처럼 일정한 시간 인터넷을 통해 사귀었다고 해도 결국에는 현실 사회에서 확인을 하게 된다. 혹은 인터넷에서 교제 초기에는 아이디를 사용하지만 관계가 발전함에 따라 다음 단계에서는 실명제로 넘어갈지도 모르겠다.

　세 교수의 의견에 총체적으로 나는 동의한다. 우리 사이트에서 아이디를 쓰는 사람은 신상 정보에 상세하게 자신의 이름과 주소를 남겨 놓았다. 이러한 사람들에게 있어서는 실명과 아이디가 완전히 같은 개념으로 쓰인다고 볼 수 있다. 그저 아이디가 그 사람의 개성을 더 나타내거나 아이디에 자신의 이상이나 추구하는 바를 반영할 뿐이다. 나는 많은 네티즌들이 여러 개의 아이디를 사용하는 것을 발견했는데 그들은 이것이 서로 다른 갑옷과 같다고 이야기했다. 중국의 작가 루쉰이 여러 개의 필명을 사용했던 것처럼 많은 사람들이 다른 아이디로 다양한 글을 발표한다.

　나는 개인적으로 인터넷 실명제를 더 선호하는 편이다. 그 이유는 첫째, 실명을 사용하면 책임감을 더욱 증가시킨다. 어찌됐든 간에 사람들은 모두 자신의 이름에 책임을 진다. 그러므로 글을 올리거나 댓글을 달 때 더욱 주의를 기울이게 된다. 둘째, 실명을 사용하면 인터넷상에서 자신의 지명도가 올라간다. 실명은 다른 사람이 당신을 인식하고 이해하는데 더욱 편리하다. 셋째, 아이디는 불필요한 오해와 추측을 낳고 불편을 초래한다. 그러나 때때로 어떤 글에 대해 날카로운 비평을 하거

나 심각한 문제를 폭로할 때에는 개인적인 이유로 아이디를 사용하기
도 하는데 이는 어쩔 수 없는 일이라고 생각한다.

교육 사이트에 필요한 규칙과 질서

이 제목은 세웨이허 교수의 글을 일고 생각난 것이다. 현재는 셀 수 없이 많은 인터넷 사이트가 있지만 교육 사이트는 자신만의 품격과 개성을 가지고 있어야 하고 다른 사이트들의 모범이 되어야 한다. 요점만 정리한 세 교수의 글을 모두와 나누고자 한다.

교육 사이트도 다른 사이트와 마찬가지로 우리들의 생활과 교육에 새로운 공간과 발전 공간을 형성한다. 그러나 이는 전통적인 현실공간과는 달리 가상의 공간이며 현실에 기초한 사고와 상상의 공간이다. 이는 청소년들의 정신 발달과 상상력의 비약에 있어 과거와는 비교할 수 없는 조건과 장소를 창조했다. K-12(유치원에서 고등학교까지의 교육기간을 지칭. 학생들을 인터넷으로 연결해 교육하려는 미국의 정보교육 프로젝트 이름에서 유래함—역주)에서도 볼 수 있듯이 우리의 청소년들과 교사는 가상의 공간에서 활약하고 즐거움을 느끼며 매우 날카로운 생각을 가지고 있다. 이곳에서 사람들은 가상의 자유를 느낀다. 그러나 이러한 가상공간의 교육적인 사회성, 특히 가상공간 자체가 지닌 공공성 때문에 질서의 확립은 필요하다. 그리하여 이 가상공간에서 생활하고 교류하는 사람들이 질서를 지키고 가상공간의 발전과 개인의 행위의 결과가 합리적인 기대치를 형성할 수 있도록 해야 한다. 우리가 현실 사회의 올바른 시민이며 현실이라는 공간에서 교제와 발전을 나누는 것은 이러한 현실공간에 이미 규칙과 질서가 존재함과 동시에 우리가 이러한 규칙과 질서를 기본적으로 이해하고 숙지하고 있기 때문이다. 이와 마찬가지로 우리가 가상공간의 올바른 시민이 되기 위해서는 가상공간에서의 규칙과 질서가 수립되어야 한다. 교육적인 관점에서 볼 때 이는 사람들이 각종 사회의 규칙과 질서를 습득하도록 인도하는 것이며 이러한 규칙과 질서를 학습하면서 자신의 인격과 개성을 발전시킬 수 있다. 그러므로 능동적으로 이러한 가상공간의 규칙과 질서를 확립하는 것은 교육 사이트로서의 주요 임무라고 할 수 있다. 또한 교육 사이트의 회원으로서 책임을 가지고 가상공간의 규칙과 질서를 확립하는 데 적극적으로 참여해야 한다.

나는 세 교수의 외침이 우리 사이트를 비롯한 교육 사이트와 가타 인터넷 사이트가 반드시 열심히 연구해야할 문제라고 생각한다. 인터넷은 우리의 생활을 편리하게 하고 우리에게 발언권을 부여함과 동시에 책임을 지어주었다. 인터넷 사회에서 규칙과 질서는 우리의 법률이며 권위이다.

안타까운 것은 인터넷 사회의 상황이 이러한 경지에 이르기에는 아직 많이 부족하다는 점이다. 현실 사회에서 만약 질서나 시민들이 지켜야 할 수칙 내지는 법률적인 구속이 없으면 아무데나 쓰레기를 버리고 교통 법규를 무시하는 등 분명히 사회에 혼란을 야기할 것이다. 인터넷 사회에서도 유언비어를 퍼뜨리고 타인의 인격을 모독하거나 심지어 국가 기밀을 누설하는 행위가 존재한다. 만약 이에 상응하는 제약이 없다면 인터넷 사회의 혼란과 붕괴를 야기할 것이다. 현재 마침내 각종 사이트의 관리조약이 생겨나기는 했지만 중요한 것은 네티즌의 질적 수준을 높이는 것이다. 아래에 내가 인터넷에서 발견한 자료를 인용하고자 하니 여러분도 모두 참고하시길 바란다.

인터넷 예절

1. 사람이 있다는 것을 기억하라.

인터넷 사이트는 세계 여러 나라의 사람들이 한 자리에 모이는 곳이다. 그러나 우리는 종종 모니터만 마주대하고 그 속에서 다른 사람과 교류하고 있다는 사실을 잊기 때문에 무례하고 난폭한 행동을 하는 경우가 있다. 그러므로 인터넷 예절의 첫 번째 조항은 "사람이 있다는 것을 기억하라."다. 만약 다른 사람에게 직접적으로 하지 못할 말이 있다면 인터넷상에서도 하면 안 된다.

2. 현실과의 행위가 일치되어야 한다.

실제 생활에서는 대다수의 사람들이 법과 규칙을 준수한다. 인터넷에서도 이와 마찬가지다. 온라인상의 도덕과 법률은 현실 생활과 동일하다. 온라인상에서는 도덕을 지키지 않아도 생각하면 안 된다.

3. 로마에 가면 로마법을 따르라.

같은 사이트라도 다른 코너에는 다른 규칙이 있다. 어느 코너에서는 가능한 일이 다른 코너에서는 불가능하기도 하다. 예를 들어 자유게시판에서 시시콜콜 나누는 이야기와 정보나 공지란에서 이야기하는 방식은 서로 다르다. 가장 좋은 방법은 전체 글을 한 번 읽어보고 발언하라는 것이다. 이렇게 하면 다른 사람의 분위기와 그 코너에서 받아들여지는 행위를 파악할 수 있다.

4. 다른 사람의 시간과 노력을 존중하라.

질문을 하기 전에 우선 검색과 연구를 해야 한다. 분명 같은 문제를 이미 여러 번 물어본 사람들이 있기 때문에 답변을 쉽게 찾을 수 있을 것이다. 다른 사람이 당신을 위해 답변을 찾느라 시간과 노력을 소모하게 하지 말라.

5. 인터넷상에서 좋은 인상을 남겨라.

인터넷의 익명성 때문에 다른 사람들은 당신의 외견을 보고 판단할 수가 없다. 그러므로 당신의 말 한마디 한마디가 당신의 인상을 결정하는 유일한 판단 수단이 된다. 만약 잘 모르는 분야에 대해 이야기 한다면 책을 찾아서 본 후 말하고 섣불리 발언하지 않도록 한다. 마찬가지로 댓글을 달기 전에도 글의 의미와 내용을 생각해본다. 일부러 시비를 거는 말이나 천박한 말은 사용하지 않도록 한다.

6. 당신의 지식을 공유하라.

문제에 답변을 할 뿐 아니라 당신이 제시한 흥미로운 문제에 대한 다른 사람들의 의견을 같이 나누도록 한다.

7. 침착하게 논쟁하라.

논쟁과 싸움은 정상적인 현상이다. 이성적으로 생각하고 인신공격을 하지 말아야 한다.

8. 타인의 프라이버시를 존중하라.

타인과 메일이나 메신저를 통해 이야기를 나눈 기록은 사적인 부분이다. 만약 당신이 어떤 사람의 인터넷 필명을 알게 됐다고 하더라도 사이트의 동의를 구하지도 않은 상태에서 그의 이름을 발설하는 것은 옳지 않은 행위이다. 만약 실수로 다른 사람의 메일이나 사적인 부분을 보았다고 해도 이를 지켜주어야 한다.

9. 권력을 남용해서는 안 된다.

사이트의 관리자는 다른 회원에 비해 더 많은 권리가 부여되어 있으므로 이를 소중히 사용하고 관리해야 한다.

10. 타인의 실수를 용서해야 한다.

우리는 처음에는 모두 초보자였고 실수를 할 때가 있다. 다른 사람이 오타를 치거나 초보적인 질문을 하거나 필요 없는 글을 올렸을 때 이에 개의치 않도록 한다. 만약 정말 그 사람에게 건의를 하고 싶다면 그 사람의 체면을 생각해서 이메일이나 쪽지를 사용해 개인적으로 하는 편이 좋다.

만약 모든 네티즌들이 위의 인터넷 예절을 준수한다면 더욱 건강하고 건전한 인터넷 사회를 이룰 수 있을 것이라고 생각한다.

난징에서의 일화

새로운 교육을 위한 사이트에서는 스승의 날을 축하하며 교사 여러 분들이 항상 행복하기를 기원합니다.

나는 이틀 동안 난징에서 열린 회의에 참석했는데 그때 겪은 일화를 여러분에게 보고하고자 한다.

9월 6일 아침 우리 사이트를 한번 둘러보고 나서 나는 전국 십운회+運會의 결의 대회와 전국 체육사업 대회에 참가하기 위해 급히 난징으로 달려갔다. 원래 다음 날 바로 쑤저우로 돌아올 생각이었기 때문에 나는 일부러 노트북을 가져가지 않았다. 6일 저녁 장수 교육출판사와 《교육 과학 정선 교재 번역 총서》와 《신세기 교육 문고》의 출판 관련 상담을 하고 학생들과 친구들을 방문하고 보니 이미 늦은 밤이 되었다. 둘째 날 아침 일찍 사무실에서 전국 기초 문화 작업 회의가 기다리고 있다는 통지를 받고 나는 저녁에 어떻게 하면 인터넷을 사용할 수 있을지 궁리하기 시작했다. 7일에는 하루 종일 긴장된 회의를 하고 저녁에는 나의 제자 양수빙楊樹兵의 초대를 받아 마오쿵猫空에서 몇 명의 친구들과 차를 마셨다. 우선은 유명한 도서 장정 설계사 주잉춘朱嬴春과 《새로운 교육을 위한 사이트 문고》의 사업과 표지 및 판식 디자인에 관련된 이야기를 나누었고 이어서 《신교육》의 편집장 쭝핑과 만나 합작과 관련된 이야기를 나누었다. 먀오젠둥繆建東 형이 막 캐나다에서 귀국했기 때문에 만나서 옛 일을 이야기하고 10시 반에 다음 회의 장소에 도착했다. 조금 휴식을 취하고 11시쯤에 여우하오友好 빌딩의 비즈니스 센터 문을 두드렸다. 인터넷 이용 요금표를 보고 너무 비싸서 놀랐다. 1분에 1위안이었다. 빨리 교사들에게 스승의 날 인사를 전하기 위해 나는 할 수 없이 이용했다. 그런데 인터넷 속도는 너무 느리고 쪽지 기능은 사용할 수도 없어서 15분 정도 사용한 후 도저히 참을 수가 없어 15위안을 지불하고 PC방을 찾으러 밖으로 나왔다. 한 15분쯤 후에 한 시간에 2위안 정도로 비교적 저렴한 PC방을 찾았다. 사이트에 접속하고 지난 이틀 동안의 상황을 파악하며 글을 올리고 있었다. 그러나 갑자기 컴퓨터가 다운되는 바람에 내가 20분 동안 올리던 글이 다 날아가 버렸다. 다른 컴퓨터로 자리를 바꾸어 다시 20분 동안 글을 쓰고 글을 완성하는 마지막 문장을 쓰려는 차에 또 컴퓨터가 다운되어 버렸다. 나는 정말 울고 싶어졌다. 컴퓨터를 때려 부수고 싶었지만 그럴 수는 없는 노릇이고 그저 2위안을 지불하고 화를 내며 나와 버렸다.

호텔에 돌아와 생각해 보았다. 비록 지난 이틀 동안 내가 우리 사이트의 교사들을 생각히지 않았다거나 사이트에 무슨 일이 생기지나 않을지 걱정하지 않는다고 하더라도 나 없이도 지구는 돌아가며 우리 사이트는 여전히 잘 돌아가고 있다는 사실을 문득 깨닫게 되었다. 그저 나 혼자 괜한 걱정을 한 것이다. 나는 우리 사이트를 떠날 수 없지만 우리 사이트는 관리자들이 열심히 일하고 교사들이 적극적인 참여 덕분에 여전히 건강하게 발전할 수 있다.

나는 새로운 교육을 위한 사이트가 성숙된 방향으로 나아가고 있고 더 이상 어느 한 개인의 것이 아니라 모든 교사들과 회원들의 것이라는 생각에 기쁘고 위안이 되었다.

　나는 스승의 날 전에 총 관리자 리전시에서 일반 회원들에 이르기까지 올린 글과 교사들의 생존 상황과 보통 교사들에 대한 모두의 관심과 애정을 보았다. 나는 단지 조금 늦은 축하 인사를 건넨다.

따뜻한 메시지

매일 이른 새벽, 컴퓨터를 켜고 우리 사이트에 들어가면 많은 메시지들이 쏟아져 나온다. 메시지들은 내가 다 읽을 수 없을 정도로 많지만 어떤 때는 자세히 반복해서 보고 고민할 수조차 없다. 그러나 그 수많은 메시지들은 나에게 따뜻함과 달콤함을 가져다주고 하루 종일 기분이 좋게 만든다.

오늘의 메시지는 특히 내 마음을 감동시켰다. "장미"라는 아이디의 회원은 다음과 같은 메시지를 보냈다.

선생님 안녕하세요? 비록 선생님을 직접 뵌 적은 없지만 깊은 애정을 가지고 매체를 통해 선생님의 모습을 지켜보고 있답니다. (이상하게는 생각하지 마세요. 그저 조금 귀엽게 보이고 싶은 것뿐이니까요. 호호) 맨 처음 사이트를 섭했을 때 선생님에 대한 진실한 마음을 담은 글을 올린 적이 있지만 지금까지도 제가 어디에 글을 남겼는지 모르겠어요. 선생님 덕분에 이 사이트를 알게 되었고 이 사이트를 사랑하게 되어 버렸어요. 저는 원래 심심한 사람들이 따분함을 해소하기 위해 인터넷을 하는 것이라고 생각하고 인터넷을 경시하는 경향이 있었는데 지난 며칠 동안 마치 첫사랑에 빠진 소녀처럼 이곳을 사랑하게 되어 버렸답니다. 현재 저는 격정의 시간을 보내고 있어요. 심지어는 밤늦게까지 사이트에 머무르곤 한답니다.

……바쁜 와중에도 시간을 내어 이곳에 와서 장미를 감상해 주셔서 감사합니다. 중요한 것은 제가 비록 시들어버린 장미라는 사실이지만요. (호호)

선생님의 지지와 격려에 감사드립니다. 마음속으로 항상 더욱 노력해야겠다고 생각하고 있습니다.

이 "장미"라는 아이디를 가진 사람은 도대체 누굴까? 나는 참을 수가 없어서 그녀의 글을 검색해 보았다. 그녀는 초등학교 교육 논단에 막 칼럼을 시작하고 있었다. 그녀의 문장은 매우 섬세하고 시적인 정취가 넘쳤다. 바로 이 때 장샹양張向陽이 나에게 메시지를 보내왔다.

선생님이 매우 좋아하시는 더우구이메이도 초등학교 교육 논단에 칼럼을 시작했어요. 그녀의 아이디는 "장미"이고 칼럼의 제목은 "장미의 약속"이예요. 이미 알고 계실지도 모르겠지만 그래도 이야기해두는 것이 좋을 것 같아서요. 초등학교 교육 논단의 국어 교사들의 실력은 나날이 높아지고 있고 그 영향력도 날이 갈수록 커지고 있습니다.

"장미"라는 아이디의 회원이 내가 예전부터 감탄을 금치 못했던 더우구이메이 선생이라니! 나는 이전에 그녀를 쑤저우로 초청해 우리의 명교사 양성반을 위해 강연을 부탁한 적이 있었고 그녀의 《생명을 기초로 삼다》를 읽은 적이 있었으며 그녀에게 《중국의 유명한 담임교사들의 교육 사상록》에 글을 써 달라고 부탁한 적이 있었다. 그녀의 교육에 대한 이해와 자신의 직업에 대한 열정은 나를 매우 감동시켰다.

그가 보낸 메시지를 다 읽자 또 새로운 메시지가 나타났다.

저는 쿤산 국제학교의 류언차오劉恩樵입니다. (초중등부의 도덕교육을 맡고 있습니다.) 새로운 교육 실험과 관련해 저는 "새로운 도덕교육(이상적 도덕교육)" 방면에 대해 일하고 있습니다. 학기가 끝나가는 시점에 저는 작은 책자를 만들려고 하고 있습니다. 제목은 《새로운 교육 실험에 있어서의 새로운 도덕교육 실천》이고 내용은 세 부분으로 나뉘어 있습니다. ① 새로운 도덕교육의 실천, ② 담임교사들의 수필, ③ 편지 형식의 평어 모음집입니다. 글을 모아 책을 만드는 목적은 총결산과 향상을 위해서이고 또한 교사들이 다음 학기에도 충만한 자신감을 가지고 새로운 교육 실험에 임하도록 격려하기 위해서입니다.

지금 책자의 초고(메시지의 글자 수가 제한되어 있기 때문에 부분만 보내드립니다)를 보내드리니 한 번 보시고 의견을 들려주십시오. 그리고 우리 교사들을 격려하기 위한 몇 마디 말씀 부탁드립니다. (메시지의 형식으로 부탁드립니다. 괜찮으시겠습니까?) 감사합니다.

그는 쑤베이蘇北 출신으로 쑤베이인 특유의 정직함과 근면함 그리고 사인의 격정과 낭만을 가지고 있는 사람이다. 그는 전에 우리 사이트를 위해 시를 지어준 적이 있다. 그는 나의 강연 문답집의 원고 정리에 참여한 적도 있다. 그의 요구에 나는 당연히 응하지 않을 수 없었다. 그날 나는 그들의 책에 실릴 서문을 쓰기 시작했다.

장광핑姜廣平의 메시지는 굉장히 길었다. 이러한 연유로 나는 발췌해서 여러분들에게 보여주고자 한다.

현재의 상황은 비교적 좋습니다. 오늘 저녁 교장 선생님과 이야기를 나누었습니다. 쌍방이 비교적 원만하게 이야기했습니다. 객관적으로 볼 때 현재의 형세는 쌍방에게 매우 좋습니다. 그는 제가 글에서 어쩔 수 없이 다른 업무에 폐를 끼친 것을 알고 있고 저도 그가 저 때문에 상관에게 불려가 수치를 당한 것을 알고 있습니다……. 그러나 이렇게 규모가 큰 학교에는 아마도 어려운 점이 많이 있겠지요. 인사의 배치에 있어서도 고려해야 할 부분이 더욱 많은 줄로 압니다. 그 밖에 제가 다른 사람의 감각과 확실히 맞지 않는 부분도 있겠지요. 저는 새로운 기관으로 가서 그가 보란 듯이 더욱 열심히 할 것입니다. 저는 어떤 부분에서는 다른 사람보다 훨씬 뛰어나다는 것을 모두가 이해하도록 할 것입니다……

그리고 저는 우리 유랑자와 직업을 바꾼 사람들의 심리 상태와 일상 생활에 대해 아는 사람이 적다고 생각합니다. 이러한 상황에서 자신이 마음을 추스를 수밖에 없겠지요. 그러나 지난 3년간의 발전은 제가 객관적으로 기회와 공간을 제공해 주신 것에 대해 교장 선생님에게 감사하고 있습니다. 만약 이러한 3년이 없었다면 저는 글을 그렇게 많이 쓸 수도 없었을 것이고 문장력을 쌓을 수도 없었을 것입니다. 사실 저는 아무런 원망하는 마음이 없습니다. 주 시장님이 제게 베풀어 주신 온정과 기회를 주신 것에 대해 감사드립니다.

광핑은 재능 있는 사람이다. 이는 모두가 인정하는 사실이다. 교장은 그를 발견하고 흥분해 마지 않았었다. 그러나 작가라는 직책과 교사라는 직책을 충분히 조화시키지 못한다면 학교와 다른 사람에게 피해를 줄 수 있다. 나처럼 공무원이라는 직책과 학자라는 직책을 서로 조화시키고 본업을 기초로 삼아야 한다. 그러므로 나는 줄곧 광핑을 주시해왔고 그가 올바른 길을 걸으며 교사라는 신분을 가진 작가로서 더욱 많은 교육에 대한 평론과 전기를 써 주기를 바랐다. 교장도 나와 오래된 친구이자 존경하는 사람이다. 그러므로 나는 줄곧 그들의 의사소통을 위해 노력해왔다. 현재는 결국 모두가 만족할 만한 결과를 얻었다.

리전시는 매일 아침 메시지를 보내온다. 오늘도 예외는 아니었다. 그러나 그는 오늘 부인의 안부도 가지고 왔다. 그런 다음 그는 단지 "샤오싱紹興에서 안부를 전합니다."라는 말만 달랑 남겼다. 우리 사이트를 이끌어 가는 수완가인 그의 정력에 모두들 탄복하곤 한다. 그의 말싸움 실력도 매우 인상적이다.

다음은 낯선 사람으로부터의 메시지이다.

주 선생님 안녕하세요! 새로운 교육을 위한 사이트에 온 지도 오래되었습니다만 선생님에게 인사를 못 드린 점 용서해 주시기 바랍니다. 선생님의 심려에 불편을 끼칠까 두려워서 그런 것이겠지요. 하하!

사실 이 사이트를 접한 것은 주 선생님의 지명도에 이끌렸기 때문입니다. 5월 중순에 저는 웨이싱 선생으로부터 《찬란한 빛줄기》라는 책을 선물 받았습니다. 책의 속표지를 보고 저는 주 선생님과 모두 다 저의 선생님이라고 부를 만한 대단한 교사들이 모인 새로운 교육을 위한 사이트를 알게 되었습니다. 저는 마치 굶주린 사람처럼 마치 살날이 얼마 남지 않은 사람처럼 저의 열정은 다시 한 번 타올랐습니다. 어떤 교사들은 저를 바보 같다면서 놀리곤 합니다. 집사람도 저의 큰 변화에 웃곤 합니다. 그리고 마치 새로운 교육을 위한 사이트에 저를 빼앗겨 버릴 것 같다면서 이해하기 어려워합니다. 저는 드디어 마음 둘 곳을 찾았고 저의 향상심은 최대한 만족하고 있고 매우 시원합니다.

저는 때로 아직도 공부를 하고 싶다는 생각을 하곤 합니다. 새로운 교육을 위한 사이트에서 주 선생님의 이름이 빛나는 것을 보고 마치 선생님이 제 눈앞에 계시는 듯했습니다. 저는 최선을 다해서 주 선생님의 제자가 되려고 합니다. 저는 이미 30세가 넘었지만(저와 웨이싱은 개띠 동갑입니다) 저를 제자로 받아주실 의향이 있으신지요? 웨이싱 선생은 재능이 넘치는 사람이지만 저는 단지 이름 없는 풋내기에 불과하고 그저 향상심만 가지고 있을 뿐이어서 감히 선생님을 뵐 수 있을지 내심 망설이고 있습니다.

제 글을 읽느라고 시간을 내주셔서 감사합니다.

이것은 왕칭인王靑寅이라는 젊은 교사의 메시지다. 그는 장자강張家港시의 시장西張 중학교의 교사이다. 쑤저우의 교사들이 우리 사이트를 방문하는 것이 나는 특히 기쁘다. 나는 이러한 일이 고향의 교사들에게 더 많은 공헌을 하게 되기를 희망한다.

자료를 퍼오기 좋아하는 천沈 선생이 오늘 아침의 마지막 회원이다. 그는 딩싱푸丁興富 교수의 자료를 가지고 왔다. 자세히 보기에는 시간이 없어서 나는 우선 그것을 저장해 놓았다. 나는 천 선생이 인터넷에 빠져있으며 인터넷 교육을 고집하는 존경받을 만한 사람이라는 것을 안다. 우리가 인터넷에 대해 나눈 토론은 이미 《인민일보》, 《문회보》, 《인민정협보》 등에 발표되었고 광범위한 주목을 받았다.

……

메시지는 가상 세계의 안부 인사로 진실한 정을 느낄 수 있는 매개체이다.

6월 18일, 우리 모두의 기념일

6월 18일 이른 아침, 컴퓨터를 켜자 따스한 노래가 컴퓨터 모니터 위에 나타났다.

오늘은 너의 생일―새로운 교육을 위한 사이트

이른 아침 우리는 백조처럼 날아올라

너를 위해 한 장의 감람나무 잎사귀를 품고

축하의 마음을 전달할 것이다.

우리는 너의 생일을 진심으로 축하한다. 내 마음 속의 꿈

네가 바람을 차고 올라 비바람 속에서 얻기를 바란다.

우리는 너의 생일을 진심으로 축하한다. 새로운 교육을 위한 꿈

이것은 우리들의 마음속에 기대와 희망의 노래

새로운 교육을 위한 사이트의 생일을 진심으로 축하한다! 활기찬 번영과 발전을 위하여!

교육의 이상이 항상 함께 하고 웅대한 뜻이 실현되며 언제나 행복하기를!

이는 일반 회원으로 장양江陽 환난루 초등학교의 화난華暖 선생이 우리 사이트에 보내준 선물이다. 그들의 학교는 이미 새로운 교육이라는 기치를 내걸었으며 《희망의 날개》라는 학생들의 일기는 그들로 하여금 새로운 교육에 대해 전망을 볼 수 있게 했다.

이 날 많은 친구들이 우리 모두의 기념일을 축하해 주었다.

산둥성 즈보시 린즈 교육 연구실의 위춘란 주임은 다음과 같은 시를 지었다.

기쁜 날을 맞이하여 사람들의 방문은 더욱 늘어간다.
교육 사이트가 날로 강성해지고 우리들의 얼굴에는 웃음꽃이 핀다.
키보드를 두드리는 손에는 지혜가 넘치고 마우스에는 보람이 있다.
전국 방방곡곡이 하나로 이어져 아름다운 풍경을 맞이한다.

위 선생은 자신의 논단에 "춘샹 야화"라는 코너를 개설했을 뿐 아니라 뛰어난 글을 많이 남겼다. 또한 "100개의 학교, 1,000명의 사람, 10,000개의 댓글" 활동을 펼쳐 산둥 지역의 우수한 교사들을 이곳으로 데려 왔다.

까오즈양高子陽 선생은 우리 사이트와 협력을 맺고 쑤저우에 온 쉬저우徐州의 교사로 교육에 대한 특별한 애정과 이해를 가진 회원이다. 우리 사이트를 위해 장편의 시를 지었는데 그 시는 다음과 같다.

단지 1년

단지 짧은 1년

단지 평소와 같은 1년

새로운 교육을 위한 사이트는

잠자는 사자를 깨웠다.

누가 생각할 수 있었을까?

누가 해낼 수 있었을까?

새로운 교육을 위한 사이트에 모인 이들은

필사적으로 싸웠다.

1년간

의무교육에 대한 관심을 불러일으켰고

1년간

사립교육이 다시 초점이 되었고

1년간

공부가 사람의 생활을 바꾸었으며

1년간

새로운 교육 실험이 전국의 교사와 학생들의 마음속에 자리 잡았다.

1년간

20종류의 문고가 새로운 교사들의 참신한 시대를 열었다.

……

나는 자랑스럽다.

내가 새로운 교육을 위한 사이트의 일원이라는 것이

나는 행복하다.

새로운 교육을 위한 사이트가 내 성장의 요람이라는 사실이

나는 즐겁다.

내가 새로운 교육을 위한 사이트에 청춘을 써 내려간다는 것이

나는 뜨거운 눈물을 흘린다.

이곳이 영원한 천국이라는 사실에

나는 감격스럽다.

이곳은 사랑의 바다이다.

새로운 교육을 위한 사이트

어머니와 같은 자상함을 가진 곳

새로운 교육을 위한 사이트

아버지와 같은 눈빛을 가진 곳

잊을 수 없다.

영원히 잊을 수 없다.

2002년 6월 18일

그리고 2002년 10월 1일

생명의 물과 같은

나의 새로운 교육을 위한 사이트

6월 18일은 우리 사이트가 탄생한 날이고 10월 1일은 관리자들이 모여 회의를 연 날이다. 즈양은 두 날을 영원히 기억할 것이다. 그는 일찍이 새로운 교육을 위한 사이트의 관리를 맡은 적이 있다. 현재 그는 우

리 새로운 교육 실험 일원의 대장이다. 학습과 관련된 일이나 학교 도서관을 건립하는 일, 학생들에게 매일 편지를 쓰는 일, 새로운 과정의 실천을 반성하는 일 등에 그는 많은 아이디어를 제공했다. 그는 다음과 같이 말한 적이 있다. "새로운 교육을 위한 사이트는 내 삶에 있어 없어서는 안 될 필수적인 존재이자 내 생명의 일부분이다. 매일 같이 우리 사이트를 둘러보지 않으면 뭔가 빠진 것 같고 허전하다. 왜냐하면 이곳은 오아시스처럼 생명의 샘이 샘솟는 곳이기 때문이다. 나는 새로운 교육을 위한 사이트의 회원들에게 감사하고 새로운 교육을 위한 사이트가 나에게 준 역량에 감사한다."

새로운 교육을 위한 사이트에서 우리를 감동시킨 사람과 사건은 너무나도 많다. 만약 우리 사이트의 이야기를 책으로 낸다면 많은 사람들이 감동의 눈물을 흘릴 것이다. 그중에서도 가장 볼 만한 이야기의 주인공은 바로 뎬난滇南의 부이布衣가 될 것이다. 그는 윈난云南성 쓰마오思茅 지역에 있는 시골의 전교생이 12명밖에 되지 않는 초등학교에서 교편을 잡고 있다. 그러나 인터넷은 그를 바깥세상과 연결시켜 주었다. 그는 초등학교 교육 칼럼의 첫 번째 관리자가 되었고 현재까지 계속해 오고 있다. 불같이 열정적이고 이야기를 잘하는 샤오만 선생이 바로 그의 단짝이다. 부이와 샤오만은 우리 사이트에서 가장 우수한 원로급 관리자다. 그들의 수고 덕분에 초등학교 교육 논단은 우리 사이트의 가장 아름다운 풍경이 되었다. 작년 관리자 회의 때 부이 부부는 향기로운 보이차를 가지고 왔으나 쑤저우의 풍경을 다 보지도 못하고 바쁘게 일터로 돌아갔다. 나는 그와 제대로 이야기를 나누어 보지 못한 것이 줄

곧 후회되었고 그들의 아이에게 아무것도 해주지 못한 것을 자책했다. 관리자 회의 후 우리 사이트에는 부이 열풍이 불었다. 그는 모두의 마음속에 영웅으로 자리 잡았다. 동시에 십시일반 모은 돈을 부이에게 보냈고 이는 빈곤한 학생들에게 나누어주었다. 파도처럼 일어난 사랑의 마음이 우리 사이트를 통해 그의 고향에 전달되었다.

새로운 교육을 위한 사이트의 1주년 때 부이는 다음과 같은 글을 남겼다. "인터넷에는 국경이 없고 진실한 정은 무한하다. 새로운 교육을 위한 사이트는 나의 두 번째 고향이다. 이곳에서 나는 후회 없이 꿈을 좇을 수 있었고 나의 심경을 전부 털어놓을 수 있었다. 그리고 이곳에서 나는 만족스러운 마음의 곡을 창작할 수 있었다. 나는 모든 회원들과 우리들의 공통된 꿈인 신교육을 위해 찬란한 영광을 창조하고 싶다."

부이의 단짝 샤오만은 하얼빈의 한 초등학교의 교사다. 그녀의 이야기는 이미 많은 교사들을 통해 다운로드 되어 많은 학생들에게 들려졌다. 삶의 아름다움에 열정을 가진 젊은 교사는 자신의 청춘을 우리의 사이트에 헌신했다. 그녀는 모든 회원들의 댓글에 관심을 기울이고 특히 새로운 회원의 댓글에 더욱 신경을 썼다. 비교적 긴 댓글은 프린터로 인쇄해서 읽은 후 자신의 의견을 발표했다. 원래 쇼핑을 좋아하고 놀기 좋아하는 젊은 여교사는 거의 모든 휴식 시간을 우리 사이트에 쏟아 부었다. 열심히 댓글을 달고 읽으며 댓글에 또 댓글을 달았다. 그녀는 사이트에 《샤오만 선생님이 들려주는 이야기》,《마음의 문》,《샤오만 이야기 방》 이렇게 3개의 특별 칼럼을 만들었다. 그녀의 노력은 보답을 받았다. 1년 동안 그녀의 이야기 중 십여 편이 각종 신문과 잡지에 실렸다.

샤오만은 우리 사이트의 생일을 축하하기 위해 다음과 같은 글을 남겼다.

새로운 교육을 위한 사이트에서 우리의 마음은 기쁘기 그지없고 가볍다. 이는 우리가 서로 진실이라는 원칙을 신봉하고 있기 때문이다.

새로운 교육을 위한 사이트에서 우리는 안정된 마음으로 모든 것을 대한다. 이는 우리가 얻은 모든 것이 깨끗한 희열이기 때문이다.

새로운 교육을 위한 사이트에서 모든 사람들은 나처럼 행복과 기쁨을 느낀다는 사실을 나는 알고 있다. 만약 당신이 곤란한 상황에 처해있다면 모두들 당신을 도와 아이디어를 내놓을 것이고 당신을 위해 어려움을 해결해 줄 것이다.

새로운 교육을 위한 사이트에서는 당신이 타고난 재능이 어떠하든지 모두가 그 재능을 발굴하고 드러내기 위해 노력할 것이다. 그것은 우리가 끊임없는 학습을 통해 자아의 초월을 실현하기 때문이다.

새로운 교육을 위한 사이트에는 말해도 끝이 없는 감동적인 이야기들이 있다…….

동료들은 내게 날이 갈수록 더 예뻐진다고 말한다. 나는 자랑스러워하며 그들에게 대답한다. 그것은 내 곁에 나를 위해 마음의 불을 밝혀주는 사람들이 있기 때문이라고. 내 마음속의 등불은 달처럼 밝게 빛나고 있다.

나는 나의 미래가 더욱 좋아질 것이라고 믿는다.

나는 이처럼 교육을 위해 필사적으로 싸우는 사람들이 있다면 교육의 미래는 더욱 좋아질 것이라고 확신한다.

나 자신이 새로운 교육을 위한 사이트의 회원이라는 사실이 너무 기쁘다.

우리의 마음은 하나로 이어져 있고 공통된 영원을 창조해 갈 것이다.

사실 새로운 교육을 위한 사이트의 관리자들에 관한 이야기는 시작하면 끝이 없다. 리전시와 장웨이둥은 "리전시의 집"에서 일상생활의 일을 이야기하며 추창러우, 장쥐룽은 "새로운 교육의 실험실"에서 열심히 땀 흘리고 있다. 바로 그들의 노력과 수고가 새로운 교육을 위한 사이트의 찬란한 오늘을 있게 한 것이다.

물론 새로운 교육을 위한 사이트의 진정한 영웅은 진실한 우리의 회원들이다. 2002년 10월 12일, 장샹양이라는 이름의 교사가 그의 첫 번째 교육일기 《수업에 대한 생각들》을 썼다. 8개월이 지난 2003년 6월에 이 장수성의 농촌지역 초등학교 교사는 200일이 넘는 밤낮 동안 30만자에 가까운 교육일기를 썼다. 더욱 놀라운 것은 그의 교육일기가 10여 군데의 교육 신문 및 잡지에 50여 편이 넘게 발표되었다는 사실이다. 그는 새로운 교육을 위한 사이트에 다음과 같은 서명을 남겼다. "내 생명 다해 신교육의 불꽃을 피우리라." 쑤징, 관젠강管建剛, 탄융캉談永康 등을 비롯해 장샹양 같은 회원들은 매우 많다.

새로운 교육을 위한 사이트에 대한 그들의 마음에 나는 깊은 생각을 하게 되고 감동을 받는다.

우한武漢의 어느 회원은 "얼마 동안 제 마음은 그를 배반한 적이 있습니다. 그러나 새로운 교육을 위한 사이트가, 신교육이 저를 구제해 주었습니다. 새로운 교육을 위한 사이트에 대해 저는 포기할 수 없는 열렬한 애정을 가지고 있습니다."고 말했다.

한 의대생은 다음과 같이 말한다. "사스 때문에 저는 집에서 매일 같이 새로운 교육을 위한 사이트를 둘러보게 되었습니다. 만약 어느 날 갑자기 새로운 교육을 위한 사이트가 사라진다면 우리는 어떻게 해야 할까요?"

많은 회원들은 새로운 교육을 위한 사이트와 떨어지기 어려운 인연을 맺고 있다.

그리고 나는 새로운 교육을 위한 사이트를 창설한 사람 중의 한 사람으로서 우리 사이트가 우리들의 소유물이 아니라 수없이 많은 교사들의 것이며 새로운 세기의 중국교육의 것이라는 사실을 분명하게 보았다.

더욱 노력을 하는 것밖에는 선택의 여지가 없다.

06

교육의 법칙

소위 말하는 법칙이란 원래 존재하는 것을 발견하는 것이 아니라 새롭게 만들어지는 것이다. 또한 절대적이거나 무너질 수 없는 것이 아니다. 사실상 절대적인 법칙이란 존재할 수 없다. 갈릴레이 사후에 누군가 피사의 사탑에서 쇠공을 떨어뜨려 한 세기의 법칙을 깨뜨렸듯이 말이다.

법칙이란 작가의 교육 실천에 있어 실재하는 체험이자 깨달음, 작가의 교육 이념에 있어 진심으로 믿어 마지않는 관점이자 사상이다. 법칙은 현재 교육에 종사하는 이들에게 있어 계시와 경고가 된다. 그렇기 때문에 작가는 독자들이 교육 상식을 진심으로 받아들이고 이해할 수 있게 확실하고 뚜렷한 목소리로 주장하고 있다.

법칙은 작가의 의심스러운 점을 분석하는 교육에 대한 기대, 분석할수록 더욱 분명해지는 교육에 대한 사상, 자신의 결점을 스스로 밝히고 타인의 비판과 의견을 구하는 교육적 담력에 기인한다. 이러한 법칙이 새로운 교육을 위한 사이트에 올려진 후 댓글을 다는 사람들이 벌떼처럼 몰려들었다. 그중에는 작가의 의견을 지지하는 사람도 있고 반대하거나 선의의 풍자를 하는 사람도 있었다.

작가는 네티즌들의 옹호와 지지에 대해 분명하게 인식하고 있고 네티즌들의 반대와 조소에는 고개를 끄덕이기도 하고 미소로 납득한다. 그는 중후하고 남자다운 목소리로 이렇게 말한다.

"교육을 위해서라면 언제든지 돌을 맞을 준비가 되어 있다!"

교육의 법칙 1
─태도는 모든 것을 결정한다

밀루티노비치 감독의 신화는 깨졌지만 그는 중국 축구대표팀에게 확고한 신념을 가져다주었다.

중국 축구대표팀의 모자에는 "Attitude is everything(태도는 모든 것을 결정한다)"라는 글귀가 쓰여 있었다. 예선 시합에서 대표팀은 이를 바탕으로 기세를 몰아서 본선에 진출했다. 월드컵에서 중국의 이러한 신념은 한국 팀에게 넘겨준 듯 했다. 한국 팀은 용감한 기세로 뛰어난 성적을 거두었다.

"태도는 모든 것을 결정한다."는 말은 스포츠뿐 아니라 우리의 삶이나 교육에 있어서 적용되는 법칙이기도 하다. 교육이란 어떤 의미에서 보면 학생의 적극적인 삶의 태도를 양성하는 과정이라고 할 수 있다.

적극적인 삶의 태도는 다음과 같다.

첫 번째는 미래를 대하는 태도다. 사람은 얼마나 낙관적인 태도로 미래를 맞이하는가, 얼마나 적극적으로 인생의 이상을 추구하는가, 얼마나 확실한 인생의 목표가 있는가에 따라 그 사람의 모든 행동이 인생 목표의 궤도에 오르게 되고 포기하지 않고 이상을 향해 매진하게 된다. 이는 미래에 대한 적극적인 태도에 따라 결정된다.

두 번째는 일을 대하는 태도다. 사람은 일을 대하는 진지한 태도와 최선을 다하는 정신, 일에 대한 애정에 따라 효율이 향상된다. 이는 일에 대한 적극적인 태도에 따라 결정된다.

세 번째는 사회를 대하는 태도다. 사람이 얼마나 사회에 대한 강한 책임감을 가지고 있고 각종 사회활동에 적극적으로 참여하며 사회에 대한 공정심과 정의감이 있는지 등은 사회에 대한 적극적인 태도에 따라 결정된다.

네 번째는 학습에 대한 태도다. 사람이 학습에 대한 흥미와 좋은 습관을 가지고 있는지, 끊임없이 자신을 갈고 닦는지, 정보화 및 국제화된 사회의 흐름에 적응할 수 있는지, 자신에게 유리한 기회를 포착하고 잠깐의 시간을 이용해 학습할 수 있는지는 적극적인 학습에 대한 태도를 통해 결정된다.

다섯 번째는 타인을 대하는 태도다. 사람이 타인과 조화롭게 살 수 있는지, 우수한 의사소통 능력을 가지고 있는지, 동료와 친구의 두터운 신임을 받을 수 있는지, 능동적으로 타인을 돕고 배려할 수 있는지는 적극적인 인간관계에 대한 태도를 통해 결정된다.

여섯 번째는 자신을 대하는 태도다. 사람이 정확하게 자신을 이해하고 자신감을 가지고 있는지, 자신의 잠재능력을 충분히 발휘할 수 있는지, 여러 기회를 잡아 자아를 단련할 수 있는지는 자신에 대한 적극적인 태도에 따라 결정된다.

만약 우리의 교육이 이러한 방면에 대한 훈련을 더욱 강화한다면 학생들이 적극적인 삶의 태도를 형성할 수 있게 되고 큰 성과를 거둘 수 있다.

나는 최근에 다음과 같은 이야기를 읽었다.

외국 대학의 교육에 대한 감상

─우리의 대학과 비교할 때 어떠한 차이가 있는가?

일전에 난징南京 외국어학교를 1997년에 졸업한 주샤오칭朱小青이 모교에 돌아와 외국 대학의 교육방식에 대한 짧은 강연을 했다.

눈앞의 주샤오칭 학생은 침착하고 얌전한 여학생이었으나 강연대에 오르자 그녀의 뛰어난 강연은 그녀를 다시 보게 했다. 그녀의 말에 의하면 본래 자신은 유창하게 말을 하는 사람이 아니었다고 한다. 그러나 스탠퍼드 대학에서는 학생의 교류와 표현능력을 매우 중시했다. 많은 강의 과정에는 특별히 토론 시간이 배정되어 있었다. 각 연구 조는 매주 정기적으로 모임을 갖고 모두 순서대로 돌아가면서 구두 발표의 형식으로 자신의 최근의 연구 성과를 소개해야 한다. 학교에서는 학생들의 발표능력을 향상시키기 위해 전문적인 훈련 과정을 개설했다. 예를 들어 학생이 선택한 과목의 수업 중에 모의 연습이라는 형식을 취해 다양한 상황에서의 학생들의 구두 표현 기술을 기른다. 이러한 시험은 학교 전체에서 매우 명성이 높았다. 교사는 연기를 전공한 사람으로 학생들에게 발음부터 표정, 서 있는 자세, 손짓에 이르기까지 일일이 가르쳐준다. 이러한 환경에서는 말하고 싶지 않아도 말을 할 수밖에 없다.

주샤오칭에게 있어 가장 기억에 남는 것은 전기공학과에서 1년에 한 차례 시행되는 박사 연구생 자격 심사에 참가한 일이다. 이 시험은 떨어질 확률이 절반 심지어는 삼분의 이에 달한다. 시험의 형식도 매우 독특하다. 응시하는 학생은 하루 동안 서로 다른 전문 기술을 연구하는 열 명의 전기공학과 교수를 만나야 한다. 각각의 교수와 면담을 하고 10분 내에 교수가 제시한 문제에 대답을 해야 한다. 교수들이 출제한 문제는 상당히 난이도가 높고 10분 내에는 원만하게 대답을 하기가 어렵다. 게다가 교수들의 주요 평가 기준은 학생들의 구두 답변의 기본 개념의 정확성 여부와 설명이 확실한지 여부이다. 학생들은 시험 준비를 할 때 다양한 전문 지식을 공부하는 것 외에도 스터디 그룹을 만들어 불시에 모의구술고사를 진행해 전문지식, 답변의 기술, 임기응변, 표현하는 기술이 정확하고 유창한지 훈련한다. 주샤오칭은 전 학과에서 7등의 성적으로 그 시험을 순조롭게 통과했다.

"사실 이러한 공부 외의 훈련은 난징 외국어학교 학생들에게는 생소하지 않았습니다."라고 주샤오칭은 말했다. "난징 외국어학교에서는 영어 수업 때 관례처럼 몇 분간 개인의 자유발표시간이 있습니다. 때로는 국어 과목에도 연설 훈련을 하기도 하고 매년 있는 학생회의 선거 운동과 경쟁, 연설은 더욱 자신감을 심어줍니다. 난징 외국어학교에서의 이러한 경험은 시험을 준비할 때 큰 자신감을 심어주었습니다."

인생에 대한 적극적인 태도를 배양하는 것을 중요시 하는가 하지 않는가의 문제는 바로 서양교육과의 중요한 차이점이라고 볼 수 있겠다.

교육의 법칙 2
—나는 할 수 있다

"할 수 있다고 생각하면 뭐든지 할 수 있다. 원래 할 수 없는 것도 할 수 있다. 그러나 할 수 없다고 생각하면 할 수 없다. 원래 할 수 있던 것도 할 수 없게 된다."

위와 같은 법칙은 교육 방면에 있어서도 적용된다. 만약 학생을 격려하려고 한다면 끊임없이(물론 시기적절하게) 그 학생에게 "너는 할 수 있어. 정말 할 수 있어."라고 이야기해 주어야 한다. 그러면 학생은 다른 사람이 기대한 것보다 더 우수하고 탁월한 성과를 보일 것이다. 차츰 그 학생은 뭐든지 할 수 있는 사람으로 변해간다. 이와는 반대로 어느 학생의 의지를 꺾으려고 한다면 그에게 "너는 못 해. 절대 할 수 없어."라고 이야기하라. 그러면 원래는 '할 수 있는' 학생도 점점 자신감을 잃고 '할 수 없는' 학생으로 변해간다.

학교 수업 시간에 학생에 대한 평가를 하는 교사의 태도를 유심히 주시해보면 일반적으로 나무라는 경우가 많고 칭찬하는 경우가 적다. 마치 우리의 교사들은 학생들이 무엇이든지 완벽하게 해내는 것이 당연하고 실수하는 것은 절대 용납할 수 없다는 생각을 가지고 있는 것 같다. 이러한 평가에 학생들의 자신감은 산산조각이 나 버리고 만다. 진정한 교사는 엄격함과 온화함을 동시에 가지고 있다. 그들의 교육과 수업에는 조금도 빈틈이 없지만 다양한 학생들에게 저마다 다른 목표를 설정할 줄 알며 학생들의 사소한 성취에도 갈채를 보낸다. 학생들을 좋아하고 제대로 평가할 수 있어야 좋은 교사가 될 수 있다.

물론 이러한 교육의 법칙에 있어 더욱 중요한 것은 학생 본인이 자신에게 할 수 있다고 말해야 한다는 것이다. 만약 자신에게 끊임없이 할 수 있다고 이야기한다면 정말 할 수 있다. 만약 확고한 자신감을 가지고 있고 다른 사람이 할 수 없다고 말하는 것을 조금도 개의치 않을 수 있다면 분명히 할 수 있다.

일본의 능력개발 연구소 소장인 사카모토 호노스케坂本保之介 선생은 《기억력을 높이는 비결》에서 마음에 남는 말을 했다. "우리 연구소를 찾아오는 사람에게 저는 우선 자신감의 중요성을 이해시킵니다. 기억할 수 있을 것이라고 믿는 것이 중요합니다. 신기하게도 이 말을 확실하게 인식하면 그 순간에 그 사람의 기억력은 많이 향상됩니다."

자신감은 기억력을 높여주는 비결일 뿐 아니라 훌륭한 사람이 될 수 있는 안내자다. 자신감은 삶에 있어 중요한 정신적 지주이며 사람의 행위에 내재된 원동력이다. 자신감이 있어야 스스로 노력하며 목표를 이루기 위해 노력한다. 성공한 사람들의 대부분은 자신감을 갖고 있었다. 그러나 자신감이 없으면 자포자기하고 쓸 데 없는 걱정이 많으며 목표가 없어 성공에 대한 희망을 잃어버리게 된다. 실패한 사람들의 대부분은 자신감과는 인연이 없다. 중국의 유명한 소설가 포송령蒲松齡은 과거 시험에서 낙방한 후 자신을 격려하기 위해 다음과 같은 글귀를 지었다. "뜻이 있는 사람은 일을 반드시 이룬다. 파부침주하면 진나라도 초나라의 손아귀에 들어온다.(有志者, 事竟成, 破釜沈舟, 百二秦關終屬楚) 고

심하는 사람은 하늘도 저버리지 않는다. 와신상담하면 월나라처럼 오나라를 삼킬 수 있다. (苦心人, 天不負, 臥薪嘗膽, 三千越甲可吞吳)” 그는 비록 낙방했으나 뜻을 굽히지 않았고 자신감이 조금도 약해지지 않았다. 그는 더욱 공부에 전념해 걸작 《요재지이聊齋志異》를 완성했다. 포송령의 성공은 바로 자신감을 가지고 고군분투한 결과다.

심리학의 연구 발표에 의하면 사람의 아이큐는 정규분포로 나타난다고 한다. 진짜 천재와 바보는 약 1% 정도로 매우 적다. 대다수의 보통 사람들은 아이큐의 차이가 크지 않다. 완전한 바보가 아닌 이상에야 각 사람이 성공할 확률은 거의 비슷하다. 목표를 확실하게 정하고 열심히 노력하면 세상에 이루지 못할 일은 없다. 이러한 사실이 밝혀진 이상 우리는 자신감을 세우고 열심히 노력해야 한다.

당신도 할 수 있고 나도 할 수 있다는 사실을 반드시 기억하라.

교육의 법칙 3
―체벌은 곧 무능함을 의미한다

　학교교육에 있어서 칭찬과 징계는 동시에 상용되고 있는 효과적인 방법이다. 이는 긍정과 부정의 평가를 통해 학생의 우수한 행동을 견고히 하며 학생의 불량한 행동을 개선시킨다. 칭찬은 지지, 표창, 장려 등의 형태로 나타나는 플러스인 행위고 징계는 비평, 권고, 질책, 경고, 강제 퇴학, 제명 등의 형태로 나타나는 마이너스적인 행위다.

　위의 징계의 과정 중에는 두 가지 방법이 포함되어 있지 않다. 하나는 벌금이고 다른 하나는 체벌이다. 벌금은 경제적인 제재라고 할 수 있는데 어떤 학교에서는 현재도 여전히 사용되고 있다. 예를 들어 수업시간에 잡담을 하면 얼마, 지각을 하면 얼마, 싸움을 하면 얼마 등 학교의 규정에 어긋나는 행동을 했을 때 학생들로부터 벌금을 징수하는 것이다. 나는 벌금제도가 학교에서 절대 존재해서는 안 된다고 생각한다. 벌금은 학생을 벌하는 것이 아니라 학부모를 벌하는 것이다. 벌금을 내면 학생들은 당연히 학부모에게 혼나게 되는데 이것은 학부모의 손을 빌려 학생을 징계하는 것이라고 할 수 있다. 또한 벌금제도는 학생들이 돈의 위력을 알게 되어 어린 마음에 물질만능주의 사상을 심어줄 수 있다. 게다가 벌금제도에는 누군가의 감독이 필요하기 때문에 학급 임원은 누군가 잘못을 하지 않나 계속 주시해야 하므로 그 학생의 학습에 안 좋은 영향을 끼칠 수 있다.

벌금제도가 안 된다면 체벌은 어떠한가? 체벌은 더욱 안 된다. 나는 체벌은 곧 무능함을 의미한다고 생각한다. 일반적으로 체벌은 세 가지 상황에서 출현한다. 첫 번째는 교육방법이 효력을 잃어 말을 해도 듣지 않고 통제를 할 수 없을 때다. 두 번째는 교사의 기분이 좋지 않을 때 충동적으로 자신의 행동을 통제하지 못해 발생한다. 세 번째는 체벌이 문제를 해결해 주고 위기를 없앨 수 있다고 굳게 믿는 경우다. 심지어 어떤 사람들은 아이들은 때리지 않으면 공부를 하지 않는다거나 때리지 않으면 좋은 성적을 얻지 못한다고 이야기한다.

이러한 생각이 지배하는 가운데 어떤 학교와 교사는 떳떳하게 학생들에게 체벌을 가하고 있다. 학교에서의 체벌을 허용하는 국가도 있다. 예를 들어 싱가포르 같은 경우에는 교육부로부터 각 학교의 교장, 교감, 규율 사무장에게 학생을 체벌할 수 있는 권리가 부여된다. 체벌 방법은 자나 나무 막대기를 이용해 가볍게 학생들의 손바닥이나 둔부를 때리는 것이다.

그렇지만 나는 여전히 교육에 있어서 체벌이 사용되면 안 된다고 생각한다. 체벌은 학생들을 진심으로 반성하게 할 수 없으며 학생들의 마음을 감화시킬 수 없다. 또한 체벌은 학생들을 자포자기 하게 만들고 증오심을 키운다. 게다가 체벌은 학생들로 하여금 폭력을 모방하게 만든다. 학생이 성인이 된 후 자신보다 약소한 대상에게 그들은 주저 없이 폭력을 휘두를 수 있다.

그렇기 때문에 법적으로 체벌이 허가된 싱가포르에서도 체벌에는 많은 제약을 두고 있다. 체벌은 교육에 있어 최후의 수단으로 남학생에게

만 사용되어야 하며(여학생에 대한 체벌은 허가되지 않음) 체벌을 할 때는 반드시 제3자로서 다른 교사가 증인이 되어 학생이 체벌을 받게 된 경위와 체벌을 집행한 시간 및 집행자의 성명을 상세하게 기록해야 한다. 그리고 이러한 사실을 학부모에게 통지해야 한다. 이렇게 하다보면 정말로 체벌을 가하는 때에는 이미 화가 대부분 누그러든다.

교육은 마음의 예술이다. 마음과 마음이 서로 마주하고 한 데 어우러져야 진정한 효과를 얻을 수 있다. 육체적인 고통은 단지 임시방편에 불과할 뿐이다. 그렇기 때문에 '체벌은 곧 무능함을 의미한다.'는 교육의 기본적인 법칙이 될 수 있을 것이다.

교육의 법칙 4
―독서는 인생을 변화시킨다

꽤 오래 전에 나는 수호믈린스키B. A. Сухомлинский의 작품을 읽으면서 다음과 같은 내용을 발견하고 마음속에 깊이 새겨 넣었다. "책이 가진 힘을 믿는 것은 나의 교육 신조 중 하나이다."

오랜 세월이 지나고 나는 이 구절에 대해 점점 깊게 이해하게 되었다. 그렇다. 만약 인류의 물질문명이 건축물, 여러 가지 도구 등의 물질화 된 형태를 통해 보존되고 지속되는 것이라면 인류의 정신문명은 어떻게 보존되고 지속되는 것일까? 갓 태어난 신생아는 성장을 하면서 정신세계는 어떻게 발육하고 성숙해지는가? 나는 위의 답을 독서에서 찾을 수 있다고 생각한다. 책은 문명을 전승하는 교량이며 문화를 지속시켜주는 매개체다. 충실하고 의의가 있는 인생은 독서와 그 발걸음을 같이하며 발전한다.

어떤 의미로 독서는 교육을 의미하고 심지어는 학교를 의미하기도 한다. 수호믈린스키는 학교란 책을 의미하는 것이라고 했다. "학교에는 모든 것이 충분히 구비되어 있다. 그러나 만약 인간의 전면적인 발전과 풍부한 정신세계를 위해 필요한 책이 없거나 책에 대한 애정이 없고 냉담한 태도로 책을 대한다면 그것은 학교라고 할 수 없다. 이와는 반대로 학교에 많은 물건이 부족하고 여러 방면에서 보잘 것 없이 누추하다고 해도 세계를 향한 창을 열 수 있는 책이 있다면 그것은 진정한 학교라고 할 수 있다.”

또한 수호믈린스키는 여러 가지 책을 읽는 것이 학생에게 미치는 영향에 대해 구체적으로 이야기했다. 다양한 각도에서 “독서는 인생을 변화시킨다.”는 철학을 상세히 설명했다.

걸출한 위인에 대해 묘사한 책을 읽는 것은 종종 한 사람의 앞날을 결정한다.

문학 작품은 사람의 마음에 영향을 주는 유효한 수단이다.

자연에 대한 책을 읽는 것은 사고의 발전과 인식능력에 필요하며 과학기술이 고도로 발달된 사회에 적응하기 위해 필요하다.

어떤 방면의 책을 읽던지 간에 모두 학교교육 지식의 바탕이 된다.

교과서 이외의 책을 읽는 것은 학생들의 개성을 이해하는데 실마리를 주고 학생들의 과제에 대한 부담을 줄여준다.

그러므로 그는 교육 종사자들을 향해 호소한다. “학생들을 도서관으로 보내어 책이 그들의 인생의 진실한 벗이 되도록 합시다.”

독서는 음식을 섭취하는 것과 같다. 다양한 음식은 사람의 몸에 다양한 영양소를 공급하고 이와 마찬가지로 다양한 책은 사람에게 정신적인 영양소를 공급한다. 한 사람을 성장시키고 그의 개성을 계획하기 위해서는 어렸을 때부터 자신만의 독서 습관을 기르고 자신만의 독특한 독서 체계를 구축하도록 도움을 주어야 한다.

세계 각국을 살펴보면 독서를 숭상하는 민족은 대부분 생명력이 강한 민족이다. 전 세계에서 독서를 제일 많이 하는 민족은 유태인으로 한 사람이 1년 동안 평균 64권의 책을 읽는다. 유태인들의 주거 지역인

이스라엘의 인문발달지수(인생의 3대 요소라고 일컬어지는 출생 시 예측되는 수명, 성인의 글자 인식률과 실제 국내 총생산 등의 수치를 하나로 합친 복합적인 지수)는 전 세계 21위를 차지하고 이는 중동 지역에서 가장 높은 순위이다. 독서를 매우 좋아하는 것은 유태인들이 나라를 잃고 2천년 후 다시 국가를 건설할 수 있었던 중요 요인이자 유태인들이 나라를 재건한 후 신속하게 현대화 국가를 건설할 수 있었던 중요 요인이라고도 말할 수 있다. 또한 유태인들이 살 터전을 잃고 헤매고 다닐 때에도 마르크스, 아인슈타인, 멘델스존 등 무수한 사상가, 과학자, 예술가 등이 탄생할 수 있었고 유태인들이 전 세계의 부호 중 상당 부분을 차지하며 역대 노벨상 수상자 비율이 놀랄 정도로 높은 중요 요인이라고 말할 수 있을 것이다. 한마디로 책에 대한 사랑은 유태인을 우수한 민족으로 만들었다. 독서를 사랑하는 나라는 반드시 끊임없이 발전을 거듭하는 국가다.

중국으로 말할 것 같으면 예로부터 독서를 숭상하고 사랑하는 나라다. 그러나 과거제도의 출현에 따라 독서를 하는 사람의 시야는 점점 편협해졌다. 현재의 시험을 위한 주입식 교육은 학생들로부터 독서할 수 있는 공간을 빼앗았고 학교에 읽을 만한 책이 사라지는 현상을 야기시켰다. 학생들에게 책을 읽을 시간이 없고 독서를 기피하는 현상은 흔히 볼 수 있다. 학생들은 무미건조한 교과서 외에 다른 책은 거의 읽지 않는다. 때문에 학생들의 정신세계는 점점 메말라 가고 그들의 인생은 점점 빛을 잃어간다. 이는 정말 가슴 아프고 다시 한 번 생각해볼 만한 가치가 있는 문제다.

독서는 인생을 변화시킨다. 나는 최근에 헤이룽장黑龍江성의 청년 아무얼阿穆爾이라는 보통 사람이 쓴 글을 읽었다. 그의 글을 통해 독서는 인생을 변화시킨다는 법칙의 의미와 가치를 다 같이 생각해 볼 수 있었으면 좋겠다.

나는 소년 시절에 《내일은 바다에 간다》라는 러시아 소설을 읽었다. 이 소설은 어느 중학생이 방학 때 흑해를 항해하는 이야기를 담고 있다. 책을 다 읽은 후 나는 두근거리는 가슴을 진정시킬 수 없었다. 언젠가 반드시 세계 각지를 돌아다니겠다는 환상을 품게 되었다. 어른이 된 후 나는 특히 여행에 관심을 가지고 많은 명승고적, 유명한 산과 강을 유람했다. 《내일은 바다에 간다》는 대자연에 대한 나의 열정에 불을 붙여주었다.

후에 나는 자동차 운반, 보일러 주물, 호떡 장사 등을 거쳐 편집자, 비서, 대리 강사로 일했고 어느 기관에 들어가 일하게 됐다. 나는 우수리 강변에서 토지 도급을 맡았고 러시아에서는 투기꾼, 베이징에서는 작은 신문사의 기자로 일했다. 현재 나는 프리랜서 작가로 생활하고 있다. 책은 나에게 생활의 기초를 제공해 주었고 나를 이끌어주는 스승이다. 나는 그것을 자랑스럽게 생각한다. 1996년 면적이 넓은 황무지를 도급 맡았을 때 나는 낮에는 일하고 밤에는 불을 밝혀가며 내 수중에 있던 파스테르나크Boris Pasternak의 《닥터 지바고》를 읽었다. 2000년 베이징에 있을 때는 기자 일로 바쁘면서도 짬을 내어 《리프먼 전기》를 읽었다. …책은 성격, 취미, 천성, 기질, 사고 및 관념 그리고 삶에 대한 이해 등 사람의 인생을 변화시킨다.

배움에는 끝이 없다. 책은 아무얼의 성장과 함께 했고 일생 동안 영
향을 주었다.

교육의 법칙 5
―수업은 학생의 것이다

인류가 과학연구, 새로운 지식의 탐구에 종사해 온 과정은 어떠한 면에서 볼 때 상식의 발견, 상식에의 접근, 상식을 받아들이고 이용하는 과정이라고 할 수 있다. '지구가 태양의 둘레를 공전한다.'는 사실은 남녀노소 누구나 알고 있는 상식에 지나지 않지만 이것은 길고 험난한 과정을 거쳐 '이단'에서 '상식'으로 변화되었다.

그러한 의미에서 '수업은 학생의 것이다.'라는 법칙의 보편화와 '지구가 태양의 둘레를 공전한다.'는 매우 닮아있다.

물론 '수업은 학생의 것이다.'라는 법칙을 둘러싸고 시비를 가리는 처절한 공방이 벌어진 적은 없지만 당신은 천동설에 맞선 사람들처럼 이 의견에 반대하는 사람들과 완강하게 맞설 수 있는가? 아마 그렇지 못할 것이다. 천동설은 이미 죽은 학설이 되었지만 '수업은 학생의 것이다.'라는 관점을 불합리하다고 생각해 반대하고 억압하는 사람들은 여기저기 많이 있다. 그러므로 이것은 바로 수업에 있어서의 개혁을 추진하는데 역부족이고 효율적인 수업 방식이 확대되는 것이 장기간에 걸쳐 쇠퇴하게 된 결정적인 원인이라고 말할 수도 있다.

수업을 계획하는 목적은 무엇인가? 물론 학생들의 지식을 높이고 학생들의 성장과 진보를 위해서다. 이는 주인이 비바람과 추위를 피하고 몸을 녹이기 위해 집을 구축하는 것과 마찬가지다. 집이 주인의 것이라는 의견에 아무도 의의를 말할 수 없을 것이다. 그렇다면 수업이 학생의 것이라는 의견에는 어떤 이유를 들어서 반대할 수 있을 것인가?

어떤 사람은 수업이 교사의 것이 아니냐고 묻는다. 그러나 거기에 잠재된 말(수업은 교사의 것이다, 교사가 주인이고 학생은 객이다)과 내포적인 관점에는 수업이 주체(학생)에게로 회귀할 수 없다는 근본적인 장애물이 존재한다.

표면적으로 볼 때 '수업은 교사의 것이다.'라는 말에는 틀린 점이 없다. 그러나 일단 만약 학생이 없으면 수업과 교사는 그 존재의 필요성과 의의를 잃고 만다는 사실을 인식한다면 학생이야말로 수업의 최종 목적 대상이며 교사는 목적을 실현하기 위한 수단이자 방법 혹은 교량이자 연결체라는 사실을 분명하게 발견할 수 있을 것이다.

중개적인 역할을 하는 교사는 주인의 자격을 가질 수 없고 귀속의 권리를 획득할 수 없다. 그렇다면 교사의 역할은 어떻게 정해지는가? 내가 생각하기에는 교육이란 사람(학생)이 더 좋은 생활을 위한 것이므로 교사는 보호자, 서비스 제공자, 촉진자, 협조자 등의 역할로 정해지는 것이 합당하다고 본다. 이에 비추어 볼 때 사람들이 이야기하는 세 가지 '모든'(즉 '모든 것은 학생을 위해서, 모든 학생을 위해, 학생의 모든 것을 위해')에는 교육의 깊은 뜻이 담겨 있다고 생각한다.

수업은 학생의 것이다. 그러나 학생은 바구니가 아니기 때문에 무엇이든지 다 주워 담을 수는 없다. 수업에는 반드시 학생들의 고도의 참여가 있어야 하고 학생 전원의 참여(우수한 학생들만의 참여가 아닌), 전 과정에 대한 참여(잠깐 동안의 참여가 아닌), 효과적인 참여(형식적인 참여가 아닌)가 이루어져야 한다. 교실에서의 수업은 절대 교사 혼자만의 연극이 아니며(더욱이 교사만의 독백이 되어서는 안 된다.) 미리 준비한 프로그램의 재현이 되어서는 안 된다. 내 개인적인 주장으로는 일반적인 수업에서 학생의 참여시간이(발언 및 기타 듣고 말하는 시간 외의 활동을 의미) 전체 수업의 2분의 1 이상이 되어야 한다고 생각한다.

수업은 학생의 것이다. 비록 그렇더라도 수업이 학생들에 의해서 지나치게 조심스럽거나 위축, 억압되어서는 안 된다. 수업은 반드시 자유로운 분위기가 충만해야 하고 시적인 정취와 행복이 넘쳐야 한다. 그러나 현실에서 많은 수업은 마치 전장과도 같다. 엄격하고 공정한 규율이 강조되고 엄숙하고 단정한 태도가 요구된다. 학생들의 태도는 매우 조심스럽고 무서워한다. 나는 전에 어떤 교사들을 '교육계의 경찰'에 비한 적이 있는데 그보다 심한 교사는 학생들의 눈에 '교육계의 악마'로 비춰진다. 그들이 존재하는 한 교실은 학생들의 안전한 집이 될 수 없다. 설령 집이 된다고 할지라도 그 집은 학생들을 위축시키는 얼음장처럼 차가운 집에 불과하다. 그리하여 그들은 집에 돌아오지 않는 사람이 될 수밖에 없다.

수업은 학생의 것이다. 그러므로 수업이 이루어지는 교실은 학생의 생활과 삶에 있어 중요한 조성 부분이어야 하고 학생들의 미래의 생활의 기능을 단련하는 연습장, 미래 생활을 체험하는 실습장이 돼야 한다. 또한 수업 중에는 학생들이 지식을 습득하게 할 뿐 아니라 그들이 생활에 대해 배울 수 있도록 하고 학생들이 필요로 하는 교제의 장소를 구축해 그들이 타인과의 교제를 배우고 이론과 논쟁을 배우도록 해야 한다. 빨주노초파남보 중 하나라도 빠지면 무지개가 형성될 수 없고 신맛, 단맛, 쓴맛, 매운맛, 짠맛 중 하나라도 느낄 수 없으면 진정한 맛을 느낄 수 없듯이 학생들에게 필요한 부분이 하나라도 빠지면 다채로운 삶을 형성할 수 없다. 그러므로 진정한 수업은 학생들에게 다양한 삶의 체험과 감정에 대한 경험을 제공해야 한다. 또한 학생들이 스스로 문제점을 해결하고 좌절을 싸워 이기며 고락의 시간을 직접 느낄 수 있도록 해야 한다.

수업은 학생의 것이다. 아이들은 조금도 움직이지 않고 교사와 칠판을 바라보거나 혹은 교사의 질문에 이구동성으로 대답한다. 이는 사람들의 주목을 끄는 교육현장이자 공개 수업 때 교실 가득한 사람들의 갈채를 받는 교육의 장면이다. 그러나 이는 인성에 대한 선의의 풍자이자 악의적인 손상이라고 생각한다. 좋은 수업은 인성적, 인도적이어야 하는데 위에 서술한 수업은 사람과 사람을 위한 본질과 특징이 박리되어 있다. 또한 수업에 있어서의 학생들의 추구하는 바를 실현시키고 있지 못하다. 이러한 분위기에서는 수업은 학생의 것이 아닐 뿐 아니라 인류의 것도 아니다. 그러므로 '수업은 학생의 것이다.'라는 법칙의 요지는 '수업은 생생하고 풍요로운 개성을 가진 생명체의 것이다.'이다.

교육의 법칙 6
―성격은 운명을 주재한다

나는 오쇼스키Oushosky가 심리학 교육 및 연구 과정에 대해 남긴 말을 잊을 수 없다. "교육의 모든 것은 교육자의 인격이 기초가 된다. 인격만이 인격에 영향을 줄 수 있고 성격만이 성격을 형성할 수 있다." 맞는 말이다. 성격은 사람의 전체적인 발전에 매우 중요한 작용을 한다.

성격은 여러 개의 내재된 층으로 이루어져 있다. 생활원칙 층은 바로 사람의 세계관, 인생관이다. 이는 한 사람이 자연, 사회, 인생을 대하는 총체적인 관점이자 가장 안정적이고 지배적인 위치에 놓여 있으며 성격의 주도적인 요소다. 현실에 대한 태도 층은 다른 사람, 자기 자신, 사물을 대하는 태도를 포괄한다. 성격의 핵심이자 실체이며 비교적 안정되고 생활원칙 층의 지배를 받으나 활동 방식을 제약한다. 활동방식 층은 개체의 심리활동의 표현 방식이자 성격의 표현 특징이다. 이는 주로 개인의 인지, 감정, 의지 등 방면의 특징을 포괄하고 상대적으로 말해서 가변성이 비교적 크다.

창조는 새로운 세기의 교육 주제이자 영원한 교육의 화제다. 이는 사람의 창조적 성격과 떼어 놓고 생각할 수 없으나 현재 학교교육에 있어 창조적 성격은 중대한 결함을 가지고 있다. 초중등 학교의 학생을 대량으로 조사한 결과 대다수의 학생들이 어떻게 해야 창조적 성격을 소유할 수 있는지 모르고 있었다는 것이 나타났다. 나는 장기적인 사고를 통해 창조적 성격의 유형을 가진 사람은 매우 비슷한 특징을 가지고 있다는 점을 발견했다. 그것은 바로 노력과 시간의 과학적 분배, 겸허하고 진취적인 점, 강렬한 호기심, 한 번쯤 의심하는 생각을 가지고 있다는 것, 개체적인 독립과 실수의 용인, 민첩한 관점과 심상치 않는 가치관을 가지고 있다는 점 등이었다. 이러한 특징이 모든 교사들에게 있어, 그리고 성장하고 있는 학생들에게 있어 매우 중요하다는 사실은 말할 필요도 없다.

이로부터 나는 중국 당대의 유명한 역사학자 장순후이張舜徽의 일이 떠올랐다. 장 교수는 독립적인 성격을 가지고 있었다. 그는 꾸준한 마음, 의지, 인내력, 신념, 어수룩한 면을 모두 한 몸에 갖춘 사람이다. 그는 꾸준한 의지를 가지고 19세 때《자치통감資治通鑑》을 하루에 한 권 혹은 두 권씩 읽었다. 7개월 동안 그는 294권을 다 읽었고 간단한 필기를 하기도 했다. 좀 더 나이가 들어서는《이십사사二十四史》를 완독하겠다는 결심을 하고 여름이건 겨울이건 조금도 힘들어하지 않고 10년이라는 세월 동안 3,259권으로 된 이 책을 다 읽었다. 게다가 중요한 부분에는 표시를 해가며 자세하게 읽었다. 1946년에 장 교수는 교수를 맡고 있던 란저우蘭州 대학에서 424명의 정치 논문 3,145편을 수록한 총 504권으로 구성된 명나라 때의 판각본《황조경세문편皇朝經世文編》을 구입했다. 그는 여름방학을 이용해 50일 동안 책상 앞에 앉아 전 권을 완독했다. 이는 강인한 성격이 가진 역량을 잘 드러내주는 일화라고 할 수 있다.

수많은 성공한 사람들을 보고 어떤 이는 그들은 여러 가지 방면에서 우월한 조건을 가지고 있기 때문이라고 말하며 자신은 마치 선천적인 조건이 부족해서 성공과는 맞지 않고 성공과는 어울리지 않는다고 강조한다. 이러한 생각은 매우 위험한 생각이고 전염성이 있다. 연구 발표에 따르면 사람의 심리가 발달하는 과정에서 객관적 조건의 영향은 점점 감세하는 추세고 주관적 요소는 오히려 증가하는 경향을 보인다고 한다. 객관적 조건과 주관적 요소는 서로 반대의 효과를 나타내고 있다. 그 조건은 개체의 자아의식 수준은 정상적으로 발달한다는 것으로 다시 말하면 개체의 주관적인 노력은 연령이 증가함에 따라 더욱 중요하다는 것이다. 비록 사람의 자아의식은 각자 이른 시기에 싹을 틔우지만 이와 동시에 자각하지 못하는 것과 수동성도 더욱 많이 나타난다. 청년기가 도래함에 따라 자아의식은 더욱 증가하므로 자각성과 능동성이 더욱 현저하게 나타나고 환경과 타인을 지배하려는 경향이 강해진다. 러시아의 심리학자 리벤스키Libensky는 "사람은 체력을 증진시키고 자력, 도덕적 역량, 의지를 발달시켜야 한다. 이는 자신의 노력을 통해서만 이룰 수 있다."고 했다.

그러므로 성격은 운명을 결정하는 중요한 요소이며 우리 모두는 자신의 성격을 설계하고 양성하는데 주의를 기울여야 한다. 그러한 면에 있어서 톨스토이의 방법을 배워보는 것도 좋을 듯하다. 톨스토이는 10살이 넘었을 때 스스로 '성격수양계획'을 정하고 권선징악의 작품을 쓰는 문학가가 되기로 뜻을 세웠다. 그는 만년에 자신의 인생을 돌아보면서 자신이 젊었을 때 세운 성격수양계획이 문학을 창조하는 데 있어 자신을 일깨우고 재촉하며 촉진하는 역할을 했다고 이야기했다.

21세기는 새로운 생동감이 충만한 세기다. 나의 교육의 법칙이 총명한 개체를 일깨우고 이를 통해 그들이 더 아름다운 성격을 소유하고 완전한 운명을 만들 수 있기를 간절히 바란다.

교육의 법칙 7
―특색은 곧 장점이다

　몇 년 전에 들었으나 아직까지도 확실하게 기억하고 있는 이야기가 하나있다. 대략의 내용은 다음과 같다. 어느 건축회사의 사장이 일반 노동자들 중에서 관리자를 물색하고 있었다. 현장 책임자는 사장과 함께 공사 현장을 둘러보며 적합한 인물이 있는지 물어보았다. 사장은 빨간색의 작업복을 입고 있는 사람을 가리켰다. 다른 사람들은 모두 남색 옷을 입고 있는데 그 혼자 빨간색 옷을 입고 있다는 것이 그를 선택한 이유였다. 특색이 있는 사람은 추구하는 바가 남다르고 자신이 하고자 하는 바를 성취한다. 그 후의 일은 사장의 생각이 정확했다는 것을 증명했다.

　내가 생각하기에 특색은 곧 장점이다. 특색은 군계일학이며 녹음이 짙은 숲 속의 한 떨기 붉은 꽃에 비유할 수 있다.

　누군가는 나의 의견에 이의를 제기하며 "만약 어느 학교에서 히피 같은 학생들을 양성하면 어떻게 합니까? 이러한 학교가 종전에 없었다고 해서 이런 상황에서 특색은 곧 장점이라고 말할 수 있겠습니까?"라고 말할 수도 있다. 만약 위와 같이 묻는다면 나는 거기에 마땅한 대답을 준비한 바가 없다. 내가 말하는 특색이란 당연히 긍정적, 적극적이며 교육의 발전 방향과 부합하며 미래의 교육에 대한 희망을 대표하는 것이기 때문이다. 의심할 필요도 없이 이는 나라에 필요한 인재를 양성하는 것과 같다.

특색의 가장 기본적인 요지는 비범함이다. 혹은 특색의 본질적 속성은 차이에 있다고도 할 수 있다. 현재 중국의 기초적인 교육은 '차이를 인정하는 발전' 방면에 있어서 매우 부족하다. 나는 관할 구역 내의 특성화 중학교를 한 곳 방문해 조사를 진행했다. 교장은 한 문제씩 나의 질문에 대답했다. "선생님은 귀 학교의 가장 큰 특색이 무엇이라고 생각하십니까?" 그는 한참을 생각한 후에 우수한 수업의 질적 수준과 비슷한 레벨의 학교들 중 최고라고 할 수 있는 진학률이라고 대답했다. 수업의 질적 수준은 물론 학교의 생명이고 진학률 또한 매우 중요하지만 나는 학교 간의 비교와 경쟁은 이러한 방면에 초점을 모을 것이 아니라고 생각한다.

물론 이 교장을 책망할 수는 없다. 그는 현재 특색의 형성과 발전을 중요시하지 않거나 심지어 장애물로 여기는 학교를 배경으로 지닌 사람이기 때문이다. 확실히 우리의 실제 교육에는 고대 그리스 신화에 나오는 프로크루스테스의 침대가 존재한다. 모든 학생과 교사, 교장 및 학교는 프로크루스테스의 침대 길이에 맞춰 짧으면 늘려지고 길면 잘린다. 이러한 통일된 모형 혹은 공식으로 규정하고 제약하는 상황에서 다양한 방법을 구사할 수 있는 인재가 출현하는 국면을 기대할 수 있겠는가? 어떤 사람은 "신은 본래 사람을 각각 다르게 창조했다. 그러나 현행 교육은 오히려 신에 반하는 일을 하고 있다."라고 이야기한다. 이러한 말이 지나칠지도 모르지만 기본적으로는 중국교육의 최대 병폐와 문제점을 반영하고 있다.

특색을 추구하고 배양하는 것은 현대 교육의 주요 과제 중 하나다. 특색 없는 교육은 천편일률적인 사회를 만든다. 이러한 교육환경에서는 각자의 장점이 발휘된 아름다운 사회를 만들기란 어렵다고 할 수 있다.

물론 특색이나 개성과 공통성은 같은 하늘 아래 존재할 수 없는 이질적인 것이 아니다. 특색이나 개성은 공통성 안에 존재한다. 앞서 예를 든 특성화 중학교의 경우 비교적 높은 수업의 질적 수준과 진학률이라는 공통성이 기초가 되지 않으면 학생들은 곧 다양한 학원에 가거나 과학발명, 예술 표현 등의 다른 방면에 관심을 기울일지도 모른다. 우리는 더욱 넓은 시야와 포부를 가지고 차이가 있는 학생, 풍격 있는 교사, 특색 있는 학교를 발견하고 포용해야 한다. 이러한 의미에서 볼 때 공통성은 기초가 되고 특색은 이를 초월하는 개념이다. 가장 기초적인 면에서 우물쭈물하고 이를 넘어서지 못하는 사람이 어떻게 더 높은 곳을 향해 나아갈 수 있겠는가?

쑤저우의 제6중학교는 기초가 상대적으로 박약한 학교로 교장은 그로 인해 매우 고민하며 나에게 이야기했다. 고찰과 사고 및 논증을 거쳐 나는 그의 학교가 특색 방면을 개발하고 예술 교육 등으로 돌파구를 삼아야 한다고 생각했다. 후에 이 학교는 이러한 방면에 노력을 게을리하지 않았고 학교의 평판은 꾸준히 상승되었다. 특색이 없는 교육은 상상하기 힘들다. 특색 있는 교육은 더 높은 도약을 가능하게 한다. 마찬가지로 우장吳江시의 제2초등학교는 서예 교육 방면에 특별히 심혈을 기울이고 있다. 이 학교의 학생들은 모두 글씨를 잘 쓰고 그 수준이 전국에서도 제일이라는 평가를 받는다. 예술이나 서예 수준의 향상은 학생들의 종합적 소질도 향상시키며 그들의 정신세계도 더욱 풍부해진다. 그러므로 특색이란 하나의 고립된 존재가 아니다. 특색의 뒤에는 반드시 만족스러운 결과가 따라온다.

나는 다음의 실화를 이야기하며 글을 마치려 한다. 모두 같이 읽고 생각해보도록 하자.

일본의 어느 대기업의 인재 초빙 공고에 다음과 같은 말이 붙어있었다고 한다. "우리 회사는 유급생만을 모집합니다." 응시자의 발걸음은 끊이지 않았고 면접시험을 거쳐 지능이 낮은 사람이나 열심히 노력하지 않는 사람은 걸러냈다. 창조적인 발명에 관심이 있거나 그 방면에 빠져 있는 희한한 사람은 많을수록 좋기 때문이다.

교육의 법칙 8
—이상은 눈부신 성과를 창조한다

많은 학생들의 작문에서 이상, 지향, 포부 등은 항로표지, 등대, 방향 표지판 등에 비유된다. 이상이 없는 인생은 아득하고 지향하는 바가 없는 인생은 소극적이고 의기소침하며 포부가 없는 인생은 앞날이 모호한 상태라고 말한다.

많은 사람들이 이러한 비유는 솔직히 진부한 표현이라고 이야기한다. 그러나 나는 오히려 진부한 표현일수록 진리를 나타낸다고 생각한다. 얼핏 보기에는 매우 상투적인 비유지만 오히려 이상, 지향, 포부 등의 심리학적 범위의 개념의 본질적인 특징과 그것의 가장 주요하고 심오한 부분을 내포한다. 현재의 문제는 비유가 상투적이냐 하는 것이 아니라 이러한 도리가 학생들의 몸과 마음속에 진정으로 녹아드느냐 하는 것이며 그들의 의지력에 기초가 되는 구성 조직으로서 쌓일 수 있느냐 하는 것이다.

나는 스스로 아직 창조적인 잠재능력이 있고 참신한 천성이 있다고 생각한다. 어떤 때는 진심을 표출하거나 설명할 때 사람을 놀라게 하는 말을 하기도 한다. 그렇지만 일단 이상, 몽상이라는 말을 들으면 나는 어김없이 생각나는 이야기가 있다. 실제로 이 이야기는 매우 의미심장하고 자세히 음미할 가치가 있고 감동적이다. 이 이야기는 이상의 아름다움, 지향의 진기함, 포부의 매력을 남김없이 드러내고 있으며 영혼이 떨리는 감동을 준다.

이것은 영국의 내무부 장관이자 시각장애인인 데이빗 블런킷David Blunkett의 이야기다. 유치원에 다니던 시절 블런킷은 《미래의 나는》이라는 제목의 글에서 어른이 되면 영국의 내무부 장관이 되고 싶다는 자신의 꿈을 묘사했다. 그는 영국 역사상 시각장애인이 내각에 들어간 선례가 없다는 것을 알고 새로운 역사를 창조하고 싶었다. 성인이 된 후 그는 자신의 꿈을 현실로 이루어 영국의 내무부 장관이 되었다. 그는 "젊은 시절의 아름다운 꿈을 세월이 흐름에 따라 잊혀 지게 하지 않는다면 성공은 반드시 당신 앞에 나타날 것입니다."라고 말했다.

사실은 제일 좋은 교과서다. 내가 이 이야기를 청소년들이나 교사들, 학부모들에게 해줄 때마다 감동의 빛이 어린 얼굴과 두 눈 가득 고여 있는 눈물을 보곤 한다. 이는 너무 진지한 실제 교과서를 통해서는 얻을 수 없는 효과가 아닌가 싶다.

이상은 눈부신 성과를 창조한다. 당신이 어떤 이상을 품고 있느냐에 따라 앞으로 어떤 행동을 취하고 어떤 성적을 거둘지가 결정된다. 이상이 없다면 당신의 인생은 텅 비어버리게 된다. 큰 성공을 이룬 사람들은 결코 우연하게 좋은 일이 일어나기를 기대하지 않는다. 조금의 이상도 없다면 성공할 수 없다. 이는 의심의 여지가 없다.

다른 사람들이 보기에 블런킷의 어린 시절의 이상은 마치 백일몽과도 같았다. 그러나 그는 꿈을 현실로 이루었다. 그가 겪었을 어려움과 좌절, 그리고 편견과 차별을 상상하기 어렵지 않다. 끊임없는 노력과 분투, 좌절에 굴하지 않는 태도, 후천적인 노력이 없었다면 그는 그저 암흑의 세계에서 살아가는 시각장애인에 불과했을 것이다. 후천적인 노력은 어떠한 형용과 비유로도 설명할 수 없을 만큼 중요하다. 그러나 노력이 가진 대단한 능력을 인정하고 찬미함과 동시에 우리는 노력의 원동력이 어디로부터 나오는지 절대 잊어서는 안 된다.

답은 바로 이상이다.

내가 이야기하고자 하는 이상은 창조적인 이상이자 원대한 이상이다. 그리고 먹구름이 시야를 가려도 두려워하지 않고 자신의 꿈을 실현하기 위해 먹구름을 스스로 헤쳐 나갈 수 있는 이상이다.

교육의 법칙 9
―사랑은 기적을 낳는다

사람들에게 감동을 준 다음과 같은 실화를 소개하고자 한다.

25년 전 사회학을 가르치는 대학 교수가 학생들에게 볼티모어의 빈민촌에 가서 200명의 남자 아이들의 배경과 성장 환경에 대해 조사하고 그들의 미래의 발전에 대한 평가를 하도록 했다. 모든 학생들의 결론은 "그들에게는 생활고에서 빠져 나올 기회가 없다."였다.

25년 후 다른 교수가 이 연구를 발견하고 학생들에게 예전에 조사했던 남자 아이들의 현재 상황을 조사하라고 했다. 조사 결과에 따르면 이사를 가거나 이미 세상을 떠난 20명을 제외한 나머지 180명 중 176명은 변호사, 의사 혹은 상인 등 모두 대단한 성공을 이루었다.

교수는 놀란 와중에 이에 대해 더욱 심도 깊은 조사를 진행하기로 설정했다. 그는 당시 평가를 받았던 사람들을 찾아가서 물었다. "오늘날 당신이 성공할 수 있었던 가장 큰 원인은 무엇입니까?" 그들은 약속이라도 한 듯이 이구동성으로 대답했다. "제가 성공할 수 있었던 이유는 바로 좋은 선생님을 만났기 때문입니다."

그 선생님은 비록 연로했지만 현재도 건재하며 매우 총기가 있는 사람이었다. 교수는 선생님을 찾아가 도대체 어떤 방법으로 그러한 빈민촌에서 자란 아이들을 남보다 뛰어나게 가르쳤는지 물었다.

나이 든 할머니 선생님의 눈에는 인자한 빛이 서려 있었다. 그녀는 미소를 지으며 대답했다. "사실 난 아무것도 한 게 없어요. 그저 아이들을 사랑했을 뿐이랍니다."

교사에게 있어서 학생들에 대한 사랑보다 더 중요한 것은 없다.

풍부한 지식이나 튼튼한 기초, 대단한 교육적 기술이 없고 수고스럽더라도 아이들에 대한 사랑을 가지고 자신을 단련하면 세월이 흘러감에 따라 큰 그릇이 될 수 있다.

당신이 가르치는 학생 중에 천재나 총명하고 우수한 아이는 없고 그저 평범하고 장래성이 없어 보이는 아이들에 심지어는 말썽꾸러기, 고집쟁이, 시험만 보면 낙제하는 열등생만 있다고 하더라도 당신이 아이들에 대한 희망과 기대, 그리고 "공부를 못하는 학생은 없다. 단지 잘 가르치지 못하는 교사만 있을 뿐이다." "뒤떨어지는 학생을 변화시키는 것은 우수한 학생을 양성하는 것과 마찬가지로, 혹은 더 중요하다." 라는 인식을 갖고 학생들을 사랑으로 가르치면 앞의 이야기처럼 우수한 인재를 양성해낼 수 있다. 비록 당신의 학교에 학생들을 위한 시설이나 설비가 제대로 갖추어져 있지 않은 열악한 환경이라고 해도 어려움을 극복하면 더 큰 기쁨이 온다는 신념을 가지고 난관을 이겨내며 위기를 찬스로 이용할 수 있다면 온 세상을 가슴에 품은 국제화 된 인재를 길러낼 수 있을 것이다. 나는 이전에 매우 낙후된 지역에 가서 교육 관찰을 진행한 적이 있었다. 한편으로는 그들의 빈곤하고 낙후된 환경에 가슴이 아프면서도 다른 한편으로는 기백이 있는 교육인의 고귀한 정신과 그들이 이루어낸 성과에 감동하지 않을 수 없었다. 교육에 대한 애정은 그들에게 독특한 풍경과 생활을 가지게 했다.

교육에 있어서 사랑은 공기, 햇빛, 토양, 물, 음식, 옷과 같다. 이는 마치 인류의 생존과 발전을 위해 없어서는 안 되는 것과 마찬가지다. 원로 교육자 샤멘쭌夏丏尊은 다음과 같이 말했다. 감정과 사랑이 없는 교육은 마치 저수지에 물이 없는 것과 같다. 물이 없으면 그것은 저수지가 될 수 없다. 감정과 사랑이 없으면 그것은 교육이 아니다. 그러나 실제 우리의 교육에서는 사랑이 결핍되어 있는 것 같은 현상이 너무나도 많다.

학생들이 규칙을 준수하지 않는 행위(주의 : 어떠한 행동이 규칙에 위배되는 행동인가 아닌가에 대해서 우리는 냉정하고 침착하게 판단해야 한다. 예를 들어 수업시간에 손을 들지 않고 발언을 하는 행위, 교사 혹은 부모에게 말대꾸하는 행위, 이성의 동급생에게 호감을 가지고 이를 편지로 나타내는 행위 등)에 대해 차근차근 타일러 가르치지 않고 마치 교육에 있어 경찰관이라도 되는 것처럼 아무런 애정 없이 함부로 꾸짖거니 심지어 체벌을 가한다. 학생이 풀지 못하는 문제에 대해 열심히 가르쳐 주고 인내심을 가지고 지도하지 않고 관심을 갖지 않거나 비웃는 등 오히려 찬물을 끼얹는다. 학생의 성적이 오르락내리락 할 때에는 학생과 같이 원인을 분석하고 적극적으로 격려해야 하는데 오히려 공개적으로 나무라고 엄한 말로 다스린다. 이는 학생으로 하여금 낙담하고 기가 죽게 만들 뿐 아니라 교사로서의 위엄도 지킬 수 없다. 타오싱즈陶行知는 "우리의 차가운 눈앞에는 뉴턴Newton이 있다. 우리의 회초리 아래에는 와트Watt가 있다. 우리의 악의에 찬 말 속에는 에디슨Edison이 있다."라고 했다. 맞는 말이다. 어떤 의미에서 인재가 되는 것은 사람의 잠재력이 발굴되고 발달된 것이며 말살 되어서는 안 될 천성이다. 의식적으로 혹은 무의식 중에 우리의 많은 동료들은 이를 파괴했고 아이들이 가진 천성을 유린하여 사람의 마음에 상처를 주는 경우가 있었다. 이러한 일은 물론 우리가 희망한 것이 아니며 우리가 침착하게 받아들일 수 있는 성질의 것이 아니다.

우리가 소망하는 기적은 관습이나 일반적인 규칙에 따라서는 발생하지 않는다. 그것은 열정 속에서 싹을 틔우며 격려 속에서 태동하고 최종적으로 사랑으로 탄생한다. 이러한 적극적인 마음과 감정의 표현이 없다면 기적은 영원히 발생하지 않는다. 이는 마치 얼음 창고나 찜통에서 새로운 싹이 돋을 수 없는 것과 마찬가지다.

어떠한 교사도 기적과 인연이 없는 것은 아니다. 그러나 기적과 인연을 맺을 수 있으려면 사랑의 마음을 표현해야 한다. 이는 비록 충분조건은 아니지만 절대 빼놓아서는 안 될 필요조건이다.

식물인간이 된 사람이 가족들의 세심한 간호와 보살핌에 의식을 회복하고 새로운 인생을 산다는 이야기는 한두 번 들어본 게 아니다. 나는 당신이 가르치는 학생들 중에 식물인간이 없다고, 또한 기적은 그렇게 어렵게 창조되는 것이 아니라고 말해주고 싶다. 더 시원스럽게 말한다면 나는 당신에게 묻고 싶다. 당신은 과연 교육에 있어서 기적을 창조하고 싶은가? 예스 아니면 노?

《교육을 누리다》의 저작 초고를 정리하는 일은 생각만큼 쉽지 않았다.

그러나 이러한 임무를 받은 것은 나에게 정말 큰 기쁨이었다.

이 책의 저작 초고를 편성하면서 《교육을 누리다》를 가장 먼저 읽은 사람으로서 하고 싶은 말이 매우 많지만 무식한 문장이 오히려 이 책에 흠집을 낼까봐 두려울 따름이다.

시간이 촉박한데다 마침 내 주위에 꼭 처리해야 할 일들이 많이 생기고 책에 비해 나의 지식이 한참 모자라는 까닭에 참으로 힘겹게 작업했던 기억이 난다. 그러나 매일 지쳐 기숙사로 돌아가 노트북 앞에 앉아서 혹은 매주 주말에 집으로 돌아가 컴퓨터 앞에 앉아서 주 선생의 몇 년에 걸친 교육 수필을 꼼꼼하게 읽고 한 사람의 교육자로서의 심정이 담긴 글을 음미하면서 나는 몹시 감동을 받았다. 박사 과정 학생들을 지도하면서 그는 어떻게 교사와 학생들의 마음을 보살필 수 있었을까! 교육 관리로서 그는 어떻게 가슴 가득한 열정을 그가 사랑해 마지않는 교육 사업에 기울였을까!

주 선생과 가까워지기 시작한 것은 새로운 교육을 위한 사이트를 시작하면서부터다. 새로운 교육을 위한 사이트는 주 선생이 만든 교육 사이트다. 나는 우연히 이 사이트에 들어가게 됐는데 이 우연히 내 인생의 태도를 바꾸어 놓을 줄은 꿈에도 생각하지 못했다. 비교적 한가한 나는 결국 완전히 몰입했다. 그리하여 나는 새로운 교육을 위한 사이트에 글을 올리면서 문제를 끝없이 탐구했고 많은 일을 완성했다. 나는 주 선생이 이렇게까지 나를 보살펴 주고 진심어린 말로 격려하며 내가 쓴 시와 글에 좋은 평어를 달아 주실 줄은 생각도 못했다. 게다가 7월 중순의 어느 날, 주 선생이 주최하는 작은 사이트 회원 모임에 참석해 달라는 통지를 받았다. 주 선생을 만나고는 우리는 마치 친구처럼 아무런 제약 없이 이야기를 나누었다. 그의 열정과 이상에 나의 마음은 더욱 불타올랐다. 집으로 돌아간 나는 주 선생과의 친밀한 만남에 관해 글을 썼다.

그 후 쿤샨昆山에서 작은 모임을 가졌고 그 후에는 '적석서재滴石書齋'의 운영자로서(나는 새로운 교육을 위한 사이트에의 논단 적석서재 코너의 운영자를 맡고 있다) 적석재滴石齋(주 선생의 서재명이다)를 방문했다. 그는 밤늦게 전화를 걸어 논단에서 억울한 대우를 받은 나를 위로해 주었다. 주영신 교수 연구실에서 《신세기 교육문고》를 가지고 토론을 벌였으며 쑤저우시 시장 사무실에서 교육에 관해 이야기를 나눈 적도 있다. 또한 국경절 기간 동안에는 운영자 모임에 참석했다.

주 선생은 열정이 넘치는 사람이다. 그의 솔직함과 성실함, 그의 열정과 높은 기세는 타인의 의지를 격려한다. 만약 주 선생과 가까워진다면 당신은 분명히 그의 인격적인 매력을 느낄 수 있을 것이다. 그로 인해 당신은 정신이 나간 사람처럼 교육을 사랑하게 되고 열정과 이상이 가득 찬 삶을 누리게 될 것이다. 새로운 교육을 위한 사이트에 가입한 후 나는 《나는 지금부터 다시 태어난다》는 감상을 쓴 적이 있다. 주 선생은 강렬한 사명감을 가진 교육자인 동시에 사랑이 충만한 일반인이다. 그는 교육을 위해 여기저기 강연이나 신문 등에 자신의 의견을 피력하고 사재를 털어서 사이트 회원들과 모여서 이야기하곤 한다. 사이트에서 그는 주제가 무거운 글을 올려놓기도 하지만 때로는 마치 오랜 친구처럼 우리와 농담을 주고받는다. 그는 베이징에 갈 때마다 PC방을 찾아다녔고 난징에 갔을 때는 PC방의 컴퓨터가 고장 나 분노했다. 그는 우리에게 보내는 책에 "쥐룽 형의 질책을 청합니다."라는 글을 쓴다.

주 선생은 정말 바쁘다. 그는 1년 동안 얼마나 많은 일을 하는지 모른다. 그는 엄청난 양의 공무를 보고 주말은 교육을 위해 전부 헌신한다. 그러나 우리는 그의 연설이나 교육에 대한 이야기를 들을 때마다 그에게서 피로의 흔적을 느낄 수 없었다. 우리는 그저 그의 온몸으로 누리는 교육을 체험했을 뿐이다.

국경절에 쑤저우에서 열린 모임의 정경이 눈에 선하다. 그러나 우리는 모임이 끝나고 주 선생이 공무로 바빠 글을 쓸 시간이 거의 없었음에도 불구하고 《교육을 누리다》를 쓰는 것을 보았다. 그리하여 우리는 새로운 교육을 위한 사이트에서 그의 신작을 읽었다. 그는 학생과 교사, 젊은이, 그리고 개혁을 위해 부르짖었다. 그 날 그는 일이 있어 나에게 전화를 했다가 최근 며칠간 몇 시간도 잠을 자지 못했다고 했다. 비록 수화기 너머에서 들려오는 그의 목소리는 여전히 활기가 넘쳐흐르고 익숙한 웃음소리가 들렸지만 사람의 정력에는 한계가 있는 법이다. 나는 게으름을 피우고 있는 자신에게 이렇게 묻곤 한다. "과연 내가 바쁜가? 주 선생만큼 바쁜가?" 그래서 나는 감히 게으름을 피울 수 없다.

이 책을 통해 나는 주 선생의 넓고 큰 포부와 감정을 느낄 수 있었다. 나는 해박한 지식과 넓은 애정이 없는 사람은 이렇게 확실하고 지혜와 친절이 넘쳐나는 문자로 그의 사상을 표현할 수 없을 것이라고 생각한다.

나는 '교단에 대한 평가'를 읽으면서 무척 격앙된 기분을 느꼈고 '성장과 깨달음'을 읽으면서 간절한 성공에 대한 마음과 자신감이 생겨났다. 또한 '과학적 연구에 관한 이야기'를 읽으면서 마치 눈앞에 창문이 열리는 것 같은 느낌을 받았고 '인터넷에 대한 단상'을 읽으면서는 사이트의 일이 마음속에 솟아났다.

여기에는 정이 넘치는 감동이 있고 이치에 합당한 깨우침이 있고 즐거움이 있다. 그리고 교육을 누릴 수 있는 또 다른 세계가 펼쳐진다.

이곳에서 나는 흘러넘치는 행복을 느꼈다.

장쥐룽張菊榮

《행복을 찾아서》라는 시가 있다.

나는 사거리를 배회하고

여기저기를 두리번거리며 행복을 찾는다.

행복이 자그마한 골목에 있는지

아니면 높은 고층 빌딩에 있는지 모르겠다.

내 눈앞은 아득하고

마음에는 근심이 넘친다.

나는 사거리에 서 있는데

어디로 가면 행복을 찾을 수 있을지 모르겠다.

여기저기 창문을 두드리며 물어봐도

사람들은 모두 행복이 이곳에 없다고 말한다.

나는 넓은 우주 속으로 걸어가

찬란하게 빛나는 별을 보았다.

별 위에 작은 집이 하나 있는데

그곳은 행복으로 가득 차 있었다.

그 작은 집으로 날아가 보니

그곳은 바로 우리 집, 행복의 근원이었다.

　이 시를 읽고 나는 자문해 보았다. 나의 작은 집은 어디인가? 우리 집은 어디에 있는가?

　누구나 한번쯤 이러한 질문을 해 보았을 것이다. 어떤 사람이 스승에게 물었다. "행복은 어디에 있습니까?" 스승은 대답했다. "행복은 바로 자신의 울음소리에서 시작되며 다른 사람의 눈물 속에서 끝난다. 이 중간 과정이 바로 행복이다." 사람들은 그 뜻을 이해하지 못했다. 스승은 이어서 또 다른 이야기를 해 주었다. 어느 날, 신이 어느 명망 높은 사람에게 말했다. "너의 차와 집 등 모든 재산은 내가 네게 준 것이다. 오늘은 그 전부를 다시 가져가야겠다." 명망 높은 사람은 신의 뜻을 거역할 수 없어 자신의 전 재산을 바쳤다. 그는 수중에 아무것도 가진 것이 없는 빈털터리가 되었다. 며칠이 지나자 신은 다시 그에게 말했다. "너의 아내와 자식들, 친구들은 모두 내가 네게 준 것이다. 오늘은 그것들을 다시 가져가야겠다." 어쩔 수 없이 그는 명령에 따랐고 의지할 데 없이 쓸쓸한 사람이 되었다. 또 며칠이 지나자 신은 다시 그를 찾아와 말했다. "너의 몸과 피, 뼈는 다 내가 준 것이다. 오늘은 그것들을 다시 가져가야겠다." 그는 의아하게 여기며 물었다. "그렇다면 제가 가진 것은 무엇입니까?" 신은 대답했다. "다른 사람이 네게서 영원히 빼앗아 갈 수 없는 것, 그것이 바로 진정으로 너의 것이라고 할 수 있다. 그것은 네가 살면서 좋아하는 사람, 미워하는 사람과 같이 겪었던 모든 일이다. 그리고 이것이야말로 진정으로 너에게 속한 행복이다."

　신의 대답에 나는 아직도 만족할 수 없다. 우리는 살면서 모두가 사랑과 미움을 경험하고 많은 인생 경험을 가지고 있다. 그러나 진정으로 사람이 명심하고 회상해야 할 수 있는 것은 행복일 수도 있고 고통일 수도 있다. 고통과 행복을 경험하는 것은 한 문제를 두 가지 측면에서 바라본 것이다. 그러한 의미에서 볼 때 고통과 행복은 둘 다 행복이라고 할 수 있다. 그렇다면 나에게 있어 과연 무엇이 명심하고 끝없이 회상할 수 있는 것인가? 답은 바로 하나, 교육이다. 나는 이전에 《교육, 나의 사랑》이라는 제목의 글과 《교육을 누리다》라는 책을 쓴 적이 있다. 나는 학생, 교사, 교육연구가, 교육 관리자라는 여러 역할을 맡고 있는 사람으로서, 교육은 내 생활의 일부분이며 내 삶에서 가장 중요한 일이다.

물론 나는 혼자서 교육의 행복을 누릴 수는 없다. 나와 많은 교사들, 학부모, 많은 학생들이 다 함께 교육의 행복을 누려야 한다. 비록 우리는 살면서 어려움과 고민이 있지만 우리는 교육의 이상을 추구하면서 서로 격려하고 서로 지지해 주어야 한다. 나는 새로운 교육을 위한 사이트에서 이러한 마음이 맞는 친구들을 만났다.

지금 이렇게 후기를 쓰고 있는 것도 행복이다. 나는 후기를 쓰고 있는 지금도 동료, 친구들과 같이 교육이라는 들판을 가꾸는 풍경을 떠올리며 교육의 행복을 음미한다.

내가 제일 처음에 발표한 글은 수필이지만 후에 발표한 글은 대부분 논문이다. 과거에 대학 동료들과 이야기하기를 짧은 글은 두부에 비교할 수 있다고 했는데 이는 고상한 자리에는 오르지 못하기 때문이다. 그러나 최근 몇 년간 초중등 학교의 교사들과 가까워지고 친밀하게 접촉하다보니 그들이 제일 좋아하는 것은 바로 이와 같은 두부라는 것을 알게 되었다. 그들은 생활 속에서 살아 있는 것을 좋아한다. 그러므로 나는 그들이 좋아하는 것을 좋아하기로 하고 그러한 글을 많이 썼다.

《누림과 행복》의 초고는 《교육을 누리다》로 쓰촨 교육 출판사가 출판한 《새로운 교육을 위한 사이트 문고·교육 수필 시리즈》 중 하나다. 이번에 원고를 정리하면서 우리 사이트 회원인 장쥐룽과 펑웨이둥馮衛東 선생의 많은 도움을 받았고 특히 장쥐룽 선생의 부인은 타이핑을 해 주었다. 게다가 지난번에 장쥐룽은 후기까지 써 주었다. 그동안 그들의 노고에 감사를 전할 기회가 없었는데 이번 기회를 빌려 심심한 감사의 뜻을 전하는 바이다. 내가 초고를 쥐룽에게 보냈을 때 쥐룽은 부인과 함께 《교육을 누리다》를 감상하고 있다고 했다. 그들은 나의 행복을 행복하게 느끼고 있다는 사실을 나는 알고 있다. 나는 또한 나를 도와 원고를 정리해 준 자오샤오쥔焦曉駿 선생에게 감사한다. 그는 《누림과 행복》의 첫 번째 독자다.

행복은 일종의 감각이라고 할 수 있다. 에밀 졸라Emile Zola는 "개인의 최대의 행복은 모든 사람이 실현한 최대의 행복 중에 있다."고 했고 라 메트리La Mettrie는 "연구에 대한 흥미가 있는 사람은 행복하다. 연구를 통해 망념을 떨쳐 버리고 허영심에서 벗어나는 사람은 더 행복하다."고 했다. 로조프Rozov는 "사람은 책임을 이행하면서 행복을 얻는다. 마치 짐을 실으면 마음이 상쾌한 것처럼 말이다. 사람에게 책임질 것이 없다는 것은 마치 빈 수레를 끄는 것과 같다."고 했다. 로망 롤랑Romain Rolland은 "창조, 혹은 미래를 위해 내재되어 있는 창조는 필수조건이다. 행복은 이러한 필수조건을 만족했을 때 존재한다."고 했다.

고골Gogol은 "어느 날 만약 내가 우리의 공동의 이익을 위해 헌신할 수 있다면 나는 내가 세상에서 가장 행복한 사람이라고 느낄 것이다."라고 했다. 쉬터리徐特立는 "사람의 원대한 이상은 가장 고통스러운 때 행복을 느낄 수 있게 해 준다."고 했다. 베린스키Berinsky는 "행복이 만약 내게만 존재해서 수많은 사람 중의 한 사람의 재산이 될 뿐이라면 내게로부터 얼른 사라지는 것이 좋다."라고 이야기했다. 행복에 대한 지론은 모두 다르지만 기본적인 행복의 특징을 나타낸다. 행복은 창조와 봉사, 그리고 연구를 하는 중에 존재하는 것이고 다른 사람과 함께 나누는 것이다. 교육은 바로 이러한 공통적인 특징을 가지고 있다. 그러므로 교육은 사람을 행복하게 하는 사업이다.

친애하는 여러분, 만약 이 책을 읽고 얻은 바가 있다면 우리 모두 교육과 행복한 교육 생활에 감사합시다.

주영신朱永新

2003년 6월 28일 토요일

후난湖南으로 가는 길에

중국 주영신 교육문집 9

누림과 행복—중국교육수필 선집

초판 1쇄 발행일 ㅣ 2009년 12월 15일

저자 ㅣ 주영신
역자 ㅣ 최영준
펴낸이 ㅣ 박영희
표지 ㅣ 강지영
편집 ㅣ 이선희 · 김경숙
교정 · 교열 ㅣ 이은혜
책임편집 ㅣ 강지영
펴낸곳 ㅣ 도서출판 어문학사
　　　　132-891 서울특별시 도봉구 쌍문동 525-13
　　　　전화: 02-998-0094 / 팩스: 02-998-2268
　　　　홈페이지: www.amhbook.com
　　　　e-mail: am@amhbook.com
　　　　등록: 2004년 4월 6일 제7-276호

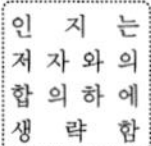

ISBN　978-89-6184-090-3　94370
　　　　978-89-6184-081-1 (set)

정가 ㅣ 27,000원

※ 잘못 만들어진 책은 교환해 드립니다.